高等职业院校汽车类专业系列教材

汽车使用性能及检测

（第二版）

丁继斌　谢达城　庞宏磊◎主　编
杜富力　张元青◎副主编

中国铁道出版社有限公司
CHINA RAILWAY PUBLISHING HOUSE CO., LTD.

内 容 简 介

本教材将汽车检测与维修技能型人才市场需求以及高职教育发展的新形势相结合，根据汽车使用性能及其检测的内容，划分为六个单元：汽车动力性、燃油经济性及其检测，汽车制动性能与检测，汽车操纵与行驶性能，汽车特定条件下的使用性能，汽车典型系统检测，电动汽车动力系统性能检测。同时每个单元配有小结与习题。

本教材突出“理论实践一体化”的特色，图文并茂，注重能力，强调技能培养。

本教材适合高等职业院校汽车检测与维修、汽车电子技术、汽车制造与装配等专业，也可供相关技术人员参考。

图书在版编目（CIP）数据

汽车使用性能及检测/丁继斌，谢达城，庞宏磊主编.—2 版.—北京：中国铁道出版社有限公司, 2023.7
高等职业院校汽车类专业系列教材
ISBN 978-7-113-28794-8

Ⅰ.①汽… Ⅱ.①丁… ②谢… ③庞… Ⅲ.①汽车-性能检测-高等职业教育-教材 Ⅳ.①U472.9

中国版本图书馆 CIP 数据核字（2022）第 012474 号

书　　名：汽车使用性能及检测
作　　者：丁继斌　谢达城　庞宏磊

策划编辑：何红艳　　编辑部电话：（010）63560043
责任编辑：何红艳　包　宁
封面设计：付　巍
封面制作：刘　颖
责任校对：安海燕
责任印制：樊启鹏

出版发行：中国铁道出版社有限公司（100054，北京市西城区右安门西街 8 号）
印　　刷：北京市泰锐印刷有限责任公司
版　　次：2011 年 3 月第 1 版　2023 年 7 月第 2 版　2023 年 7 月第 1 次印刷
开　　本：787 mm×1 092 mm　1/16　印张：17　字数：424 千
书　　号：ISBN 978-7-113-28794-8
定　　价：48.00 元

前言

党的二十大报告在推动绿色发展、促进人与自然和谐共生方面指出："实现碳达峰碳中和是一场广泛而深刻的经济社会系统性变革。""完善能源消耗总量和强度调控，重点控制化石能源消费，逐步转向碳排放总量和强度'双控'制度。推动能源清洁低碳高效利用，推进工业、建筑、交通等领域清洁低碳转型。"汽车作为交通行业主要的运载工具之一，科学减排、创新降碳是汽车行业践行"双碳"目标的主流趋势。汽车性能与整车碳排放密切相关，因此，本书在第一版的基础上，紧跟汽车技术的发展，结合最新的国家标准及教师教学过程中提出的宝贵建议，进行修订，以满足学习者的个性化需求。

本书第二版根据高职教育教学的特点，从教学实际出发，结合企业对汽车检测与维修专业技术人员职业技能的要求，将汽车检测与维修技术技能人才市场需求和高职教育发展的新形势相结合，突出应用性，将内容精简重组，调整为六个单元：汽车动力性、燃油经济性及其检测，汽车制动性能与检测，汽车操纵与行驶性能，汽车特定条件下的使用性能，汽车典型系统检测，电动汽车动力系统性能检测。其结构图如下：

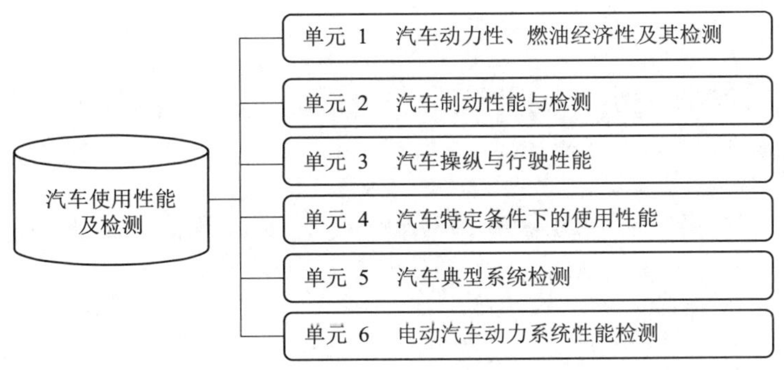

本书第二版保持并强化第一版的特色：以黄炎培"手脑并用、做学合一"思想为指导，针对职业院校学生的特点，力求引导学生养成做中学、学中做的思维模式，注重能力，强调技能培养，突出"理论实践一体化"的特色：

- 以综合职业能力的培养为中心，理论与实践紧密结合。理论部分以“必需、够用”为原则，对不适合高职汽车检测与维修技术专业的内容进行删减，实践部分则突出了实用性和时代性，与企业实际接轨。
- 强调技能。打破了传统的将理论与实践分离的编写方式，将技能实训嵌入每一单元。
- 突出重点。将传统的汽车发动机检测与底盘检测重新调整，精选了 10 个汽车典型系统，组成新的单元——汽车典型系统检测，突出了重点。
- 以学生学习为中心。认真分析高职学生的学习特点，课程总体安排上由易到难。
- 吸收新知识和新技术。尽量将国内外最新的相关技术、技术规范、标准引入教材，体现技术上的先进性和前瞻性。

本书由南京工业职业技术大学丁继斌、江西应用技术职业学院谢达城、南京工业职业技术大学庞宏磊任主编，江西冶金职业技术学院杜富力、江西应用技术职业学院张元青任副主编。参加编写的还有南京工业职业技术大学陈勇、潘四普，江西应用技术职业学院江传玉、邓方。其中，单元 1 由丁继斌编写，2.1～2.3 由张元青编写，3.1～3.4 由江传玉编写，2.4～2.5、4.1～4.4 由陈勇编写，4.5～4.7 由潘四普编写；3.5～3.6、5.1～5.3 由庞宏磊编写，5.4～5.7 由杜富力编写，5.8～5.11 由邓方编写，单元 6 由谢达城编写。全书由丁继斌统稿。

本书资料和案例已经南京工业职业技术大学、江西应用技术职业学院等院校的汽车类专业教学、综合实训中应用。

本书在编写过程中参阅了许多相关著作和论文，得到了各界人士的指导、帮助和支持，在此谨致谢意。

由于编者水平有限，书中难免有疏漏和不足之处，恳请读者批评指正。

编　者

2023 年 4 月

目 录

单元 1

汽车动力性、燃油经济性及其检测

学习目标

☑ 掌握汽车动力性、燃油经济性的评价指标；
☑ 掌握汽车的行驶阻力、行驶条件与行驶方程；
☑ 能辩证地分析动力性与燃油经济性的关系；
☑ 能根据实际情况分析影响汽车动力性、燃油经济性的相关因素；
☑ 学会汽车动力性检测的常用仪器检测方法；
☑ 掌握汽车燃油经济性检测与分析方法；
☑ 合理选择与使用汽车动力性、燃油经济性检测的仪器与设备。

本单元结构图

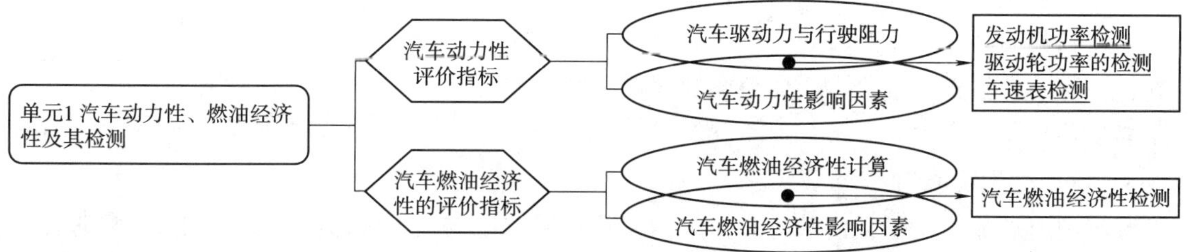

汽车动力性的评价指标包括汽车在行驶中能达到的最高车速、最大加速能力和最大爬坡能力，其是汽车各种性能中最基本、最重要的性能，直接影响汽车的平均行驶速度。

随着我国高等级公路里程的增长，公路路况与汽车性能的改善，汽车的行驶车速越来越快。汽车在良好路面上直线行驶时的平均行驶速度越快，汽车的运输生产率就越高。但随着汽车使用时间的延长，其动力性会逐渐下降。

汽车的燃油经济性是汽车的主要使用性能之一。它是指汽车以最小的燃油消耗完成单位运输工作量的能力。由于汽车运输中燃油消耗费用占总费用的 1/3 左右，所以，燃油经济性的提高就意味着汽车运输成本的下降和经济效益的提高。汽车燃油消耗量与发动机类型、结构、制造工艺水平、调整状态、燃油品质及道路条件、交通状况、气候、驾驶技术等许多因素有关。因此，燃油经济性指标值要根据道路试验或室内台架试验结果来评定，也可以通过理论分析来进行估算。

1.1 汽车动力性评价指标

汽车的行驶速度是汽车动力性的总指标。要求尽可能获得快的平均行驶速度，从这一观点出发，汽车的动力性主要由三方面的指标来评定，即最高车速、加速性能和爬坡能力。

1. 汽车的最高车速

最高车速是指汽车以额定最大总质量，在风速小于 3 m/s 的条件下，在干燥、清洁、平直、良好的路面（混凝土或沥青）上所能达到的最高稳定行驶速度 v_{amax}，它对于长途运输车辆的平均行驶速度的影响最大。

2. 汽车的加速性能

汽车的加速性能是指汽车在各种使用条件下迅速增加行驶速度的能力。它对于市区运输车辆的平均行驶速度有很大影响，特别是轿车对加速能力尤其重视。加速性能在理论上用加速度 j 来评定，而在实际试验中通常用汽车加速时间来评价。

加速时间是指汽车以额定最大总质量，在风速小于 3 m/s 的条件下，在干燥、清洁、平直、良好的路面（混凝土或沥青）上由某一低速加速到某一高速所需的时间。常用原地起步加速时间和超车加速时间来表明汽车的加速能力。

原地起步加速时间指汽车由Ⅰ挡或Ⅱ挡起步，并以最大的加速强度（包括选择恰当的换挡时间）逐步换至最高挡后到某一预定的距离或车速所需的时间。图 1–1 所示是某些轿车的原地起步加速时间曲线。

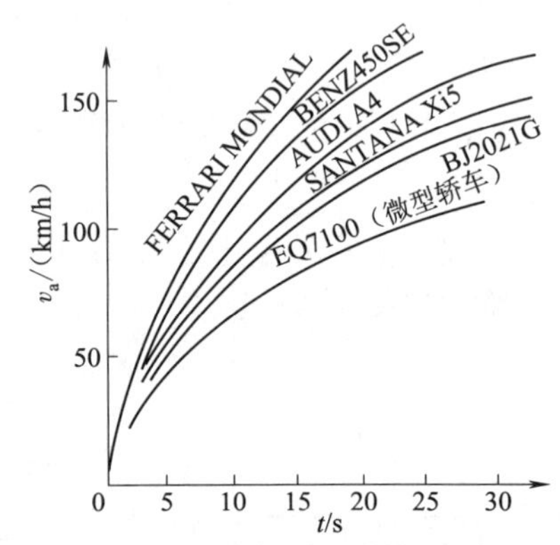

图 1–1 轿车的原地起步加速时间曲线

超车加速时间指用最高挡或次高挡由某一低车速全力加速到某一高速所需的时间。超车时汽车与被超车辆并行，容易发生安全事故，因而超车加速能力强，并行距离短，行驶就安全。

3. 汽车的爬坡能力

汽车的爬坡能力对于在山区行驶车辆的平均行驶速度有很大的影响，通常用最大爬坡度来表示。最大爬坡度 i_{max} 是指汽车满载时用变速器最低挡位在风速小于 3 m/s 的条件下，在干燥、清洁、良好的路面（混凝土或沥青）上等速行驶所能克服的最大道路纵向坡度。在坡度不长的道路上，利用汽车加速惯性能通过的坡度称为极限坡度。在各种车辆中，越野车的最大爬坡度 i_{max} 最大，货车次之，轿车一般不强调爬坡度。

1.2 汽车驱动力与行驶阻力

要确定汽车动力性指标，首先应对汽车在行驶过程中的受力情况进行分析。因为汽车沿行驶方向的各种运动情况是由汽车行驶方向的各种外力作用的结果。作用在汽车行驶方向的外力有汽车的驱动力和行驶阻力。根据这些力的平衡关系，建立汽车行驶方程式，就可以讨论汽车的动力性。

1.2.1 汽车的驱动力

汽车发动机产生的转矩 M 经过汽车传动系传到驱动轮上，作用在驱动轮上的转矩 M_t 便产生一个对地面向后的圆周力 F_0。根据作用力与反作用力原理，地面对驱动轮产生一个向前的反作用力 F_t，F_t 即为驱动汽车的外力，称为汽车的驱动力，如图 1–2 所示，其大小为

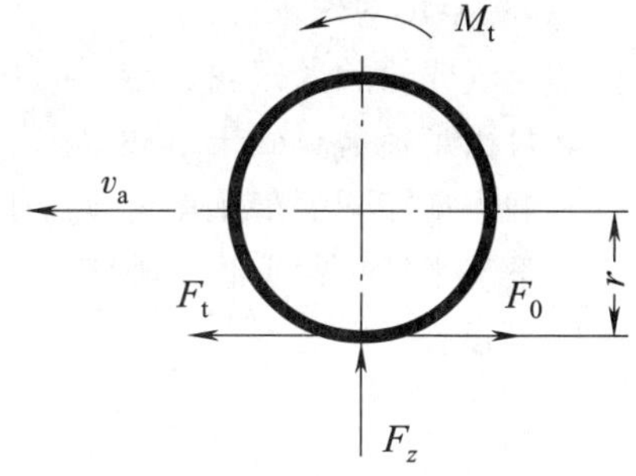

图 1–2 汽车的驱动力受力分析

$$F_t = \frac{M_t}{r} \tag{1.1}$$

式中 M_t——作用于驱动轮上的转矩，N·m；

r——车轮半径，m。

若发动机输出的有效转矩为 M_e，变速器的传动比为 i_k，主减速器的传动比为 i_0，传动系的效率为 η_T，则上式可表示为

$$F_t = \frac{M_e i_k i_0 \eta_T}{r} \tag{1.2}$$

对于装有分动器、轮边减速器和液力传动等装置的汽车，应计入相应的传动比和机械效率。

由上式可知，汽车的驱动力 F_t 与发动机的转矩、传动系的各传动比、传动系的机械效率成正比，与车轮半径成反比。下面对式（1.2）中的 M_e、η_T、r 的取值作些讨论，最后作出驱动力图。

1. 发动机转矩 M_e

发动机的转矩可根据其使用外特性确定。使用外特性曲线是带上全部附件时的发动机在试验台架做成的。

严格地讲，台架试验是在发动机工况相对稳定，即保持水、机油温度稳定于规定的数值，并且在各个驱动轮转速不变时测得的转矩、油耗数值。在实际使用中，发动机的工况通常是不稳定的。发动机的受热状态，可燃混合气的浓度与台架试验有显著差异。所以在不稳定工况下，发动机所提供的功率要比稳定工况时低 5%～8%，电喷发动机要下降得少一些。但由于发动机变工况时功率不易测量，所以在进行动力性估算时，一般沿用台架试验稳定工况时所测得的使用外特性中的功率和转矩曲线。

2. 传动系的机械效率

发动机的有效功率为 P_e，经传动系在传动过程中损失功率为 P_T，则驱动轮得到的功率仅为（P_e–P_T），那么传动系机械效率定义为

$$\eta_T = (P_e - P_T)/P_e = 1 - P_T/P_e \tag{1.3}$$

传动系内损失的功率 P_T 是在离合器、变速器、传动轴、主减速器、驱动轮轴承等处机械损失和液力损失功率的总和，其中变速器和主减速器损失的功率所占比例最大。

机械损失是指齿轮传动副、轴承、油封等处的摩擦损失，其大小主要决定于啮合的齿轮对数、传递转矩的大小及装配加工的精度等。

液力损失是指消耗于润滑油的搅动、润滑油与旋转零件表面的摩擦等功率损失。其大小主要决定于转速、润滑油黏度、工作温度和油面的高度等。

虽然 η_T 受到多种因素的影响，但在动力性计算时，只把它取为常数。一般轿车取 0.9～0.92，

单级主传动货车取 0.85，驱动型式为 4×4 的汽车取 0.85，驱动型式为 6×6 的汽车取 0.8。

3. 车轮半径

充气式轮胎的车轮，在不同状况下半径不同。

自由半径 r_0：处于空载状态下的车轮半径。

静力半径 r_s：车在重力作用下，轮心到地面的距离。

滚动半径 r_r：满载行驶状态，根据车轮滚过的圈数 n_w 和汽车驶过的距离 s，由下式计算出来的半径

$$r_r = \frac{s}{2\pi n_w} \tag{1.4}$$

显然，对汽车作运动学分析时，应使用滚动半径；而作动力学分析应用静力半径。作粗略分析时，通常不计其差别，统称车轮半径 r，即认为 $r_r \approx r_s \approx r$。

4. 汽车的驱动力图

表示汽车驱动力与车速之间函数关系的曲线，即 $F_t - v_a$ 曲线，称为汽车的驱动力图。它直观地显示了驱动力随车速变化的规律。对应于不同的挡位，有不同的驱动力曲线。

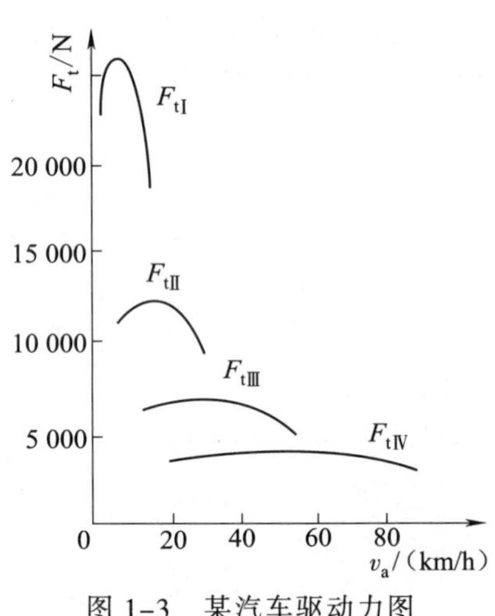

图 1–3　某汽车驱动力图

在发动机使用外特性曲线，传动系传动比、传动系效率、车轮半径等参数已知或确定后，就可作出汽车的驱动力图，如图 1–3 所示。步骤如下：

① 直角坐标：横坐标为车速 v_a，纵坐标为驱动力 F_t。

② 在使用外特性曲线上每隔（200～400 r/min）取一点（M_e，n），并计算在某一挡位下，发动机处于某一状态时的汽车驱动力和车速。

③ 在 F_t—v_a 坐标上作出相应的点，将所得的点连成圆滑的曲线，就得到了该挡位下的驱动力曲线。对应不同的挡位，有不同的驱动力曲线。

由于所作的驱动力坐标是根据发动机使用外特性曲线制成，它表示该挡位在该速度下的最大的驱动力，当节气门开度减小时，相对应的驱动力也减小，故曲线下方的区域都可成为汽车的实际工作区。

1.2.2 汽车的行驶阻力

汽车在水平道路上等速行驶时必须克服来自地面的滚动阻力 F_f 和来自空气的空气阻力 F_w；当汽车在坡道上爬坡行驶时，还必须克服重力沿坡道的分力，即爬坡阻力 F_i。汽车加速行驶时还需要克服其惯性，即加速阻力 F_j。因此汽车行驶的总阻力为

$$\sum F = F_f + F_w + F_i + F_j \tag{1.5}$$

上述诸阻力中滚动阻力和空气阻力是在任何行驶条件下均存在的。爬坡阻力和加速阻力仅在一定行驶条件下存在。在水平道路上等速行驶时就没有加速阻力和爬坡阻力。

1. 滚动阻力

（1）滚动阻力的产生

滚动阻力是当车轮在路面上滚动时，两者之间相互作用力以及相应的轮胎和支承面变形所产生的能量损失的总称。它包括：

道路塑性变形损失；

轮胎弹性迟滞损失；

其他损失，如轴承、油封损失，悬架零件间摩擦和减振器内损失等。

汽车在松软路面上行驶时，滚动阻力主要是由路面变形引起的；汽车在硬路面上行驶时，滚动阻力主要是由轮胎变形引起的，如图 1-4、图 1-5 所示。

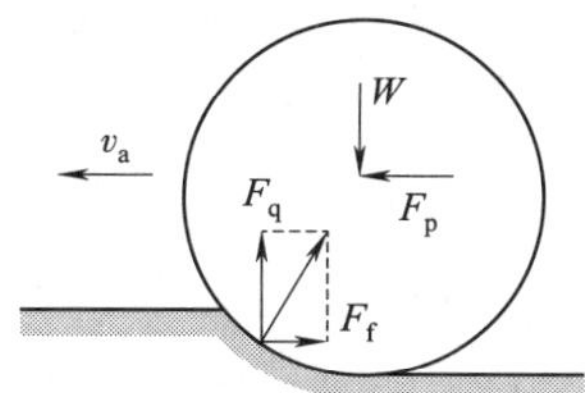

图 1-4　从动轮在软路面上滚动

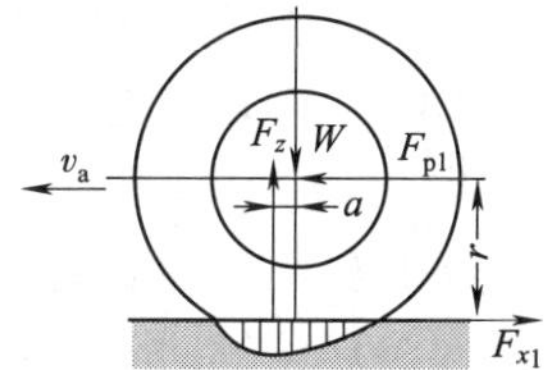

图 1-5　从动轮在硬路面上滚动

（2）滚动阻力的计算

汽车滚动阻力构成非常复杂，难以精确计算，而且驱动轮与从动轮也不完全相同。在一般计算中，汽车滚动阻力可以用下式计算

$$F_f = G \cdot f \tag{1.6}$$

式中　F_f——滚动阻力；

G——汽车总重；

f——滚动阻力系数。

滚动阻力系数表示了单位车重的滚动阻力。汽车在不同路面上的滚动阻力系数不等。

（3）影响滚动阻力系数的因素

滚动阻力系数的数值由试验确定。其数值与轮胎（结构、材料、气压）、道路（路面的种类与状况）及使用条件（行驶速度与受力情况）有关。

轮胎的结构、帘线及橡胶品种对滚动阻力都有影响。在保证轮胎有足够的强度和寿命的前提下，减少帘布层数，可以使胎体减薄而减小滚动阻力系数。子午线轮胎因帘线层数少，因此其滚动阻力系数较一般轮胎的滚动阻力系数小，而且随车速的变化小。胎面花纹磨损的轮胎，比新轮胎的滚动阻力系数小。

轮胎气压对滚动阻力系数影响很大。气压降低时，在硬路面上轮胎变形大，因此滚动阻力系数增大；气压过高，在软路面上行驶时，路面产生很大塑性变形，将留下轮辙，同样使滚动阻力系数增大。

路面的种类和状况不同，使滚动阻力系数在很大范围内变化。坚硬、平整而干燥的路面，滚动阻力系数最小。路面不平，滚动阻力系数将成倍增长。这是因为路面不平会引起轮胎和悬架机构的附加变形，减振器内产生的阻力要成倍地消耗能量。松软路面由于塑性变形很大，使滚动阻力系数大幅增加。

车速在 50 km/h 以下时，不同路面上的滚动阻力系数值见表 1-1。

表 1-1　滚动阻力系数的数值表

路面类型	滚动阻力系数	路面类型	滚动阻力系数
良好的沥青或混凝土路面	0.010～0.018	压紧土路	0.050～0.150
一般的的沥青或混凝土路面	0.018～0.020	泥泞土路（雨季或解冻期）	0.100～0.250
碎石路面	0.020～0.025	干沙	0.100～0.300
良好的卵石路面	0.025～0.030	湿沙	0.060～0.150
坑洼的卵石路面	0.035～0.050	结冰路面	0.015～0.030
压紧土路（干燥的）	0.025～0.035	压紧的雪道	0.030～0.050

（4）速度对滚动阻力系数的影响

如图 1-6 所示，车速在 100 km/h 以下时，滚动阻力系数变化不大。在 100 km/h 以上时增长较快。车速达某一高速时，如 150～200 km/h，滚动阻力系数迅速增长。因为这时轮胎将发生驻波现象，即轮胎周缘不再是圆形而呈明显的波浪状。出现驻波后，滚动阻力系数显著增加，而且轮胎的温度也很快增加，胎面与轮胎帘布层会产生脱落，出现爆破的现象，也就是我们常说的“爆胎”，这对高速行驶的车辆很危险。

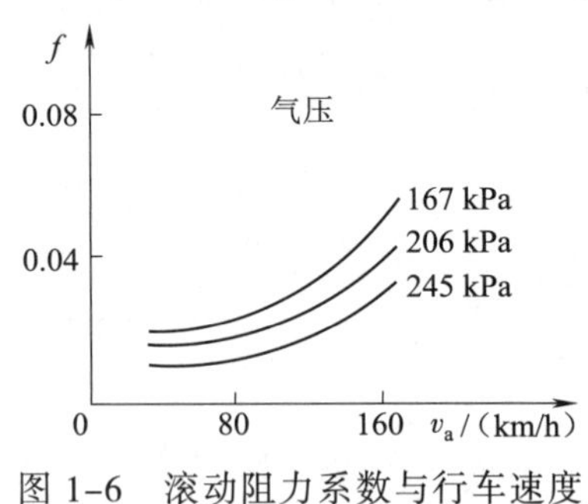

图 1-6　滚动阻力系数与行车速度的关系

在进行汽车动力性分析时，一般取良好硬路面滚动阻力系数值。对于轿车，当 $v_a<50$ km/h 时，$f=0.0165$，当 $v_a>50$ km/h 时，f 值可按下式估算

$$f=0.0165[1+0.01(v_a-50)] \tag{1.7}$$

货车轮胎气压高，行驶速度低，其估算公式为

$$f=0.0076+0.000056v_a \tag{1.8}$$

在使用中如果轮胎气压不足，前后轴的平行性差，前轮定位失准等都会使滚动阻力系数增加。当有侧向力作用时，地面对轮胎产生侧向反作用力，引起轮胎的侧向变形，滚动阻力系数将大幅度增加，例如在转弯行驶时。

应用表 1-1 时，对于轿车，轮胎气压较低，轮胎变形较大，其滚动阻力系数值应偏向上限。对于货车，轮胎气压较高，其滚动阻力系数值应偏向下限。

2. 空气阻力

汽车在空气介质中行驶时，受到的空气作用力在行驶方向上的分力称为空气阻力。

（1）空气阻力的组成

空气阻力包括摩擦阻力和压力阻力两大部分。

摩擦阻力是由于空气的黏性在车身表面产生的切向力的合力在行驶方向的分力。摩擦阻力与车身表面粗糙度及表面积有关。

压力阻力是作用在汽车外形表面上的法向压力的合力在行驶方向上的分力。它包括下列四部分：

① 形状阻力。汽车行驶时，空气流经车身，在汽车前方空气相对被压缩，压力升高，车身尾部和圆角处空气压力较低，形成涡流，引起负压。由汽车前后部压力差所引起的阻力称为形状阻力。形状阻力大小与车身主体形状有很大关系，例如车头、车尾的形状及挡风玻璃的倾角等。

② 干扰阻力。突出于车身表面的部分所引起的空气阻力，如门把手、后视镜、翼子板、悬架导向杆、驱动轴等。

③ 诱导阻力。汽车上下部压力差（即升力）在水平方向的分力。

④ 内循环阻力。发动机冷却系、车身内通风等需空气流经车体内部时形成的阻力。

以上四种阻力的合力在汽车行驶方向上的分力即为空气阻力。以轿车为例，这几部分阻力所占比例见表 1-2。

表 1-2 空气阻力组成

组成	摩擦阻力	形状阻力	干扰阻力	诱导阻力	内循环阻力
比例	8%～10%	55%～60%	12%～18%	5%～8%	10%～15%

（2）空气阻力的计算

在汽车行驶速度范围内，根据空气动力学原理，空气阻力 F_w 的数值通常由下式确定：

$$F_w=\frac{1}{2}C_D A\rho v_r^2 \tag{1.9}$$

式中 C_D——空气阻力系数，主要取决于车身形状；

A——汽车迎风面积，m^2；

ρ——空气密度，ρ=1.225 8 kg/m^3；

v_r——汽车与空气在相对速度。

如果汽车在无风的情况下以 v_a（km/h）的速度行驶，则上式为

$$F_w=\frac{C_D A v_a^2}{21.15} \tag{1.10}$$

上式表明，空气阻力是与空气阻力系数 C_D 及迎风面积 A 成正比。为了保证必需的乘坐空间，A 值不能过多地减少，所以从结构上降低空气阻力主要应以降低空气阻力系数 C_D 入手。

（3）空气阻力系数 C_D

C_D 值的大小和汽车外形关系极大，这要求汽车外形的流线型好。C_D 值可通过风洞试验测定。根据现代空气动力学的原理，轿车车身常采用下列方法降低 C_D 值，如图 1-7 所示。

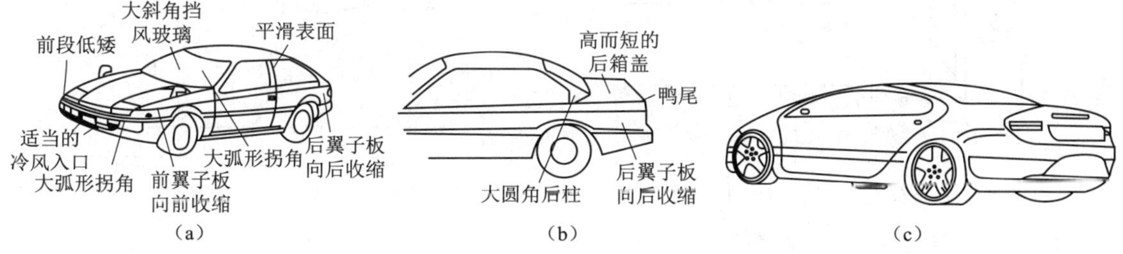

图 1-7 轿车车身常采用降低 C_D 值方法

① 整车。在汽车侧视图上，它应前低后高，使车身呈 1°～2° 的负迎角。这可减少流入车底的空气量，使 C_D 值下降，并可减少升力。

② 在俯视图上，车身两侧应为腰鼓形，前端呈半圆状，后端有些收缩。

车身前部发动机罩向前下方倾斜，面与面的交接处为大圆弧的圆柱面。

挡风玻璃为圆弧状，尽可能躺平且与中部拱起的车顶盖圆滑过渡。前窗与水平线夹角为 30° 左右时，C_D 值最小。

前后玻璃支柱应圆滑，窗框高出玻璃面的程度应尽可能小。

用埋入式大灯、小灯、雨刷和门把，灯的玻璃罩与车头车尾组成圆滑的整体。

后视镜等突出物的形状应接近流线型。

拱形保险杆与车头连成连续圆滑的整体。

在保险杆之下的车头处，安装适当长度的向前或前下方伸出的阻流板，虽然它本身产生一定的阻力，但它能抑制车头处较大涡流的产生。

③ 汽车后部。在汽车侧视图上，后窗玻璃与水平线呈 25° 夹角以下的称为快背式车身；呈 25° ～50° 夹角的称为舱背式车身。最好采用快背式或舱背式。

在其后端装有凸起的扰流板。它具有阻滞作用，使流过车身上表面气流的速度降低，从而降低了垂直于后窗表面的负压力的绝对值，使空气阻力减小。

在外观上有行李箱的称为折背式车身，它的后窗玻璃与水平线尽可能呈 30° 角，并采用短而高的行李箱。

④ 车身底部。所有零部件在车身下应尽量齐平，最好有平滑的底板盖住底部。

盖板从车身中部或从车轮以后上翘约 6° 角，这可顺利地引导车身下的气流流向尾部，减少在车尾后形成的涡流，使 C_D 值下降。

⑤ 发动机冷却进风系统。恰当地选择进出风口位置、尺寸和形状，很好地设计通风道，在保证冷却效果的前提下，尽量减少气流内循环阻力。

随着汽车的速度不断提高，汽车的 C_D 值在不断地降低，如奥迪 100 的Ⅲ型轿车在Ⅱ型基础上采用优化措施，使 C_D 值由原来的 0.42 降至 0.30。预计在不久的将来，实际作用的轿车 C_D 值可达 0.2。

随着高速公路的发展，货车的外形设计也采用了减少 C_D 值的方法。驾驶室顶盖、挡风玻璃及前脸在侧视图上具有大的圆弧，特别是整个驾驶室安装了导流板装置，可大幅度减少 C_D 值。试验表明，半挂车采用如图 1-8 所示的附加装置，可使 C_D 值减少 30%。

3. 爬坡阻力

当汽车爬坡行驶时，汽车重力在平行于路面方向的分力，称为汽车的爬坡阻力，用 F_i 表示，如图 1-9 所示。

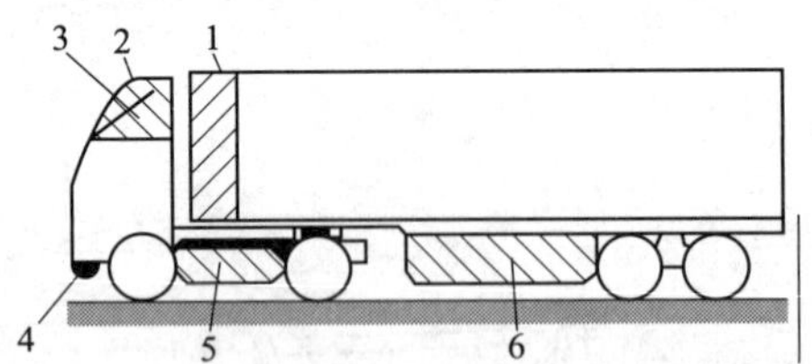

图 1-8　半挂车减少空气阻力的附加装置

1—间隔衬罩；2—车顶导流板；
3—车顶导流罩；4—扰流器；5—底板；6—侧裙

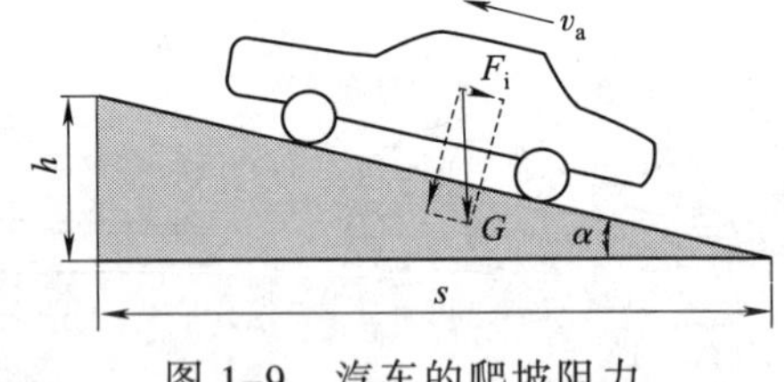

图 1-9　汽车的爬坡阻力

F_i 与汽车重力及坡度角 α 的关系为

$$F_i = G\sin\alpha \tag{1.11}$$

道路坡度常用坡高与底长之比的百分数来表示

$$i = \frac{h}{s} \times 100\% = \tan\alpha \tag{1.12}$$

我国各级公路及高速公路允许的纵向坡度一般较小。

当 $\alpha < 10°$ 时，可认为 $\sin\alpha \approx \tan\alpha \approx i$

由于爬坡阻力与滚动阻力均属于与道路有关的阻力，而且均与车重成正比，故有时把这两种阻力合在一起称为道路阻力，用 F_ψ 表示，即

$$F_\psi = F_f + F_i \tag{1.13}$$

在坡道上 $F_f = fG\cos\alpha$，所以

$$F_\psi = G(f\cos\alpha + \sin\alpha) \tag{1.14}$$

令 $\psi = f\cos\alpha + \sin\alpha$，$\psi$ 称为道路阻力系数，表示单位车重的道路阻力。当 α 较小时，$\psi=f+i$

则
$$F_\psi = G\psi \tag{1.15}$$

值得注意的是，当汽车下坡时，F_i 为负值，即变行驶阻力为动力。

4. 加速阻力

汽车加速行驶时，需要克服其加速运动时的惯性，就是加速阻力 F_j。为便于计算，通常把汽车的质量分为平移质量和旋转质量两部分。加速时不仅平移的质量产生惯性，旋转的质量还要产生惯性力偶矩。为便于计算，一般把旋转质量的惯性偶矩转化为平移质量的惯性，并以系数 δ 作为计入旋转质量惯性力偶矩后的汽车质量换算系数，因而汽车加速阻力 F_j 可写成

$$F_j = \delta \frac{G}{g}\frac{\mathrm{d}v}{\mathrm{d}t} \tag{1.16}$$

式中 δ——汽车旋转质量换算系数，$\delta>1$；

G——汽车重量，N；

g——重力加速度，$\mathrm{m/s^2}$；

$\mathrm{d}v/\mathrm{d}t$——行驶加速度，$\mathrm{m/s^2}$。

δ 主要与飞轮的转动惯量、车轮的转动惯量以及传动系的传动比有关。

1.2.3 汽车的行驶条件和行驶方程式

1. 汽车行驶的驱动条件

汽车必须有一定的驱动力，以克服各种行驶阻力，才能正常行驶。表示汽车驱动力与行驶阻力之间关系的等式，称为汽车的驱动力平衡方程，即汽车的行驶方程式

$$F_t = F_f + F_w + F_i + F_j \tag{1.17}$$

或

$$\frac{M_e i_k i_0 \eta_T}{r} = Gf\cos\alpha + \frac{C_D A v_a^2}{21.15} + G\sin\alpha + \frac{\delta G}{g}\cdot\frac{\mathrm{d}v}{\mathrm{d}t} \tag{1.18}$$

上式说明了汽车行驶中驱动力与各行驶阻力的平衡关系，其平衡关系不同，则汽车的运动状态不同。

若 $F_t > F_f + F_w + F_i$ 时，汽车将加速行驶；

若 $F_t = F_f + F_w + F_i$ 时，汽车将匀速行驶；

若 $F_t < F_f + F_w + F_i$ 时，汽车将无法起步或减速行驶直至停车。

所以汽车行驶的第一个条件为

$$F_t \geqslant F_f + F_w + F_i \tag{1.19}$$

该式被称为汽车的驱动条件，但还不是汽车行驶的充分条件。

当发动机的转速特性、变速器的传动比、主减速比、传动效率、车轮半径、空气阻力系数、汽车迎风面积以及汽车质量等初步确定后，便可使用此式分析在附着性能良好的典型路面（混凝土、沥青路面）上的行驶能力，即确定汽车在节气门全开时可能达到的最高车速、加速能力和爬坡能力。

2. 汽车行驶的附着条件

从以上分析可知，要提高汽车的动力性，可以采用增加发动机转矩、加大传动系传动比等措施增大汽车的驱动力来实现。但是这些措施只有在驱动轮与路面不发生滑转现象时才有效。如果驱动轮在路面滑转，则增大驱动力只会使驱动轮加速旋转，地面切向反作用力并不会增加，汽车仍不能行驶。这种现象说明地面作用在驱动轮上的切向反作用力受地面接触强度的限制，并不能随意加大，即汽车行驶除受驱动条件制约外，还受轮胎与地面附着条件的限制。

地面对轮胎切向反作用力的极限值称为附着力，记作 F_φ。在硬路面上附着力取决于轮胎与路面间的相互摩擦，它与驱动轮法向作用力 F_z 成正比，常写成

$$F_\varphi=F_z\varphi \tag{1.20}$$

φ 称为附着系数，它是由轮胎和路面的结构特性决定的，表示轮胎与路面的接触强度。在硬路面上，附着系数 φ 反映了轮胎与路面的摩擦作用。当轮胎与路面接触时，路面的坚硬微小凸起能嵌入变形的轮胎中，增加了轮胎与路面的接触强度，对轮胎滑转有一定的阻碍作用。

在松软路面上，附着系数不仅取决于轮胎与土壤间的摩擦作用，同时还取决于土壤的抗剪切强度。因为只有当嵌入轮胎花纹沟槽的土壤被剪切脱开基层时，轮胎在接地面积内才产生相对滑动，车轮发生相对滑转。

显而易见，地面切向反作用力不能大于附着力，否则会发生驱动轮滑转，汽车将不能行驶。

$$F_t \leqslant F_\varphi = F_z\varphi \tag{1.21}$$

式中 F_z 为作用在所有驱动轮上的地面反作用力。

此即为汽车行驶的第二个条件，即附着条件。将汽车的驱动条件与附着条件联写，则得

$$F_f + F_w + F_i \leqslant F_t \leqslant F_z\varphi \tag{1.22}$$

这就是汽车行驶的充分必要条件，称为汽车行驶的驱动-附着条件。

3. 影响汽车的附着力的因素

汽车的附着力取决于附着系数以及地面作用于驱动轮的法向反作用力 F_z。

（1）附着系数

附着系数主要取决于路面的种类与状况、轮胎的结构和气压以及其他一些使用因素。

① 路面种类与状况。坚硬路面的附着系数较大，路面的坚硬微小凸起部分嵌入轮胎的接触面，使接触强度增大。因长期使用已经磨损和风化的路面附着系数会降低。气温升高时，路面硬度下降，附着系数也会下降。路面被细沙、尘土、油污等覆盖时，都会使附着系数下降。

松软土壤的抗剪切强度较低，其附着系数较小。潮湿、泥泞的土路，土壤表层因吸水量多，抗剪切强度更差，附着系数下降很多，是汽车越野行驶困难的原因之一。

路面的结构对排水能力也有很大影响。路面的宏观结构应具有一定的不平度而且有自动排水的能力；路面的微观结构应是粗糙而且有一定的尖锐棱角，以穿透水膜直接与胎面接触。

② 轮胎的结构与气压。轮胎花纹对附着系数影响也较大。具有细而浅花纹的轮胎在硬路面上有较好的附着能力；具有宽而深的花纹的轮胎，在软路面上，附着能力更好。增加胎面的纵向花纹，在干燥的硬路面上，由于接触面积减小，附着系数值有所下降；但在潮湿的路面上有利于挤出接触面中的水分，附着能力相应提高。

为了提高轮胎的“抓地”能力，现在的轮胎胎面上常有纵向的曲折大沟槽，胎面边缘上有横向沟槽，使轮胎在纵向、横向均有较好的“抓地”能力，又提高了在潮湿地面上的排水能力。宽断面和子午线轮胎由于与地面的接触面积增大，附着系数值较高。

轮胎的磨损会使胎面花纹深度减小，附着系数值将显著下降。

降低轮胎气压，可使硬路面上附着系数值略有增加，所以采用低压胎可获得较好的附着性能。在松软的路面上，降低轮胎气压，则轮胎与土壤的接触面积增加，胎面凸起部分嵌入土壤的数目也增多，因而附着系数显著提高。如果同时增加车轮轮辋的宽度，则效果更好。对于潮湿的路面，适当提高轮胎气压，使轮胎与路面的接触面积减小，有助于挤出接触面间的水分，使轮胎得以与路面较坚实的部分接触，因而可提高附着系数。

③ 行车速度。汽车行驶速度提高时，多数情况下附着系数是降低的。这对于汽车的高速制动尤为不利。在硬路面上提高行驶速度时，由于路面微观凹凸构造来不及与胎面完美地嵌合，所以附着系数有所降低。在潮湿的路面上提高行驶速度时，由于接触面间的水分来不及排出，所以附着系数显著降低。在软土壤上，由于高速车轮的动力作用容易破坏土壤的结构，所以提高行驶速度对附着系数产生极不利的影响。只有在结冰的路面上，车速高时，与轮胎接触的冰层受压时间短，因而在接触面间不容易形成水膜，故附着系数略有提高。但要特别注意，在冰路上提高行驶速度会使行驶稳定性变坏。

④ 车轮相对于地面的滑转率。图 1-10 所示是驱动轮纵向附着系数与具滑转率的关系图。从图中可以看到，当驱动轮滑转率 S_x 从 0 开始增加时，纵向附着系数 φ_x 也随之增加，当 S_x 达到 S_T（一般是 0.08～0.30）时，纵向附着系数达到最大值 φ_{xmax}，此后，如果 S_x 继续增加，纵向附着系数 φ_x 反而随之下降，当 S_x 达到 1 时，即车轮发生纯滑转时，其纵向附着系数要远远小于 φ_{xmax}，所以从动力性上考虑，驱动轮的滑转率最好处于 S_T 的一个小邻域内，但同时考虑到车辆侧向附着系数随纵向滑转率的增大而急剧减小，所以从侧向附着系数上考虑，并注意到车辆的方向稳定性，一般认为驱动轮的最佳滑转率在小于 S_T 的范围内，可取在 0.08～0.15 之间。

汽车驱动防滑控制系统（Anti-Slip Regulation，ASR）或称汽车牵引力控制系统（Traction System，TCS）就是通过控制车轮的滑转率从而提高汽车的驱动力和车辆的方向稳定性。

汽车驱动防滑控制的主要控制方式有：

① 发动机输出转矩调节。通过减小点火提高角，减少供油或暂停供油，从而使发动机输出转矩减少，S_T 降低。

② 驱动轮制动力矩调节。在车轮发生打滑时，驱动轮上施加制动力矩，使车轮转速降至最佳的滑转率范围内。

③ 差速器锁止控制。当路面两侧附着系数 φ 差别较大时，φ 值低的一侧驱动轮发生滑转时，电子控制装置驱动锁止阀，一定程度地锁止差速器，使 φ 值高的一侧驱动轮的附着系数得

以充分发挥，车速和行驶稳定性获得提高。

④ 离合器或变速器控制。离合器控制是指当发现汽车驱动轮发生过度滑转时，减弱离合器的接合程度，使离合器主、从动盘出现部分相对滑转，从而减小传输到半轴的发动机输出转矩；变速器控制是指通过改变传动比来改变传递到驱动轮的驱动转矩，以减小驱动轮滑转程度的一种驱动防滑控制。

综上所述，附着系数受一系列因素的影响。在一般动力性计算中只用附着系数的平均值。在良好的混凝土或沥青路面上，路面干燥时附着系数 φ 值为 0.7～0.8；路面潮湿时 φ 值为 0.5～0.6；干燥的碎石路 φ 值为 0.6～0.7；干燥的土路 φ 值为 0.5～0.6；潮湿土路 φ 值为 0.2～0.4。

（2）车轮的地面法向反作用力

附着力与地面对车轮的法向反作用力成正比。而驱动轮的地面反作用力与汽车的总体布置、行驶状况及道路坡度有关。图 1–11 所示为汽车加速爬坡时的受力图。

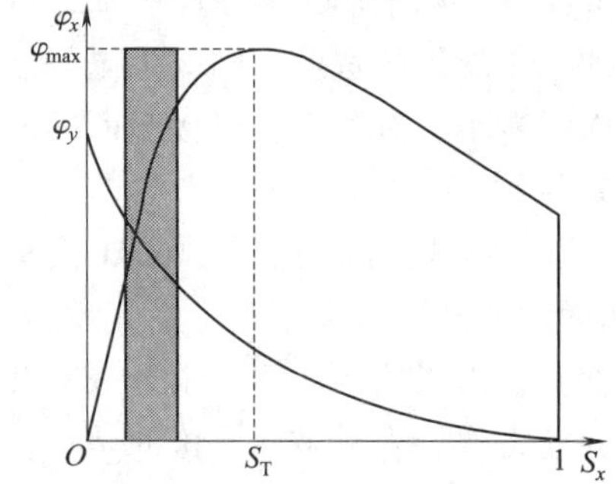

图 1–10 纵向附着系数和侧向附着系数与滑转率的关系

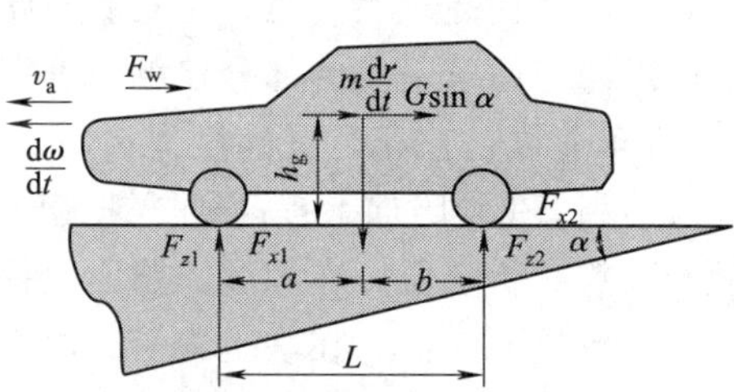

图 1–11 汽车加速爬坡时的受力图

图 1–11 中，G——汽车重力；

h_g——汽车质心高度；

F_{z1}，F_{z2}——作用在前、后轮上的地面法向反作用力；

F_{x1}，F_{x2}——作用前、后轮上的地面切向反作用力；

L——汽车轴距；

a，b——汽车质心至前、后轴之距离。

若将作用在汽车上诸力对前、后轮与道路接触中心取力矩（将质心与空气阻力中心近似看作重合），则得

$$F_{z1}=\frac{Gb-(F_i+F_j+F_w)h_g}{L} \tag{1.23}$$

$$F_{z2}=\frac{Ga+(F_i+F_j+F_w)h_g}{L} \tag{1.24}$$

上式第一项为汽车在水平路面上静止时前、后轴上的静载荷，第二项为行驶中产生的动载荷。当汽车爬坡或加速时，前轮载荷减小，而后轮载荷增加；汽车下坡或减速时，载荷变化与此相反。

由此可见，在一定附着系数的路面上，不同驱动方式的汽车具有不同的汽车附着力。后轮驱动的汽车在爬坡和加速时，其驱动轮的法向反作用力大，驱动轮的附着力大，能得到的驱动力大，其加速能力和爬坡能力好。

只有四轮驱动汽车才有可能充分利用整部汽车的重力来产生汽车附着力。当四轮驱动汽车前、后驱动轮的附着力分配刚好等于其前、后轮法向反作用力的分量时，得到的附着力最大。

1.2.4 汽车的驱动力——行驶阻力平衡图与动力特性图

为清晰而形象地表明汽车行驶时的受力情况及平衡关系，一般将汽车行驶方程式用图解法来进行分析的。即在图 1–3 所示汽车驱动力图上把汽车行驶中经常遇到的滚动阻力和空气阻力也算出并画上，作出汽车驱动力—行驶阻力平衡图，并以它来确定汽车的动力性。

1. 汽车的驱动力—行驶阻力平衡图

图 1–12（a）为一具有四挡变速器汽车的驱动力—行驶阻力平衡图。图上既有各挡的驱动力，又有滚动阻力以及滚动阻力和空气阻力叠加后得到的行驶阻力曲线。

从汽车的驱动力—行驶阻力平衡图上可以清楚地看出不同车速时驱动力和行驶阻力之间的关系。汽车以最高挡行驶时的最高车速，可以直接在图上找到。显然，F_t 曲线与 F_f+F_w 曲线的交点便是 v_{amax}。因为此时驱动力和行驶阻力相等，汽车处于稳定的平衡状态。图中最高车速为 88 km/h。

从图中还可以看出，当车速低于最高车速时，驱动力大于行驶阻力。这样，汽车就可以利用剩余的驱动力加速或爬坡。当需要在 60 km/h 等速行驶时，驾驶员可以关小节气门开度（图部虚线），此时发动机只用部分负荷特性工作，相应地得到虚线驱动力曲线，以使汽车达到新的平衡。

汽车的加速能力可用它在水平良好路面上行驶时能产生的加速度来评价，其数值可由汽车在水平路面上的驱动力平衡方程式得

$$\frac{\mathrm{d}v}{\mathrm{d}t}=\frac{g}{\delta G}[F_t-(F_f+F_w)] \tag{1.25}$$

加速度的大小与汽车行驶的挡位和速度有关，低挡时，加速度较大；同一挡位速度较低时，加速度较大。但第一节中已经指出，由于加速度的数值不易测量，实际中常用加速时间来表明汽车的加速能力。譬如用直接挡行驶时，由最低稳定速度加速到一定距离或 $80\%v_{amax}$ 所需的时间表明汽车的加速能力。

汽车的爬坡能力用最大爬坡度表示。汽车最大爬坡度是指汽车满载、节气门全开、以最低挡在良好路面上行驶，所能克服的最大道路坡度，记作 i_{Imax}。

当汽车以全部剩余驱动力克服最大坡度时（加速度为零），此时的驱动力平衡方程为

$$F_i=G\sin\alpha$$

$$F_f=Gf\cos\alpha$$

$$F_i=F_t-(F_f+F_w)$$

因为 F_f 的数值本身较小，而且当 α 较小时，$\cos\alpha\approx1$，故可认为

$$G\sin\alpha=F_t-(F_f+F_w) \tag{1.26}$$

$F_t-(F_f+F_w)$的数值可由驱动力—行驶阻力平衡图上相应线段的长度按比例尺而得到。并按下式求出道路坡度：

$$i=\tan\alpha$$

再求坡度角：

头挡最大爬坡度由 $\alpha_{Imax}=\arcsin\frac{F_{tImax}-Gf}{G}$ 换算成 i_{Imax} 值。

应当指出，上述确定的汽车动力性指标，尚未考虑附着条件的限制。

2. 动力特性图

汽车技术文献中常采用动力特性图，即动力因数—车速关系曲线。

动力因数 D 是综合评定汽车动力性的参数，其值为

$$D=\frac{F_{\mathrm{t}}-F_{\mathrm{w}}}{G}=f\cos\alpha+\sin\alpha+\frac{\delta}{g}\frac{\mathrm{d}v}{\mathrm{d}t} \tag{1.27}$$

利用动力特性图可以比较不同车重和空气阻力的车辆的动力性能。

1.3 汽车动力性影响因素

从对汽车行驶方程式的分析可知，汽车的动力性与汽车结构参数和使用条件密切相关。本节讨论汽车结构因素对汽车动力性的影响。

1. 发动机参数的影响

发动机功率越大，汽车的动力性越好。设计中发动机最大功率的选择必须保证汽车预期的最高车速。

最高车速越高，要求的发动机功率越大，其后备功率也大，加速爬坡能力必然较好。但发动机功率不宜过大，否则在常用条件下，发动机负荷过低，燃料消耗增加。

单位汽车质量所具有的发动机功率称为比功率或功率利用系数。

发动机外特性曲线形状对动力性也有较大的影响。图 1–12（b）所示为两台发动机的外特性曲线。但其最大功率与其相对应的转速相等。由图可见，外特性曲线 1 的后备功率较大，使汽车具有较大的加速能力和爬坡能力，因而动力性能较好。同时使汽车具有较低的临界车速，换挡次数可以减少，因而有利于提高汽车的平均行驶速度。

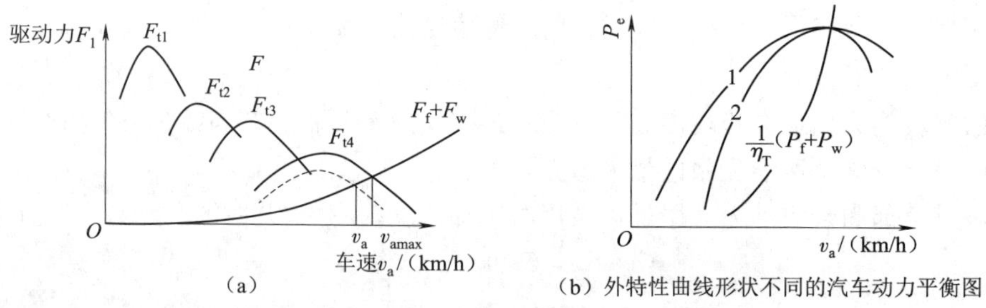

图 1–12　驱动力—行驶阻力及汽车动力平衡图

2. 传动系参数的影响

（1）传动系机械效率

传动系损失功率可表示为 $P_T=P_e(1-\eta_T)$，可见传动系机械效率越高，传动损失越小，发动机有效功率更多地转变为驱动功率，汽车动力性好。目前可在润滑油中加入减磨添加剂和选用黏度适当且受温度影响小的润滑油，对提高传动效率有明显效果。

（2）主减速器传动比

当变速器处于直接挡时，主减速器传动比将直接影响汽车的动力性。

图 1–13 表示其他条件相同而主减速器传动比不同的直接挡功率平衡图，只有当 $i_0=i_0''$ 时，

汽车的最高车速 v_{amax} 等于发动机最大功率相对应的车速，即 $v_{amax}=v_p$ 最高，此时得到 v_{amax} 的最大。其他条件不变，无论使主减速器传动比 i_0 增大还是减小，都使汽车的最高车速降低。

（3）变速器的挡数

变速器挡数增加，发动机在接近最大功率工况下的工作的机会增加，发动机的平均功率利用率高，可得到的后备功率大。例如，在两挡变速器的一挡与直接挡之间增加两个挡位时，如图 1-14 所示。汽车的最高车速和最大爬坡度均不变。但在一定的速度范围，可利用的后备功率增大了（图中影线表示区域），有利于汽车的加速和爬坡。

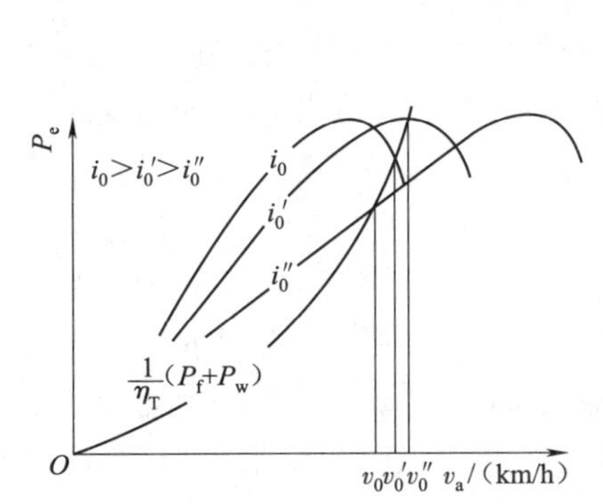

图 1-13 主减速器传动比不同时功率平衡图

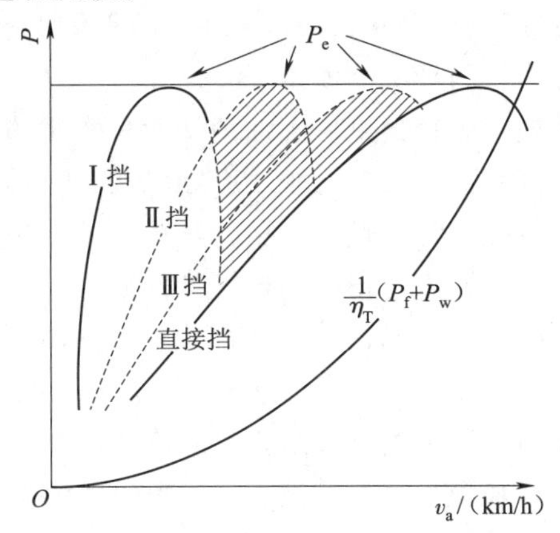

图 1-14 变速器的挡数对汽车动力性的影响

（4）变速器传动比

变速器Ⅰ挡传动比对汽车动力性影响最大。传动比越大，汽车的最大爬坡度越大。但必须满足附着条件，当Ⅰ挡发出最大驱动力时，驱动轮不应产生滑转。

变速器各挡的传动比应按等比级数分配，这样，汽车在换挡加速过程中功率利用程度最高，加速时间最短。

另外，减小空气阻力系数，减轻汽车的质量，选用滚动阻力系数小的轮胎，将使汽车的行驶阻力减小，都可以使汽车的动力性得到改善。

1.4 汽车燃油经济性的评价指标

评价汽车经济性的指标很多，可采用不同的评价参量来度量汽车经济性，大致有以下几种评价指标。

（1）比油耗 g_e（燃料消耗率）

它表示发动机的单位有效功率在单位时间内所消耗的燃料量。在国际单位制中，它的单位为克/（千瓦·时）(g/（kW·h))。

（2）每小时耗油量 G_t

它表示发动机每小时所消耗的燃料质量。常用单位为千克/时（kg/h）。

（3）每公里耗油量 G_m

它表示汽车每行驶 1 km 所消耗的燃油数量（常以体积计算）。常用单位是升/千米（L/km）。

（4）每升燃油行驶里程

它表示汽车消耗 1 L 燃油可行驶的里程数。常用单位是千米/升（km/L）。

（5）百公里油耗量 Q

它表示汽车每行驶 100 km 所消耗的平均燃油量（以体积计算）。常用单位为升/百公里（L/（100 km））。

（6）百吨公里油耗量 Q_t

它表示汽车运行过程中，每完成 100 吨公里运输量所消耗的燃油量（以体积计算）。常用单位为升/百吨公里（L/（100 tkm））。

在我国及欧洲，经济性的指标的单位为 L/(100 km)，其数值越大，汽车的经济性就越差。美国为 MPG（miles per gallon），指的每加仑燃油能行驶的英里（1 英里=1.609 km）数。其数值越大，汽车的经济性就越好。

等速行驶百公里的燃油消耗量是常用的一种评价指标，指汽车在一定载荷下，以最高挡在水平良好路面上等速行驶 100 km 的燃油消耗量。但是，等速行驶工况并不能全面反映汽车的实际运行情况，特别是在市区行驶中频繁出现的加速、减速、怠速停车等行驶工况。因此，在对实际行驶车辆进行跟踪测试统计的基础上，各国都制定了一些典型的循环行驶试验工况来模拟汽车实际运行工况，并以其百公里的燃油消耗量（或 MPG）来评定相应工况的经济性。

对于乘用车，国家标准 GB 27999—2019《乘用车燃料消耗量评价方法及指标》规定，对汽油、柴油、两用燃料及双燃料乘用车，按 GB/T 19233—2020《轻型汽车燃料消耗量试验方法》，采用全球轻型车统一测试循环（WLTC）标准进行循环试验。如图 1-15 所示，该循环由低速段（Low）、中速段（Medium）、高速段（High）和超高速段（Extra High）四部分组成，持续时间共 1 800 s。其中低速段的持续时间 589 s，中速段的持续时间 433 s，高速段的持续时间 455 s，超高速段的持续时间 323 s。

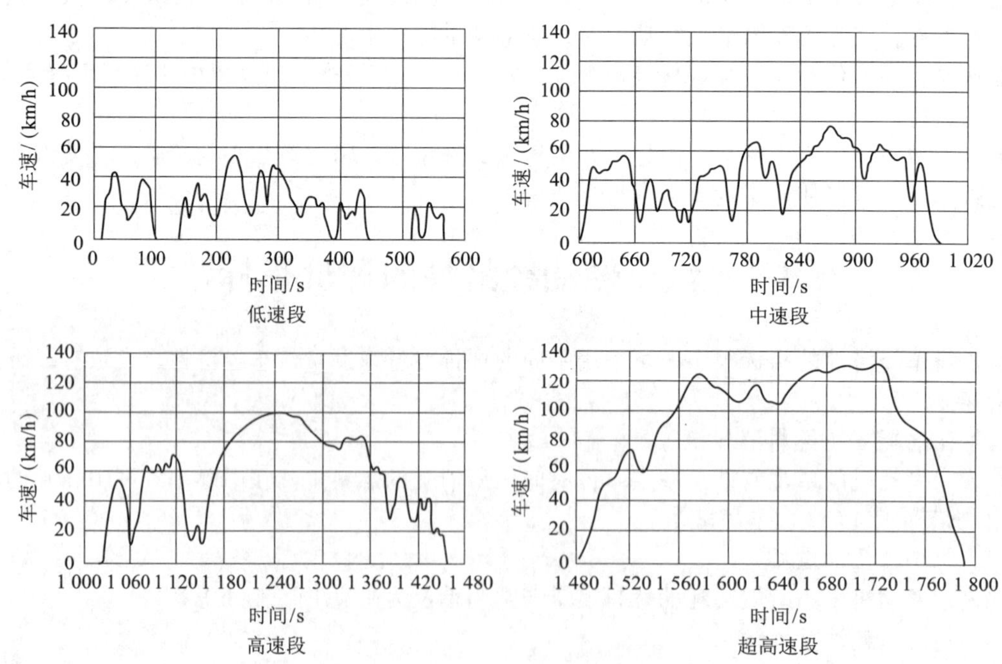

图 1-15 WLTC 试验循环

GB 19578—2021《乘用车燃料消耗量限值》规定，乘用车燃料消耗量限值见表 1-3。

表 1-3　乘用车燃料消耗量限值

车　　型	整车装备质量（CM）/ kg	燃料消耗量限值（FC_L）/（L/100 km）
装有手动挡变速器且具有三排以下座椅的车辆	CM≤750	FC_L=5.82
	750＜CM≤2 510	FC_L=0.0041×(CM−1 415)+8.55
	CM＞2 510	FC_L=13.04
其他车辆	CM≤750	FC_L=6.27
	750＜CM≤2 510	FC_L=0.0042×(CM−1 415)+9.06
	CM＞2 510	FC_L=13.66

对于轻型商用车，GB 20997—2015《轻型商用车辆燃料消耗量限值》规定，汽油、柴油、两用燃料及双燃料车辆的燃料消耗量应按 GB/T 19233—2020《轻型汽车燃料消耗量试验方法》进行测定，按照 GB 18352.6—2016《轻型汽车污染物排放限值及测量方法（中国第六阶段）》中附件 CA 所述的采用全球轻型车统一测试循环（WLTC）标准或 GB/T 38146.1—2019《中国汽车行驶工况　第 1 部分：轻型汽车》中附录 A 规定的中国汽车行驶工况（轻型商用车行驶工况 CLTC C）进行试验。CLTC C 包括低速（1 部）、中速（2 部）和高速（3 部）三个速度区间，工况时长共计 1 800 s，工况曲线如图 1-16 所示。

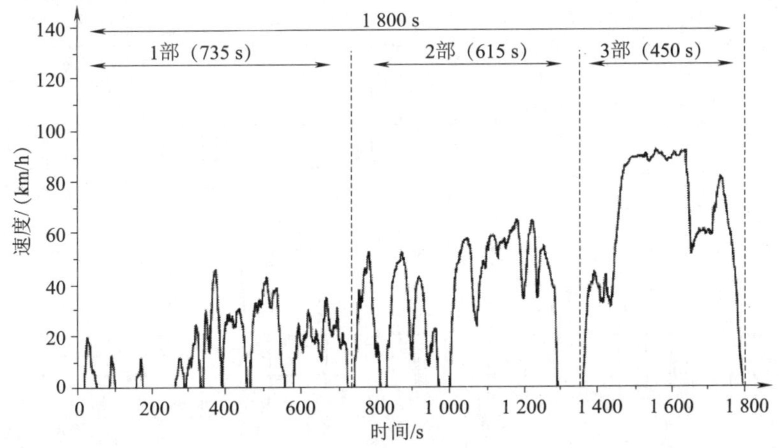

图 1-16　CLTC C 工况曲线

M2 类轻型商用车燃料消耗量的限值见表 1-4。

表 1-4　最大设计总质量不大于 3 500 kg 的 M2 类车辆燃料消耗量限值

整车整备质量（CM）/ kg	汽油车型燃料消耗量限值/（L/100 km）	柴油车型燃料消耗量限值/（L/100 km）
865＜CM≤980	5.8	5.3
980＜CM≤1 090	6.2	5.6
1 090＜CM≤1 205	6.6	5.9
1 205＜CM≤1 320	7.0	6.2
1 320＜CM≤1 430	7.4	6.5
1 430＜CM≤1 540	7.8	6.8

续表

整车整备质量（CM）/ kg	汽油车型燃料消耗量限值/ （L/100 km）	柴油车型燃料消耗量限值/ （L/100 km）
1 540 < CM ≤ 1 660	8.2	7.1
1 660 < CM ≤ 1 770	8.6	7.4
1 770 < CM ≤ 1 880	9.0	7.7
1 880 < CM ≤ 2 000	9.5	8.0
2 000 < CM ≤ 2 110	10.0	8.4
2 110 < CM ≤ 2 280	10.5	8.8
2 280 < CM ≤ 2 510	11.0	9.2
2 510 < CM	11.5	9.6

对于重型商用车，为了节约能源，国家对现生产及计划投产的重型商用车规定了燃油消耗量限值，GB/T 27840—2021《重型商用车辆燃料消耗量测量方法》规定以世界重型商用车辆瞬态循环（World Transient Vehicle Cycle，WTVC）为基础，调整加速度和减速度形成的驾驶循环C-WTVC循环（由市区、公路和高速工况组成，见图1-17），采用底盘测功机法，测试C-WTVC循环下的运行确定燃料消耗量来确定车辆燃料消耗量。

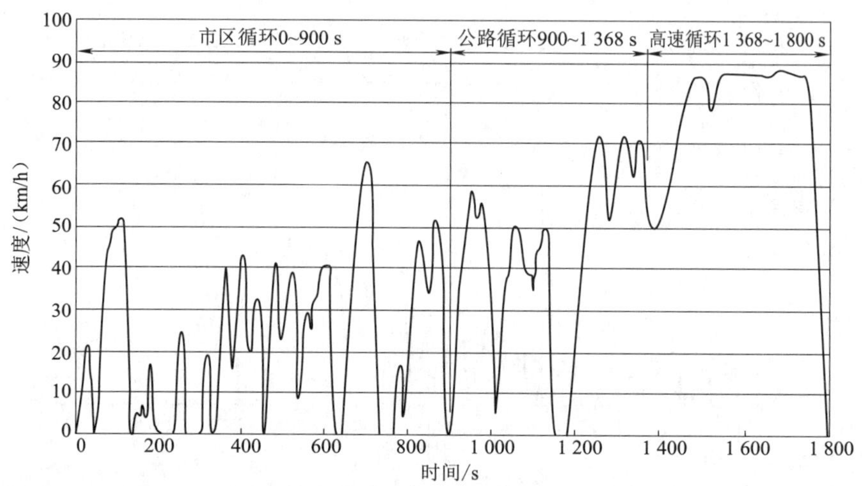

图 1-17　C-WTVC 试验循环

GB 30510—2018《重型商用车辆燃料消耗量限值》规定了综合工况燃料消耗限值，具体值见表1-5，测量方法依据GB/T 27840《重型商用车辆燃料消耗量测量方法》。

表 1-5　货车燃料消耗量限值

最大设计总质量（GVW）/ kg	燃料消耗限值/ （L/100 km）	最大设计总质量（GVW）/ kg	燃料消耗限值/ （L/100 km）
3 500 < GVW ≤ 4 500	11.5 [a]	12 500 < GVW ≤ 16 000	24.0
4 500 < GVW ≤ 5 500	12.2 [a]	16 000 < GVW ≤ 20 000	27.0
5 500 < GVW ≤ 7 000	13.8 [a]	20 000 < GVW ≤ 25 000	32.5
7 000 < GVW ≤ 8 500	16.3 [a]	25 000 < GVW ≤ 31 000	37.5

续表

最大设计总质量（GVW）/kg	燃料消耗限值/（L/100 km）	最大设计总质量（GVW）/kg	燃料消耗限值/（L/100 km）
8 500＜GVW≤10 500	18.3[a]	31 000＜GVW	38.5
10 500＜GVW≤12 500	21.3[a]	—	—

注：a 对于汽油车，其限值是表中相应限值乘以 1.2，求得的数值圆整（四舍五入）至小数点后一位。

欧洲经济委员会（ECE）规定，要测量车速为 90 km/h 和 120 km/h 等速百公里燃油消耗量和按 ECE-R.15 循环工况的百公里燃油消耗量，并各取 1/3 相加作为混合百公里燃油消耗量来评定汽车经济性。美国环保局（EPA）规定，要测量城市循环工况（UDDS）及公路循环工况（HWFET）的经济性（单位为每加仑燃油汽车行驶英里数 mile/gal），并按下式计算综合经济性（单位为 mile/gal），以它作为经济性的综合评价指标。

$$综合燃油经济性=\frac{1}{\dfrac{0.55}{城市循环燃油经济性}}+\frac{1}{\dfrac{0.45}{公路循环燃油经济性}}$$

1.5 汽车燃油经济性计算

在汽车的设计、制造和改装时，常用计算法来估算汽车的经济性。本节将介绍经济性循环行驶试验中各工况，如等速、加速、减速和怠速停车等行驶工况的经济性计算。

1. 等速行驶经济性计算

汽车在平直良好的水泥或沥青路面上，满载，用高挡以 v_a 的速度等速行驶时，发动机发出的功率（此时的阻力功率）为 P（kW），发动机相应工况下的有效燃料消耗率为 g_e [g/(kW·h)]，则等速行驶单位距离的燃油消耗量 Q_s 为：$Q_s=\frac{Pg_e}{v_a}$（g/km）。

若燃油消耗量以升计，里程以百公里计，则上式可写为

$$Q_s=\frac{Pg_e}{10v_a\gamma}\quad [\text{L/(100km)}] \tag{1.28}$$

式中 γ——燃油的密度，g/L。

按标准规定

$$\gamma_{汽}=0.74\ (\text{g/L})$$

$$\gamma_{柴}=0.830\ (\text{g/L})$$

此时发动机发出的功率为

$$P=\frac{1}{\eta_T}\left(\frac{Gfv_a}{3\,600}+\frac{C_DAv_a^3}{3\,600\times21.15}\right) \tag{1.29}$$

代入上式得

$$Q_s=\frac{g_e}{3\,600\eta_T\gamma}\left(Gf+\frac{C_Dv_a^2}{21.15}\right) \tag{1.30}$$

从此式可以看出，随 g_e、G、C_D、A、v_a 下降，燃料消耗量减少，随 η_T 的下降，Q_S 上升。此方程称等速行驶百公里燃料消耗量方程。

2. 多工况循环行驶经济性的计算

多工况循环由等速段、等加速段、等减速段及怠速所组成。只要知道各段燃料消耗量的计算方法，即可计算出按循环行驶每百公里燃料消耗量。

（1）等速行驶工况燃料消耗量计算

图 1-18 所示为某车用发动机的万有特性曲线。根据这些曲线可以确定发动机在一定转速 n、发出一定功率 P 时的燃料消耗率 g_e。为了计算方便，按 $v_a=0.377nr/(i_k i_0)$ 的关系，在横坐标上画出汽车在高挡上的车速比例尺。

根据已知 G、f、C_D、A、η_T 值，按式 $\dfrac{1}{\eta_T}\left(\dfrac{Gfv_a}{3\,600}+\dfrac{C_DAv_a^3}{76\,140}\right)$ 算出以各种速度等速行驶汽车的阻力功率 P 值。

由等速行驶的车速 v_a 及阻力功率 P，在万有特性图上查出相应的燃料消耗率 g_e，根据下述各式算出等速行驶段单位时间的燃料消耗量 Q_t。

$$Q_t = Pg_e \tag{1.31}$$

或

$$Q_t = \frac{Pg_e}{1\,000\gamma} \tag{1.32}$$

或

$$Q_t = \frac{Pg_e}{3\,600\gamma} \tag{1.33}$$

等速行驶时间 t，行程 s（m）的燃料消耗量为

$$Q=Q_t \cdot t \tag{1.34}$$

折合成百公里油耗为

$$Q = \frac{Pg_e}{3\,600\gamma v_a} \tag{1.35}$$

（2）等加速行驶工况燃料消耗量的计算

计算由 v_{a1} 加速到 v_{a2} 的燃料消耗量如图 1-19 所示，其步骤如下：

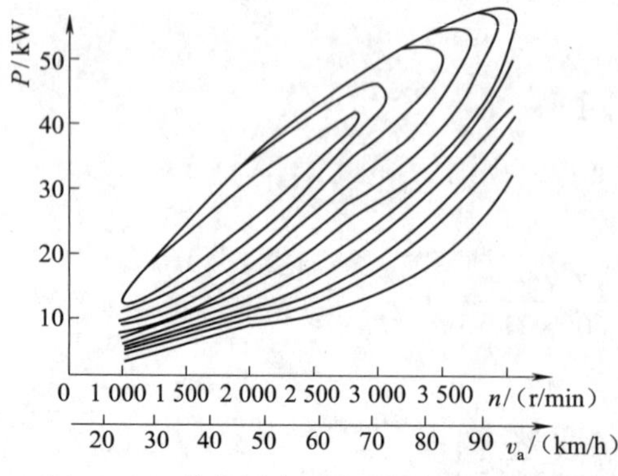

图 1-18 某车用发动机的万有特性曲线

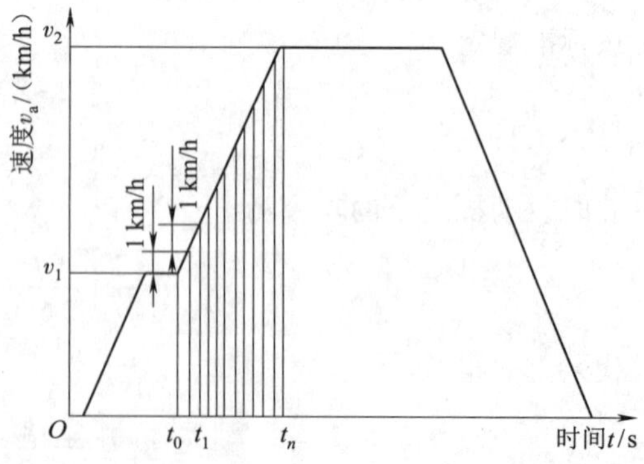

图 1-19 等加速行驶工况燃料消耗量的计算

① 在该图中，每隔 1 km/h 把 v_{a1} 至 v_{a2} 分成 n 个小区间。

② 求小区间起点和终点对应的单位时间燃料消耗量 Q_t。

由于$P=\dfrac{1}{\eta_T}\left(\dfrac{Gfv_a}{3\,600}+\dfrac{C_DAv_a^3}{76\,140}+\dfrac{\delta Gjv_a}{3\,600g}\right)$为汽车加速时发动机发出的功率，所以可以利用图 11-2，由 P、v_a 查出相应的 g_e 值，再计算出 Q_t

$$Q_t=\frac{Pg_e}{3\,600\gamma} \tag{1.36}$$

③ 求小区间内加速的燃料消耗量

每个小区间所用时间为

$$\Delta t=\frac{1}{3.6j} \tag{1.37}$$

每个小区间的燃料消耗量为

$$Q_t=\frac{Q_{t(i-1)}+Q_{ti}}{2}\Delta t$$

式中 $Q_{t(i-1)}$——车速为 $v_{t(i-1)}$（km/h）时刻的单位时间燃料消耗量，mL/s；

Q_{ti}——车速为 v_t（km/h）时刻的单位时间燃料消耗量，mL/s。

依次计算出在每个小区间内加速的燃料消耗量 Q_1，Q_2，…，Q_n。即可得整个加速段的燃料消耗量 Q_a：

$$Q_a=Q_1+Q_2+\cdots+Q_n=\sum_{i=1}^{n}Q_i \tag{1.38}$$

相应的行驶距离为

$$s_a=\frac{v_{a2}^2+v_{a1}^2}{25.92j} \tag{1.39}$$

（3）等减速行驶工况燃料消耗量的计算

在等减速段行驶，变速器处于空挡，发动机处于怠速状态，汽车轻微制动以达到规定的减速度 j（m/s^2）。所以等减速段的燃料消耗量 Q_d（mL），等于减速行驶时间 t（s）与发动机怠速燃料消耗率 Q_i（mL/s）乘积，即

$$Q_d=Q_i\cdot t \tag{1.40}$$

由于

$$t=\frac{v_{a2}-v_{a3}}{3.6j} \tag{1.41}$$

所以

$$Q_d=Q_i\frac{v_{a2}-v_{a3}}{3.6j} \tag{1.42}$$

式中，v_{a2}、v_{a3} 分别为等减速段起始、终了车速。

减速段的行程为

$$s_d=\frac{v_{a2}^2-v_{a3}^2}{25.92j} \tag{1.43}$$

（4）怠速停车工况燃料消耗量的计算

若循环中怠速停车时间为 t_s（s），发动机怠速燃料消耗率为 Q_i（mL/s），则怠速停车燃料消

耗量为 Q_{id} 为

$$Q_{id}=Q_i \cdot t_s \tag{1.44}$$

（5）按循环工况行驶的百公里燃料消耗量

$$Q_v=\frac{100\sum Q}{s} \tag{1.45}$$

式中 $\sum Q$——一个循环各工况燃料消耗量之和，mL；

s——一个循环总的行程，m。

1.6 汽车燃油经济性影响因素

由汽车燃料消耗方程可知，汽车的经济性主要取决于发动机的有效燃油消耗率和汽车行驶阻力及传动系效率。一切有利于发动机的有效燃料消耗率降低、汽车行驶阻力降低及传动系效率提高的措施都可以使汽车的燃料经济性提高。本节从汽车结构与使用两个方面讨论影响汽车燃料经济性的因素，来分析提高燃料经济性的途径。

1. 汽车结构方面

（1）发动机

由图 1-20 可知，发动机中的热损失与机械损耗占燃油化学能中的 65%左右。显然，发动机是对汽车燃料经济性最有影响的部件。目前看来提高发动机经济性的主要途径为

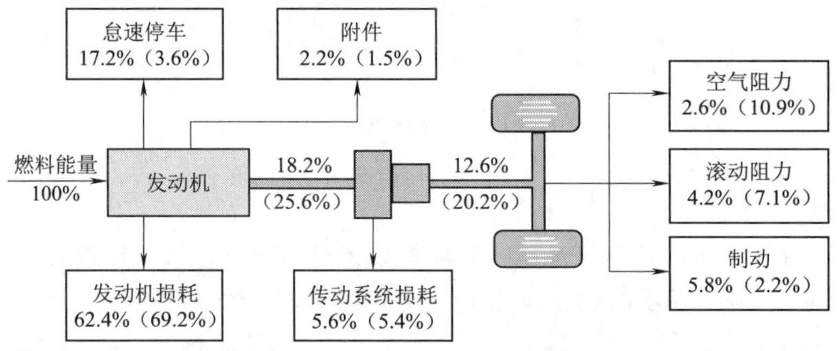

图 1-20 现代中型轿车 EPA 城市、公路循环行驶工况的能量平衡

① 提高压缩比。根据等容加热理论循环，当压缩比为 6 提高时，热效率增加，发动机动力性，提高，油耗率降低。试验表明，ε 在 7.5～9.5 范围内，压缩比每提高一个单位，油耗可以下降 4%以上。

汽油机压缩比的提高主要受爆燃和 NO_x 污染物排放的限制，同时提高到一定程度后，不仅对提高发动机的功率和效率无明显效果，而且会增加排气中 NO_x 的浓度。提高压缩比，需要相应提高汽油辛烷值，使得汽油炼制成本提高。

改进燃烧室和进气系统，提高发动机结构的爆燃极限；使用爆燃传感器，自动延迟产生爆燃时的点火提前角；开发高辛烷值汽油等，都是提高压缩比的措施。

② 采用汽油机电子燃油喷射系统。可燃混合气燃烧得完全，燃烧的放热量就多，这不仅能使发动机发出更大的功率，而且可使排出废气中的有害物质得到控制；燃烧得及时，可使比油耗下降，热效率提高。

与传统的化油器供给系统相比，电子汽油喷射系统通过电子技术对系统实行多参数控制，可使发动机的功率提高 10%，在耗油量相同的情况下，扭矩可增大 20%；从 0～100 km/h 加速时间减少 7%；油耗降低 10%；尾气排污量可降低 34%～50%，系统采用闭环控制并加装三元催化器，排放量可下降 73%。

③ 多气门结构。以四气门结构为例，多气门技术的主要优点有：油嘴的布置使油线分布均匀，相应的燃烧室也可以采用中心布置，中心燃烧室与偏置燃烧相比，进气涡流动能的衰减，要明显小得多；中置油嘴加中置燃烧室可以改善混合气的形，提高燃烧质量，获得低的排放和高的转矩功率；四气门增加了气门的流通面积和流通力，进气面积可提高 11%以上，排气面积可提高 25%以上，从而降低了泵气损失，提高充气系数，有助于降低燃料消耗率；中置燃烧室使活塞顶上的热负荷趋于均匀，便于冷却油腔的布置，采用冷却油腔的活塞能承受更高的热负荷；四气门采用两个独立的进气道，便于实现可变进气涡流，高转速、全负荷时两个进气道都打开，而在低速时只开一个进气道，从而提高了涡流比；中置且垂直的油嘴安装位置使用可变流道面积喷嘴，有助于减少排放，特别是低转速、低负荷的颗粒排放。

④ 涡轮增压技术。增压是指对新鲜空气进行预压缩的过程。增压后进入燃烧室内的新鲜空气量增多，燃烧更多的燃料，从而可以提高发动机功率。增大空气密度 ρ_k，即提高进入气缸空气的压力 P_k，降低进入气缸空气的温度 T_k 是提高平均有效压力 P_{me} 最有效的方法。提高空气的压力和降低进入气缸的空气温度的办法是采用增压和中间冷却技术。该技术除明显改善发动机的动力性外，还可以改善燃料经济性。实践证明，在小型汽车发动机上采用涡轮增压，当汽车以正常的经济车速行驶时，可以获得相当好的燃料经济性，同时，发动机功率的增加，能得到驾驶员所期望的良好的加速性能。

采用增压技术不仅可提高功率 30%～100%；还可以减少单位功率质量，缩小外形尺寸，节约原材料，降低燃料消耗。实践表明：在一般柴油机上，将进排气管作适当变动，并调整加大供油量，加装废气涡轮增压器后，可明显增加功率，降低油耗。

⑤ 燃烧稀混合气。稀混合气可以提高发动机燃料经济性的主要原因是，由于稀混合气中的汽油分子有更多的机会与空气中氧分子接触，容易燃烧完全，同时混合气越接近于空气循环，绝热指数 K 越大，热效率力越高；燃用稀混合气，由于其燃烧后最高温度降低，使气缸壁传热损失较少，并使燃烧产物的离解减少，从而提高了热效率。另外，采用稀混合气，由于气缸内压力、温度低，不易发生爆燃，可以提高压缩比，增大混合气的膨胀比和温度，减少燃烧室残余废气量，因而可以提高燃油的能量利用效率。但若混合气过稀，燃烧速度过于缓慢，等容燃烧速度下降，混合气发热量和分子改变系数减少，指示功减小，机械损失功变化很小，使机械效率下降；混合气过稀，发动机的工作对混合气分配的均匀性和汽油、空气及废气三者的混合均匀性变得更加敏感，循环变动率增加，个别缸失火的概率增加。

近年来，随着汽油机电控技术的发展，无回油燃油系统和汽油直接喷射系统在新车型上的应用越来越多，这两项技术的应用对进一步降低汽油机的燃油消耗和排放污染均具有重大意义。

- 无回油管燃油系统。无回油管燃油系统实际并不是真的没有回油管，只是将回油管和燃油压力调节器与燃油泵一起组合安装在燃油箱内，燃油压力调节器一般也安装在燃油泵壳体内。

- 汽油直接喷射系统。传统汽油机电控燃油喷射系统是将汽油喷入进气管，并在进气管内与空气开始混合，然后进入气缸燃烧。由于喷油位置距离燃烧室较远，混合气的形成受进气气流和气门开关的影响较大，而且部分微小油粒吸附在进气管壁上的现象也在所难免，这使得参与燃烧的混合气浓度很难实现更精确的控制。为解决这一难题， 世界各大汽车生产公司纷纷研制了汽油直接喷射系统。

与普通电控汽油喷射发动机相比，采用汽油直接喷射系统的发动机的动力性、经济性和排放性均有明显改善，但由于汽油喷射位置不同，而且普遍采用稀薄燃烧技术，导致其机构等与普通电控汽油喷射发动机有所不同。

汽油直接喷射系统与普通电控汽油喷射系统相比，主要的区别是燃油供给系统。由于向气缸直接喷射燃油，且喷射过程延续到发动机的压缩行程，所以汽油直接喷射系统必须通过一个高压燃油泵提供给喷油器燃油压力达到 10 MPa 以上。汽油直接喷射燃油供给系统可分为低压燃油系统和高压燃油系统两部分。

（2）传动系

汽车传动系的挡数、传动比及传动系效率对汽车燃烧经济性都有很大影响。

为了降低汽车的燃料消耗量，不仅希望发动机的有效燃料消耗率的数值尽可能小，而且还希望发动机工作在特性曲线的最佳比油耗区。传动系的传动比（主要是变速器的传动比）影响发动机工作特性曲线与汽车行驶阻力之间的匹配。传动系的传动比应使发动机在经济工况下工作。

① 变速器挡位数的影响。在一定的行驶条件下，变速器应尽量用较高挡位。例如在良好水平路面上，在某些速度下，既可用高挡行驶，又可用次高挡行驶，则采用高挡行驶比较省油。因为在相同车速、相同阻力功率的情况下，采用高挡，则发动机行驶阻力不变。所以，百公里燃料消耗较小。由此可知，能够用高速挡行驶时，尽量用高挡行驶。

传动系的挡位越多，汽车在运行过程中越有可能选用合适的速比，使发动机处于经济的工作状况，以提高汽车的燃料经济性。因此，近年来轿车手动变速器已基本上采用 5 挡。大型货车有采用更多挡位的趋势，如装载质量为 4 吨的五十铃货车，装用了 7 挡变速器。由专职驾驶员驾驶的重型汽车和牵引车，为了改善动力性和燃料经济性，变速器的挡位可多至 10～16 个。但挡位数过多会使变速器结构大为复杂，同时操纵机构也过于烦琐，从而使变速器操作不便，选挡困难。为此常在变速器后接上一个两挡或三挡的副变速器。

如果无级变速器的传动效率与机械式有级变速器同样提高，则采用无级变速器最理想，它可使发动机的工作特性与汽车的行驶工况始终有最佳的匹配。

② 超速挡的应用。传动系直接挡的总减速比（主减速器速比），是根据良好路面上的功率平衡图及直接挡要求的动力因素来选择的。这样的传动比，在中等车速下，节气门开度仍然不大，发动机的燃料消耗率较高。为了改善良好路面上行驶时的燃料经济性，常不改变主减速器传动比，而在变速器中设一个传动比小于 1 的超速挡。在相同的车速和道路条件下，用超速挡比用直接挡时发动机的转速低，负荷率高，故燃料消耗率下降，因而可降低汽车的百公里燃料消耗量。

③ 主减速器传动比的影响。主减速器的传动比选择较小时，在相同的道路条件和车速下，也同样使发动机的燃料消耗减少，有利于提高汽车的燃料经济性。但主减速器传动比过小，会导致经常被迫使用低一挡的挡位，最小传动比挡位的利用率降低，反而使燃料消耗量增加。

④ 传动系的机械效率。传动系的效率越高，则传动过程中的功率损失越少，汽车的燃料消耗量也随之减少。

2. 减小汽车行驶中的行驶阻力

汽车行驶过程中，滚动阻力和空气阻力在任何行驶条件下均会产生，因此汽车经常需要消耗功率来克服这些阻力。所以，减小汽车行驶中的滚动阻力和空气阻力，对节约燃料，提高汽车的燃料经济性很有意义。

（1）减小汽车的滚动阻力

汽车的滚动阻力与路面状况、行驶车速、轮胎结构，以及传动系统、润滑油料等都有关系。

① 路面状况对汽车滚动阻力的影响。我们知道在汽车总重一定的情况下，汽车行驶的滚动阻力主要决定于滚动阻力系数。不同路面的滚动阻力系数相差很大。

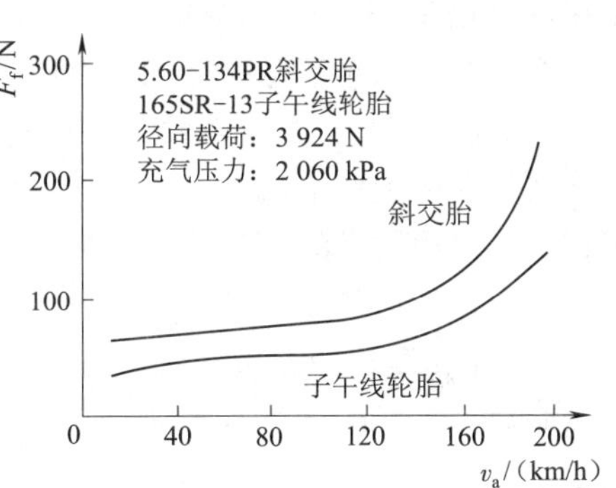

图 1-21　汽车行驶车速对滚动阻力的影响

汽车在不平的路面上行驶时，经常跳动，引起悬架装置和轮胎形变的增加，滚动阻力增加。为了节约燃油，一定要修好路面，养好路面。

② 汽车行驶速度对滚动阻力的影响。行驶车速对轮胎滚动阻力的影响很大，前面已给出了较多的分析。如图 1-21 所示，货车及轿车轮胎在车速 100 km/h 以下时，滚动阻力逐渐增加但变化不大；轿车轮胎在 140 km/h 以上时滚动阻力增长较快；车速达到某一临界车速，例如 200 km/h 左右时，滚动阻力迅速增长，此时轮胎发生驻波现象，从而使滚动阻力显著增加。所以从经济性的角度出发，在使用汽车时，载货汽车的车速最好控制在 100 km/h 以下，轿车的车速最好控制在 140 km/h 以下。

③ 轮胎气压对滚动阻力的影响。轮胎的，充气压力对滚动阻力系数影响很大，气压降低时，滚动阻力系数迅速增大。当汽车在良好的硬路面上以 50 km/h 以下的速度行驶时，汽车的滚动阻力占总行驶阻力的 80%左右。

滚动阻力系数取决于轮胎径向变形量。对于一定规格、层次的轮胎来说，径向变形量的大小主要取决于轮胎承载负荷和胎内气压。气压下降，径向变形量增大，滚动阻力系数增加，油耗增加。如当汽车各轮胎的气压均较标准（各车型规定值）降低 49 kPa，就会增加 5%的油耗；而当轮胎气压低于标准的 5%～20%时，就会减少 20%的轮胎行驶里程，相应增加 10%的油耗。可见，保持轮胎气压在标准范围，是减小滚动阻力，降低油耗的有效措施。

④ 轮胎类型对滚动阻力的影响。轮胎的结构、帘线和橡胶的品种对滚动阻力都有影响。子午线轮胎比斜交胎的滚动阻力系数小。这是因为子午线轮胎的胎线层数比斜交胎的层数少，一般为 4 层，从而层与层之间的摩擦损耗减小。同样层数和规格的轮胎，子午线轮胎接地面积比斜交胎大，接地印痕呈长方形，而斜交胎印痕呈椭圆形，因此斜交胎对地压强小且均匀，轮胎的变形量减小。当轮胎滚动一周时，子午胎与地面相对滑移量小，可多走 2%左右，其耐磨性可提高 50%～70%。研究表明，汽车轮胎滚动阻力减小 4%，油耗可下降 1%左右。例如人字形花纹轮胎反向使用时，滚动阻力比顺向使用时减少 10%～25%；约可降低油耗 3%～8%。

（2）减小汽车的空气阻力

① 汽车车身结构与燃油消耗量的关系。空气阻力与汽车车身结构密切相关，它由发动机产生的牵引力来克服。减小空气阻力，就可降低发动机消耗的功率，从而降低汽车的耗油量。要减小空气阻力，就必须减小汽车的迎风面积，并使之具有合理的流线型，从而降低空气阻力系数 C_D。另外，还要保持中速行驶。

空气阻力系数 C_D，一般应是雷诺数 Re 的函数。在车速较高，动压力较高而相应气体的黏性摩擦较小时，C_D 将不随 Re 而变化。C_D 将取决于汽车的外形，即汽车的流线型如何。汽车的外形从箱型、甲壳虫型、船型、鱼型到楔型，经过了 5 个发展时期。当今公路上实用汽车的行驶速度已达到 100～150 km/h。为了保证较小的空气阻力和可靠的行驶稳定性，降低汽车的油耗，必须改善汽车车身的空气动力性能。

② 改善汽车车身空气动力性能的措施。为了降低空气阻力，达到节油的目的，轿车的外形必然是在楔型的基础上不断改进的良好的流线型。货车及各类箱式车辆，尤其是大型牵引挂车，为了实用的目的，其巨大的车身一般为非流线型。要想降低其空气阻力，解决的办法就是广泛使用各种局部的减阻装置。

③ 外形设计的合理优化。首先是外形设计的局部：优化，车头部棱角圆化可以防止气流分离和降低 C_D 值。图 1–22 所示为美国福特汽车公司对 3:8 比例的汽车模型进行风洞试验的结果。

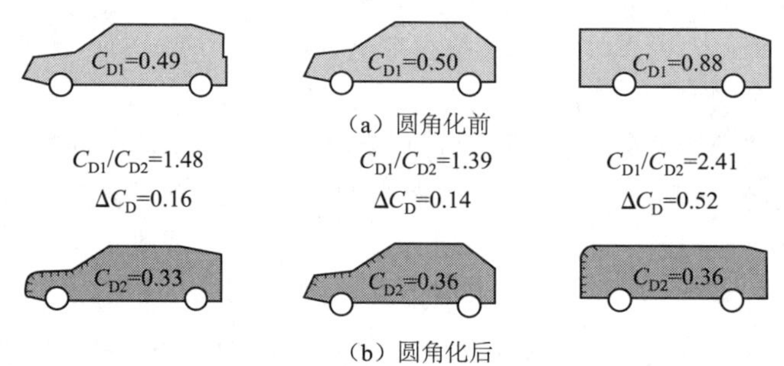

图 1–22 圆角化的影响

试验表明：当圆角半径取 40 mm 时，即可防止气流在转角处的分离。轿车模型可使阻力减小 40%～50%；箱式客车模型阻力下降更大。试验还表明：如能使汽车的平均空气阻力减小 2%，所需发动机的功率大约可减少 0.5%；轿车 C_D 值下降 0.2，在公路上行驶可节油 22%，市内可节油 6%，而在综合循环条件下，约节油 11%。例如 Audi100 轿车试验数据表明，C_D 值从 0.42. 降到 0.30，在混合循环时，燃料经济性可改善 9%左右，而当以 150 km/h 的速度行驶时，燃料经济性改善达 25%。端面带圆角的物体比不带圆角的物体的 C_D 值小得多。同时 C_D 值还与物体的长度有关。只要，有较小的圆角半径 r，就可以使 C_D 值大幅度的下降。

其次是外形设计的整体优化。局部优化和气动附加装置都可部分地改进空气动力特性，取得良好的效果；但要使空气动力性能有较大的，改变以达到更高的水平，则应进行外形设计的整体优化，也就是将汽车空气动力学的各项研究成果及改进经验，系统地应用到整车外形设计中来。

另外，导流罩是汽车四大节油装置之一，各种形式的减阻导流罩在许多国家被广泛采用：

- 凸缘型减少空气阻力装置。装在箱式车身的前部。并包覆其顶边及两侧。安装这种装置后，空气阻力系数可减少 3%～5%。
- 空气动力筛眼屏板。这种减少空气阻力的装置装在驾驶室顶上，安装这种屏板后，空气阻力系数可减少 3%以上。
- 导流罩。也称导流板或导风罩，多为顶装式，即安装在驾驶室顶上。安装导流罩后，气阻力系数可减少 3%～6%。
- 间隔封罩。在驾驶室和车厢之间，由驾驶室后端延至车厢前端，将驾驶室和车厢间的空隙密封。封罩由柔软的膜布制成，多与其他减少空气阻力的装置共用。安装这种装置后可节约燃油 12%。
- 导流器。车辆高速行驶时容易在汽车尾部形成吸气涡流，为避免这种情况，可以在轿车的尾部加装空气导流器，安装后节油效果明显。

3. 轻量化技术

钢铁材料仍是汽车的主要用材，但其所占的比例呈下降趋势。有色金属和塑料所占的比例上升得最快。直接原因是对汽车轻量化的要求越来越高，而有色金属和塑料本身性能的改善和加工工艺的进步也为其扩大应用创造了条件。其他非金属材料的比例提高也是令人瞩目的。这主要是由于对车辆的舒适性要求逐年提高，装饰更为高级、豪华，各种涂料、皮革、织物等非金属材料的用量越来越多。也正是由于汽车趋向于快速、高级、豪华、舒适、安全，形形色色的附配装置大量使用，使汽车的总质量有了较大的增加。进一步加剧了汽车轻量化的迫切性与难度。汽车材料的这种变化趋势还会继续下去。

（1）汽车结构轻量化

轻量化技术可采用“比铁更轻的金属材料”“可重复使用的塑料”“车体和部件的结构更趋合理化的中空型结构”等对策。如高强度钢板制的车体材料、铝制发动机机体、铝合金飞轮、塑料消声器等的使用已趋普遍。而悬架部件、燃油箱轻量化则刚开始。此外，还有把发动机的凸轮轴和曲轴等旋转部件制成中空化结构，以减轻质量。汽车轻量化，往往是通过这些细小技术的措施来使整体轻量化的。

发动机的质量，除决定于基本尺寸这一因素之外，还受材料的选择和制造技术所制约。使用薄壁铸造技术，用轻合金和塑料等所制造的气缸体和气缸套，铝合金制的发动机机体和曲轴，回转部分的中空结构，发动机凸轮轴和曲轴的以塑代钢、以陶代钢，以及采用陶瓷活塞销等，使零部件轻量小型，从而可实现提高功率、节能和降低燃料费的目标。

（2）材料轻量化

① 各种汽车材料的密度。汽车各种材料的密度有很大差异，因此存在着轻量化材料替代高密度材料，从而减轻部件的可能性。但是由于材料性能各异，特别是强度和刚性不同，材料间未必能等容积互代，低密度材料往往需要加大部件的尺寸才能等效地替代高密度材料。

② 现用轻量化材料。汽车轻量化材料具有代表性的有轻金属、高弹力钢、塑料等。在构成材料中，这些材料所占有的比例渐渐增加。根据通用汽车公司的战略，今后将转向使用铝和塑料的轻量化材料。各汽车制造厂和研究所对轻型新材料研究虽十分盛行，但对大批量生产还存在成本平衡问题。在汽车界价格烈竞争的情况下，轻量化带来的成本提高是不容易得到认可的。实施轻量化，应尽可能避免成本的提高，是设计者们的目标。

③ 新型轻量化材料。多数新材料是在航空宇宙领域开发过程中产生的，现在汽车上使用的高强度钢，也是在 20 世纪 60 年代火箭开发中成熟起来的，新陶瓷、碳纤维，是航天飞机和火箭中必用的材料。现在市场规模小，但在今后如果能够进入成长期，并能迅速批量生产和低价格化时，才可在汽车上得到应用。

（3）轻量化材料减轻汽车质量的潜力

目前汽车的主导材料是钢。钢在汽车材料中的主导地位已受到密度较小的塑料和铝的竞争。主要领域仍限于轿车车身；而不是动力和传动系统，这是因为后者所包含的零部件大多是高应力件，所用钢种是高强度的中碳钢或合金中碳钢，往往运用热处理以及渗碳等化学热处理增强工艺。但车身应用低强度的低碳钢，因而其地位受到塑料和铝的挑战。

轿车质量的很大份额是车身壳体及车门、发动机罩、行李舱盖板、前后保险杠，以及汽油箱、座椅等薄板附件。现代汽车前后保险杠已基本实现了塑料代钢，汽油箱大体上也已被塑料占领，其他附件正处在激烈竞争状态。行李舱盖板和发动机罩等水平零部件是塑料和铝的发展热点。

传统的轿车车身是一种薄壳体，所用钢板已经很薄。由于钢的密度远远超过铝和塑料，从竞争角度，还需继续减薄和降低质量。车身用钢的发展方向：一个是提高强度；另一个是提高延展性；第三是提高抗蚀性。还要在采用这些新材料基础上，改善结构设计和制造成型技术。

不同种类的汽车对材料的需求是不同的，一般来说，轿车用铸铁和铸钢件较少，大多被铸铝件取代，相对来说轿车使用有色金属是比较多的。汽车所用的材料，由于节省能源、节省资源、轻量化的需要而有所变化，新材料相继被推出、应用。

4. 节能技术

（1）汽车驾驶与节油

汽车节油驾驶是整个汽车驾驶操作技能的主要组成，因为节省燃油会有直接的经济效益。熟练地掌握和运用这项操作技能驾驶汽车，一般可节油 2%～12%。

要实现节油驾驶操作，首先要掌握基本的汽车驾驶操作规范，并做好车辆维护，包括针对节油要求的各项调整维修，发现故障及时维修，确保汽车处于完好的技术状况，不带病行车。还必须坚决改掉不符合规范的费油操作习惯，然后根据具体车况、路况灵活运用各种节油操作技能，就会有效地得到良好的节油效果。

由于各种汽车的结构、性能有所不同，驾驶员还应随时随地按照所驾驶车辆的使用说明书中的要求操纵车辆，既能保证顺利地行车，也能做好节油驾驶。

（2）发动机起动与升温

发动机的起动，一般分为常温起动、冷起动和热起动三种。当大气温度或发动机温度高于5℃时，起动发动机不需要采取辅助措施，这种操作称为常温起动。大气温度或发动机温度低于5℃时，起动发动机称为冷起动。发动机温度在 40℃以上起动发动机称为热起动。

① 发动机的常温起动。发动机常温起动的操作要领是：轻踩加速踏板，尽可能做到一次起动成功，起动后保持发动机低中速运转。试验表明：升温转速过低，升温时间加长，油耗增加；升温转速过高，油耗也增加，还会增加机件磨损。当发动机水温升到 40℃时，尽快转到怠速运转和准备起步。

② 发动机的冷起动。我国北方地区寒冷的 1 月平均气温达-20℃以下，西北、东北及高原严寒地区最低温度为-40℃～-30℃。低温对汽车行驶有影响，首先是发动机的冷起动，如果不

采取必要的冷起动措施，不但发动机起动困难，而且起动油耗会增加和发动机磨损增大。

低温冷起动汽油发动机的主要困难有三项：

a. 低温下机油黏度变大，曲轴旋转阻力矩增大，发动机起动转速降低，气缸内气流扰动作用变差，燃料与空气混合不均匀；

b. 随着温度降低，汽油的挥发性显著下降，黏度和相对密度增大、流动性变差，雾化不良，相当一部分汽油以液态进入气缸，造成混合气过稀；

c. 低温下蓄电池电解液黏度增大，向极板渗透能力下降，内阻增大，电瓶端电压下降，输出功率减少，以致起动机无力拖动发动机旋转或不能达到最低的起动转速。火花塞跳火能量也变小，不能点燃混合气。

在寒冷地区的汽车，发动机冷起动的措施首先是采用低温黏度的机油；还应预热进气系统，以提高发动机进气温度，改善燃油雾化；加热气缸体水套，以提高气缸内温度，改善燃烧过程。在严寒地区应采用电瓶加热保温箱，防止电瓶电解液温度过低而导致输出功率过低，并保证向电瓶正常充电。

目前在发动机气缸体中已普遍灌注乙二醇型冷却液。采用各低温黏度机油和发动机的预加热装置等，是冬季起动发动机节省燃油的有效措施。与自来水相比，乙二醇最显著的特点是防冻，而水不能防冻。其次，乙二醇沸点高，挥发性小，黏度适中并且随温度变化小，热稳定性好。因此，乙二醇型防冻液是一种理想的冷却液。防冻液是一种含有特殊添加剂的冷却液，主要用于液冷式发动机冷却系统，防冻液具有冬天防冻，夏天防沸，全年防水垢，防腐蚀等优良性能。

③ 发动机的热起动。汽车在行驶过程中经常有临时停车后重新起动发动机的情况，由于这时发动机水温较高，称为发动机的热起动。热起动时应轻踩加速踏板，做到一次顺利，起动，如果重踩加速踏板起动发动机，反而费油。

在发动机起动升温时，为了节省燃油，应该待发动机水温升到 40℃以上才起步行驶。由于起步水温低时，燃油雾化不良，发动机不能正常工作，加之机油黏度较大，摩擦损失功率增加，都会增加油耗。

（3）汽车起步加速

汽车起步加速要求做到发动机既不熄火又能省油，关键在于正确掌握抬离合器踏板和踩加速踏板的要领。

汽车平路起步时，左脚完全踩下离合器踏板，将变速杆置于低挡位置，左手握转向盘，右手放松驻车制动器操纵杆，当左脚抬离合器踏板时，这个操作应分两个阶段，前一阶段动作适当快一些，待传动机件稍有振抖，发动机声音略有变化，即离合器与飞轮刚接合，这时，抬离合器踏板的动作（后一阶段）在这一位置稍作短暂停留，同时，右脚轻轻踩下加速踏板，左脚再缓慢抬起离合器踏板，使车辆平稳起步。

右脚踩下加速踏板的限度，可以听发动机的声音，以声音增高较柔和为宜。如果加速踏板踩下过猛，发动机会出现发“闷”的吼声，说明加速过量，应稍抬踏板，防止发动机短期内出现高负荷，引起车辆加速过快向前冲动。如果加速踏板踩下不够，会感到车辆动力不足，应适当踩下踏板。如果加速踏板踩得不够而离合器踏板抬起过猛，会使发动机熄火，只能重新起步，以上三种操作都会增加油耗，关于踩加速踏板对提速和油耗的关系，一般来说踩加速踏板轻（缓加速）时，油耗较少但提速慢；踩加速踏板重（稍重）时，提速较快但费油。

汽车在坡道上起步时也要平稳起步，必须做到操纵驻车制动、离合器踏板和加速踏板的动作相互配合得当，即右手握住驻车制动操纵杆，右脚轻踩，加速踏板，使发动机转速提高到中等程度，这时抬离合器踏板到半接合状态，当听到发动机声音发生变化时缓缓放松驻车制动，同时逐渐踩下加速踏板和慢抬离合器踏板，做到平稳起步。如果脚手操作配合不当会使汽车倒退，发动机熄火，必将增加油耗。

汽车起步加速时还要做好初始挡位的选择，因为汽车起步要克服车辆的静止惯性，需要有较大的驱动力，由于发动机提供的转矩不能直接满足汽车起步的需要，就要通过在汽车变速器上选择一挡、二挡位置的减速增扭作用。这样可加大车轮的驱动转矩，达到提高汽车起步的驱动力的目的。

汽车满载以及空载在坚实平坦的路面上可用二挡起步，既能满足汽车起步加速的动力要求，又能有效地节约燃油。当汽车起步阻力很大时，如在坑洼土路和泥泞道路，以及拖带挂车和半挂车满载起步时才采用一挡起步。

近年来随着自动变速器的使用，自动变速器的动力曲线模块经过多次优化后可以保证换挡平顺的同时燃油经济性也非常不错。目前自动变速器的普及是汽车尤其是私家车发展的方向。

（4）汽车行驶

汽车行驶过程中，随着道路状况、交通流量等具体情况的变化需要更换变速器的挡位，使驱动车轮获得所需的牵引力，以克服变化的行驶阻力，这就面临挡位选择及换挡时机的问题。

一般的变速器有四五个前进挡位和一个倒挡，其中一挡、二挡为低速挡，它的传动比大，减速增扭作用显著，主要用于汽车起步、爬陡坡等要求牵引力大的工况，但油耗大，不宜长时间使用。三挡为中速挡，是汽车由低速到高速或由高速到低速的过渡挡位，还适用于转急弯、窄路、窄桥会车和通过困难路段等工况，车速稍快，但油耗较大，仍不宜长距离行驶。四挡、五挡为高速挡，由于传动比小或直接传动，所以传递到驱动轮上的转矩较小，但车速快，是汽车在良好路面上行驶的常用挡位。

① 汽车行驶时的换挡。汽车行驶时应及时换挡，它对油耗的影响很大。及时换挡一般有以下几方面的内容。

汽车在平原或丘陵地带低挡起步后，在道路和交通条件良好、车速不受限制情况下，应及时逐级加挡，换入高速挡行驶，不仅可提高车速，而且节省油耗。汽车在坡道行驶能用相邻较高一挡时，应及时换入较高的挡位，但换入高一挡位后行驶距离很短，或车速难以升起，则应及时减挡，仍用相邻较低一级的挡位行驶。汽车在陡坡行驶，如坡道不长，交通条件允许，并用高速挡能够冲爬坡顶的情况下，不需减挡爬坡，尤其是柴油车在坡道上能以较高车速通过。对于较长坡道或较大陡坡道，汽车用高速挡不能爬过时，“高挡不硬撑”，应及时逐级减挡，不要等汽车惯性消失才换挡，否则等于汽车在陡坡上重新起步，将增加油耗。

② 汽车行驶中掌握好换挡时机。汽车及时换挡除了选用合适挡位外，关键是掌握好换挡时机，这对节油十分重要。换挡时机一般用换挡时的车速来表示，可用距离或时间来表示。试验表明：汽车在平路上行驶必须按最佳的换挡时机自低速挡依顺序换入高速挡，超前或滞后换挡都会费油。

由于各种车型的结构不同，最佳换挡车速和距离也不同，甚至同一类型的汽车也不尽相同。具体到某一车辆就需要驾驶员自己摸索，才能逐步掌握好最佳换挡时机。

③ 汽车行驶中的换挡操作。汽车在坡道上的减挡操作相对于在平路上的换挡操作要突出

一些。减挡过早—指汽车在坡道速度下降很少，甚至没有下降，还不到换挡时机就换到低一级挡位行驶致不能充分利用汽车惯性来克服行驶阻力，反而抑制惯性，增加阻力，造成油耗增加。减挡过迟一般是指汽车在坡道上速度下降到该减挡的时刻而没有及时减挡，推迟了换挡时机。由此可知，汽车爬坡减挡的关键是既要利用汽车惯性，又不可使汽车惯性过多消失，才能做到节约燃油。

一脚离合器换挡的加挡程序是：当车辆需要提高车速而增高一级挡位时（加挡），迅速抬加速踏板，同时踩下离合器踏板，将变速杆从原挡挂入空挡稍作停顿再挂入高挡，快抬离合器踏板和踩加速踏板使汽车继续行驶。减挡程序是：当车辆受到交通环境变化和坡道行驶使车速降低，以及道路阻力增大需要减低一级挡位时，可稍抬加速踏板，同时踩下离合器踏板，将变速杆摘下后迅速挂入低挡，快抬离合器踏板和踩加速踏板使汽车继续行驶。以上操作程序可以简化：

抬加速踏板（减挡时稍抬），同时踩下离合器踏板。

将变速杆从原挡摘下，并迅速挂入新挡位（加挡时稍缓）。

抬起离合器踏板和踩加速踏板行车。

汽车行驶过程运用一脚离合器换挡时，操作必须熟练、准确、敏捷，需要逐步领会和掌握，如果操作不当会造成同步器早期磨损。还要根据不同车型、不同挡位采用对需要减速换用一挡时，采用两脚离合器换挡操作较为可靠。

④ 汽车行驶速度的合理选择。控制汽车行驶速度除了确保安全地完成生产任务，也是为了节约汽车燃油和降低运输成本，合理地选择安全和节油的车速是驾驶员节油驾驶操作中最为主要的环节。

汽车行驶过程的燃油消耗，不仅取决于发动机的单位燃油消耗，还取决于汽车克服行驶阻力所需的功率。当车速低时，克服行驶阻力所需功率较小；但发动机负荷低而比油耗上升，导致油耗增加；当车速高时，发动机负荷高而比油耗下降，但车速提高克服行驶阻力所需的功率较大，超过了发动机比油耗下降的作用，也会使油耗增加，所以汽车速度较低和较高都增加油耗，只有在中间某一速度时油耗最低，这个车速称为经济车速。汽车在每个挡位行驶时，都有一个对应的油耗最低车速，这就是各挡位的经济车速。

根据国家标准测定汽车在平坦的水泥、沥青路面上，用最高挡等速行驶油耗特性曲线中最低燃料消耗量的车速称为技术经济车速。技术经济车速仅仅是评定汽车燃料经济性的一项指标。汽车在完成客货运输生产时必须服从运输任务的要求和适应各种主、客观条件，以此运用相应的最低油耗或较低的行车速度，做到既能较好地完成运输任务，又能节约燃油，这种行车速度称为运行经济车速。它可以通过公路行驶实地测试求得，也就是汽车使用说明书提供的该车满载、最高挡和一定的运行条件下的经济车速；但是这个运行经济车速只是一个车速点，经验丰富的驾驶员也不可能将车速长期稳定在某个点上。为了便于做好节油驾驶操作，将经济车速前后及油耗比较低的车速划为一组，称为运行经济车速范围，具有实用意义。在一般的情况下，汽车在整个运行过程中使用最高挡位行驶在良好公路上的总行程和总油耗所占的比例相当大（70%～90%），所以用上述最高挡位车速作为汽车的运行经济车速。对于其他挡位、低级公路和山区公路的运行经济车速也可通过测试得出。

汽车在公路上行驶时，驾驶员为了节约燃油，应该根据当时的道路和路面状况、交通流量、气候风向、车辆载重等不同工况随时调整加速踏板，尽可能保持在运行经济车速范围内运行，更应尽量避免不必要的高速行车而使油耗剧增。一般来说，汽车在良好的交通条件下行驶，用最高挡和运行经济车速范围的下限行驶；当汽车行驶阻力增大，以及交通繁杂，不能用最高挡行驶时，应及时换入低挡并保持在该低挡的经济车速范围内行驶。驾驶员在生产实践中积累经验，便能做到灵活地运用好运行经济车速，创造出优良的节油效益。

（5）货运车辆的节能运输及管理

在我国高等级公路路网密度迅速提高的条件下，车辆总体水平不能适应高等级公路发展的要求。目前公路营运车辆普遍存在车辆性能差、结构不合理、老旧严重的问题。货运车辆以中型普通敞篷货车为主，高效低耗的重型货车、厢式货车、集装箱拖挂车和各类特种专用汽车所占比重低。载货汽车中普通载货汽车占到 90%以上，集装箱拖挂车、大件运输车、罐车及冷藏车等专用汽车仅占 5%左右。与此同时，老旧车辆占总车辆的比重高达 25%左右。

现代物流业的发展，使得厢式半挂车已成为发达国家内陆运输的主要设备，在发达国家 90%的公路货运量都是通过厢式半挂车实现的。在新的物流企业运输配送环节中，由于干货、冷藏、保温、帘布厢式半挂车具有高速、高效、安全、节能等明显优势，在世界各国的汽车货运行业中占有重要地位。在西方工业化国家里，重型厢式半挂车是货物周转运输的重要方式。重型专用半挂汽车列车在高等级公路运输的综合经济效益与单车相比，运输效率可提高 30%～50%，成本降低 30%～40%，油耗下降 20%～30%，综合经济效益非常显著。在我国，公路运输并没有形成规模运营，厢式半挂车的应用也十分有限，只处于引入阶段。

在中国港口集装箱化已达到 75%，高速公路里程居全球第二位的同时，发达国家集装箱化率已达 70%～80%，而发展中国家集装箱化率基本在 30%以下，目前中国内贸货物集装箱化率才刚突破 30%。散货运输主要有几个问题：在装卸和运输途中易损耗运输过程中不断拆箱、拼箱、倒手。欧美国家只有一两次，且基本做到一票到位，无缝连接。由于物流效率低，中国的运输成本比发达国家高很多。

同时，大中型汽车运输企业为提高服务质量和管理水平，一般均广泛采用了现代化通信和计算机技术作为运输组织和管理的手段。在日常管理方面，一般都建立了生产经营、车辆调度、保养维修、人事劳资、财务统计等方面的计算机管理信息系统，以提高工作效率和决策的科学性。在车辆调度方面，广泛采用了车载通信技术，以及时准确地掌握车辆动态，对车辆进行科学调度，减少空驶里程，提高运输效率。在运输服务方面，一些大公司利用条形码技术将货物的品名、规格、数量、收发货人及地点等信息输入计算机，通过 EDI 实现计算机异地信息的传输，建立起货物追踪系统，以便货主及时了解所托运货物的动态。在长途运输组织方面，实行昼夜行车运输组织制度。提高了车辆的利用效率，满足了货物快速直达的需要。

而中国货运，由于信息化水平低，致使车辆等待时间长、空驶等现象较多，降低了货物运输效率。已成为制约中国物流企业发展和竞争能力提高的技术瓶颈。但这些年随着大数据的发展和 ETC 及物流管理系统的提升，和发达国家的差距正在逐步缩小。

1.7 发动机功率检测

本节主要介绍发动机无负载测功原理、无负荷测功方法及具体的操作步骤，并对检测结果进行分析。

发动机的额定功率是指发动机携带必要的部件运转时所发出的最大功率。发动机在使用一段时间后，所能够输出的最大功率会比刚出厂时小，因而其动力性能逐渐变差。因此，测量发动机最大功率的下降程度，可以作为衡量发动机使用前后或维修前后技术状况变化的一个指标。

发动机的动力性指标是指额定功率和转矩，这些指标的确切数值只能在发动机台架试验中才能得到，在发动机不离车的情况下只能用其他的方法对动力性进行间接地判断。发动机的有效功率是曲轴对外输出的功率，是一个综合性评价指标。检测发动机有效功率的方法，有稳态测功和动态测功两种。

1.7.1 发动机测功知识

1. 稳态测功和动态测功的概念

（1）稳态测功

稳态测功是指发动机在节气门开度（或油量调节机构位置）一定，转速一定和其他参数都保持不变的稳定状态下，在测功器上测定发动机功率的一种方法。常见的测功器有水力测功器、电力测功器和电涡流测功器3种。测功器能测出发动机的转速和转矩，然后通过下述公式计算得出

$$P_e = \frac{M_e n}{9\,550} \tag{1.46}$$

式中 P_e——发动机的有效功率，kW；

M_e——发动机的有效转矩，N·m；

n——发动机转速，r/min。

稳态测定发动机的额定功率是在节气门全开（或油量调节机构位置限定在标定功率的循环供油量位置）的情况下，由测功器向发动机的曲轴施加额定负荷，使其在额定转速下稳定运转，测出其对应的转矩，不论发动机的行程和型式如何，均可用上式（1.46）计算出有效功率。

稳态测功的结果比较准确、可靠，多为发动机设计、制造、院校和科研单位做性能试验所采用，其缺点是测功时费时费力、成本较高，并且需要大型、固定安装的测功器。因而，在一般的汽车运输企业、汽车维修企业和汽车检测站中采用不多。

由于稳态测功时需要对发动机施加外部负荷，所以也称为有负荷测功或有外载测功。

（2）动态测功

动态测功是在发动机节气门开度和转速等均为变动的状态下，测定发动机功率的一种方法。由于动态测功时无须对发动机施加外部载荷，所以又称为无负荷测功或无外载测功。这种测功的基本方法是：当发动机在怠速或空载某一转速时，突然全开节气门，使发动机克服其惯性和内部各种运动阻力而加速运转，其加速性能的好坏可直接反映出发动机功率的大小。因此只要测出发动机在加速过程中的某一参数，就可得出相应的最大功率。

由于动态测功时无须向发动机施加负荷，所以就不需要像测功器那样的大型设备，可用小巧的无负荷测功仪就车检测。虽然其测量精度较之稳态测功要差一些，但该方法特别适用于在用车发动机的检测，测量时省时、省力、方便。故一般运输企业，维修企业和检测站采用较多。

2. 无负荷测功测量原理

无负荷测功是基于动力学的原理。当发动机在怠速或某一空载低转速运转时，突然全开节

气门加速运转，此时发动机产生的动力，除克服各种内部运动阻力矩外，将使曲轴加速运转，即发动机以自身运动机件为载荷加速运转。如果被测发动机的有效功率愈大，曲轴的瞬时角加速度也愈大，则加速时间愈短。所以，只要测得角加速度和加速时间，就可以间接获得发动机功率。

（1）测角加速度

转矩与角加速度的关系为

$$M_e = I\frac{d\omega}{dt} = I\frac{\pi}{30}\times\frac{dn}{dt} \tag{1.47}$$

式中 M_e——发动机的有效转矩，N·m；

I——发动机运动机件对曲轴中心线的当量转动惯量，kg·m^2；

n——发动机转速，r/min；

$d\omega/dt$——曲轴的角加速度，rad/s^2；

dn/dt——曲轴的加速度，1/s^2。

把 M_e 代入式 $P_e = M_e n/9\,550$，整理得

$$P_e = Cn\frac{dn}{dt} \tag{1.48}$$

$$C = K\frac{\pi I}{9\,550\times 30}$$

式中 K——修正系数（由于发动机加速过程是一个非稳定工况，所以实际测得功率值是小于同一转速下的稳态测功值的，因而进行修正）。

式（1.48）表明，发动机加速过程中，在某一转速下的有效功率与该转速下的瞬时加速度成正比。因此，只要测出加速过程中的这一转速和对应的瞬时加速度，即可求出该转速下的有效功率。对于一定型号的发动机，其转动惯量 I 为一常数。修正系数 K 的数值可通过台架对比试验得出。

（2）测加速时间

根据功能原理，发动机在某一转速范围的加速过程中，发动机驱动曲轴转动所做的功等于曲轴旋转动能的增量，即

$$A = \frac{1}{2}I\omega_2^2 - \frac{1}{2}I\omega_1^2 \tag{1.49}$$

式中 A——发动机所做的功，J；

ω_1——测定区间起始角速度，rad/s；

ω_2——测定区间终止角速度，rad/s。

若发动机从 ω_1 上升到 ω_2 的时间为 ΔT（s），则发动机在这段时间内的平均功率 P_{em}（单位 W）为

$$P_{em} = \frac{A}{\Delta T} = \frac{1}{2}I\frac{\omega_2^2-\omega_1^2}{\Delta T} \tag{1.50}$$

注意到 $\omega = \frac{\pi}{30}n$，并以千瓦（kW）作为平均功率的单位，则有

$$P_{em}=\frac{C_1}{\Delta T} \tag{1.51}$$

其中

$$C_1=\frac{1}{2}I\left(\frac{\pi}{30}\right)^2\frac{n_2^2-n_1^2}{1000}$$

若已知转动惯量 I，并确定测量时的起始转速和终止转速 n_1，n_2，则 C_1 为常数，称为平均功率测功系数。

由上式可知，发动机在起止转速范围内的平均有效加速功率与其加速时间成反比。即当发动机的节气门突然全开时，发动机由起始转速加速到终止转速的时间越长，则其有效加速功率越小；反之则越大。因此，只要测得发动机在设定转速范围内的加速时间，便可得出平均有效加速功率。

另外，还需要通过台架试验，找出稳态特性平均功率与外特性最大功率 P_{emax} 之间的关系。其中加速时间 ΔT 与最大功率 P_{emax} 之间的关系可对无负荷测功检验仪进行标定，并输入微机，以便通过测加速时间而能直接读出功率数,也有的把它们之间的关系绘制成曲线图或排成表格，以便测出加速时间后能在图中或表中查出对应的功率值。

1.7.2 无负荷测功方法

1. 用便携式无负荷测功仪检测发动机功率

（1）无负荷测功仪电路原理

测瞬时加速度仪器的电路原理是：传感器从飞轮齿圈、分电器的总高压线感应电压、低压电路感应电压等处取得转速脉冲信号，经整形放大后输入加速度计算器，计算一定间隔时间内的脉冲数，再由转换分析器把与发动机功率成正比的相对加速度脉冲信号变成直流电压信号并把它输入到已按功率标定的电压表，以显示被测发动机的功率。时间间隔取得越小，则测得的有效功率就越接近瞬时有效功率。

测加速时间仪器的电路原理是：它将来自点火系一次电路断电器触点开闭一次电流的感应信号，作为发动机曲轴转速信号，由计算器计算出从给定转速 n_1 到 n_2 输入的脉冲数并转换成电流信号，在指示仪表上显示出加速时间或直接表定成功率；国内便携式无负荷测功仪多为此种类型。

通过采用单一功能的便携式无负荷测功仪或使用发动机综合测试仪都可以进行无负荷测功。

（2）便携式无负荷测功仪的使用方法

① 仪器自校和预热。按使用说明书，对仪器进行预热，然后进行自校。如图 1–23 所示，把计数检查旋钮 1 拨向“检查”位置，左边时间（T）表头指针摆动一次。把旋钮 1 拨向“测试”位置，把旋钮 3 拨向“自校”位置，再缓慢旋转“模拟转速”旋钮 2，注意转速（n）表头指针慢慢向右偏转（模拟增加转速）。当指针偏转至起始转速 n_1=1 000 r/min 位置时，门控指示灯即亮。继续增加模拟转速至 n_2 = 2 800 r/min 时，T表即指示了加速时间，以表示模拟速度的快慢。按下“复零”

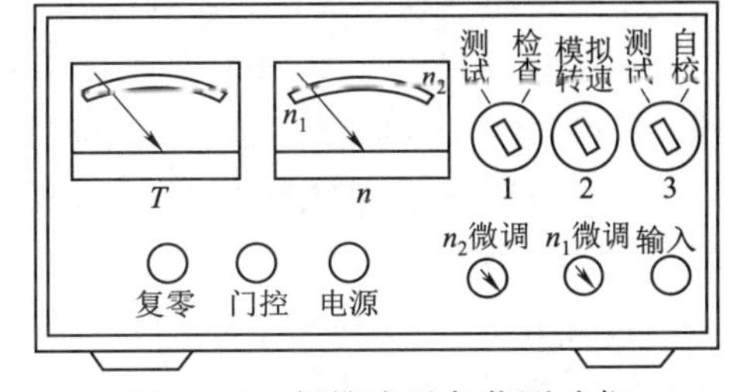

图 1–23 便携式无负荷测功仪

按钮，表针回零，门控指示灯熄灭，表示仪器调整正常。否则，微调 n_1、n_2 电位器。

② 预热发动机和安装转速传感器。预热发动机至正常工作温度（85℃～95℃），并使发动机怠速正常，变速器置空挡，然后把仪器转速传感器两接线卡分别接在分电器低压接线柱和搭铁线路上（汽油机）。

③ 测加速时间。操作者在驾驶室内迅速地把加速踏板踩到底，发动机转速猛然上升，当 T 表指针显示出加速时间（或功率）时，应立即松开加速踏板，切忌发动机长时间高速空转。记下读数，仪器复零。重复操作三次，取平均值。

袖珍式无负荷测功仪带有伸缩天线，可接收发动机运转时的点火脉冲信号，而不必与发动机采取任何有线连接。使用时，用手拿着该测功仪，只要面对发动机侧面拉出伸缩天线，发动机突然加速运转，即可遥测到加速时间和转速。然后查看仪器背面印制的，主要机型的功率、时间对照表，便可得知发动机功率的大小。

不少无负荷测功仪还配备有检测柴油机的传感器，以便对柴油机的功率进行检测。

2. 用发动机性能综合分析仪测发动机功率

以元征 EA3000 便携式发动机性能综合分析仪为例，发动机功率检测方法如下：

（1）结构与组成

元征 EA3000 便携式发动机综合性能分析仪是元征科技股份有限公司最新推出能够对汽车发动机及其电控系统进行检测及诊断的全新设备，可检测发动机各系统的工作状态、运行参数及排放性能，可实时采集初次级点火信号、喷油信号、电控传感器信号、进排气系统等的动态波形，同时可进行性能分析、波形存储与回放、测试结果查询等，与 SMART-BOX 连接还能对汽车电控系统进行诊断，如读故障码和数据流等，同时还具有强大的在线帮助系统，为发动机的技术状态判断和故障诊断提供科学依据。可用于发动机实验室、检测线、汽车修理厂等。

EA3000 便携式发动机综合性能分析仪由以下几部分组成：信号提取系统，带液晶触摸屏主机（内置高速采集卡、通讯卡），喷墨打印机，废气分析仪（选配），机架，诊断 SMART-BOX 等（选配）。

其信号提取系统由各类夹持器、探针和传感器组成，与发动机的被测部位直接或间接连接以拾取被测信号。该系统由十二组拾取器组成，每一组拾取器根据其任务不同由相应的夹持器、探针及传感器通过电缆与其适配器或接插头连接构成。各拾取器测试电缆上均带有活动滑块，标识其名称。

主机背面有 12 个信号输入接口，每个接口都标识号码（1280401～1280412），在连接信号提取系统的适配器时，注意要插入相应的接口，否则检测不到输入信号，如图 1-24 所示。

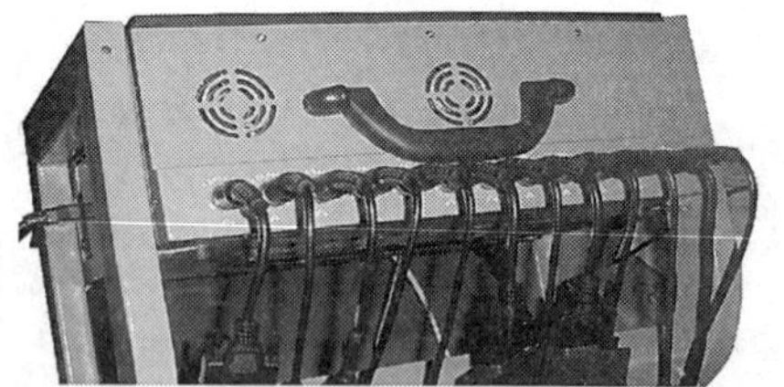

图 1-24 主机背面信号输入接口视图

在使用便携式发动机综合性能分析仪进行测试时，必须将精灵狗插接在主机并行口上，才能起动便携式发动机综合性能分析仪测试程序进行测试。如果无精灵狗或其接触不良则程序不能运行。

（2）系统起动、自检及退出

打开主机电源开关，系统运行完毕后，系统起动并自动执行 EA3000 便携式发动机综合性能分析仪程序，主机将对预处理器通讯、1280401～1280412 适配器逐一进行自检，自检通过后，相应适配器图标显示为绿色；如图标显示红色，表示适配器未连接或连接不可靠。自检完成后即可进入测试。

（3）发动机功率测试的方法

① 检测仪准备。接通电源，打开检测仪总开关、微机主机开关和微机显示器开关，暖机 20 min；在发动机不工作和点火系关闭的情况下，将检测仪信号提取系统连接到被测发动机上；检测仪电源线必须可靠接地；在测试电控燃油喷射发动机电子控制器 ECU 时，除检测仪电源接地外，检测仪地线还必须与发动机共地，测试人员必须随时与汽车车身接触。

② 发动机准备。发动机应预热至正常工作温度；调整发动机怠速、怠速转速应在规定范围之内；发动机在运转中。

③ 起动检测仪。检测仪已经预热，鼠标左键双击显示器上“EA3000 便携式发动机综合性能分析仪程序”图标，起动检测仪综合性能检测程序，检测仪主机对单片机通信和 12 个适配器逐一进行自检。自检通过为绿色显示，未通过将显示红色；系统通过自检后首先进入主界面，在主界面中单击“检测”图标进入检测界面（见图 1-25），再单击用户资料图标，提示用户首先输入所测车型的相关资料。

图 1-25　检测界面

将一缸信号适配器器夹在一缸高压线上。在“汽油机测试菜单”下点击“无外载测功”图标，系统即进入无外载测功测试界面，或单击“方式选择”图标选择 P 进入无外载测功界面。设定怠速转速 n_1（发动机怠速转速）、额定转速 n_2（发动机额定转速）和当量转动惯量（当量转动惯量可在同型号的车上通过测试得到——但此车必须保证处于良好的工作状态，一般小型车的当量转动惯量在 0.1～0.5 之间，大货车的当量转动惯量在 1.0～5.0 之间）。

- 单击“测试”按钮，系统开始倒记数（“测试”按钮被单击后变为“停止”，再次单击“停止”恢复为“测试”按钮，且系统停止测试）。
- 记数为零时，请迅速踩下汽车加速踏板，使发动机尽可能快的将转速迅速提高，当发动机转速超过设定的额定转速 n_2 时，迅速松开加速踏板，使发动机回到怠速工况；系统将自动检测发动机的输出功率并显示，如图 1-26 所示。其中：

加速时间为发动机从怠速加速到额定转速的时间。

额定功率为发动机在额定转速时的瞬时功率。

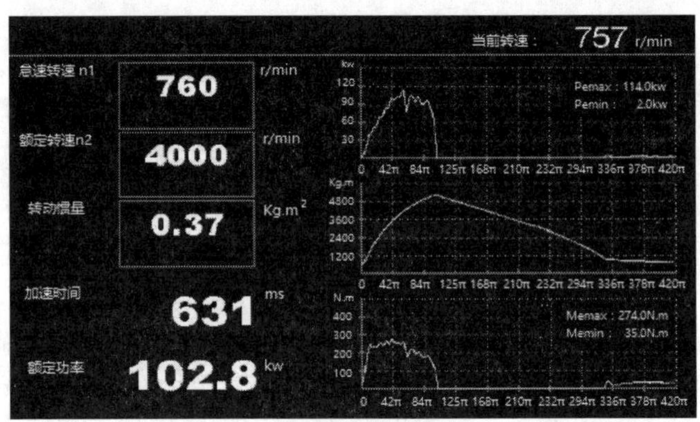

图 1-26 无外载测功

图 1-26 所示右侧从上至下为：

- 测试过程功率变化曲线，上面标出：

P_{emax}——发动机在测试过程中的最大功率；

P_{mmax}——发动机在最大扭矩时的功率；

P_{emin}——发动机最小稳定转速功率，即怠速功率。

- 测试过程转速变化曲线。
- 测试过程扭矩变化曲线，上面标出：

M_{emax}——发动机在测试过程中的最大扭矩；

M_{pmax}——发动机在最大功率时的扭矩；

M_{emin}——发动机最小稳定转速扭矩，即怠速扭矩。

- 单击“保存数据”按钮，可将检测有效结果进行保存。
- 单击“打印”按钮，可对无外载测功的结果当前界面进行打印。
- 单击“返回”按钮，可返回上级菜单。
- 单击“帮助”按钮，将进入帮助系统相关部分查看操作指导。
- 单击“显示专家分析”按钮，可显示本项目测试的智能提示内容。

说明：由于不同型号的发动机对应不同的当量转动惯量，即使同一型号的发动机，由于其机油温度、活塞与气缸的摩擦阻力等的不同，其当量转动惯量也不同。加之在采集过程中，转速采集误差较大，且发动机速度的提升与操作有很大关系，所以该方法作为法定检测器具的误差就比较大，仅能用于车辆维修前后的动力性对比。

④ 转动惯量测试。在“汽油机检测菜单”下点击“无外载测功”图标，系统即进入无外载测功测试界面。选择“方式选择”图标，在弹出的窗口中选择测试转动惯量测试图标“J”，即进入转动惯量测试。设定怠速转速 n_1（发动机怠速转速）、额定转速 n_2（发动机额定转速）和待测车辆额定功率。

- 单击“测试”按钮，系统开始倒记数（“测试”被单击后变为“停止”，再次单击后“停止”恢复为“测试”，且系统停止测试）。
- 记数为零时，请迅速踩下汽车加速踏板，使发动机尽可能快地提高转速，当发动机转速超过设定的额定转速 n_2 时，迅速松开加速踏板，使发动机回到怠速工况；系统将自动检测发动机的转动惯量并显示，如图 1-27 所示。

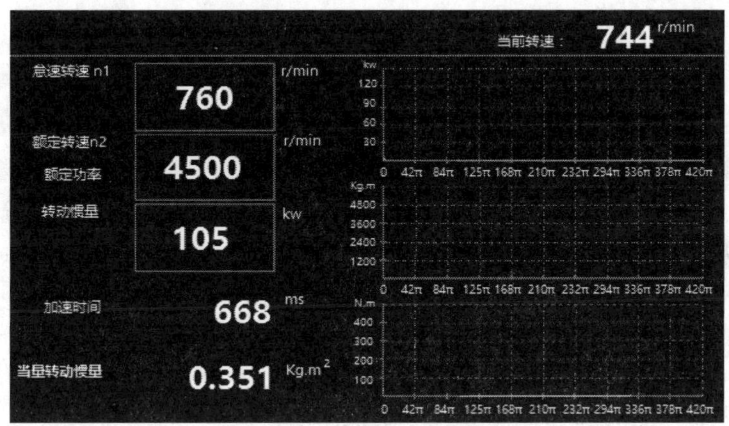

图 1-27 转动惯量测试

- 单击“帮助”按钮，将进入帮助系统。
- 单击“返回”按钮，可返回上级菜单。

3. 单缸功率的检测和单缸转速降

无负荷测功仪既可以检测发动机的整机功率，也可以检测某气缸的单缸功率。方法是：先测出发动机整机功率，再测出某单缸断火情况下的发动机功率，两功率差即为断火之缸的单缸功率。技术状况良好的发动机，各单缸功率应是一致的，亦即各缸功率差应是相等的，否则造成发动机运转不平稳。比较各单缸功率，可判断各缸工作状况。

也可利用在单缸断火情况下测得的发动机转速下降值，来评价各缸的工作状况。当使用元征 EA3000 型发动机综合性能分析仪，通过提取 1 缸点火信号和点火系 1 次信号，在系统测试主菜单中，单击“动力平衡”按钮。如图 1-28 所示，启动后计算机会使各缸自动依次断火，从而获得断火前转速、断火后转速及转速下降的百分比。

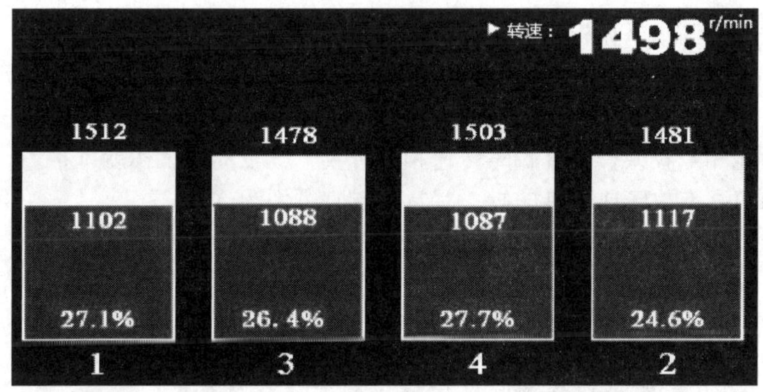

图 1-28 动力平衡

4. 气缸效率测试

根据汽车发动机各缸间歇工作造成转速微观波动的特点，来高速采集各缸点火的间隔时间，通过计算各缸点火的间隔时间，求出各单缸的瞬时转速与平均转速之差值，作为判断各气缸工作能力及比较各缸工作均匀性的指标。

与动力平衡相比，气缸效率测试不必进行断缸测试，因而不会发生排气温度过高及催化转

换酶中毒的情况，更适合于电子燃油喷射的车辆。

5. 检测结果分析

（1）发动机功率检测结果分析

根据国家标准 GB 7258—2017《机动车运行安全技术条件》和 GB/T 15746—2011《汽车修理质量检查评定方法》的规定：在用车发动机功率不得低于原标定功率的 75%，大修后发动机额定功率和最大转矩不得低于原设计标定值的 90%。

如果发动机功率偏低，系燃油供给系调整状况不佳，点火系技术状况不佳，应对油、电路进行调整。若调整后功率仍低时，应结合气缸压力和进气歧管真空度的检查，判断是否是机械部分故障。

发动机功率与海拔高度有密切关系，无负荷测功仪所测结果是实际大气压下的发动机功率，如果要校正到标准大气压下的功率，还应乘以校正系数。

（2）单缸转速降检测结果分析

工作正常的发动机，在某一转速下稳定运转时，发动机的指示功率与摩擦功率是平衡的。此时，若取消任一气缸的工作，发动机转速都会有相同下降值。当发动机在 800 r/min 下稳定工作时，取消一个气缸工作致使转速正常的平均下降值见表 1-6，要求最高与最低下降值之差不大于平均下降值的 30%。如果下降值低于表中所列，说明断火之缸工作不良。转速下降值愈小，则单缸功率愈小，当下降值等于 0 时，单缸功率也等于 0，即该缸完全不工作。

表 1-6　单缸断火转速正常的平均下降值

发动机缸数	单缸断火转速正常的平均下降值/（r/min）
4	150
6	100
8	50

（3）气缸效率检测结果分析

用 EA3000 型发动机综合性能分析仪检测气缸效率，结果界面如图 1-29 所示。直方图在标线上方表示为正，说明瞬时转速比平均转速高，即该缸工作较好，反之，直方图在标线下方，说明该缸工作性能相对较差。各缸瞬时转速相差过大，则发动机工作就不平稳。正常缸特征点直方图颜色为绿色，有故障或不良的缸，其特征点直方图为红色。

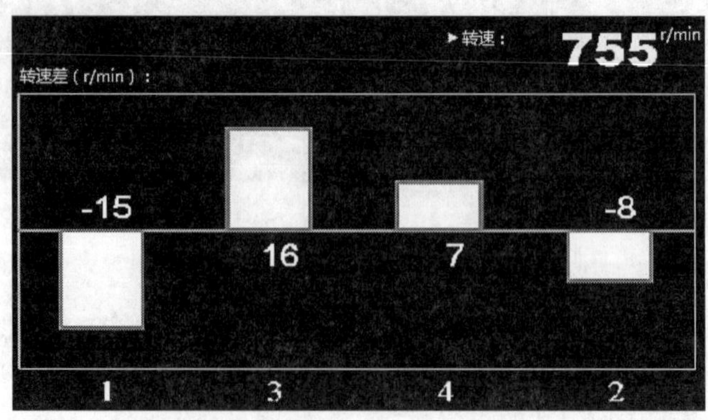

图 1-29　气缸效率检测

1.8 驱动轮功率的检测

本节介绍驱动车轮输出功率检测方法、底盘测功机结构原理及检测结果分析。

在室内检测在用汽车动力性时，采用驱动车轮输出功率或驱动力作为诊断参数，须在底盘测功试验台上进行。驱动车轮输出功率的检测，即通常所说的底盘测功。底盘测功的目的，一是为了获得驱动车轮的输出功率或驱动力，以便评价汽车的动力性；二是用获得的驱动车轮输出功率与发动机飞轮输出功率进行对比，求出传动效率，以便判定底盘传动系的技术状况。底盘测功在滚筒式试验台上进行，该试验台通常称为底盘测功试验台或底盘测功机。

1.8.1 对汽车底盘测功试验台的认识

1. 底盘测功试验台的功能

汽车底盘测功试验台可以测试汽车驱动轮输出功率、测试汽车的加速性能、测试汽车的滑行能力和传动系统的传动效率、检测校验车速表。如果再加上油耗计、废气分析仪等设备，底盘测功试验台还可以对汽车的燃油经济性和废气排放性能进行检测。

2. 底盘测功试验台的结构与工作原理

底盘测功试验台，一般由滚筒装置、功率吸收装置(即加载装置)、测量装置、控制装置和辅助装置五部分组成。图 1–30 所示为国产 DCG–10C 型汽车底盘测功试验台机械部分的结构示意图。该试验台是一种采用美国单片机作为系统的控制核心，适用于轴质量不大于 10 t、驱动车轮输出功率不大于 150 kW 车辆的检测。

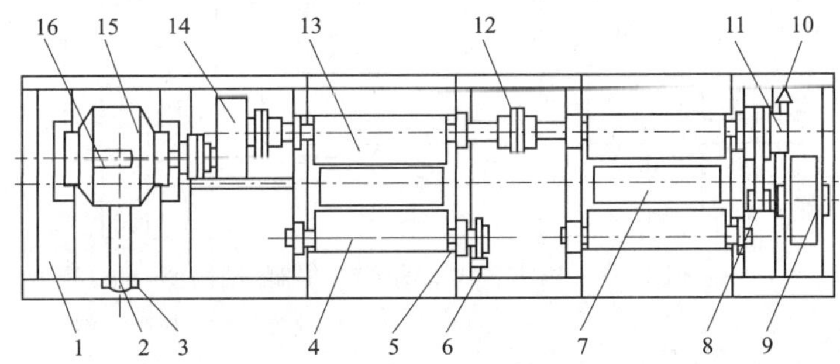

图 1–30 底盘测功试验台机械部分结构示意图

1—框架；2—测力杠杆；3—压力传感器；4—从动滚筒；5—轴承座；6—速度传感器；7—举升装置；8—传动带轮；9—飞轮；10—电刷；11—离合器；12—联轴器；13—主动滚筒；14—变速器；15—电涡流测功器；16—冷却水入口

（1）滚筒装置

滚筒相当于连续移动的路面，被检汽车的车轮在其上滚动，滚筒有单滚筒和双滚筒两种。双滚筒结构简单，安装使用方便，且成本较低，因而使用广泛。

滚筒表面有光滚筒、滚花滚筒、带槽滚筒和带涂覆层滚筒多种形式。光滚筒目前应用最多，虽然附着系数较低，但车轮与光滚筒间的附着能力可以产生足够的牵引力。

（2）功率吸收装置（即加载装置）

功率吸收装置用来模拟车辆在道路上行驶所受的各种阻力。常用的功率吸收装置是测功器。测功器模拟汽车实际行驶时外界负载的变化，同时测量发动机的输出转矩和转速，即可算出发动机的功率。

测功器主要的类型有水力式、电力式和电涡流式。水力测功器是利用水作为工作介质，调节制动力矩。电力测功器是利用改变定子磁场的激磁电压产生制动力矩。电涡流测功器是利用电磁感应产生涡电流形成制动作用。这里就电涡流测功器的结构和工作原理等作一介绍。

① 电涡流测功器的结构。电涡流测功器因结构形式不同，分为盘式和感应子式两类。现在应用最多的是感应子式电涡流测工器。

图 1-31 所示为感应子式电涡流测功器的结构图。制动器由转子和定子组成，制成平衡式结构。转子为铁制的齿状圆盘。定子由激磁绕组、涡流环、铁芯组成。电涡流测功器吸收的发动机功率全部转化为热量，测功器工作时，冷却水对测功器进行冷却。

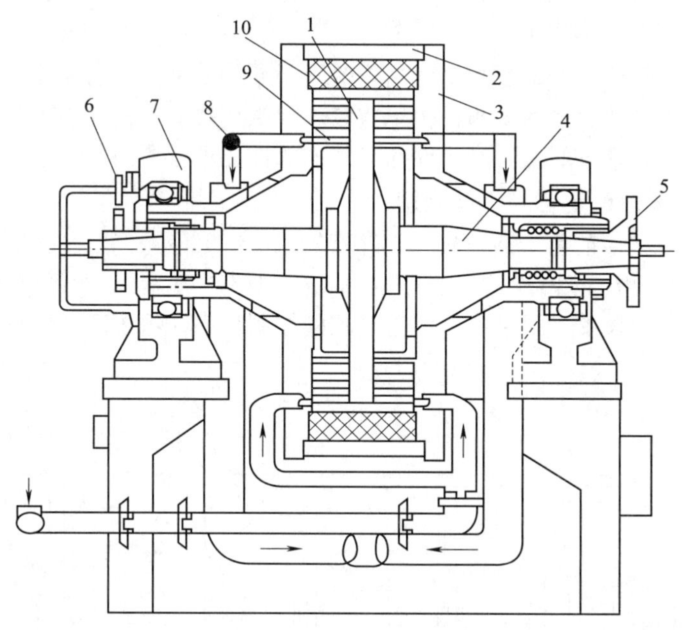

图 1-31 感应子式电涡流测功器的结构图

1—转子；2—转子；3—冷却盘；4—主轴；5—连接盘；6—转速传感器；7—支座；8—水管；9—空气间隙；10—励磁线圈

② 电涡流测功器的工作原理。当激磁绕组中有直流电通过时，在由感应子、空气隙、涡流环和铁芯形成的闭合磁路中产生磁通，当转子转动时，空气隙发生变化，则磁通密度也发生变化。在转子齿顶处的磁通密度大，齿根处磁通密度小，由电磁感应定律可知，此时将产生感应电势，力图阻止磁通的变化，于是在涡流环上感应出涡电流，涡电流的产生引起对转子的制动作用，涡流环吸收发动机的功率，产生的热量由冷却水带走。

（3）测量装置

测功器工作时，不能直接输出汽车驱动轮的输出功率值，它需要配备测力装置与测速装置，从而测量出旋转运动时的转速与扭矩，再换算成其功率值。

① 测力装置。测力装置用以测量汽车底盘施加于测功机上的驱动力。测力装置有机械式、液压式和电测式三种形式，目前应用较多的是电测式。电测式测力装置通过测力传感器，将力

变成电信号，经处理后送到指示装置显示出来。

② 测速装置。测速装置测量转速，测速装置多为电测式，一般由速度传感器、中间处理装置和指示装置组成。速度传感器安装在从动滚筒一端，随滚筒一起转动，能把滚筒的转动变为电信号。

③ 功率指示装置。功率指示装置在微机控制的底盘测功试验台，测力传感器和速度传感器输出的电信号送入微机处理后，指示装置直接显示驱动轮的输出功率。

（4）控制装置

底盘测功试验台的控制装置和指示装置往往制成一体。图1-32所示为国产DCG-10C型底盘测功试验台控制柜面板图，控制柜上的按键、显示窗、旋钮、功能灯、报警灯、指示灯等，用来控制试验过程，显示或打印试验结果。

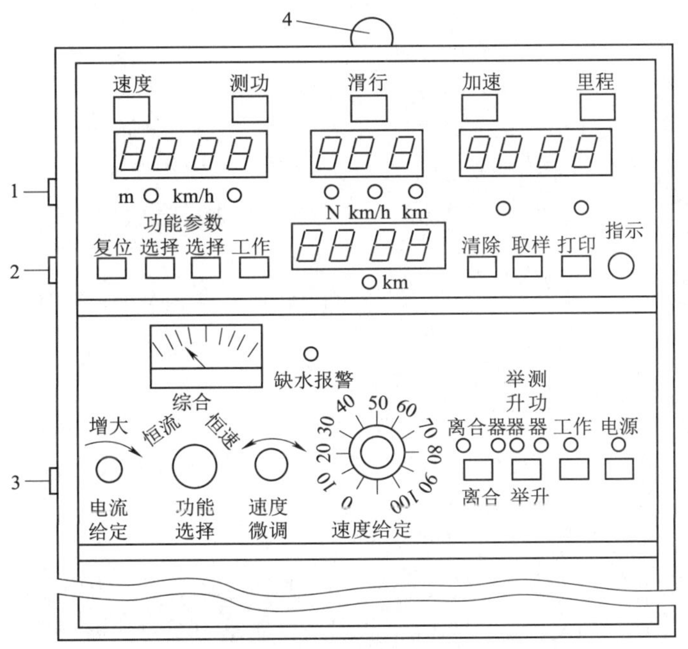

图1-32　控制柜面板图

1—取样盒插座；2—打印机数据线插座；3—打印机电源线插座；4—报警灯

（5）辅助装置

① 举升装置。为方便被测车辆驶入和驶出底盘测功机，在主、副滚筒之间装有举升装置。举升装置有气动、液动和电动三种类型，以气动举升装置为多见。

② 飞轮机构。飞轮机构用于模拟汽车在道路上的行驶的动能，其飞轮的转动惯量应与所测车型的加速能力、滑行能力试验的要求相适应。在底盘测功机传动系统中，飞轮通过离合器与滚筒相连。

③ 冷风装置。一般底盘测功机在汽车前面面对散热器设有移动式冷风装置，以加强汽车检测时对发动机的冷却。

1.8.2 汽车驱动轮功率检测方法与检测结果分析

使用底盘测功机对汽车进行底盘测功，是汽车检测的一项基本操作技能，不同型式的底盘测功试验台，其使用方法也有所区别。

1. 检测前的准备

（1）底盘测功试验台的准备

使用试验台之前，按规定的项目对试验台进行检查、调整、润滑，在使用过程中，要注意仪表指针的回位、举升器工作的导线的接触情况。发现故障，及时清除。

（2）被检汽车的准备

汽车开上底盘测功试验台以前，调整发动机供油系及点火系调至最佳工作状态；检查、调整、紧固和润滑传动系、车轮的连接情况；清洁轮胎，检查轮胎气压是否符合规定；然后将汽车运行至正常工作温度。

2. 检测方法

（1）检测点的选择

测功试验时，应选择几个有代表性的工况来测试汽车驱动轮的输出功率或驱动力，通常的代表性工况有发动机额定功率所对应的工况，发动机最大转矩所对应的车速(或转速)工况，汽车常用车速或经济车速工况，交通管理部门有要求的，根据交通管理部门的要求选择检测工况。

（2）测功方法

① 接通试验台电源，并根据被检车辆驱动轮输出功率的大小，将功率指示表的转换开关置于低挡或高挡位置。

② 操纵手柄（或按钮），升起举升器的托板。

③ 将被检汽车的驱动轮尽可能与滚筒成垂直状态地停放在试验台滚筒间的举升器托板上。

④ 操纵手柄，降下举升器托板，直到轮胎与举升器托板完全脱离为止。

⑤ 用三脚架抵住位于试验台滚筒之外的一对车轮的前方，以防止汽车在检测时从试验台滑出去，将冷却风扇置于被检汽车正前方，并接通电源。

⑥ 检测发动机额定功率和最大转矩转速下的输出功率或驱动力时，将变速器挂入选定挡位，松开驻车制动，踩下加速踏板，同时调节测功器制动力矩对滚筒加载，使发动机在节气门全开情况下以额定转速运转。待发动机转速稳定后，读取并打印驱动车轮的输出功率（或驱动力）值、车速值。在节气门全开情况下继续对滚筒加载，至发动机转速降至最大转矩转速稳定运转时，读取并打印驱动力（或输出功率）值、车速值。

如需测出驱动车轮在变速器不同挡位下的输出功率或驱动力，则要依次挂入每一挡按上述方法进行检测。当发动机发出额定功率，挂直接挡，可测得驱动车轮的额定输出功率；当发动机发出最大转矩，挂 1 挡，可测得驱动车轮的最大驱动力。

发动机全负荷选定车速下输出功率或驱动力的检测，是在踩下加速踏板的同时调节测功器制动力矩对滚筒加载，使发动机在节气门全开情况下以选定的车速稳定运转进行的。发动机部分负荷选定车速下输出功率或驱动力的检测与此相同，只不过发动机是在选定的部分负荷下工作的。

⑦ 全部检测结束，待驱动轮停止转动后，移开风扇，去掉车轮前的三脚架，操纵手柄举起举升器的托板，将被检汽车驶离试验台。

（3）注意事项

① 超过试验台允许轴重或轮重的车辆一律不准上试验台进行检测。

② 检测过程中，切勿拨弄举升器托板操纵手柄，车前方严禁站人，以确保检测安全。

③ 检测额定功率和最大扭矩相应转速工况下的输出功率时，一定要开启冷却风扇并密切注意各种异响和发动机的冷却水温。

④ 走合期间的新车和大修车不宜进行底盘测功。

⑤ 试验台不工作期间，不准在上面停放车辆。

滚筒式底盘测功试验台，除上述测试项目外，凡需要汽车在运行中进行的检测与诊断项目，只要配备所需的检测设备，均可在滚筒式底盘测功试验台上进行。例如各种行驶工况下的废气成分或烟度，点火提前角或供油提前角，各总成或系统的噪声与异响诊断(包括经验诊断法)，汽油机点火波形或柴油机供油波形观测等，各总成工作温度和各电气设备的工作情况检测等。

3. 检测标准及结果分析

（1）检测标准

根据 JT/T 198—2016《道路运输车辆技术等级划分和技术要求》和 GB/T 18276—2017《汽车动力性台架试验方法和评价指标》的规定，汽车动力性采用汽车发动机在额定扭矩（最大扭矩）和额定功率（最大功率）时的驱动轮输出功率作为评价指标。检测工况采用汽车额定扭矩和额定功率的工况。即发动机全负荷与额定扭矩转速和额定功率转速所对应的直接挡（无直接挡时指传动比最接近于 1 的挡）车速构成的工况。采用校正驱动轮输出功率与相应的发动机输出总功率的百分比作为驱动轮输出功率的限值。

$$\eta_{vm}=\frac{P_{vmo}}{P_m}\text{；}\quad \eta_{vp}=\frac{P_{vpo}}{P_e}$$

式中 η_{vm}——汽车在额定转矩工况下的校正驱动轮输出功率与额定转矩功率的百分比，%；

η_{vp}——汽车在额定功率工况下的校正驱动轮输出功率与额定功率的百分比，%；

P_{vmo}——汽车在额定转矩工况下的校正驱动轮输出功率，kW；

P_{vpo}——汽车在额定功率工况下的校正驱动轮输出功率，kW；

P_m——发动机在额定转矩工况下的输出功率，kW；

P_e——发动机的额定功率，kW。

一级车的 η_{vm} 或 η_{vp} 应当达到 GB/T 18276—2017《汽车动力性台架试验方法和评价指标》规定的额定值，二级和三级车应当达到允许值。

（2）检测结果分析

当被检车辆的传动效率低时，说明离合器、变速器、分动器、万向传动装置、主减速器、差速器和轮毂轴承等处的功率消耗增加。损耗功率的主要原因是：由于维护、调整不当，造成各运动件的摩擦损耗增大；由于润滑油使用不当，造成搅油损耗增大。所以，正确地调整和合理地润滑，是提高传动效率的一条重要途径。

在汽车使用过程中，汽车的传动效率随传动系统技术状况的变化而变化。新车的传动效率并不是最高，只有当汽车完全走合好后，各部位配合情况变好，摩擦力减小，才使得传动效率达最大值。但随着车辆继续使用，由于磨损使配合间隙逐渐增大，配合情况逐渐恶化，造成摩擦损失不断增加，因而传动效率也随之降低。因此，从车辆的正确使用和维修角度，对于新车

或大修竣工车，一定要加强走合期的使用，严格按规范进行走合，才能获得较高的底盘输出功率，提高汽车的动力性能。

1.9 车速表检测

为保障行车的安全，国家标准 GB 7258—2017《机动车运行安全技术条件》对汽车车速表指示的要求做出了具体规定，并将车速表的检测列为汽车安全性能的必检项目。本节要求学生能利用车速表试验台科学地检测出车速表的技术状况。

汽车行驶速度对交通安全有很大影响，尤其在限速路段，驾驶员必须按照车速表的指示值，准确地控制车速，为此，要求车速表本身一定要准确可靠。车速表经长期使用，由于驱动其工作的传动齿轮、软轴及车速表本身技术状况的变化以及因轮胎磨损使驱动车轮滚动半径的变化，车速表指示误差会愈来愈大。如果车速表的指示误差过大，驾驶员就难以正确控制车速，且极易因判断失误而造成交通事故。为确保车速表的指示精度，必须适时对车速表进行检测、校正。

1.9.1 车速表误差的形成与测量原理

1. 车速表误差形成的原因

汽车车速表的误差往往会随着汽车使用时间的延长而逐渐增大。造成车速表失准的原因，主要有两个方面：一方面是车速表自身的问题；另一方面与轮胎的状况有关。

（1）车速表自身的原因

不论是磁电式或电子式车速表，其主轴都是由与变速器相连的软轴驱动的。对于磁电式车速表（车速表常与里程表做在一起，如图 1-33 所示），当主轴旋转时，与主轴固定连接的永久磁铁也一起旋转。其磁场会在铝罩上感应涡流，产生的涡流力矩引起铝罩偏转并带动游丝和指针偏转，最后达到涡流力矩与游丝的弹性反力矩相平衡。车速越高，涡流力矩越大，指针偏转的角度也越大。对于电子式车速表来说，主轴的转动会引起传感器产生与主轴转速成正比的脉冲信号，经电子线路放大后，送到仪表引起指针偏转或给出数字指示。

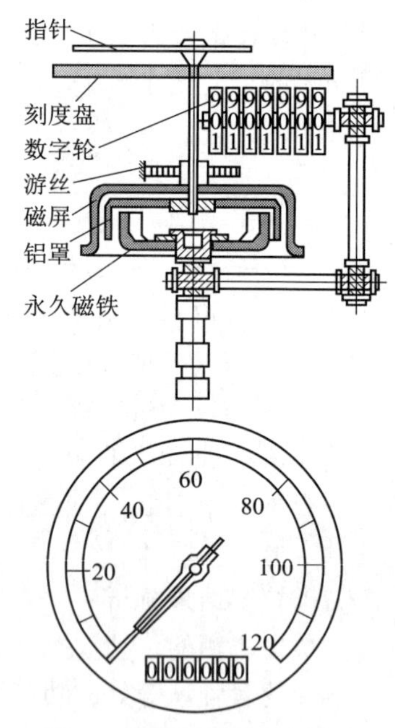

图 1-33 磁感应式车速表

当汽车长期使用后，车速表内带指针的活动转盘、带永久磁铁的转轴以及轴承、齿轮、游丝等机械零件和磁性元件，随着汽车行驶里程的增加，这些零件在工作过程中不可避免地要产生磨损，永磁元件可能退磁老化，这些因素都会造成车速表指示值误差增大。

（2）轮胎方面的原因

由车速表的工作原理可知，车速表的指示值仅仅是与车轮的转速成正比，而汽车行驶的速度相当于驱动轮的线速度，显然线速度不仅与转动速度有关，还与车轮的半径有关。

理论上，若驱动轮半径为 r，其转速为 n，则可以算出汽车行驶的线速度为

$$v = 0.337\frac{rn}{i_g i_0} \tag{1.52}$$

式中 v——汽车行驶速度，km/h；

r——车轮滚动半径，mm；

n——发动机的转速，r/min；

i_g——变速器传动比；

i_0——主减速器传动比。

实际上，由于轮胎是一个充气的弹性体，所以汽车行驶时，轮胎在受到垂直载荷、车轮驱动力和地面阻力等作用下会发生弹性形变；另外，由于轮胎磨损、气压不符合标准（过高或不足）等原因也会影响车轮半径的变化。因此，即使在驱动轮转速不变（车速表的指示值也不变）的情况下，上述原因也会引起实际车速与车速表指示值不一致的现象。因此，为了行车安全，定期校验车速表是十分必要的。

2. 车速表误差的测量

车速表误差的测量原理是以车速表试验台的滚筒作为连续移动的路面，把被测车轮置于滚筒上旋转，来模拟汽车在路面上行驶时的实际状态，进行车速表误差的检测的，如图 1-34 所示。

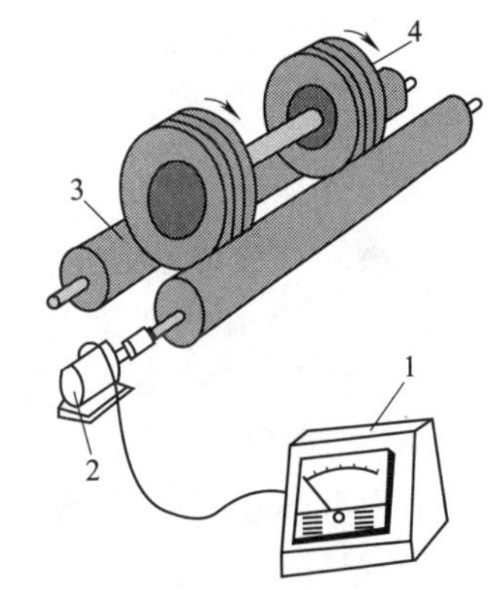

图 1-34 车速表误差的测量原理

1—速度指示仪表；2—速度传感器；3—滚筒；4—被测车轮

试验时，将汽车驱动轮置于滚筒上，由发动机经传动系驱动车轮旋转，车轮借助于轮胎的摩擦力带动滚筒转动。滚筒端部装有测速发电机（即速度传感器），测速发电机的转速随滚筒转速的增高而增加，而滚筒的转速与车速成正比，因此测速发电机发出的电压也与车速成正比。滚筒的线速度、圆周长与转速之间的关系，可用下式表达：

$$v=60Ln\times 10^{-6} \tag{1.53}$$

式中 v——滚筒的线速度，km/h；

L——滚筒的圆周长，mm；

n——滚筒的转速，r/min。

因车轮的线速度与滚筒的线速度相等，故上述的计算值即为汽车的实际车速值，该值在试验时由试验台上的速度指示仪表显示。车轮在滚筒上转动的同时，车速表的软轴也由变速器输出轴带动旋转，并在车速表上显示车速值，即车速表指示值。将上述试验台上速度指示仪表上显示的实际车速值与车速表上显示的车速指示值相比较，即可得出车速表的误差。

1.9.2 车速表的检测

1. 车速表试验台的结构

车速表试验台有三种类型：无驱动装置的标准型，它依靠被测车轮带动滚筒旋转；有驱动装置的驱动型，它由电动机驱动滚筒旋转；把车速表试验台与制动试验台或底盘测功试验台组

合在一起的综合型。

（1）标准型车速表试验台

该检验台主要由滚筒、举升器、测量装置、显示仪表及辅助装置等几部分组成，主要结构如图 1-35 所示。

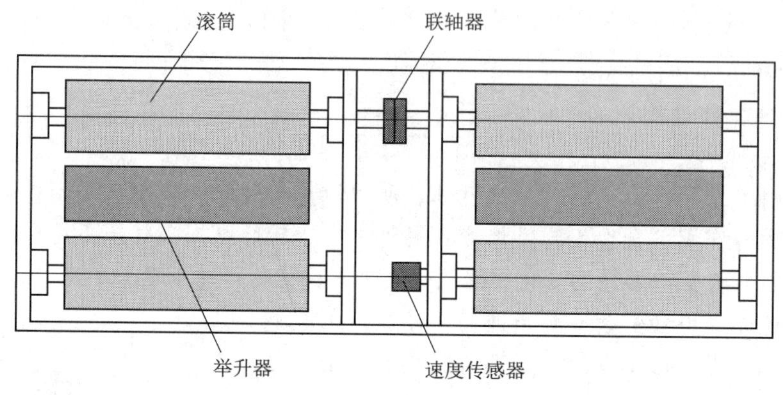

图 1-35　车速表检验台结构示意图

① 滚筒部分检验台左右各有两根滚筒，用于支撑汽车的驱动轮。在测试过程中，为防止汽车的差速器起作用而造成左右驱动轮转速不等，前面的两根滚筒是用联轴器连接在一起的。滚筒多为钢制，表面有防滑材料，直径多在 175～370 mm 之间，为了标定时换算方便直径多为 176.8 mm，这样滚筒转速为 1 200 r/min 时，正好对应滚筒表面的线速度为 40 km/h。

② 举升器置于前后两根滚筒之间，多为气动装置，也有液压驱动和电动机驱动的。测试时，举升器处于下方，以便滚筒支撑车轮。测试前，举升器处于上方，以便汽车驶上检验台，测试后，靠气压（或液压、电动机）升起举升器，顶起车轮，以便汽车驶离检验台。

③ 测量元件即测量转速的传感器。其作用是测量滚筒的转动速度。通过转速传感器将滚筒的速度转变成电信号（模拟信号或脉冲信号），再送到显示仪表。常用的转速传感器有：测速发电机式、光电编码器式和霍尔元件式等。

测速发电机式：测速发电机是一种永磁发电机，由于制作精密，它能够产生几乎与转速完全成正比的电压信号（见图 1-36，属于模拟信号），将它安装在滚筒一端。当滚筒转动时，测速发电机就可以输出与转速成正比的电压。此信号经放大和 A/D 转换后送入单片机处理。

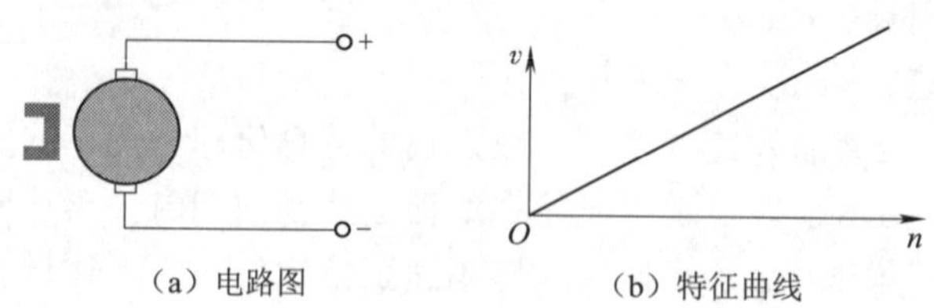

图 1-36　直流永磁测速发电机电路图及特征

光电编码式（见图 1-37）：它有一个带孔或带齿的编码盘，安装在滚筒的一端并随滚筒转动。有一对由光源和光接收器组成的光电开关，其中光源一般是发出红外光，光接收器多由光敏三极管和放大电路组成，可将收到的光信号变为电信号。光源和光接收器分别置于编码盘的两侧，并彼此对准。当编码盘转动时，光源发出的光线周期性地被遮住，于是光接收器将收到断续的光信号，并转换成一系列的电脉冲（脉冲信号），脉冲频率与滚筒转速成正比。将此脉冲信号经过光电隔离等环节之后，也送入单片机处理。

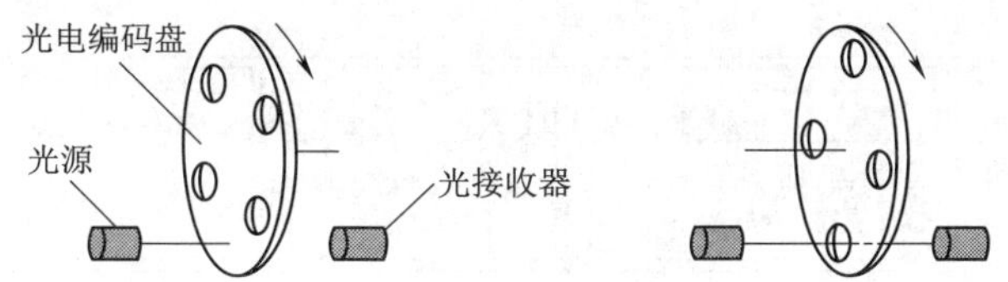

（a）光线被遮住，接收器无信号　　（b）光线未被遮住，接收器有信号

图 1-37　光电式速度传感器原理图

霍尔元件式（见图 1-38）：霍尔元件是利用霍尔效应原理将带齿的圆盘固定在滚筒一端，并随滚筒一起转动，当圆盘的齿未经过磁导板时，有磁场经过霍尔元件，因而感应霍尔电动势。当圆盘的齿经过磁导板时，磁场被短路，霍尔电动势消失，所以霍尔元件可以产生与速度成正比的脉冲信号。此脉冲信号同样经过一定的隔离处理后，送入单片机。

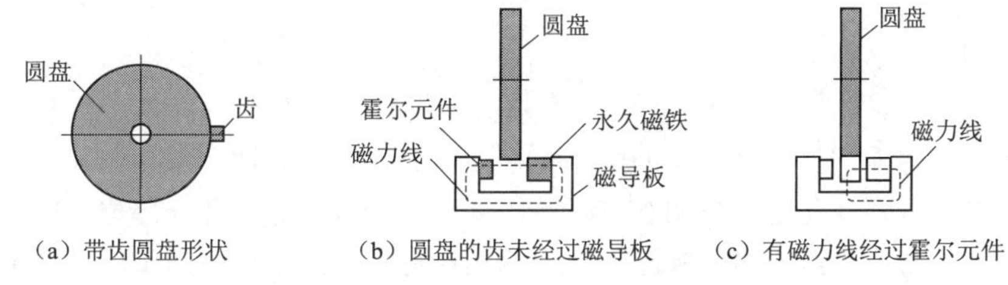

（a）带齿圆盘形状　　（b）圆盘的齿未经过磁导板　　（c）有磁力线经过霍尔元件

图 1-38　霍尔元件式速度传感器原理图

④ 圆盘的齿经过磁导板时，磁力线被短路。

⑤ 显示仪表（或显示器）。目前多用智能型数字显示仪表，也就是一个单片机系统。来自传感器的信号经放大、A/D 转换或经虑波整形后进入单片机处理，再输出显示测量结果。在全自动检测线上也有直接把速度传感器信号接到工位机（或主控机）上直接进行处理的。

⑥ 辅助部分。

安全装置：车速检验台滚筒两侧设有挡轮，以免检测时车轮左右滑移损坏轮胎或设备。

滚筒抱死装置：汽车测试完毕出车时，如果只依靠举升器，可能造成车轮在前滚筒上打滑。为了防止打滑，增加滚筒抱死装置，与举升器同步，举升器升起的同时，抱死滚筒，举升器下降时放开。

举升保护装置：车辆在速度检验台上运转时，举升器突然上升会导致严重的安全事故，因而车速检验台设有举升器保护装置（软件或硬件保护），以确保滚筒转速低于设定值后（如 5 km/h）才允许举升器上升。

（2）驱动型车速表试验台

多数汽车的车速表转速信号，取自变速器或分动器的输出轴，但对于后置发动机的汽车，由于驱动车速表的软轴过长会出现传动精度和寿命等方面的问题，所以转速信号取自前轮。驱动型车速表试验台就是为了适应后置发动机汽车的试验而制造的，它的结构（见图 1-39）基本上与标准型车速表试验台相同，不同的是在滚筒的一端装有电动机，用以驱动滚筒，再带动汽车从动轮旋转。

这种试验台在滚筒与电动机之间装有离合器，若试验时将离合器分离，又可作为标准型试验台使用。

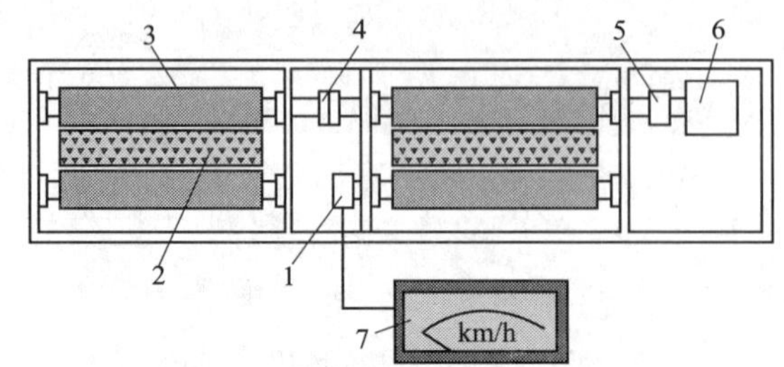

图 1-39 驱动型车速表试验台

1—测速发电机；2—举升器；3—滚筒；4—联轴器；5—离合器；6—电动机；7—速度指示仪表

2. 车速表的检测方法

车速表的检测方法因试验台的牌号、型式而异，应根据使用说明书进行操作。这里仅介绍一般的检测方法。

（1）检测前的准备

① 试验台的准备。在滚筒静止状态检查指示仪表是否在零点位置上，若有偏差，可用零点调整旋钮（或零点调整电位计）调整；检查滚筒上是否沾有油、水、泥等杂物；若有，要清除干净；检查举升器动作是否自如和有无漏气部位；若有阻滞或漏气部位，应予修理；检查导线的接触情况；若有接触不良或断路，应予修理或更换；经常使用的试验台，不一定每次使用前都要进行上述检查。

② 被测车辆的准备。轮胎气压应符合汽车制造厂的规定；轮胎沾有水、油等或轮胎花纹沟槽内嵌有小石子时，应清除干净。

（2）检测方法

接通试验台电源；升起滚筒间的举升器；将被测车输出车速信号的车轮尽可能与滚筒成垂直状态地停放在试验台上；降下滚筒间的举升器，至轮胎与举升器托板脱离为止；用挡块抵住位于试验台滚筒之外的一对车轮，防止汽车在测试时滑出试验台。使用标准型试验台时应作如下操作：

① 起动汽车，待汽车的驱动轮在滚筒上稳定后，挂入最高挡，踩下加速踏板使驱动轮平稳地加速运转；

② 当汽车车速表的指示值 v_1 达到规定检测车速（40 km/h）时，读出试验台速度指示仪表的指示值 v_2；或当试验台速度指示仪表的指示值达到检测车速时，读取车速表的指示值。

使用驱动型试验台时应作如下操作：

① 接合试验台离合器，使滚筒与电动机联在一起；

② 将汽车的变速器挂入空挡，接通试验台电源，使电动机驱动滚筒旋转；

③ 当汽车车速表达到检测车速时，读取试验台速度指示仪表的指示值；或当试验台速度指示仪表达到检测车速时，读取汽车车速表的指示值。

测试结束后，轻轻踩下汽车制动踏板，使滚筒停止转动。升起举升器，去掉挡块，汽车驶离试验台；切断试验台电源。对于驱动型试验台，必须先切断电源再踩制动踏板。

（3）车速表试验台的使用及维护

① 使用注意事项。

测试前应先检查车辆的轴重应在试验台的允许范围之内；严禁车辆在试验台上作紧急制动；测试过程中严禁升起举升器；对于前轮驱动车辆，应操纵转向盘确保汽车在测试过程中前轮保持直线行驶状态；驱动型车速表试验台作为标准型试验台使用时，一定要将离合器分离，使滚筒与电动机脱开；如果举升器是气压的，则在测试完毕后务必使举升器气缸处于充气状态；试验台不检测时，禁止在上面停放车辆。

② 试验台的维护。

日维护：检查并调整滚筒静止时仪表的零点位置；检查滚筒表面是否沾有油、水、泥等杂物，若有予以清除；检查举升器动作是否自如和有无漏气（或漏油）部位，否则予以修复；检查导线的连接情况，若有接触不良或断路应予修复。

季度维护：除每日检查内容外还应进行季度性检查。检查滚筒的运转状况有无异响、损伤，运转是否平稳；检查联轴节是否松旷；检查传感器固定情况，接头有无松动；检查滚筒制动器的磨损情况，当举升器升起后，被检车辆驶离试验台时，车轮不应带动滚筒旋转。

③ 年度维护。

3. 检测标准及检测结果分析

国家标准 GB 7258—2017《机动车运行安全技术条件》中规定，车速表指示误差（最高设计车速不大于 40 km/h 的机动车除外），车速表指示车速 v_1 与实际车速 v_2 之间应符合下列关系式：

$$0 \leqslant v_1 - v_2 \leqslant (v_2/10) + 4$$

即将被测机动车的车轮驶上车速表检测台的滚筒上使之旋转，当该机动车车速表指示值（v_1）为 40 km/h 时，车速表检测台速度指示仪表的指示值（v_2）为 32.8～40 km/h 范围内为合格。或车速表检测台速度指示仪表的指示值（v_2）为 40 km/h 时，读取该机动车车速表指示值（v_1），v_1 在 40～48 km/h 范围内为合格。

1.10　汽车燃油经济性检测

在保证动力性的条件下，汽车以尽量少的燃油消耗量经济行驶的能力，称为汽车的燃油经济性。汽车燃油经济性受到各国政府、汽车制造业、汽车使用者的高度重视。燃油经济性好，可以降低汽车的行驶费用、节约能源；同时也降低了污染物的排放，保护了环境。

本节的最终任务是要解决如何提高汽车的燃油经济性问题。为此，必须先掌握评价汽车燃油经济性的指标，然后再分析影响汽车燃油经济性指标的各种因素，并在此基础上学习应采用的方法和措施。

近年来燃油价格逐渐上涨，多次出现油料供给紧张，据统计，汽车运输中汽车燃油消耗费用占总费用的 30%～50%，所以，燃油经济性的提高就意味着汽车运输成本的下降和经济效益的提高。

汽车的动力性用三个特定状态的参数表示即可，而燃油的经济性则贯穿汽车制造及使用的整个过程，包括汽车本身的结构设计、制造工艺、各总成的调整和所用燃料等，还受到道路状况、交通情况、驾驶习惯、气候条件等各种因素的影响。因此，在理论的分析计算中因有许多不确定因素而带来诸多不便，故实际上汽车燃料经济性的评价分析往往更着重利用试验手段，通过使用有关的仪器设备检测得到。

对于汽车燃油经济性的检测，目前主要使用台架试验、底盘测功机试验和道路试验的方法进行。通过试验，获得汽车燃油的消耗量以评价汽车的技术状况及综合性参数。试验常使用油耗计。用油耗计测量汽车燃料消耗量，不仅可以诊断燃料供给系的技术状况，而且可以诊断发动机及整车的技术状况，国外一些汽车运输企业把油耗仪作为诊断汽车是否需要维修的有效工具，油耗仪又称燃料流量计。

底盘测功机试验或道路试验测量燃油消耗量时，首先汽车通过一定路程时消耗的燃料量和通过时间，然后由燃料量、路程和时间，计算试验车速下汽车燃料消耗量。台架试验时，通过测定发动机消耗一定体积燃料或一定质量燃料所经过的时间，然后由燃料消耗量和经过时间计算单位时间的燃料消耗量，又称容积法或质量法。

1.10.1 乘用车燃油消耗量试验方法认知

1. 试验一般条件

试验条件分一般试验条件部分和其他规定，试验车辆的一般条件为：

① 试验车辆可根据汽车生产企业或其授权代理者需求进行磨合，并保证机械状况良好，试验前应磨合 3 000 km，磨合里程不超过 15 000 km。

② 使用汽车生产企业规定的润滑剂，并在试验结果报告中注明。

③ 车辆在测功机上的运转：

- 如无特殊要求，在测功机运转期间，应关闭车辆所有辅助设备，或者令其处于失效状态。
- 如果车辆有测功机运行模式，应该按照车辆生产企业的说明激活（例如，使用车辆方向盘上的按钮进行特定顺序的操作，使用车辆测试仪以及移除熔丝等）。生产企业应向环境保护主管部门提供测功机运转期间车辆上需要关闭或处于失效状态的设备清单和失效或关闭理由。
- 车辆在测功机上运行期间，辅助设备都应该被关闭或者处于失效状态。
- 车辆在测功机运行模式下不能激活、调整、延迟或解除任何可能影响排放的零部件的工作状态。任何影响车辆在底盘测功机上运行的设备都应该设置在正确的状态。

④ 排气系统不得有任何泄漏，以免减少发动机排出气体的收集量。

⑤ 车辆控制和传动系统的设置应与生产企业的量产车型相同。

⑥ 车辆轮胎型号应与车辆生产企业规定一致。轮胎压力可最多增加到比企业规定的轮胎压力下限高 50%。测功机设定和后续试验应使用相同的轮胎压力。试验报告中应记录所使用的实际轮胎压力。

⑦ 汽车在试验期间应接近水平放置，以避免燃料分配异常。

2. 其他条件

（1）环境条件

① 试验室温度应设置为 23℃，允许偏差 ± 5℃。大气温度和湿度应在试验车辆冷却风机出风口测量，最小测量频率为 1 Hz。正式试验开始前，发动机机油温度或冷却液温度应在 23℃ ± 2℃范围内。

试验室空气和发动机进气绝对湿度（H）（水/干空气）（g/动力蓄电池）应为：5.5≤H≤12.2。湿度应连续测量，频率至少 1 Hz。

② 浸车区域温度控制目标为 23℃，允许的实际偏差为 ± 3℃，以每 5 min 移动算术平均值计。且与设定温度不存在系统偏差。温度应连续测量，取样时间间隔不得大于 60 s。

③ 测量试验室的环境空气温度及排放测量系统中需要使用的稀释和取样系统温度参数应该保持 ± 1.5℃的精度；测量大气压力参数分辨率为 ± 0.1 kPa；测量绝对湿度（H）参数的分辨率为 ± 1g 水/动力蓄电池干空气。

（2）试验燃油

试验燃油应按照汽车生产企业推荐的最低标号，采用基准燃油，燃油中不允许额外添加含氧物。

3. WLTC 循环燃油消耗量试验

按照 GB 18352.6—2016《轻型汽车污染物排放限值及测量方法（中国第六阶段）》进行试验，试验应按要求放置在带有负荷和惯量模拟的底盘测功机上进行，试验运转循环采用全球轻型车统一测试循环（WLTC）标准进行循环试验。按照要求记录污染物排放结果和各速度段的 CO_2 排放结果。

4.燃油消耗量的计算

按 GB 18352.6—2016 的规定计算 CO_2、CO 和 HC 排放量，分别计算各速度段和综合燃油消耗量。

（1）对于装备汽油机的车辆：

$$FC = \frac{0.1155}{D}\left[(0.866 \times HC) + (0.429 \times CO) + (0.273 \times CO_2)\right] \tag{1.54}$$

（2）对于装备柴油机的车辆：

$$FC = \frac{0.1156}{D}\left[(0.865 \times HC) + (0.429 \times CO) + (0.273 \times CO_2)\right] \tag{1.55}$$

式中 FC——燃油消耗量，L/100 km；

HC——碳氢排放量，g/km；

CO——一氧化碳排放量，g/km；

CO_2——二氧化碳排放量，g/km；

D——288K（15℃）下试验燃油的密度，g/L。

1.10.2 商用车燃油消耗量测试方法

轻型商用车燃油消耗量测试方法与乘用车燃油消耗量测试方法基本相似，也可参照 GB/T 19233—2020《轻型汽车燃料消耗量试验方法》进行测试。

重型商用车燃油消耗量测试方法可参照 GB/T 27840—2021《重型商用车辆燃料消耗量测量方法》进行测试。基本型车辆应采用底盘测功机法确定燃料消耗量，并在试验报告中注明为基本型；变型车辆可由车辆生产企业选择采用底盘测功机法或模拟计算法确定燃料消耗量,在相应试验报告中注明其基本型并附基本型车辆的燃料消耗量试验报告。

1. 试验车辆条件

试验车辆应经过至少 2 500 km、不超过 10 000 km 的磨合。

试验轮胎应为该车型厂定原装轮胎；如果该车型可选装几种不同规格的轮胎，则从中选择滚动阻力最大的一种进行试验。试验开始前，对照轮胎最大试验载荷和最高试验车速按车辆生产企业的建议对轮胎进行充气。轮胎花纹深度应为初始花纹深度的 90%～50%，也可采用与车辆同时磨合过的新轮胎。

2. 其他条件

（1）行驶阻力测定

按 GB/T 19233—2020《轻型汽车燃料消耗试验方法》附录 C 的要求测定车辆等速行驶阻力。

（2）试验环境

环境温度应在 5～35℃之间，推荐环境温度为 20～30℃；实际环境温度应在试验报告中注明。

相对湿度应小于 95%。

大气压力应处于 91～104 kPa 之间。

（3）试验用燃油

试验用燃油应符合车辆生产企业规定,并满足相应国家标准的要求。

按 GB/T 1884—2000《原油和液体石油产品密度实验室测定法（密度计法 1）》测定燃油密度。

采用碳平衡法计算燃油消耗量时，假定汽油和柴油的氢–碳比分别为 1.85 和 1.86。

3. C-WTVC 循环燃油消耗量试验

正式试验前，宜进行 1～2 个完整的 C-WTVC 循环或采用其他方法对试验车辆和底盘测功机进行充分预热。车辆试验应运行三个完整的 C-WTVC 循环，并在每个完整的 C-WTVC 循环结束后分别记录试验结果。

4. 燃油消耗量的计算

按下述方法计算市区、公路、高速部分的燃油消耗量以及 C-WTVC 循环燃油消耗量。

（1）采用碳平衡法确定燃油消耗量 Q

按下列公式计算燃油消耗量，单位为 L/100 km。

① 对于装备汽油机的车辆：

$$Q=\frac{0.115\,4}{\rho_{\mathrm{g}}}\left[(0.866\times \mathrm{HC})+(0.429\times \mathrm{CO})+(0.273\times \mathrm{CO_2})\right] \tag{1.56}$$

② 对于装备柴油机的车辆：

$$Q=\frac{0.115\,5}{\rho_{\mathrm{g}}}\left[(0.866\times \mathrm{HC})+(0.429\times \mathrm{CO})+(0.273\times \mathrm{CO_2})\right] \tag{1.57}$$

式中 Q——燃油消耗量，L / 100 km；

HC——测得的碳氢化合物排放量，g/km；

CO——测得的一氧化碳排放量，g/km；

CO_2——测得的二氧化碳排放量，g/km；

ρ_g——15℃下试验燃油的密度，g/L。

（2）采用质量法确定燃料消耗量 Q

$$Q=\frac{M_{\mathrm{fc}}}{D\times \rho_{\mathrm{g}}}\times 100\,(\mathrm{L/100\ km}) \tag{1.58}$$

式中 Q——燃油消耗量，L/100 km；

M_{fc}——测油消耗量测量值，kg；

D——试验期间的实际行驶距离，km；

ρ_g——基准温度 20℃下试验燃油的密度，g/L。

（3）采用容积法确定燃料消耗量 Q

$$Q=\frac{V_L\times\left[1+\alpha\times\left(T_0-T_F\right)\right]}{D}\times 100\left(\text{L/100 km}\right) \tag{1.59}$$

式中 Q——燃油消耗量，L/100 km；

V_L——燃油消耗量（体积）测量值，L；

α——燃油容积膨胀系数，10^{-3}/℃；

T_0——基准温度，20℃；

T_F——燃油平均温度，单位为摄氏度（℃）：采用手工记录时，应为每次试验开始和结束时在容积测量装置上读取的燃油温度的算术平均值，采用自动采集系统记录时，应为记录结果的算术平均值；

D——试验期间的实际行驶距离，km。

（4）综合燃料消耗量的确定

① 按式（1.60）计算 3 次试验结果的第 95 百分位分布的标准差 σ，并将 3 次测量结果中最大燃料消耗量与最小燃料消耗量之差（ΔQ_{max}）与σ值进行比较：如 ΔQ_{max} 不大于 σ，则视为通过重复性检验；如 ΔQ_{max} 大于 σ，则视为没有通过重复性检验。

$$\sigma=0.063\overline{Q} \tag{1.60}$$

② 按步骤①对三个完整的 C-WTVC 循环的燃料消耗量进行重复性检验：如能通过重复性检验，则分别计算市区、公路、高速等各适用部分的平均燃料消耗量，并按步骤③确定该车型的燃料消耗量；如没有通过重复性检验,则应采用燃料消耗量较高的两个完整的 C-WTVC 循环试验结果,分别计算各适用部分的平均燃料消耗量，并按步骤③确定该车型的燃料消耗量。

③ 对照表 1-7 确定该车型市区、公路和高速部分的特征里程分配比例，按式（1.61）加权计算该车型的综合燃料消耗量。

$$FC_{综合}=FC_{市区}\times D_{市区}+FC_{公路}\times D_{公路}+FC_{高速}\times D_{高速} \tag{1.61}$$

式中 $FC_{综合}$——一个完整的 C-WTVC 循环的综合燃油消耗量，L/100 km；

$FC_{市区}$——市区部分平均燃油消耗量，L/100 km；

$FC_{公路}$——公路部分平均燃油消耗量，L/100 km；

$FC_{高速}$——高速部分平均公路燃油消耗量，L/100 km；

$D_{市区}$——市区里程分配比例系数（简称市区比例），%；

$D_{公路}$——公路里程分配比例系数（简称公路比例），%；

$D_{高速}$——高速公路里程分配比例系数（简称高速比例），%。

表 1-7 特征里程分配比例

车辆类型	最大设计总质量（GCW/GVW）动力蓄电池	市区比例 $D_{市区}$	公路比例 $D_{公路}$	高速比例 $D_{高速}$
半挂牵引车	9 000 < GCW ≤ 27 000	0	40%	60%
	GCW > 27 000	0	10%	90%
自卸汽车	GVW > 3 500	0	100%	0
货车（不含自卸汽车）	3 500 < GVW ≤ 5 500	40%	40%	20%
	5 500 < GVW ≤ 12 500	10%	60%	30%
	12 500 < GVW ≤ 25 000	10%	40%	50%
	GVW > 25 000	10%	30%	60%
城市客车	GVW > 3 500	100%	0	0
客车（不含城市客车）	3 500 < GVW ≤ 5 500	50%	25%	25%
	5 500 < GVW ≤ 12 500	20%	30%	50%
	GVW > 12 500	10%	20%	70%

小　　结

回忆本单元的知识，记住下列公式

（1）汽车的驱动力

$$F_t = \frac{M_e i_k i_0 \eta_T}{r}$$

（2）汽车行驶的附着力

$$F_\varphi = F_z \varphi$$

（3）汽车的驱动力平衡方程（汽车的行驶方程式）

$$F_t = F_f + F_w + F_i + F_j$$

若 $F_t > F_f + F_w + F_i$ 时，汽车将加速行驶；

若 $F_t = F_f + F_w + F_i$ 时，汽车将等速行驶；

若 $F_t < F_f + F_w + F_i$ 时，汽车将无法起步或减速行驶直至停车。

汽车的驱动力平衡方程（汽车的行驶方程式）还可以表述为：

$$\frac{M_e i_k i_0 \eta_T}{r} = Gf\cos\alpha + \frac{C_D A v_a^2}{21.15} + G\sin\alpha + \frac{\delta G \mathrm{d}v}{g\mathrm{d}t} \cdot \frac{\mathrm{d}v}{\mathrm{d}t}$$

（4）汽车行驶的驱动-附着条件

$$F_f + F_w + F_i \leqslant F_t \leqslant F_z \varphi$$

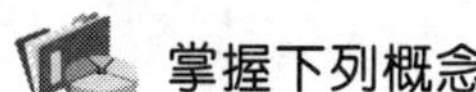

掌握下列概念

最高车速、汽车加速性能、爬坡度比油耗 g_e（燃料消耗率）、每小时耗油量 G_t、每公里耗油量 G_m、每升燃油行驶里程、百公里油耗量 Q、百吨公里油耗量 Q_t。

这些内容与后续知识的学习关系紧密

（1）汽车动力性影响因素

① 发动机参数。

② 传动系参数：传动系机械效率、主减速器传动比、变速器的挡数、变速器传动比。

（2）汽车经济性影响因素

① 汽车结构方面。

发动机：压缩比、电子燃油喷射系统、多气门结构、涡轮增压技术、燃烧稀混合气。

传动系：变速器挡位数、超速挡、主减速器传动比、传动系的机械效率。

② 减小汽车行驶中的行驶阻力。

减小汽车的滚动阻力：路面状况对汽车滚动阻力、汽车行驶速度对滚动阻力、轮胎气压对滚动阻力、胎类型对滚动阻力的影响及调节方法。

减小汽车的空气阻力：汽车车身结构与燃油消耗量的关系、改善汽车车身空气动力性能的措施、凸缘型减少空气阻力装置、空气动力筛眼屏板、导流罩、间隔封罩、导流器。

③ 轻量化技术。

汽车结构轻量化；

材料轻量化：汽车材料的密度、轻量化材料；

轻量化材料减轻汽车质量的潜力。

④ 节能技术。

汽车驾驶与节油；

发动机起动与升温：发动机的常温起动、发动机的冷起动、发动机的热起动；

汽车起步加速。

⑤ 汽车行驶：汽车行驶时的换挡、换挡时机、汽车行驶中的换挡操作、汽车行驶速度的合理选择。

⑥ 货运车辆的节能运输及管理。

习　　题

一、填空题

1. 汽车车速表的误差往往会随着汽车使用时间的延长而逐渐________。造成车速表失准的原因，主要有两个方面：一方面是________；另一方面________。
2. 由车速表的工作原理可知，车速表的指示值仅仅是与车轮的转速成正比，而汽车行驶的速度相当于驱动轮的线速度，显然线速度不仅与转动速度有关，还与________有关。
3. 车速表试验台有三种类型：________、________及________。
4. 油耗仪的安装应注意：油耗仪传感器应________在燃料系供油管道上。应________在化油器式汽油机的汽油泵与化油器之间；应________在柴油机的柴油滤清器与喷油泵之间。
5. 汽油燃油消耗量道路试验按国家标准________执行。
6. 底盘测功试验台中常用的功率吸收装置有水力测功器、直流电机测功器和________测功器，目前多采用________测功器。

7. 底盘测功试验台中测力装置有机械式、________式和________式三种形式，目前应用较多的是________式。

二、判断题

1. 后置发动机的汽车转速信号取自后轮。（　）
2. 模拟城市工况循环燃油消耗量试验是在测功机上进行。（　）
3. 由于汽车油耗计的使用频率较高，为了保证其检测数据的公正性和确保其检测精度，必须有专人维护保管而且应每年进行计量检定。（　）
4. 在底盘测功试验台上，当发动机发出额定功率，挂直接挡，可测得驱动车轮的额定输出功率。（　）

三、选择题

1. 对汽车车速表进行检测前，不应该（　）。
   A. 检查胎压　　B. 清理轮胎
   C. 拉紧手刹　　D. 给车轮垫三角挡块
2. 最新国标规定，车速表指示为 40 km/h 时，实际车速应为（　）为合格。
   A. 40～48 km/h　　B. 32.8～40 km/h
   C. 等于 40 km/h　　D. 小于 40 km/h
3. 将被测机动车的车轮驶上车速表检验台的滚筒上使之旋转，当该机动车车速表的指示值（v_1）为 40 km/h 时，车速表检验台速度指示仪表的指示值（v_2）为（　）范围内为合格。
   A. 38～48 km/h　　B. 40～48 km/h
   C. 33.3～42.1 km/h　　D. 32.8～40 km/h
4. 计算汽车的燃料消耗量时，须考虑（　）。
   A. 湿度修正系数　　B. 道路修正系数
   C. 温度修正系数　　D. 海拔高度修正系数
5. 在用发动机功率不得低于原额定功率的（　）。
   A. 70%　　B. 75%　　C. 80%　　D. 85%
6. 若实际测得的发动机功率偏低，其原因不可能是（　）。
   A. 气缸密封性不良　　B. 进气系统不密封
   C. 燃油供给系故障　　D. 传动系效率低
7. 测量发动机单缸功率时，要求最高与最低转速下降值之差不大于平均下降值的（　）。
   A. 20%　　B. 25%
   C. 30%　　D. 35%
8. 下列对单缸功率偏低的原因叙述不正确的是（　）。
   A. 分缸高压线或火花塞不良　　B. 气缸密封性不良
   C. 喷油器不良　　D. 油泵不良

四、问答题

1. 汽车的动力性包括哪些方面的内容？其评价指标是什么？

2. 驱动力的定义是什么？它与哪些因素有关？
3. 什么是传动系的机械效率？它与哪些因素有关？
4. 汽车在坡道上匀速行驶时，有哪些行驶阻力？
5. 简述滚动阻力产生的原因，分析影响滚动阻力系数的因素。
6. 空气阻力由哪几部分组成？降低空气阻力系数的结构措施有哪些？
7. 什么是汽车的附着力？影响附着系数的因素是什么？
8. 汽车的驱动与附着条件是什么？写出其表达式。
9. 试分析影响汽车动力性的因素。
10. 根据汽车的驱动力—行驶阻力图，试分析汽车的动力性。
11. 汽车经济性的评价指标有几种？各有何优缺点？
12. 什么是等速百公里燃油消耗量？
13. 什么是比燃料消耗量？它与等速百公里燃油消耗量有何区别？
14. 写出汽车燃料消耗量的计算公式，说明燃料消耗量的影响因素。
15. 用高挡行驶为什么会省油？
16. 变速器设置超速挡有何作用？
17. 分析汽车拖挂省油的原因。
18. 请叙述燃油消耗量道路试验的方法和步骤。
19. 侧滑台常用的传感器有哪几种?它们的作用和工作原理是什么？
20. 车速表误差是如何形成？简述车速表误差测量原理？
21. 按照 GB 7258—2017 的有关规定，车速表允许的误差范围是什么？
22. 当车轮轮胎磨损后，车速表指示的数值将偏快还是偏慢？为什么？

单元2

汽车制动性能与检测

学习目标	☑ 了解汽车的制动过程； ☑ 理解汽车制动性能评价指标； ☑ 掌握前后轮制动器制动力的比例对汽车制动稳定性的影响； ☑ 学会分析汽车制动性能的主要影响因素； ☑ 掌握制动性能检测设备、检测方法、检测标准及结果分析方法。

本单元结构图

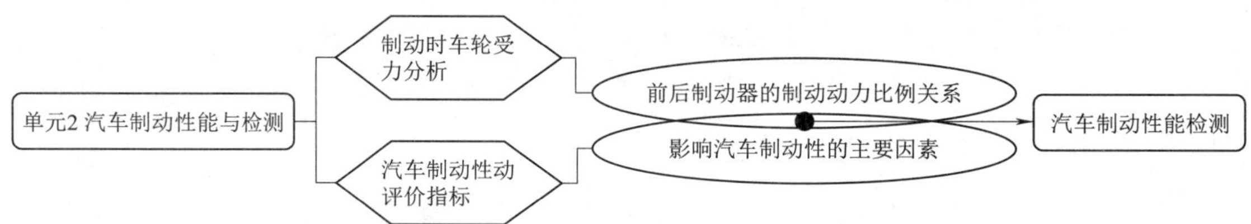

汽车制动性能的好坏，直接关系到汽车的行车安全和运输效率。在紧急情况下，良好的制动性能，可以化险为夷，避免交通事故；在正常行驶时，良好的制动性能，可以为汽车动力性的充分发挥起到保障作用，从而提高汽车的运输效率。因此，对汽车制动性能的检测和故障诊断尤为重要。本章我们将通过分析汽车的制动过程及制动时车轮的受力情况，介绍汽车制动性能评价指标，分析前后制动器制动力的比例关系对汽车制动稳定性的影响，介绍影响汽车制动性的主要因素。

2.1 制动时车轮受力分析

分析制动时车轮的受力情况是研究汽车制动性能的基础。本节将介绍与车轮相关的几种力：地面制动力、制动器制动力以及地面附着力；同时介绍这几种力之间的相互关系。并在此基础上引入硬路面上的附着系数，介绍车轮制动时的几种运动状态。

为保障汽车安全行驶，在汽车上都安装了制动装置，当需要制动时，驾驶者踩下制动踏板，汽车会从一定的车速制动到较低的速度或直至停车。为什么踩下制动踏板，汽车会减速或停车？

很显然，汽车受到了一个与行驶方向相反的外力的作用。这个与行驶方向相反的外力是怎样产生的？驾驶员踩踏板的力和这个外力大小是否成正比？还有，为什么在湿滑路面的制动距离要比干燥路面长？要回答这些问题，就必须首先学会分析汽车制动时车轮的受力情况。

汽车制动的目的是使汽车从一定的车速制动到较低的速度或直至停车，以保障汽车安全行驶。为此，就必须使汽车受到一个与行驶方向相反的外力的作用。这个外力只能由空气和路面提供。汽车行驶时受到了空气阻力和滚动阻力等路面阻力的作用，但是，汽车行驶时的空气阻力和路面阻力是随机的、不可控的，虽然作用在汽车上的这些阻力能起到制动作用，可用于制动却显太小，靠它们实现不了制动的目的。因此，还必须由路面提供汽车制动所需的阻力，这个阻力便称之为地面制动力。为在地面生成制动力，就在汽车上设置了制动装置，以确保地面能生成汽车制动时所需要的制动。

2.1.1 地面制动力

图 2-1 画出了在良好的硬路面上制动时车轮的受力情况。图中滚动阻力偶矩和减速时的惯性力、惯性力偶矩均忽略不计。T_μ是车轮制动器中摩擦片与制动鼓成盘相对滑转时的摩擦力矩，单位为 N·m；F_{xb}是地面制动力，单位为 N；W为车轮垂直载荷、F_p为车轴对车轮的推力、F_z为地面对车轮的法向反作用力，它们的单位均为 N。

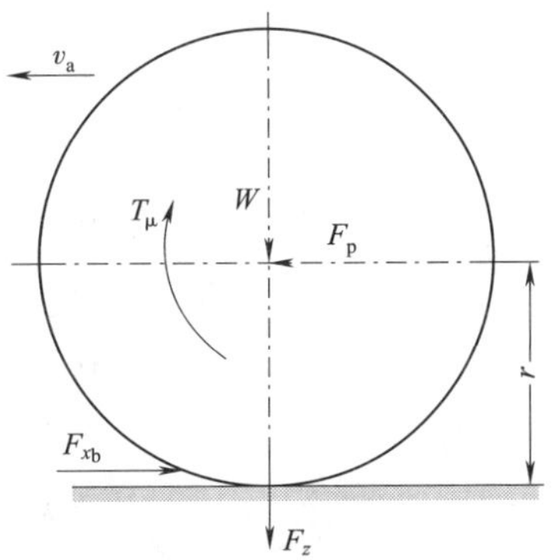

图 2-1 车轮在制动时的受力分析

显然. 从力矩平衡得到

$$F_{xb}=\frac{T'_\mu}{r} \tag{2.1}$$

式中 r——车轮半径，m。

地面制动力由车轮经车轿和悬架传给车架及车身，迫使整部汽车产生一定的减速度。显然，地面制动力越大，汽车制动减速度也越大。

2.1.2 制动器制动力

汽车制动时，车轮制动器的摩擦力矩 T_μ通过车轮传给路面的周缘力称为制动器制动力 F_μ。制动器制动力是相当于把汽车架离地面启动制动装置后，在车轮周缘沿切线方向推动车轮直至车轮能转动所需的力，显然

$$F_\mu=\frac{T_\mu}{r} \tag{2.2}$$

式中 T_μ——制动器的摩擦力矩，N·m；

r——车轮半径，m。

由式可知，制动器制动力仅取决于制动器的结构参数，即取决于制动器的形式、结构尺寸、制动器摩擦副的摩擦因数以及车轮半径。

2.1.3 地面附着力

制动器制动力是生成路面制动力的源泉。因此，在汽车制动时，地面制动力的大小，首先取决于制动器制动力，只有足够的制动器制动力才能产生足够地面制动力。但是，地面制动力

又是车轮与路面间滑动摩擦的约束反力，受车轮与路面间的摩擦条件制约，其最大值受车轮与路面间的摩擦力的限制。

由于车轮与路面间摩擦的特殊性、复杂性，汽车工程将车轮与路面间的摩擦条件称为附着条件，将其间的摩擦力称为附着力 F_φ，将其间的摩擦因数称为附着系数 φ。这样，地面制动力既取决于制动器制动力，又受地面附着力的制约，如图 2–2 所示。

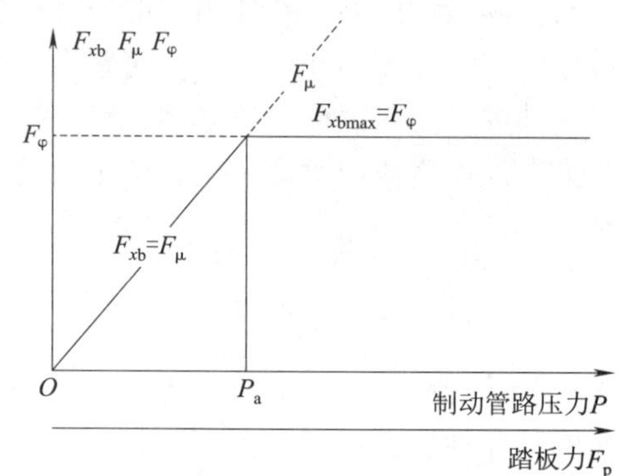

图 2–2　汽车制动过程中地面制动力、制动器制动力和地面附着力间的关系

从图可见，当制动系管路压力或制动踏板力较小，未达到某一限值时，制动器摩擦力矩不大，地面制动力足以克服制动器摩擦力矩推动车轮滚动。此时地面制动力就等于制动器制动力，并随制动系管路压力（制动器制动力）的增长成正比地增大，直至某一限值，地面制动力便不再随制动管路压力继续增加，而达最大值，制动器制动力却随制动管路压力继续增大。这是由于地面附着力制约了地面制动力的继续增大。地面附着力便成了地面制动力的极限，地面制动力 F_{xb} 不可能大于地面附着力 F_φ，即

$$F_{xb} \leqslant F_\varphi = F_z \tag{2.3}$$

最大地面制动力 F_{xbmax} 为

$$F_{xbmax} = F_{z\varphi} \tag{2.4}$$

地面制动力达最大值，即等于地面附着力时，车轮将“抱死”停转而拖滑。此时若要继续提高路面制动力以使汽车具有更大的制动能力，就只有靠改善车轮与路面间的附着条件，提高附着系数了。

2.1.4 硬路面上的附着系数

汽车制动过程中，地面附着系数不是固定不变的，不是常数，而是随制动车轮的运动状况变化，即与车轮的滑动程度有关。制动时车轮的滑动状况常用滑移率 S 表征。滑移率 S 定义为汽车速度与车轮速度之差对汽车速度之百分比，表示制动过程中滑动成分的多少。其值可按下式计算

$$S = \frac{v - r\omega}{v} \times 100\% \tag{2.5}$$

式中 v——汽车速度，m/s；
ω——车轮转速，rad/s；
r——车轮滚动半径，m。

通过观察胎面留在地面上的印痕，我们发现车轮的运动状况变化是从车轮滚动到边滚边

滑，再到抱死拖滑一个渐变的连续过程。图 2–3 所示是汽车制动过程中逐渐增大踏板力时轮胎留在地面上的印痕，印痕基本上可分三段：

第一段，印痕的形状与轮胎胎面花纹基本一致，车轮还接近于单纯的滚动。可以认为：

$$v=r\omega \tag{2.6}$$

第二段，轮胎花纹的印痕可以辨别出来，但花纹逐渐模糊，轮胎不只是单纯的滚动，胎面与地面发生一定程度的相对滑动，即车轮处于边滚边滑的状态，此时：

$$v>r\omega \tag{2.7}$$

随着制动强度的增加，滑动成分的比例越来越大。

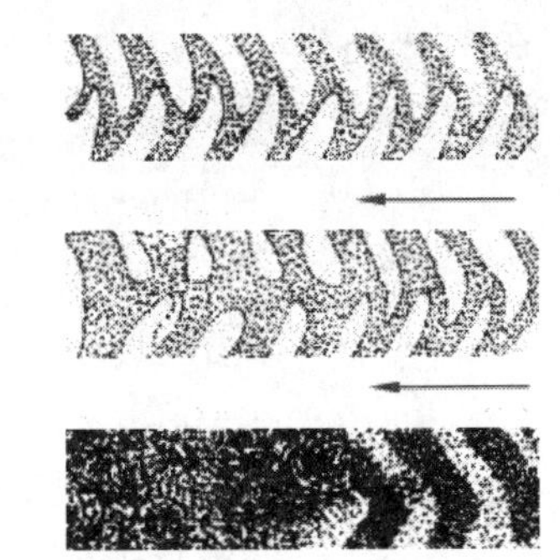
图 2–3　制动时轮胎在地面上的印痕

第三段，形成一条粗黑的印痕，看不出花纹的印痕，车轮被制动器抱住，在路面上作完全的拖滑，此时

$$\omega=0 \tag{2.8}$$

从这三段的变化情况可以看出，随着制动强度的增加，车轮滚动成分越来越少，而滑动成分越来越多。

因此，根据定义，在纯滚动时，$v=r\omega$，滑动率 $s=0$；在纯拖滑时，$\omega=0$，$s=100\%$；边滚边滑时，$0<S<100\%$。所以，滑动率的数值说明了车轮运动中滑动成分所占的比例。滑动率越大，滑动成分越多。

实验证明，当车轮在路面上滑动时，车轮与路面间的附着系数 φ 与滑移率 S 有如图 2–4 所示的关系。图中 φ_B 为沿车轮旋转平面方向的附着系数，称为纵向附着系数，即通常所说的附着系数。φ_s 为垂直于车轮旋转平面方向的附着系数，称为横向附着系数。从图中可见，附着系数随滑移率 S 的增大近似直线上升，达最大值后，便随滑移率 S 继续增大逐渐减小。这是由于车轮与路面间的滑动摩擦因数小于静摩擦因数，因此地面附着系数在达到最大值后就逐渐降低。

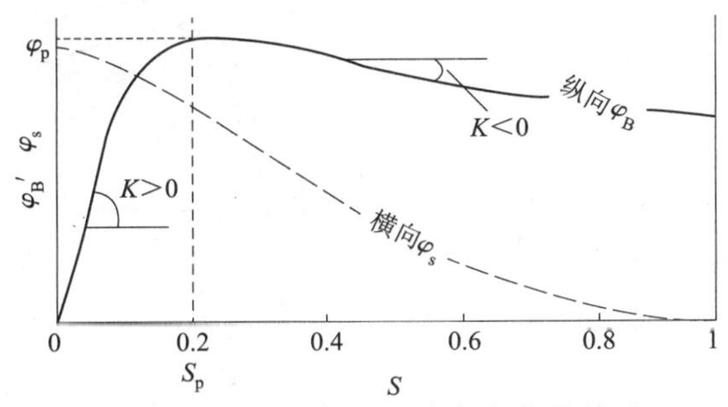

图 2–4　附着系数随滑动率变化的关系

附着系数的最大值称为峰值附着系数 φ_p，对应的滑移率称为峰值滑移率 S_p，S_p=15%～20%。在峰值滑移率左边，虽然有一定的滑移率，但车轮并没有同路面发生真正的相对滑动。滑移率大于零的原因是轮胎的滚动半径变大。当出现路面制动力时，轮胎前面即将与路面接触的胎面受到拉伸而伸长，轮胎滚动半径与路面制动力成正比增大，直至峰值滑移率后，轮胎接地面积中才出现局部的相对滑移。

在峰值滑移率 S_p 的左边，地面附着力能跟随汽车制动力矩的增加，提供足够的路面制动力

（矩），而这时的横向附着系数 φ_S 也较大，具有足够的抗侧滑能力，故一般称峰值滑移率 S_p 的左边为制动稳定区。

在峰值滑移率 S_p 的右边，附着系数 φ 随滑移率 S 的增大而减小，即随着车轮制动器摩擦力矩的继续增大，地面制动力反而在逐渐减小。制动器摩擦力矩与路面制动力差值的急剧扩大，就使车轮迅速减速而趋向“抱死”停转，发生拖滑。从峰值滑移率 S_p 增长到 100%滑移率的这一过程几乎是瞬间完成的，仅需 0.1 s 左右的时间。在滑移率达到 100%时，纵向附着系数 φ_B 大约降低 $\frac{1}{4}\sim\frac{1}{3}$。横向附着系数却按图 2-4 中的虚线趋势递减而接近于零。从而，不但降低了汽车的制动效果，还使汽车丧失了抗侧滑的能力。因此，称峰值滑移率右边的这一区域为制动不稳定区。

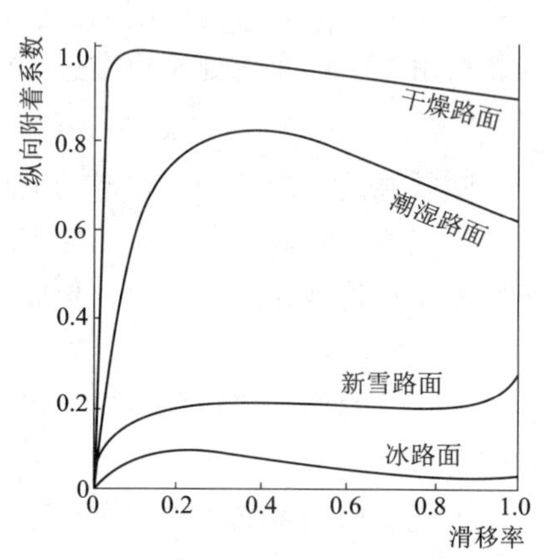

图 2-5　不同路面附着系数与滑移率

附着系数的数值主要取决于道路的材料、路面的状况、轮胎结构、胎面花纹、轮胎材料和汽车行驶的速度等因素。

图 2-5 显示不同路面状况对附着系数的影响。从图中可见，路面虽然不同，附着系数与滑移率的特性是一致的，只是附着系数的数值不同而已。

轮胎对附着系数有重要的影响，胎面花纹影响轮胎的“抓地”能力、排水能力。增大轮胎与其地面的接触面积会提高附着性能，因此低气压、宽断面的轮胎和子午线轮胎的附着系数就较一般轮胎高。轮胎的磨损会影响轮胎的附着能力，轮胎的附着系数将随胎面花纹深度的减低显著下降。图 2-6 显示了胎面花纹深度对附着系数的影响。

汽车的行驶速度对附着系数的影响也较大。行驶速度越快，附着系数就越低。图 2-7 显示了载货汽车行驶速度与附着系数的关系。

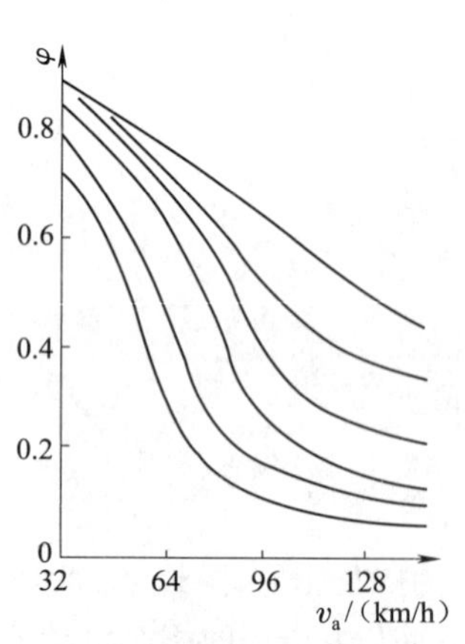

图 2-6　轮胎胎面花纹深度对附着系数的影响

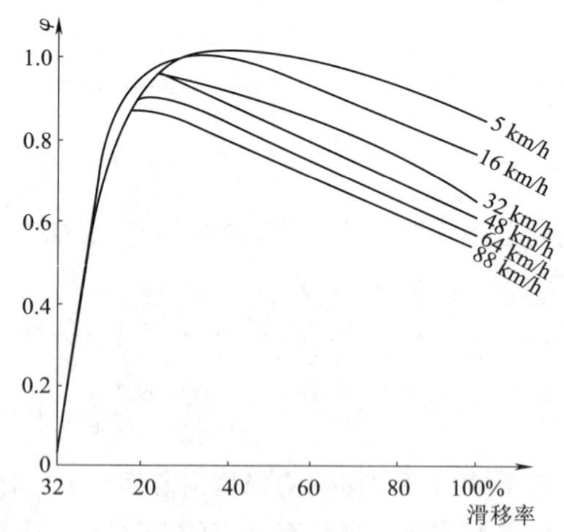

图 2-7　汽车行驶速度与附着系数的关系

拓展资源：滑水现象

汽车行驶时可能遇到两种附着能力很小的危险情况：一是刚开始下雨，路面上只有少量雨水时，雨水与路面上的尘土、油污相混合，形成黏度高的水液，滚动的轮胎无法排挤出胎面与路面间的水液膜，由于水液膜的润滑作用，附着性能将大为降低，平滑的路面有时会同冰雪路面一样滑；另外一种情况是高速行驶的汽车经过有积水层的路面，出现了滑水（hydroplaning）现象。轮胎在有积水层的路面上滚动时，其接触面如图 2-8 所示分为三个区域：A 区是水膜区，C 区是胎面与路面直接接触产生附着力的主要区域，B 区是 A 区与 C 区的过渡区，是部分穿透的水膜区，路面的突出部分与胎面接触，提供部分附着力。轮胎低速滚动时，由于水的黏滞性，接触面前部的水需要一定时间才能挤出，所以接触面中轮胎胎面的前部将越过楔形水膜（即 A 区）滚动。车速提高后，高速滚动的轮胎迅速排挤水层，由于水的惯性，接触区的前部水中产生动压力，其值与车速的平方成正比。压力使胎面与地面分开，即随着车速的增加，A 区水膜在接触区中向后扩展，B、C 区相对缩小；在某一车速下，在胎面下的动水压力的升力等于垂直载荷时，轮胎将完全漂浮在水膜上面而与路面毫不接触，B、C 区不复存在。这就是滑水现象。滑水现象减小了胎面和地面的附着能力，影响汽车制动、转向性能。图 2-9 所示是两种轮胎在不同水层深度的滑动附着系数与车速的关系曲线。由图可见，车速为 100 km/h，水膜厚度为 10 mm 时，滑动附着系数接近于零，即已发生了滑水现象。

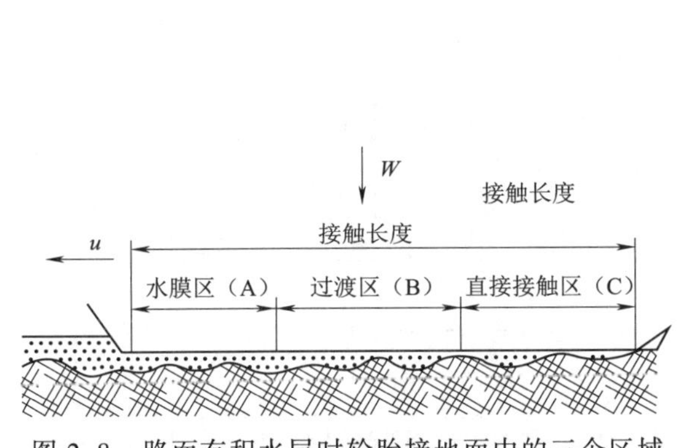

图 2-8　路面有积水层时轮胎接地面中的三个区域

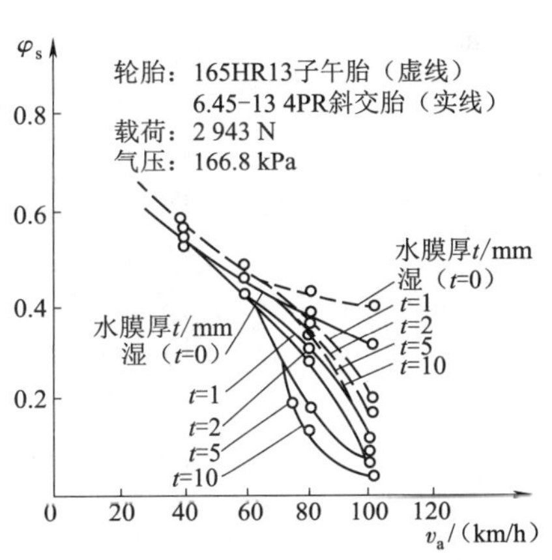

图 2-9　轿车轮胎在不同水层深度下滑动附着系数与车速的关系曲线

2.2　汽车制动性能评价指标

汽车制动性是由汽车制动装置（制动和减速系统）的各种结构参数确定的，通过制动过程输出特性参数显示出来。本节将从制动效能、制动效能的恒定性以及制动时的方向稳定性这三个方面描述制动性的特征参数。

制动性能直接关系到汽车的行车安全，重大交通事故往往是与制动距离太长、紧急制动时发生侧滑等情况有关，因此汽车的制动性能是汽车行驶的重要保障，也是汽车制造厂、使用者、汽车维修和管理人员关心的重要性能之一。

汽车制动性是指汽车行驶时，能在短距离内停车且维持行驶方向稳定和下长坡时能维持较低车速的能力。汽车制动性能主要从制动效能、制动效能的恒定性和制动时汽车的方向稳定性三个方面来评价。

2.2.1 汽车的制动效能

制动效能是指汽车迅速降低行驶速度直至停车的能力，是制动性能中最基本的评价指标。它是由制动力、制动减速度、制动距离等参数来评定。GB 7258—2017《机动车运行安全技术条件》规定，用制动力法、制动减速度或制动距离法三者之一，来评价汽车的制动效能。

1. 制动距离法

各国对制动距离的定义不一致，在我国安全法规中，是指在指定的道路条件下，机动车在规定的初速度下急踩制动时，从脚接触制动踏板（或手触动制动手柄）时起至车辆停住时止车辆驶过的距离（见 GB 7258—2017）。制动距离的长短直观地体现了汽车制动效能的高低，是表征汽车制动性最基本的特性参数。

为便于理解，我们用图 2-10 所示的制动减速度 j 与制动时间 t 的关系曲线来分析制动全过程。

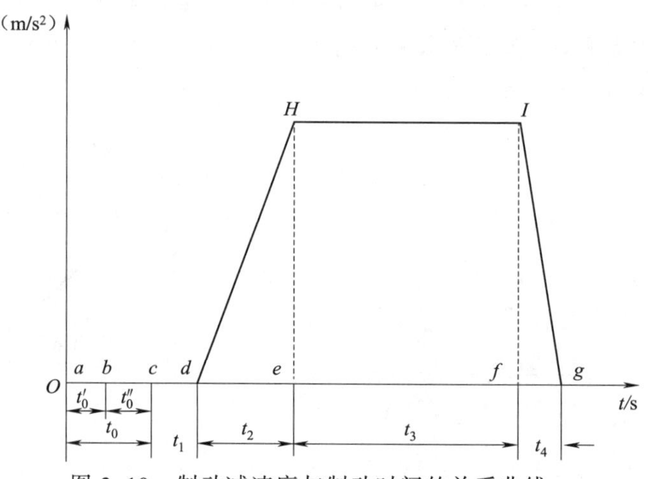

图 2-10 制动减速度与制动时间的关系曲线

汽车获取制动效果基本上要经历这样几个阶段：驾驶员得到制动信息、发出制动指令；制动器起作用产生制动力、地面生成制动力、出现减速度；汽车稳定减速；解除制动，彻底释放制动力。下面进行具体说明。

t_0 为驾驶员反应时间，是从出现危险信号开始，到驾驶员的脚刚接触制动踏板为止所经历的时间。在该时间内，汽车以 u_0 的初速度作等速运动。一般 t_0 为 0.3～1 s。

t_1 为制动系响应时间，是从驾驶员刚踩着制动踏板到汽车出现制动减速度为止所经历的时间。它用以克服制动系机械传动部分的间隙，克服制动踏板的自由行程，气压或液压沿管路传递，克服制动蹄片与制动鼓（盘）的间隙等。一般液压制动系的响应时间为 0.015～0.03 s，气压制动系为 0.05～0.06 s。在 t_1 时间内，汽车的减速度为零，作等速运动。

t_2 为制动力由零增加至稳定值，制动减速度由零增至稳定值所经历的时间。每辆在用车的稳定制动减速度值各不相同。液压制动系为 0.15～0.3 s，气压制动系为 0.3～0.8 s。

常将 t_1+t_2 称为制动系的协调时间，一般在 0.2～0.9 s 之间。其长、短主要取决于制动器的结构形式和驾驶员踩踏板的速度。

制动力、制动减速度达最大值后，其值基本不变，称为持续制动过程。

t_3 称为稳定减速度持续制动时间。

t_4 是从开始放松制动踏板的瞬时起，到制动力完全消除所经历的时间，称为制动解除时间，一般为 0.2 s～1 s 之间。该段时间对制动过程没有影响，但时间过长，会延迟随后起步行驶的时间。

根据定义，制动系的协调时间内，汽车驶过的距离 s_1 可按下式计算

$$s_1 = \frac{t_1 + t_2}{2v_0} \tag{2.9}$$

式中　t_1——制动系响应时间，s；

t_2——制动力由零增加至稳定值，制动减速度由零增至稳定值所经历的时间，s；

v_0——制动初速度，m/s。

持续制动阶段汽车驶过的距离 s_2 为

$$s_2 = \frac{v_0^2}{2j} \tag{2.10}$$

式中　v_0——制动初速度，m/s；

j——制动减速度，m/s²。

$$j = \frac{F_{\mu\max} g}{G} \tag{2.11}$$

式中　$F_{\mu\max}$——制动器最大制动力，N；

G——汽车重力，N；

g——重力加速度，m/s²。

汽车制动时，若制动器的最大制动力 $F_{\mu\max}$ 尚未达到或不能达到路面附着力 F_φ，且在制动过程是恒定不变的，则汽车在持续制动阶段内驶过的距离为

$$s_2 = \frac{v_0^2 G}{2F_{\mu\max} g} \tag{2.12}$$

若在持续制动阶段内制动器的最大制动力达到或超过路面附着力，且最大制动力稳定不变，此时的汽车制动减速度达最大值，$j=\varphi g$。汽车驶过的距离为

$$s_2 = \frac{v_0^2}{2\varphi g} \tag{2.13}$$

因此，汽车在制动两阶段内驶过距离的和便是制动距离 s，即

$$s = s_1 + s_2 = \left(t_1 + \frac{t_2}{2}\right) v_0 + \frac{v_0^2}{2j} \tag{2.14}$$

从上式可见，决定汽车制动距离的主要因素是：制动系协调时间、制动器的最大制动力。汽车行驶速度与制动距离是平方的关系，其对制动距离的影响尤为显著，但车速是由驾驶员控制的，是与制动系结构无关的汽车运行参数。

真正使汽车减速停车的是持续制动时间。但制动系协调时间对制动距离的影响不容忽视。例如，一辆汽车在良好的硬路面上，以 30 km/h 速度制动到停车的距离为 5.7 m。若设制动系协调时间为 0.2 s，则在 0.2 s 内汽车驶过的距离为 1.25 m，占总制动距离 22%左右。若制动系协调时间为 0.6 s，则相应的行驶距离延长到 3.75 m，总制动距离增加到 8.18 m，就已超出有关交通法规的允许值了。

制动系协调时间、制动器最大制动力均取决于制动系的结构形式和结构参数。改进制动系

结构，减少制动系协调时间，是缩短制动距离的有效措施。例如，早年的“红旗”CA770 轿车制动系由真空助力改为压缩空气助力（气顶油）后，以 30 km/h 车速的制动试验表明，制动距离缩短了 32%，制动时间减少了 31.6%，最大制动减速度提高 3.6%。虽然试验未单独列出制动系协调时间的变化，由于最大减速度提高不多，说明持续制动时间缩短不多，因此可以认为缩短制动距离主要是制动系协调时间减少的结果。

2. 制动减速度法

制动减速度的大小是汽车降低行驶速度能力强弱的量化体现。制动减速度按测试、取值和计算的方法不同，可分为制动稳定减速度和充分发出的平均减速度。

众所周知，汽车制动过程，减速度不是固定不变的，不是常量而是变量。因此，是选用制动减速度的瞬时值、最大值，还是均值才能准确地反映汽车的制动性。通常都是用制动减速度的均值，即平均制动减速度表征汽车的制动性。

（1）制动稳定减速度 j_a（m/s^2）

用制动减速度仪测取的制动减速度随时间的变化曲线，取其最大稳定值为制动稳定减速度，用 j_a 表示。

一般认为制动到抱死状态，具有最大的地面制动力，因而产生最大制动减速度。这时车轮在路面上拖滑，在路面上留下黑色的印痕。

在平直路面上，当所有车轮都抱死时，汽车的地面制动力

$$F_{xbmax}=\sum Z_{\varphi}=G_{\varphi} \tag{2.15}$$

制动时的空气阻力 F_w 相对于 F_{xbmax} 较小，可忽略不计。根据牛顿第二定律有：$G_{\varphi}=Gj_a/g$

$$j_a=g_{\varphi} \tag{2.16}$$

上式表明：制动到所有车轮都处于抱死状态时，所能达到的制动稳定减速度和车轮与路面的附着系数 φ 成正比，比例系数为重力加速度，与汽车的总质量无关。

（2）充分发出的平均减速度 MFDD（m/s^2）

充分发出的平均减速度是在车辆制动试验中用速度计测得了制动距离和速度的情况下，从 v_b 到 v_e 速度间隔车辆驶过的距离，根据下列公式计算的平均减速度。

$$\text{MFDD}=\frac{v_b^2-v_e^2}{25.92(S_e-S_b)} \tag{2.17}$$

式中 v_b——$0.8v_0$ 车辆的速度，km/h；

v_e——$0.1v_0$ 车辆的速度，km/h；

S_b——在初速度 v_0 和 v_e 之间车辆驶过的距离，m；

S_e——在初速度 v_0 和 v_e 之间车辆驶过的距离，m。

上式中的速度和距离应采用速度精度为±1%的仪器进行测量。MFDD 的精度应在±3%以内。实际上也可以认为充分发出的平均减速度是采样时段的平均加速度，即

$$\text{MFDD}=\frac{v_b-v_e}{3.6S_{be}} \tag{2.18}$$

式中 t_{be}——机动车速度由 v_b 降低至 v_e 的时间，v_b 和 v_e 与标准 MFDD 中 v_b 和 v_e 的定义相同。

充分发出的平均减速度不受测试时车辆倾角的影响，能较准确地反映车辆的制动减速特性。

一般将制动减速度控制在 $j < (0.4 \sim 0.5)g$，点制动时 $j=0.2g$。当 $j=(0.7 \sim 0.9)g$ 时，将有害于乘客或货物的安全。因此应在保证行车安全的前提下，尽量避免紧急制动。

该方法对车辆检测的初速度要求不很严格，容易操作。

3. 制动力法

制动力是制动过程的基本输出参数。制动力的变化特性表征了减速度的变化特性，间接地反映了制动距离的变化。因此，制动力既可用于评定汽车的制动效能，也可用以评定汽车制动时的方向稳定性。汽车的制动效能用各轮制动力的总和来评定，制动时的方向稳定性用同轴左右轮的制动力差来评定。

制动力可以采用试验台的方法检验。其中，在用车按空载的要求检验，出厂新车按满载的要求检验。这里的满载，并不是指货厢内一定要装载，而是说各轮制动器制动力的总和应不小于满载总质量的50%；主要承载轴（4×2货车为后轴）制动力之和不小于满载该轴轴荷的50%。在用车各轮制动器制动力总和不小于汽车空载质量的60%；主要承载轴左、右制动力之和不小于空轴轴荷的60%。因此，按满载检验要求较高。

为较全面地检验车辆的制动性能，用制动力作为单独的检验指标时，在规定了制动力的大小、制动力的合理分配及平衡制动力平衡性的同时，还要规定制动协调时间。

由于制动器制动力是指紧急制动中，制动鼓与制动蹄发生滑磨时，在轮胎周缘上施加的切向力。因此，制动力测试过程中轮胎与滚筒之间不能打滑，以免影响制动力的测试结果。

用制动力这一参数检验车辆的制动性能时，因用测力试验台测试，所以，主要反应制动系统对整车制动性能的影响，而反应不出制动系以外的因素（例如，钢板弹簧的刚度不同等）对整车制动性能的影响。

安全条件规定：用制动距离法、制动力法、制动减速度法三者之一检验合格，即认为汽车的制动效能合格。当车辆经台架检验后对其制动性能有质疑时，可用规定的路试检验进行复检，并以满载路试的检验结果为准。

4. 改善制动效能的措施

改善制动效能主要从增大制动器制动力和缩短制动协调时间两方面着手。

（1）增大制动器制动力

增大制动蹄与制动鼓接合面积，采用制动蹄摩擦面圆弧半径稍大于制动鼓内径及合理调整蹄、鼓间隙的办法可以达到这一要求；应保持摩擦表面的摩擦因数；必要时重新调整制动控制阀的平衡弹簧，加大预紧力，使制动气室的气压和储气筒的气压接近，以增大制动蹄对制动鼓的压紧力。

（2）缩短制动协调时间

减少制动系机械部分的旷量；适当减少制动踏板的自由行程；保持制动管路畅通和气、液路系统的密封；适当缩小蹄鼓间隙。

2.2.2 制动效能的恒定性

制动效能的稳定性是指汽车抗制动效能下降的能力。汽车制动系在不同的使用环境下，制动效能会发生变化，会衰退、降低。根据导致制动效能衰退的原因，可将制动效能的衰退现象分为热衰退和水衰退。

1. 制动效能的热衰退

热衰退是指由于摩擦热的影响使制动器摩擦材料的摩擦因数下降，导致制动效能暂时降低的现象。热衰退是目前制动器不可避免的现象，只是有程度的差别。制动器热衰退程度用热衰退率评价。在产生相同制动力的条件下，制动器冷状态下所需的操纵力（制动系统压力）与热状态下所需的操纵力之比称为热衰退率。

从能量观点看，汽车的制动过程是将汽车的机械能（动能和势能）的一部分或全部，通过制动器的摩擦转化为热能，并向大气耗散的过程。能量的这种转换和耗散就使制动器摩擦副发热、温度升高、摩擦因数下降，并产生磨损，从而影响汽车制动性能和制动器的寿命。汽车在高速下紧急制动，制动时间短，汽车全部动能的转换和耗散任务几乎全部由制动器承担；而在短时间内连续制动，尤其是下长坡连续和缓制动、重复制动，制动时所产生的热量，难以及时散出，就将使制动器温度迅速升高超出正常范围，导致制动效能明显下降。制动时制动器所达到的温度取决于制动产生热量的条件（如制动初速、终速、制动减速度、制动频繁程度、汽车总质量等）和散热条件（如大气温度、行驶速度、制动器通风环境、制动器受热零件的热容量、散热面积等）。汽车行驶的环境条件和行驶工况是随机的，因此制动器的热衰退程度主要还是取决于制动器摩擦副材料和制动器结构。

在制动过程中制动器摩擦衬片表面的温度经常可达到 300～400℃。摩擦衬片一般都是用石棉摩擦材料制造，石棉摩擦材料在温度升到一定程度时，摩擦因数将显著下降。当温度升到300℃以上时，石棉分解出焦油状物，在摩擦表面上起到润滑作用，使摩擦因数下降；而在温度达到 800℃时，石棉就会完全脱去结晶水而分解，助长了热衰退现象。为提高制动器的热稳定性，除改进石棉摩擦材料的组成成分和压制工艺外，最好采用热稳定性好的、无石棉摩擦材料作摩擦衬片，如金属摩擦材料。

此外，制动器结构也对抗热衰退产生影响。盘式制动器热稳定性优于鼓式制动器，这是由于盘式制动器散热效果好。采用非金属材料摩擦衬片的制动器，由于非金属材料摩擦衬片的绝热性能，其所能吸收的热量很少，绝大部分由制动鼓（制动盘）吸收。鼓式制动器散热条件差，制动鼓受热胀大变形，就使制动蹄与制动鼓只在中部接触，鼓式制动器的热稳定性也因此不如盘式制动器。

2. 制动效能的水衰退

水衰退是指制动器摩擦表面浸水使制动效能下降的现象。制动器摩擦表面浸水后，水的润滑作用使摩擦因数下降，从而导致制动器制动效能降低。

水衰退的程度可用制动器浸水后的制动效能与浸水前的制动效能的比值（%）表征。

若水衰退发生在汽车一侧车轮制动器上，就将造成左右车轮制动力不等，进而恶化汽车制动时的方向稳定性。

汽车制动时产生的热量可使制动器摩擦衬片干燥。因此，为了保证安全，汽车涉水后应踩几脚制动踏板，使制动蹄与制动鼓发生摩擦产生热量，使制动器迅速干燥，恢复正常。这种现象称为水恢复。

实验研究表明盘式制动器的水衰退影响比鼓式制动器要小，水恢复也较鼓式制动器快。这是由于盘式制动器的效能因数（在制动盘或制动鼓的作用半径上所得到的摩擦力与输入力之比）受摩擦因数下降的影响较小，而且制动器中的水分会被旋转的制动盘甩出，同时制动器摩擦块的压力较高，也易于将摩擦衬片上的水分挤出和擦干。鼓式制动器的排水干燥就较为困难，需经多次制动才能恢复原有制动性能。盘式制动器的抗水衰退性和水恢复性就明显优于鼓式制动器。

2.2.3 制动时的方向稳定性

汽车制动时的方向稳定性是指在制动过程中，汽车按驾驶员给定的轨迹行驶的能力，也即维持直线行驶或按预定弯道行驶的能力。在制动过程中会出现因制动跑偏、侧滑或失去转向能力，而导致汽车失控、偏离原来的行驶方向，从而引发严重的交通事故。调查表明发生人身伤亡的交通事故中，与侧滑有关的比例在潮湿路面上约为 30%，在冰雪路面上为 70%～80%。而侧滑的产生有 50%是由制动引起的。

1. 制动跑偏

制动跑偏是指汽车直线行驶制动时，在转向盘固定不动的条件下，汽车自动向左侧或右侧偏驶的现象。

制动跑偏主要是由于汽车左、右车轮，特别是转向轴左、右车轮制动力不相等造成的。

图 2-11 所示为汽车转向轴左右轮制动力 F_{1l}、F_{1r} 不等引起的汽车制动跑偏的受力分析。图中左轮制动力大于右轮制动力（$F_{1l}>F_{1r}$），它们对各自主销形成的力矩便不相等，且方向相反，并使转向轮向左偏转一个角度（向力矩大的方向偏转）。尽管转向盘不动，由于转向杆系中存在间隙及杆件弹性的影响，转向轮左右轮制动力不等所形成的力矩仍会引起转向轮跑偏。左右轮制动力不相等，还会对汽车质心形成一个不平衡力矩，为平衡左右轮制动力不等所产生的绕质心的力矩，必然会在前、后轴地面引起侧向作用力 F_{y1}、F_{y2}。当转向轮主销有后倾时，这个侧向力 F_{y1} 也会对转向轮产生一偏转力矩，从而加大了车轮的偏转，使汽车跑偏增强。

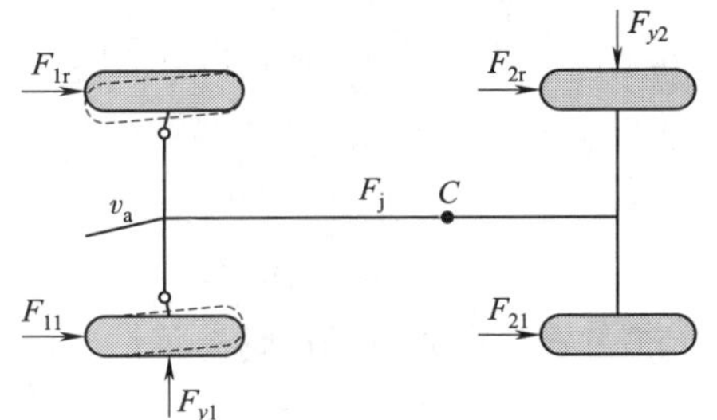

图 2-11 制动跑偏时的受力分析

C—抽心；F_j—汽车惯性力

转向轴左右轮制动力不等是难以避免的，因为各轮制动器摩擦副表面状况、轮胎状况、制动器的调整状况，以及左、右轮与路面接触状况不可能完全一致。问题是左右轮制动力不相等到什么程度才会造成汽车不容许的跑偏。

根据国外相关研究实验证明，制动跑偏随转向轴左、右轮制动力不等度的增加而增大；同一左、右轮制动力不等度的制动跑偏随制动过程延续时间的延长而增大。在其他条件一定时，制动过程延续时间的长短就取决于制动初速，制动初速越高，制动过程的延续时间就越长，同一制动力不等度的制动跑偏也就越严重；在左、右轮制动力不等度相同的条件下，锁住转向盘的制动跑偏比转向盘撒手时小；制动跑偏的程度还受后轮抱死与否的影响。左、右轮制动力不等度相同，后轮抱死时的制动跑偏的程度明显大于后轮未抱死时的跑偏；后轮未抱死时，一般允许转向轴左、右轮制动力相差 10%～30%，若差值太大肯定会引起明显的制动跑偏。

此外，制动时汽车悬架导向杆系与转向系拉杆在运动学上不协调，发生杆系间的运动干涉，也会导致转向轮偏转引起跑偏。

杆系运动干涉引起的制动跑偏方向是固定的，因此是系统性的，通过正确的设计就可避免。

定型汽车使用过程中，因转向杆系间的运动干涉所导致的制动跑偏，是转向轴变形、杆系变形、调整不当等汽车使用因素造成，只要正确、合理使用汽车，基本上可以避免。

为防止车辆出现跑偏现象，用制动力法检测汽车的制动效能时，提出了左、右轮制动器动力平衡性的要求。

2. 前轮抱死时的方向稳定性

当前轮抱死或先于后轮抱死，前轮的横向附着系数为零，尽管操纵转向盘使前轮偏转，路面却产生不了对前轮的侧向力，汽车因而丧失了转向能力。这个时候，汽车若受外界侧向力作用，或因左、右轮制动力不等引起的侧向力作用，由于前轮已丧失了横向附着能力，前轴就将沿横向滑动，即产生侧滑，受力分析见图 2-12（a）。

汽车直线行驶，前轴产生侧滑时，前轴中点的前进速度 v_a 偏转一个角度；而后轴未发生侧滑，后轴的前进速度 v_b 仍沿汽车轴线方向。此时，汽车相当于绕其质心作圆周运动，其瞬时回转中心为速度 v_a、v_b 两垂线的交点 O，在侧滑的同侧。同时，汽车在作圆周运动时将产生作用于质心的离心惯性力 F_j。很显然，离心惯性力 F_j 的方向与侧向力相反，其作用效果总是起抵消侧向力的作用，消减侧滑。且一旦侧向力消失，F_j 有使汽车自动回正的作用。因此，前轮抱死或先于后轮抱死产生的侧滑在汽车前进方向上的改变不大。根据国外的研究实验，当汽车制动初速度为 65 km/h，前轮抱死，汽车纵向轴线的偏角≤10°，汽车基本上维持直线行驶，汽车处于一种稳定状态。

当汽车弯道制动同样如此，汽车将不再按原来的弯道行驶而是沿弯道切线方向驶出。

3. 后轮抱死时的方向稳定性

汽车制动过程中，后轮先于前轮抱死，只要有侧向力作用，就会发生后轴侧滑。其受力分析见图 2-12（b）。图为前轮滚动，后轴制动到抱死拖滑，后轴左右轮便丧失了横向附着力，如有侧向力作用，后轴就会发生侧滑，后轴中点的速度 v_b 便绕纵轴线偏转一个角度，而前轴中点的速度 v_b，仍沿汽车纵轴线方向。此时，汽车也会发生类似转弯运动，其瞬时转向中心 O 却在后轴侧滑方向的另一侧，这样作用于汽车质心 C 的 F_j 就与后轴侧滑方向一致，从而加剧了后轴的侧滑，后轴侧滑又使 F_j 增强，又将加剧汽车转动，这样循环不已的互相影响，严重时汽车就发生甩尾转向，失去控制汽车方向的能力。因此，后轴侧滑是一种不稳定的危险工况。

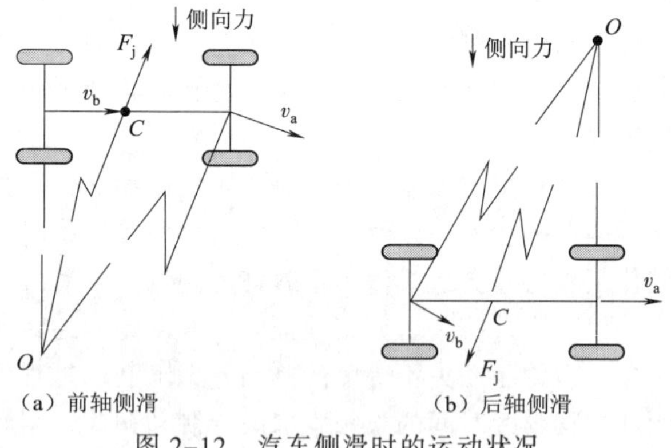

图 2-12　汽车侧滑时的运动状况

制动初速对后轴侧滑引起的方向稳定性有较大的影响。试验表明，在一般的道路条件下，汽车制动初速在 25 km/h 以下时，后轴的侧滑较轻微，制动初速超过 25 km/h，后轴的侧滑就随制动初速度的增加迅速增大，后轴侧滑将发生质变，直至出现汽车掉头现象，成为非常危险的侧滑。

试验发现，汽车制动过程中，若只有一个后轴车轮先抱死，汽车不会发生侧滑，侧滑的程度取决于晚抱死的后轮与晚抱死的前轮两者的时间差。

总之，从保证汽车方向稳定性的角度出发，首先不能出现只有后轴车轮抱死或后轴车轮比前轴车轮先抱死的情况，以防止后轴侧滑。其次，尽量减少只有前轮抱死或前后轮都抱死的情况，以维持汽车的转向能力。最理想的就是避免任何车轮抱死，以确保制动时的方向稳定性。

4. 汽车列车制动时的方向稳定性

汽车列车是由牵引车通过铰接与半挂车（或牵引杆挂车）连接组成。列车制动时，车轴的侧滑或牵引车与挂车间的制动时间不协调，就会使制动方向稳定性变差，严重时会出现列车折叠、挂车摆动，如图 2–13 所示。

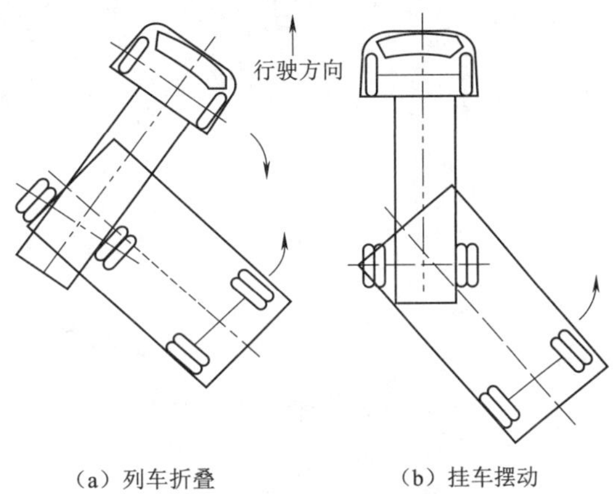

（a）列车折叠 （b）挂车摆动

图 2–13 汽车列车的折叠和摆动

汽车列车制动时的折叠，一般是由牵引车后轴先抱死侧滑引起的，若在后轴侧滑的同时，半挂车的惯性推力方向偏离牵引车的纵轴线，就会促进牵引车和半挂车间的相对转动，使列车发生折叠的不稳定现象。

列车制动时，半挂车的摆动一般是由于挂车后轴抱死侧滑引起的，若此时牵引铰接点又受惯性推力作用，就将使半挂车发生摆动；若此时牵引铰接点是受拉力作用，半挂车的摆动就不明显。为避免和减轻汽车列车制动时的折叠和摆动，列车各轴的抱死顺序应为：牵引车前轴先抱死，半挂车车轴次之，牵引车后轴最后抱死。同时应尽可能减少半挂车制动的滞后时间，以避免出现半挂车推牵引车制动不稳定的状况。

2.3 前后制动器制动力的比例关系

汽车在制动过程中，前后轮的地面法向反作用力是不断变化的。这种变化将直接影响前后轮的运动状态，即是否抱死拖滑。本节将在研究制动过程中地面法向反作用力变化的基础上，介绍理想的前、后轮制动器制动力分配规律及同步附着系数概念，并分析前、后制动器制动力具有固定比值的汽车在各种路面上的制动过程。

前面在分析汽车的制动过程中，可能出现如下两种情况，即

① 前轮先抱死拖滑，然后后轮抱死拖滑；

② 后轮先抱死拖滑，然后前轮抱死拖滑。

其中情况①是稳定工况，但在制动时汽车丧失转向能力；情况②中，后轴可能出现侧滑，是不稳定工况。

因此，前、后轮抱死拖滑的次序对方向稳定性和制动系工作效率都有很大的影响。而前、后轮抱死拖滑的次序取决于前、后制动器制动力和附着力之间的关系，这就是研究前、后制动器制动力分配比例的重要性所在。

在分析前、后制动器制动力分配比例以前，必须先了解在制动时地面作用于前、后车轮的

法向反作用力。

2.3.1 地面法向反作用力

汽车在水平路面上制动时的受力如图 2–14 所示。图中忽略了滚动阻力偶矩、空气阻力以及旋转质量惯性力偶矩。若忽略制动时车轮边滚边滑的过程，并对后轮接地点取力矩，则得：

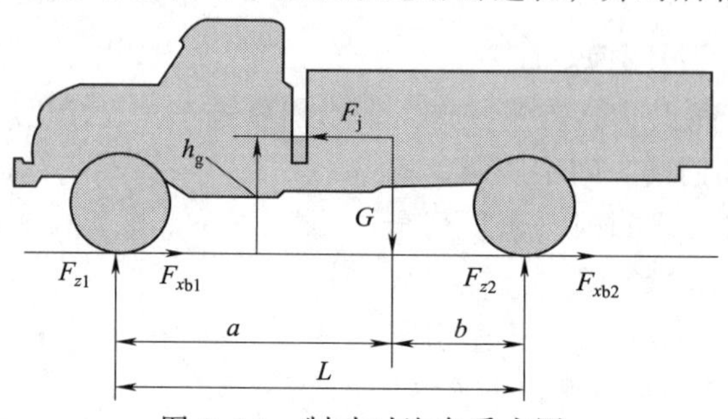

图 2–14 制动时汽车受力图

$$F_{z1}L = Gb + m\frac{\mathrm{d}v}{\mathrm{d}t}h_g \tag{2.19}$$

式中 F_{z1}——地面对前轮的法向作用力；

G——汽车重力；

b——汽车质心至后轴中心线的距离；

m——汽车质量；

h_g——汽车质心高度；

$\mathrm{d}v/\mathrm{d}t$——汽车减速度。

对前轮接地点取力矩，则得

$$F_{z2}L = Ga - m\frac{\mathrm{d}v}{\mathrm{d}t}h_g \tag{2.20}$$

式中 F_{z2}——地面对后轮的法向反作用力；

a——质心至前轴中心线的距离。

所以

$$\left.\begin{aligned} F_{z1} &= \frac{G}{L}\left(b + \frac{h_g}{g}\frac{\mathrm{d}v}{\mathrm{d}t}\right) \\ F_{z2} &= \frac{G}{L}\left(a - \frac{h_g}{g}\frac{\mathrm{d}v}{\mathrm{d}t}\right) \end{aligned}\right\} \tag{2.21}$$

若在不同附着系数的路上制动，前、后轮都抱死（不论次序如何），则 $F_{xb}=F_\varphi=G_\varphi$，此时：

$$\left.\begin{aligned} F_{z1} &= \frac{G}{L}(b+\varphi h) \\ F_{z2} &= \frac{G}{L}(a-\varphi h_g) \end{aligned}\right\} \tag{2.22}$$

式（2.21）和式（2.22）均为线性方程。随着附着系数的变化，前、后轮的法向反作用力变化很大。

若在制动过程中，附着系数为常值，则式（2.22）为直线方程。随着附着系数的变化，前、后轮的法向反作用力的变化是很大的。例如 NJ130 型汽车，当 dv/dt=0.7g 时，亦即 φ=0.7 时，前轴法向反作用力增加了 90%，而后轴减少了 38%。

2.3.2　理想的前、后轮制动器制动力分配

制动时前、后轮同时抱死拖滑，是制动的理想状态，制动效果最佳。在任意附着系数 φ 的路面上，均能保证前后轮同时抱死拖滑的前后轮制动器制动力分配，称为理想分配。

在任何附着系数的路面上，前、后车轮同时抱死的条件为前、后轮制动器制动力之和等于附着力，并且前、后轮制动器制动力分别等于各自的附着力，即

$$\begin{cases} F_{\mu1}+F_{\mu2}=\varphi G \\ F_{\mu1}=\varphi F_{z1} \\ F_{\mu2}=\varphi F_{z2} \end{cases} \tag{2.23}$$

因

$$\frac{F_{\mu1}}{F_{\mu2}}=\frac{F_{z1}}{F_{z2}} \tag{2.24}$$

并将式（2–22）代入式（2–23），得

$$\begin{cases} F_{\mu1}+F_{\mu2}=\varphi G \\ \dfrac{F_{\mu1}}{F_{\mu2}}=\dfrac{b+\varphi h_g}{a-\varphi h_g} \end{cases} \tag{2.25}$$

消去变量 φ 得

$$F_{\mu2}=I(F_{\mu1})=\frac{1}{2}\left[\frac{G}{h_g}\sqrt{b^2+\frac{4h_gL}{G}F_{\mu1}}-\left(\frac{Gb}{h_g}+2F_{\mu1}\right)\right] \tag{2.26}$$

由式（2.26）画成的曲线，即为理想的前、后轮制动器制动力分配曲线，简称 I 曲线（见图 2–15）。I 曲线的做法为：将不同的 φ 值（φ=0.1，0.2，…）代入式（2.25）中的第一式，则在图 2–15 所示上可得到一组与坐标轴成 45°的平行线。再将不同的 φ（φ=0.1，0.2，…）代入式（2.25）中的第二式，则得到一组通过坐标原点、斜率不同的射线。

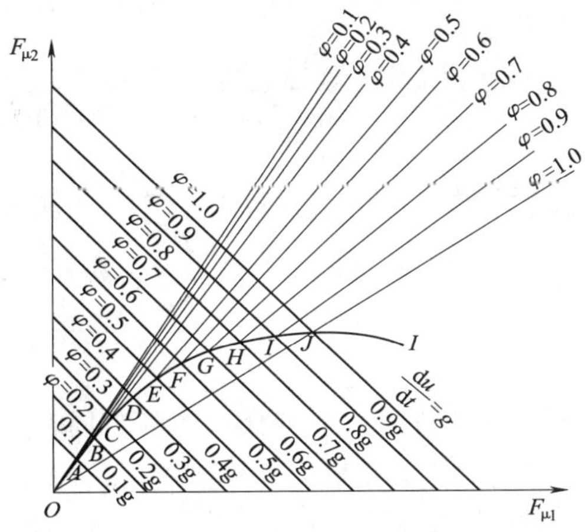

图 2–15　理想的前后制动器制动力分配曲线

在这两组直线中，对应某一个 φ 值，均可找到两条直线，两直线的交点便是满足式（2.25）中两式的点，即为 I 曲线上的点。把对应不同 φ 值的两直线交点 A，B，C，…连接起来，便得到 I 曲线。

I 曲线是踏板力增长到前、后车轮同时抱死时前、后轮制动器制动力分配曲线。因为车轮抱死时，$F_\mu=F_\varphi=F_{xb}$，所以 I 曲线也是车轮抱死时 $F_{\varphi1}$ 和 $F_{\varphi2}$ 的关系曲线。

还应进一步指明，汽车前、后制动器制动力常不能按 I 曲线的要求来分配。制动过程中常是一根车轴的车轮先抱死，随着踏板力的进一步增加，接着另一根车轴的车轮抱死。显然，I 曲线还是前、后轮都抱死后的地面制动力 F_{xb1} 和 F_{xb2}，即 $F_{\varphi1}$ 和 $F_{\varphi2}$ 的关系曲线。

2.3.3 具有固定比值的前、后制动器制动力与同步附着系数

不少两轴汽车的前、后制动器制动力之比为一固定值。常用前制动器制动力与汽车总制动器制动力之比来表明分配的比例，称为制动器制动力分配系数，并以符号 β 表示，即

$$\beta=F_{\mu1}/F_\mu \tag{2.27}$$

式中 $F_{\mu1}$——前制动器制动力；

F_μ——汽车总制动器制动力。

故：

$$\frac{F_{\mu1}}{F_{\mu2}}=\frac{\beta}{1-\beta} \tag{2.28}$$

若用 $F_{\mu2} = B(F_{\mu1})$表示，则 $F_{\mu2} = B(F_{\mu1})$为一直线，此直线通过坐标原点，且其斜率为

$$\tan\theta=\frac{\beta}{1-\beta} \tag{2.29}$$

这条直线称为实际前、后制动器制动力分配线，简称 β 线。图 2-16 所示给出了某一货车的 β 线，同时还给出了该货车空载和满载时的 I 曲线。

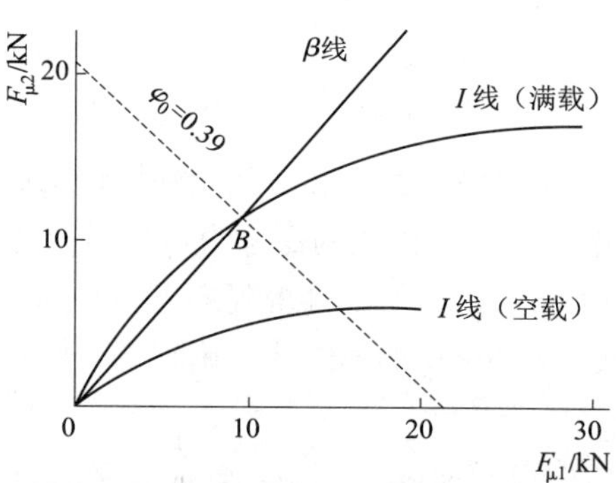

图 2-16 某货车的 β 线与 I 曲线

可以看出，β 线与 I 曲线在 B 点相交，我们称对应于这一点的附着系数 φ_0 为同步附着系数。它是反映汽车制动性能的一个重要参数，它说明前、后制动器制动力为固定比值的汽车只有在附着系数为 φ_0 的路面上制动时，才能使前后轮同时抱死。

同步附着系数由汽车的结构参数决定，主要是根据道路条件和常用车速来选择。

2.3.4 前、后制动器制动力具有固定比值的汽车在各种路面上制动过程的分析

利用 β 线与 I 曲线的配合，就可以分析前、后制动器制动力具有固定比值的汽车在各种路面上的制动情况。

（1）$\varphi < \varphi_0$

在 $\varphi < \varphi_0$ 的路面上，I 曲线位于 β 线的上方，前后车轮不能同时抱死。设 φ_0=0.55，如在 φ=0.3 的路面上，当制动系统压力为 P_{p1} 时，前轮制动器制动力 $F_{\mu1}$ 达到附着极限等于 $F_{\varphi1}$，后轮制动器制动力只达到 $F_{\mu2}$，小于后轮附着力 $F_{\varphi2}$，只有当制动系统压力由 P_{p1} 增加到 P_{p2} 时，后轮才能达到附着力 $F_{\varphi2}$。因此在 $\varphi < \varphi_0$ 的路面上制动时，前轮先于后轮抱死拖滑。

（2）$\varphi>\varphi_0$

在 $\varphi>\varphi_0$ 的路面上，I 曲线位于 β 线的下方，这时前后轮也不能同时抱死拖滑。设 φ_0=0.55，如在 φ=0.70 的路面上，当制动系统压力为 P_{p1} 时，后轮制动器制动力 $F_{\mu2}$ 达到附着极限等于 $F_{\varphi2}$，前轮制动器制动力只达到 $F_{\mu1}$，小于前轮附着力 $F_{\varphi1}$，只有当制动系统压力由 P_{p1} 增加到 P_{p2} 时，前轮才能达到附着力 $F_{\mu1}$。因此在 $\varphi>\varphi_0$ 的路面上制动时，后轮先于前轮抱死拖滑。

可见，β 线位于 I 曲线下方，制动时总是前轮先抱死。前已指出，前轮先抱死虽是一种稳定工况，但丧失转向能力；β 线位于 I 曲线上方，制动时总是后轮先抱死，因而容易发生后轴侧滑使汽车失去方向稳定性。

（3）$\varphi=\varphi_0$

当 $\varphi=\varphi_0$ 时，不言而喻，在制动时汽车的前、后轮将同时抱死，此时的减速度为 $g_{\varphi0}$，即 0.55g，是一种稳定工况，但也失去转向能力。

2.4　影响汽车制动性的主要因素

影响汽车制动性能的因素很多。本节从车辆结构，道路条件以及使用操作等几个方面简要介绍影响汽车制动性的主要因素。

汽车制动性能良好是汽车安全行驶的重要保证。汽车在行驶过程中因制动跑偏、侧滑等而导致车祸，是许多交通事故主要原因之一。如果能够了解、分析汽车制动跑偏、侧滑的主要因素，就能迅速地找出故障，并迅速排除，从而提高工作效率，以确保行车安全。

1. 轴间负荷分配的影响

汽车的制动性与汽车的结构及其使用条件有关。诸如汽车轴间负荷的分配、载质量、制动系的结构、利用发动机制动、行驶速度、道路情况、驾驶方法等，均对制动过程有很大影响。

汽车制动时，前轴负荷增加，后轴负荷减小。如果前、后轮制动器制动力根据轴间负荷的变化分配，符合理想分配的条件，则前、后轮同时抱死。如果前、后轮制动器制动力的比例为定值，则只有在具有同步附着系数的路面上，前、后轮才能同时抱死。当 $\varphi=\varphi_0$ 时，后轮先抱死，$\varphi<\varphi_0$ 时，前轮先抱死。空载时总是后轮先抱死。

2. 制动力的调节和车轮防抱死

（1）制动力的调节

为了防止制动时后轮抱死而发生危险的侧滑，汽车制动系的前、后轮制动器制动力的实际分配线（β 线）应当总在理想的前后轮制动器制动力分配曲线（I 曲线）下方。为了减少前轮失去转向能力的倾向和提高制动系效率，β 线越接近 I 曲线越好。如果能按需要改变 β 线使之达到上述目的，将比前后轮制动器制动力具有固定比值的汽车具有更大的优越性。为此，在现代汽车制动系中装有各种压力调节装置。

常见的压力调节装置有限压阀、比例阀、载荷控制比例阀、载荷控制限压阀。

采用比例阀，在制动系油压达到某一值以后，比例阀自动调节前、后轮制动器油压，使前、后轮制动器制动力仍维持直线关系，但直线的斜率小于 45°线变为折线，β 线总在 I 曲线之下面且接近 I 曲线，但它仅适合于一种载荷下的 β 线与 I 曲线配合。

（2）车轮的防抱死

采用按理想制动器制动力分配曲线来改变 β 线的制动系能提高汽车制动时的方向稳定性，且制动系效率也较高。但各种调节装置的 β 线常在 I 曲线的下方，因此不管在什么性质的路面上制动时，前轮仍将抱死而可能使汽车失去转向能力。另外，从 φ-S 曲线可知，汽车的附着能力和车轮的运动状况有关。当滑动率 S=10%～20%时，附着系数最大；而车轮完全抱死，S=100%时，附着系数反而下降。一般汽车的制动系，包括装有调节阀能改变 β 线的制动系都无法利用峰值附着系数，在紧急制动时，常常是利用较小的滑动附着系数使车轮抱死。

为了充分发挥轮胎与地面间的潜在附着能力，全面满足对汽车制动性的要求，已采用了多种型式的制动防抱死装置。有了防抱死装置，在紧急制动时，能防止车轮完全抱死，而使车轮处于滑动率为 10%～20%的状态。此时，纵向附着系数最大，侧向附着系数也很大，从而使汽车在制动时不仅有较强的抗后轴侧滑能力，保证汽车的行驶方向稳定性，而且有良好的转向操纵性。利用了峰值附着系数，也能充分发挥制动效能，提高制动减速度和缩短制动距离。

3. 汽车载质量的影响

对于载质量较大的汽车。因前、后轮的制动器设计，一般不能保证在任何道路条件下都使其制动力同时达到附着极限，所以汽车的制动距离就会由于载质量的不同而发生差异。实践证明，对于载质量为 3 t 以上的汽车，大约载质量每增加 1 t，其制动距离平均要增加 1.0 m。即使是同一辆汽车，在装载质量和方式不同时，由于重心位置变动，也会影响汽车的制动距离。

4. 车轮制动器的影响

车轮制动器的摩擦副、制动鼓的构造和材料，对于制动器的摩擦力矩和制动效能的热衰退都有很大影响。在设计制造中应选用好的结构型式及材料，在使用维修中也应注意摩擦片的选用。

在制动器张力相同的条件下，制动器所能产生的制动力矩也大。但当制动器摩擦副的摩擦因数下降时，其制动力矩将显著下降，制动性能的稳定性较差。

制动器的技术状况不仅和设计制造有关，而且和使用维修情况有密切关系。制动摩擦片与制动鼓的接触面积不足或接触不均匀，将降低制动摩擦力矩。而且局部接触的面积和部位不同，也将引起制动性能的差异。

制动摩擦片的表面不清洁，如沾有油、水或污泥，则摩擦因数将减小，制动力矩即随之降低。如汽车涉水之后水渗入制动器，其摩擦因数将急剧下降 20%～30%。

5. 制动初速度的影响

制动初速度高时，需要通过制动消耗的运动能量也大，故制动距离会延长。制动初速度愈高，通过制动器转化产生的热量也愈多，制动器的温度也愈高。制动蹄片的摩擦性能会随温度的升高而降低，导致制动力衰减，制动距离增长。

6. 利用发动机制动

发动机的内摩擦力矩和排气损耗可用来作为制动时的阻力矩，而且发动机的散热能力要比制动器强得多。一台发动机，在单位时间内大约有相当于其功率 1/3 的热量必须散发到冷却介质中去。因此，可把发动机当作辅助制动器。

发动机常用作减速制动和下坡时保持车速不变的惯性制动，一般用上坡的挡位来下坡。必须注意的是，在紧急制动时，发动机不仅无助于制动，反而需要消耗一部分制动力去克服发动机旋转质量的惯性力。因此，这时应脱开发动机与传动系的连接。

发动机的制动效果对汽车制动性的影响很大。它不仅能在较长的时间内发挥制动作用，减轻车轮制动器的负担，而且由于传动系中差速器的作用，可将制动力矩平均地分配在左、右车轮上，以减少侧滑甩尾的可能性。在光滑的路面上，这种作用就显得更为重要。此外由于发动机的制动作用，在行车中可显著地减少车轮制动器的使用次数，对改善驾驶条件颇为有利。同时，又能经常保持车轮制动器处于低温而能发挥最大制动效果的状态，以备紧急制动时使用。

有些适合山区使用的柴油车，为了加强发动机的制动效果，在排气歧管的末端安装有排气制动器。排气制动器中设有阀门，制动时将阀门关闭，以增大排气歧管中的反压力，从而产生制动作用。这种方法称为排气制动。这时发动机作为“耗功机”（压缩机）。特别是在下长坡时，用发动机进行辅助制动，更能发挥其优越性。应用这种方法，一般可使发动机制动时所吸收的功率达到发动机有效功率的50%以上。

7. 驾驶技术的影响

驾驶技术对汽车制动性有很大影响。制动时，如能保持车轮接近抱死而未抱死的状态，便可获得最佳的制动效果。经验证明，在制动时，如迅速交替地踩下和放松制动踏板，即可提高其制动效果。因为，此时车轮边滚边滑，轮胎着地部分不断变换，故可避免由于轮胎局部剧烈发热胎面温度上升而降低制动效果。在紧急制动时，驾驶员如能急速踩下制动踏板，则制动系的协调时间将缩短，从而缩短制动距离。在光滑路面上不可猛烈踩制动踏板，以免因制动力过大而超过附着极限，导致汽车侧滑。

8. 道路条件的影响

道路的附着系数 φ 限制了最大制动力，故它对汽车的制动性有很大的影响。当制动的初速度相同时，随着 φ 值的减小，制动距离随之增加。

由于冰雪路面上的附着系数特别小，所以制动距离增大。特别要注意冰雪坡道上的制动距离，并应利用发动机制动。有计算表明，在冰雪路面上，利用发动机制动的辅助作用可使制动距离缩短20%～30%。

在冰雪路面上制动时方向稳定性变坏，当车轮被制动到抱死时侧滑的危险程度将更大。汽车在冰雪路面上行驶时，应加装防滑链。

2.5 汽车制动性能检测

汽车制动性能的好坏，直接关系到汽车的行车安全和运输效率。在紧急情况下，良好的制动性能，可以化险为夷，避免交通事故；在正常行驶时，良好的制动性能，可以为汽车动力性的充分发挥起保障作用，从而提高汽车的运输效率。因此，对汽车制动性能的检测和故障诊断尤为重要。制动性能是汽车的重要使用性能之一。因此，无论是新车出厂检测，还是在用车辆，都将其作为重点检测项目之一。

制动性检测什么，用什么方法检测，用什么样的参数检测，检测参数限值取值多少，是保障车辆制动系完好技术状况的技术基础。在用车制动性检测，执行GB 7258—2017《机动车安全运行技术条件》强制性国家标准。当前采用的制动性测试方法可分为道路试验检测法（路试检测法）或台架试验检测法（台试检测法）。路试检测只能在室外进行，台试检测是在室内进行，二者的检测条件（检测的环境条件、检测工况、驾驶操作等）差异明显，两种检测法检测的同

一辆车的同一参数的数值可有大、小之差，却无好、次之分，二者不具可比性。

2.5.1 汽车制动性能道路试验检测法

根据国家标准 GB 7258—2017《机动车运行安全技术条件》的规定，道路试验主要通过检测制动距离、充分发出的平均减速度等参数来检测汽车行车制动和应急制动性能；用坡道试验检测汽车驻车制动性能。

1. 制动性能道路试验检测设备

在道路试验中检测车辆的整车性能时，经常要使用五轮仪，可以测出车辆行驶的距离、时间和速度。当五轮仪用于检测车辆的制动性能时，能测出制动距离、制动时间和制动初速度。

在进行车辆道路试验时，为了测量车辆的行程和速度，虽然可以利用汽车的里程表和速度表，但这种方法不准确。因为车辆驱动轮的滚动半径直接受着驱动力矩、地面对轮胎的切向反作用力、车轴载荷、轮胎气压及磨损程度等因素的影响。此外，车用里程表和速度表本身的精度也较低。为了消除这些因素对测量精度的影响，在车辆旁边附加一个测量用的轮子，故称第五轮仪。

图 2-17　接触式第五轮仪

第五轮仪分接触式和非接触式两种，接触式第五轮仪，应较多的是单片机采控的五轮仪，如图 2-17 所示。由第五轮仪、传感器、二次仪表（信号处理、记录、显示等）及安装机架等部分组成。

非接触式第五轮仪以计算机为核心部件，配以相应的 I/O 接口及外设，不需要路面接触或设置任何测量标志，采用光电相关滤波技术，安装在车上的光电路面探测器（简称光电头）照射路面，把路面图像变换为频率信号，用于汽车动力性、制动性和燃油经济性能的测试，如图 2-18 所示。

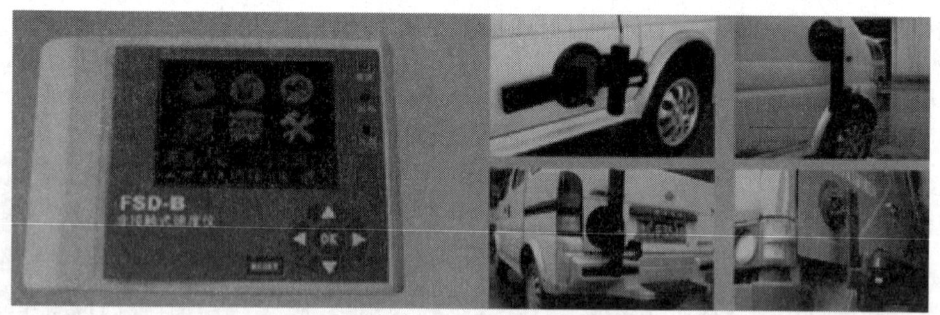

图 2-18　非接触式第五轮仪

（1）传感器部分

接触式第五轮仪传感器部分主要包括第五轮和安装在轮架上的磁电传感器和齿轮盘，如图 2-19 所示。当第五轮转动时，由于磁电传感器磁场强度发生变化，致使传感器内线圈产生交变信号，通过整形电路，将连续的脉冲信号送入二次仪表，通过计数器，便可知行驶距离。在测试过程中，通过检测脉冲周期，便可得出瞬时车速。非接触式第五轮仪传感器主要由一个系统和电池组成，如图 2-20 所示。光电探测器是由于路面图像的移动是光电池输入宽带随机信号，其主频与车速成正比关系，通过空间滤波器将与车速成正比的主频检出，送入二次仪表进行速度运算和距离计数。

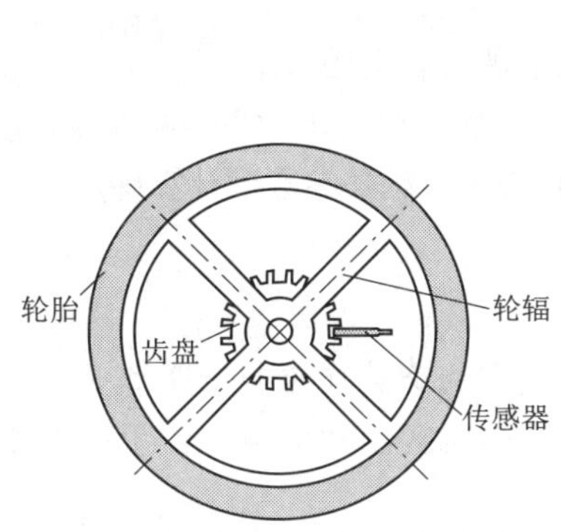

图 2-19　接触式第五轮仪传感器

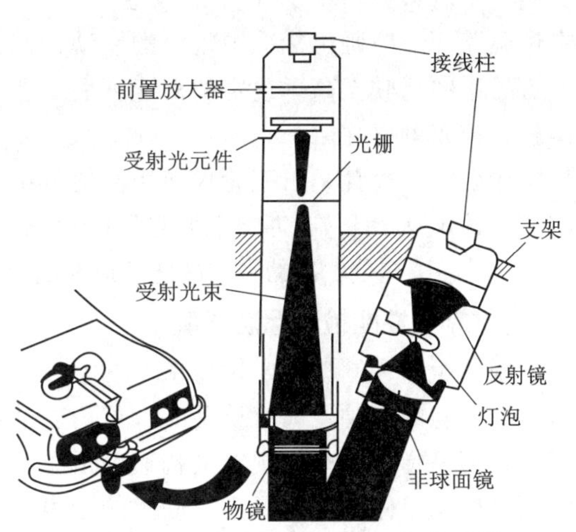

图 2-20　非接触式第五轮仪传感器

（2）记录部分

如图 2-21 所示，接触式第五轮仪由电感式行程传感器 1 发出汽车行程的信号，一般一个信号等于汽车行驶 1 cm 行程。石英晶体振荡器 2 发出时间信号，作为采样时标准控制门控 3，由计数译码器计数，用数码管 5 显示一定时间间隔内汽车的行程，既该段时间中的平均速度。时间间隔一般为 36 ms。除可用数码管显示车速外，也能经过数模转换 6，将数字变量的模拟量（电压）输至磁带记录仪，在加速性能试验中，既可由数字显示读得加速时间的数值，也能用磁带记录仪记录整个加速过程。试验完毕后，X-Y 记录仪可直接得到加速行程曲线（见图 2-22）。

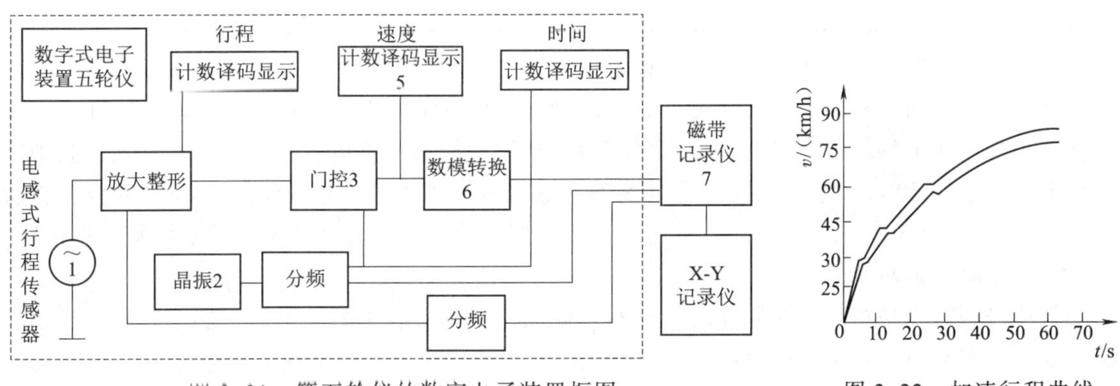

图 2-21　第五轮仪的数字电子装置框图

图 2-22　加速行程曲线

二次仪表以计算机为核心，第五轮仪的记录通过仪表中的单片机来实现。当选择完相应的功能键，并检查、设置传感器系数后按下开始键，在试验过程中既可打印试验过程，也可打印试验曲线。使用方法见使用说明书。

2. 道路试验检测方法

行车制动性能和应急制动性能检验应在平坦（纵向坡度不大于 1%）、硬实、清洁、干燥且轮胎与地面间的附着系数不小于 0.7 的混凝土或沥青路面上进行。检验时发动机应与传运系统脱开（但对于采用自动变速器的机动车，其变速器换挡装置应位于驱动挡“D”位）。

驻车制动试验在坡度为 20%（对总质量为整备质量的 1.2 倍以下的机动车为 15%）、轮胎与路面间的附着系数不小于 0.7 的坡道。

在试验路面上应画出标准中规定的制动稳定性要求相应宽度试车道的边线。被测车辆沿着试验车道的中线行驶至高于规定的初速度后，置变速器于空挡。当滑行到规定的初速度时急踩制动踏板，使车辆停住。

用非接触式速度计、第五轮仪或用其他测试方法测量车辆的制动距离。

用非接触式速度计、制动减速度仪或用其他测试方法测量车辆充分发出的平均减速度（MFDD）与制动协调时间。充分发出的平均减速度应在测得公式（MFDD）中相关参数后计算确定。

3. 路试制动性能检测标准限值

（1）制动距离和制动稳定性要求

对空载检验的制动距离有质疑时，可用表 2–1 中所示规定的满载检验制动距离要求进行。

制动距离是指机动车在规定的初速度下急踩制动时，从脚接触制动踏板（或手触动制动手柄）时起至机动车停住时止机动车驶过的距离。

制动稳定性要求是指制动过程中机动车的任何部位（不计入车宽的部位除外）不允许超出规定宽度的试验通道的边缘线。

表 2–1　制动距离和制动稳定性要求

机动车类型	制动初速度/（km/h）	满载检验制动距离要求/m	空载检验制动距离要求/m	试验通道宽度/m
乘用车	50	≤20.0	≤19.0	2.5
总质量不大于 3 500 kg 的低速货车	30	≤9.0	≤8.0	2.5
其他总质量不大于 3 500 kg 的汽车	50	≤22.0	≤21.0	2.5
其他汽车、用车列车	30	≤10.0	≤9.0	3.0

（2）充分发出的平均减速度及制动稳定性要求

汽车、汽车列车在规定的初速度下急踩制动时充分发出的平均减速度及制动稳定性要求应符合表 2–2 中所示的规定，且制动协调时间对液压制动的汽车不应大于 0.35 s，对气压制动的汽车不应大于 0.60 s，对汽车列车、铰接客车和铰接式无轨电车不应大于 0.80 s 。对空载检验的充分发出的平均减速度有质疑时,可用表 2–2 中规定的满载检验充分发出的平均减速度进行。

（3）制动协调时间

制动协调时间是指在急踩制动时，从脚接触制动踏板（或手触动制动手柄）时起至机动车减速度（或制动力）达到（表 2–2）规定的机动车充分发出的平均减速度（或表 2–1 所规定的制动力）的 75%时所需的时间。

表 2–2　制动减速度和制动稳定性要求

机动车类型	制动初速/（km/h）	满载检验充分发出的平均减速度/（m/s^2）	空载检验充分发出的平均减速度/（m/s^2）	试验通道宽度/m
乘用车	50	≥5.9	≥6.2	2.5
总质量不大于 3 500 kg 的低速货车	30	≥5.2	≥5.6	2.5
其他总质量不大于 3 500 kg 的汽车	50	≥5.4	≥5.8	2.5
其他汽车、用车列车	30	≥5.0	≥5.4	3.0

（4）进行制动性能检验时的制动踏板力或制动气压要求

① 满载检验时。气压制动系：气压表的指示气压≤额定工作气压；液压制动系：踏板力，乘用车≤500 N ；其他机动车≤700 N 。

② 空载检验时。气压制动系：气压表的指示气压≤750 kPa ；液压制动系：踏板力，乘用车≤400 N ；其他机动车≤450 N 。

（5）应急制动性能检验

汽车（三轮汽车除外）在空载和满载状态下，按表 2-3 中所列初速度进行应急制动性能检验，应急制动性能应符合表 2-3 的要求。

表 2-3　应急制动性能要求

机动车类型	制动初速度/（km/h）	制动距离/m	充分发出的平均减速度/（m/s^2）	允许操纵力/N	
				手操纵	脚操纵
乘用车	50	≤38.0	≥2.9	400	500
客车	30	≤18.0	≥2.5	600	700
其他汽车（三轮汽车除外）	30	≤20.0	≥2.2	600	700

（6）驻车制动性能要求

在空载状态下，驻车制动装置应能保证机动车在坡度为 20%（对总质量为整备质量的 1.2 倍以下的机动车为 15%）、轮胎与路面间的附着系数不小于 0.7 的坡道上正、反两个方向保持固定不动，其时间不应少于 2 min。检验汽车列车时，应使牵引车和挂车的驻车制动装置均起作用。

驻车制动应通过纯机械装置把工作部件锁止，并且驾驶员施加于操纵装置上的力：手操纵时，乘用车不应大于 400 N，其他机动车不应大于 600 N；脚操纵时，乘用车不应大于 500 N，其他机动车不应大于 700 N。

2.5.2　汽车制动性能台架试验检测法

在用车制动性的年检、年审量大、面广，要求检测作业准确而快速。路试检测制动性需要在受检车上装卸测试仪器，费时费事、效率低。因此，在用车辆制动性年检都是采用台试检测法，路试检测只是在必要时用来验证台试结果的可靠性。

根据国家标准 GB 7258—2017《机动车运行安全技术条件》的规定，台试检测法主要通过检测制动力、汽车的制动协调时间、汽车车轮阻滞力和制动完全释放时间等参数来检测汽车行车制动和应急制动性能；用驻车制动力检测汽车驻车制动性能。

1. 制动性能台架试验检测设备

目前国内汽车综合性能检测站所用制动检测设备多为反力式滚筒制动检测台和平板式制动检测台。

（1）反力式滚筒制动检测台

反力式滚筒制动检验台的结构简图如图 2-23 所示。它由结构完全相同的左右两套对称的车轮制动力测试单元和一套指示、控制装置组成。每一套车轮制动力测试单元由框架（多数试验台将左、右测试单元的框架制成一体）、驱动装置、滚筒组、举升装置、测量装置等构成。

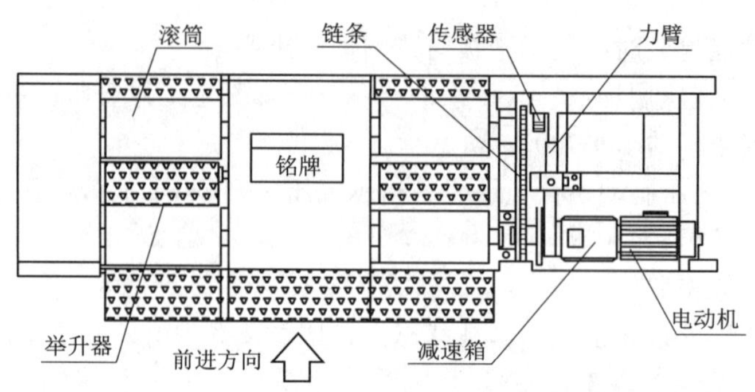

图 2-23　反力式制动检验台结构简图

驱动装置由电动机、减速器和链传动组成。电动机经过减速器减速后驱动主动滚筒，主动滚筒通过链传动带动从动滚筒旋转。减速器输出轴与主动滚筒同轴连接或通过链条、皮带连接，减速器壳体为浮动连接（即可绕主动滚筒轴自由摆动）。减速器的作用是减速增扭，其减速比根据电动机的转速和滚筒测试转速确定。由于测试车速低，滚筒转速也较低，一般在 40～100 r/min 范围（日式检验台转速则更低，甚至低于 10 r/min）。因此要求减速器减速比较大，一般采用两级齿轮减速或一级蜗轮蜗杆减速与一级齿轮减速。

每一车轮制动力测试单元设置一对主、从动滚筒。每个滚筒的两端分别用滚筒轴承与轴承座支承在框架上，且保持两滚筒轴线平行。滚筒相当于一个活动的路面，用来支承被检车辆的车轮，并承受和传递制动力。汽车轮胎与滚筒间的附着系数将直接影响制动检验台所能测得的制动力大小。为了增大滚筒与轮胎间的附着系数，滚筒表面都进行了相应加工与处理，目前采用较多的有下列 5 种：

① 开有纵向浅槽的金属滚筒。在滚筒外圆表面沿轴向开有若干间隔均匀、有一定深度的沟槽。这种滚筒表面附着系数最高可达 0.65。当表面磨损且沾有油、水时附着系数将急剧下降。为改进附着条件有的制动台表面进一步作拉花和喷涂处理，附着系数可达 0.75 以上。

② 表面粘有熔烧铝矾土砂粒的金属滚筒。这种滚筒表面无论干或湿时其附着系数可达 0.8 以上。

③ 表面具有嵌砂喷焊层的金属滚筒。喷焊层材料选用 NiCrBSi 自熔性合金粉末及钢砂。这种滚筒表面新的时候其附着系数可达 0.9 以上，其耐磨性也较好。

④ 高硅合金铸铁滚筒。这种滚筒表面带槽、耐磨，附着系数可达 0.7 ~ 0.8，价格便宜。

⑤ 表面带有特殊水泥覆盖层的滚筒。这种滚筒比金属滚筒表面耐磨，表面附着系数可达 0.7 ~ 0.8。但表面易被油污与橡胶粉粒附着，使附着系数降低。

滚筒直径与两滚筒间中心距的大小，对检验台的性能有较大影响。滚筒直径增大有利于改善与车轮之间的附着情况，增加测试车速，使检测过程更接近实际制动状况。但必须相应增加驱动电机的功率。而且随着滚筒直径增大，两滚筒间中心距也需相应增大，才能保证合适的安置角。这样使检验台结构尺寸相应增大，制造要求提高。依据实际检测的需要，推荐使用直径为 245 mm 左右的制动台。

有的滚筒制动检验台在主、从动滚筒之间设置一直径较小，既可自转又可上下摆动的第三滚筒，平时由弹簧使其保持在最高位置。而在许多设置有第三滚筒的制动检验台上取消了举升装置。在第三滚筒上装有转速传感器。在检验时，被检车辆的车轮置于主、从动滚筒上的同时压下第三滚筒，并与其保持可靠接触。控制装置通过转速传感器即可获知被测车轮的转动情况。当被检车轮制动，转速下降至接近抱死时，控制装置根据转速传感器送出的相应电信号计算滑移率达到一定值（如 25%）时使驱动电动机停止转动，以防止滚筒剥伤轮胎和保护驱动电机。第三滚筒除了上述作用外，有的检验台上还作为安全保护装置用，只有当两个车轮制动测试单元的第三滚筒同时被压下时，检验台驱动电机电路才能接通。但依靠第三滚筒控制自动停机绝非唯一或最佳的方法，目前也已有其他方法出现。

制动力测试装置主要由测力杠杆和传感器组成。测力杠杆一端与传感器连接，另一端与减速器壳体连接，被测车轮制动时测力杠杆与减速器壳体将一起绕主动滚筒（或绕减速器输出轴、电动机枢轴）轴线摆动。传感器将测力杠杆传来的、与制动力成比例的力（或位移）转变成电信号输送到指示、控制装置。传感器有应变测力式、自整角电机式、电位计式 、差动变压器式等多种类型。早期的日式制动试验台多采用自整角电机式测量装置，而欧式以及近期国产制动检验台多用应变测力式传感器。

为了便于汽车出入制动检验台，在主、从动两滚筒之间设置有举升装置。该装置通常由举升器、举升平板和控制开关等组成。举升器常用的有气压式、电动螺旋式、液压式 3 种型式。气压式是用压缩空气驱动气缸中的活塞或使气囊膨胀完成举升作用；电动螺旋式由电动机通过减速器带动丝母转动，迫使丝杠轴向运动起举升作用；液压式是由液压举升缸完成举升动作。有些带有第三滚筒的制动检验台未装举升装置。

目前制动试验台控制装置大多数采用电子式。为提高自动化与智能化程度，有的控制装置中配置计算机。指示装置有指针式和数字显示式两种。带计算机的控制装置多配置数字显示器，但也有配置指针式指示仪表的。

进行车轮制动力检测时，被检汽车驶上制动试验台，车轮置于主、从动滚筒之间，放下举升器（或压下第三滚筒，装在第三滚筒支架下的行程开关被接通），通过延时电路起动电动机，经减速器、链传动和主、从动滚筒带动车轮低速旋转，待车轮转速稳定后驾驶员踩下制动踏板，车轮在车轮制动器的摩擦力矩作用下开始减速旋转。此时电动机驱动的滚筒对车轮轮胎周缘的切线方向作用制动力以克服制动器摩擦力矩，维持车轮继续旋转。与此同时车轮轮胎对滚筒表面切线方向附加一个与制动力方向反向等值的反作用力，在反作用力矩作用下，减速机壳体与测力杠杆一起朝滚筒转动相反方向摆动（见图 2-24），测力杠杆一端的力或位移量经传感器转换成与制动力大小成比例的电信号。从测力传感器送来的电信号经放大滤波后，送往 A/D 转换器转换成相应数字量，经计算机采集、存储和处理后，检测结果由数码显示或由打印机打印出来。打印格式或内容由软件设计而定。一般可以把左、右轮最大制动力、制动力和、制动力差、阻滞力和制动力 - 时间曲线等一并打印出来。

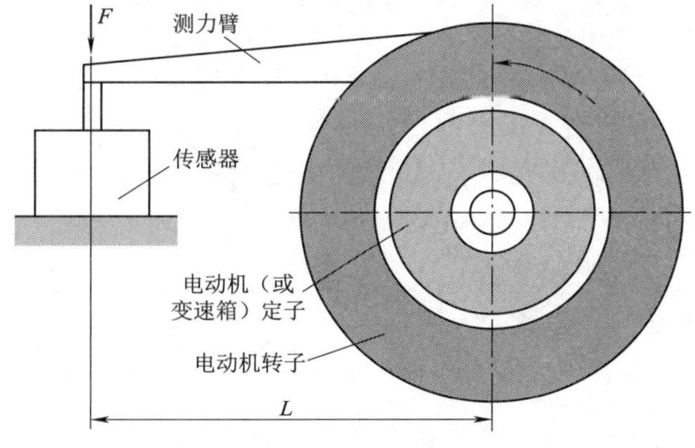

图 2-24　制动力测试原理图

由于制动力检测技术条件要求是以轴制动力占轴荷的百分比来评判的，对总质量不同的汽车来说是比较客观的标准。为此除了设置制动检验台外，还必须配置轴重计或轮重仪，有些复合式滚筒制动试验台装有轴重测量装置。其称重传感器（应变片式）通常安装在每一车轮测试单元框架的 4 个支承脚处。

GB 7258—2017《机动车安全运行技术条件》中定义制动协调时间是从驾驶员踩下制动踏板的瞬间作为起始计时点，为此，在制动测试过程中必须由驾驶员通过套装在汽车制动踏板上的脚踏开关向试验台指示、控制装置发出一个“开关”信号，开始时间计数，直至制动力与轴荷之比达到标准规定值的 75%时瞬间为止。这段时间历程即为制动协调时间，通常可以通过检验台的计算机执行相应程序来实现。

目前，采用的反力式滚筒制动检验台对具有防抱死系统（ABS）的汽车制动系的制动性能，还无法进行准确的测试。主要原因是这些试验台的测试车速较低，一般不超过 5 km/h，而现代防抱死系统均在车速 10 km/h 以上起作用，所以在上述试验台上检测车轮制动力时，车辆的防抱死系统不起作用，只能相当于对普通的液压制动系统的检测过程。

有的反力式滚筒制动试验台可以选择每一车轮制动力测试单元的滚筒旋转方向。两个测试单元的滚筒既可同向正转、同向反转，又可以一正一反。具有这种功能的试验台可以检测多轴汽车并装轴（如三轴汽车的中轴和后轴，其间设有轴间差速器）的制动力。测试时使左、右车轮制动测试单元的滚筒转动方向一正一反，只采集正转时的制动力数据，这样可以省去试验台前、后设置自由滚筒装置。这是因为驱动轴内有轮间差速器的作用，当左、右车轮反向等速旋转时差速器壳与主减速器将不会转动。所以当被检测轴车轮被滚筒带动时，另一在试验台外的驱动轴将不会被驱动。而对于装有轴间差速器的双后轴汽车可在一般的反力式滚筒制动台上逐轴测试每车轴的车轮制动力。

（2）平板式制动检测台

平板式制动试验台是 20 世纪 80 年代发展起来的一种新型的制动检测设备。它能够在实际紧急制动过程中测定汽车前后轴制动力，能够比较客观地反映汽车制动器产生制动力的大小。

平板制动台主要由几块测试平板、传感器和数据采集系统等组成，小车线一般由四块制动—悬架—轴重测试用平板及一块侧滑测试板组成，数据采集系统由力传感器、放大器、多通道数据采集板等组成，如图 2-25 所示。

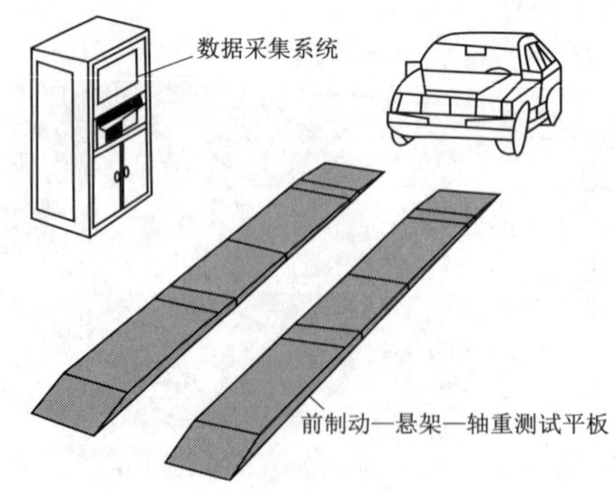

图 2-25 平板式制动试验台结构图

检验时汽车以5～10 km/h（或按出厂说明允许更高）的速度驶上平板，参见图2-26。当前、后轮分别驶达平板后，控制系统指示驾驶员急踩制动踏板，车轮制动器产生的制动力使车轮在平板上产生一个与车轮制动力 F_{xb} 大小相等方向相反的作用力 F_t，推动平板沿纵向位移，经传感器测出各车轮的制动力并由数据采集系统处理计算出轮重、制动及悬架性能的各参数值，并显示检测结果。

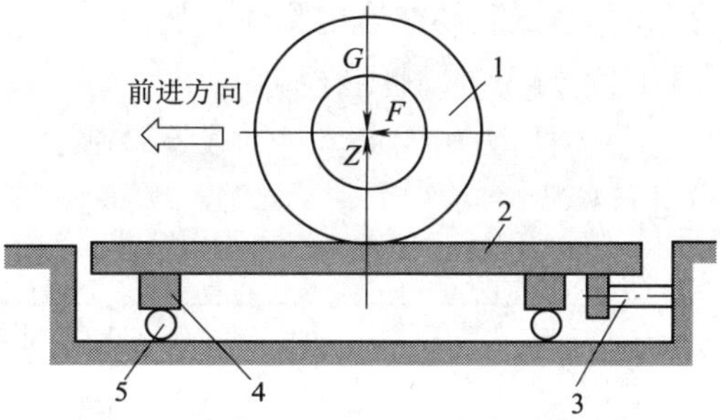

图2-26 平板式制动试验台原理图

1—车轮；2—平板；3—力传感器；4—压力传感器；5—支撑钢球

2. 台试制动性能检测方法

（1）反力式滚筒制动试验台使用方法

① 检验前仪器及车辆准备。检验台滚筒表面清洁，无异物及油污，仪表清零；车辆轮胎气压、花纹深度符合标准规定，胎面清洁；将踏板力计装到制动踏板上。

② 检验程序。车辆正直居中驶入，将被测轮停放在制动台前后滚筒间，变速器置于空挡；降下举升器、起动电机2 s后，保持一定采样时间（5 s），测得阻滞力；检验员在显示屏提示踩制动后，缓踩制动踏板到底（对欧式制动台而言，若是日式制动台，须急踩制动踏板到底）后松开，测得左、右轮制动增长全过程数值；若检验驻车制动，则拉紧驻车制动操纵装置，测得驻车制动力数值；电机停转，举升器升起，被测轮驶离；按以上程序依此测试其他车轴；卸下踏板力计，车辆驶离。

注意事项：车辆进入检验台时，轮胎不得夹有泥、砂等杂物，除驾驶员外不得有其他乘员；测制动时不得转动转向盘；在制动检验时，车轮如在滚筒上抱死，制动力未达到要求时，可换用路试或其他方法检验。

空载检验时对气压制动系而言，气压表的指示气压≤600 kPa；对液压制动系而言，踏板力，乘用车≤400 N；其他机动车≤450 N。

（2）平板式制动检测台使用方法

① 检验前仪器及车辆准备。检验台滚筒表面清洁，无异物及油污，仪表清零；车辆轮胎气压、花纹深度符合标准规定，胎面清洁；将踏板力计装到制动踏板上。

② 检验程序。对于行车制动，引车员根据提示，以5～10 km/h（或按出厂说明允许更高）速度驶上平板，置变速器于空挡并紧急制；系统将给出行车制动测试结果及悬架效率；对于驻车制动，车辆继续前进，等后轮驶上前面的平板时（实际操作以设备说明书规定方法为准），置变速器于空挡并驻车制动；系统将给出驻车制动测试结果。

平板式试验台结构简单、运动件少、用电量少、日常维护工作量小，提高了工作可靠性。该试验台不需要模拟汽车转动惯量，较容易将制动试验台与轮重仪、侧滑仪组合在一起，可检测制动、轮荷、悬架、侧滑四项参数，提高了检测效率。由于测试过程与实际路试条件较接近，能反映车辆的实际制动性能，除了能反映制动时轴荷转移带来的影响外，还能够反映汽车悬架结构、刚度等对汽车制动性能的影响。

由于驾驶员的操作状况的变化明显影响动态检测工况的稳定性，平板制动台重复性差，对不同轴距车辆适应性差，占地面积大、需要助跑车道。

3. 台试制动性能检测标准限值

（1）行车制动性能检验

① 制动力的要求。对空载检验制动力有质疑时，可用表 2-4 中规定的满载检验制动力要求进行检验。

表 2-4　台试检验制动力要求

机动车类型	制动力总和与整车质量的百分比		轴制动力与轴荷[a]的百分比	
	空载	满载	前轴[b]	后轴[b]
三轮汽车	—		—	≥60[c]
乘用车、总质量不大于 3 500 kg 的货车	≥60	≥50	≥60[c]	≥20[c]
汽车列车	≥55	≥45	—	—
其他汽车	≥60[d]	≥50	≥60[c]	≥50[e]

a. 用平板制动检验台检验乘用车、其他总质量小于或等于 3 500 kg 的汽车时应按左右轮制动力最大时刻所分别对应的左右轮动态轮荷之和计算。

b. 机动车（单车）纵向中心线中心位置以前的轴为前轴，其他轴为后轴；挂车的所有车轴均按后轴计算；用平板制动试验台测试并装轴制动力时，并装轴可视为一轴。

c. 空载和满载状态下测试均应满足此要求。

d. 对总质量小于或等于整备质量的 1.2 倍的专项作业车应大于或等于 50%。

e. 满载测试时，后轴制动力百分比不做要求；空载用平板制动检验台检验时应大于或等于 35%；总质量大于 3 500 kg 的客车，空载用反力滚筒式制动试验台测试时应大于或等于 40%，用平板制动检验台检验时应大于或等于 30%。

② 制动力平衡要求。在制动力增长全过程中同时测得的左右轮制动力差的最大值，与全过程中测得的该轴左右轮最大制动力中大者之比，对前轴不应大于 20%，对后轴（及其他轴）在轴制动力不小于该轴轴荷的 60%时不应大于 24%；当后轴（及其他轴）制动力小于该轴轴荷的 60%时，在制动力增长全过程中同时测得的左右轮制动力差的最大值不应大于该轴轴荷的 8%。

③ 汽车的制动协调时间。对液压制动的汽车不应大于 0.35 s，对气压制动的汽车不应大于 0.60 s；汽车列车和铰接客车、铰接式无轨电车的制动协调时间不应大于 0.80 s。

④ 汽车车轮阻滞力要求。进行制动力检验时各车轮的阻滞力均不应大于轮荷的 10%。

（2）驻车制动性能检验

当采用制动检验台检验汽车和正三轮摩托车驻车制动装置的制动力时，机动车空载，使用驻车制动装置，驻车制动力的总和不应小于该车在测试状态下整车重量的 20%（对总质量为整备质量 1.2 倍以下的机动车为不小于 15%）。

（3）汽车制动完全释放时间

从松开制动踏板到制动消除所需要的时间对两轴汽车不应大于 0.80 s，对三轴及以上汽车应不大于 1.2 s。

2.5.3　制动性能检测结果及案例分析

① 各车轮制动力均偏低：主要原因为制动踏板自由行程太大，制动液中有空气或制动液变质，制动主缸故障，真空助力器或液压助力系统有故障。

② 同制动回路两车轮制动力均偏小：该回路中有空气或分泵或管路漏油，也有可能总泵

中相应主腔密封不良。

③ 单个车轮制动力偏小：该车轮制动器有故障。

④ 若后轴车轮均存在制动力偏小，可能是感载比例阀故障，也可能是制动力分配系统设计原因。

⑤ 制动力平衡不合格的原因：除以上②、③原因外，两侧制动器间隙不一致、轮毂失圆、轮胎花纹、磨损程度、气压不一致也是原因之一。

⑥ 各车轮阻滞力都超限的主要原因：制动主缸卡滞；制动踏板自由行程调整不当；制动踏板传动机构卡滞；由于加了错误型号的制动液造成制动缸内皮碗膨胀卡滞。

⑦ 个别车轮阻滞力超限原因：制动轮缸回位不良；车轮制动器间隙调整过小；制动蹄回位弹簧故障；驻车制动机构卡滞。

⑧ 各车轮制动协调时间过长的原因：制动踏板自由行程过大；车轮制动器间隙过大。

⑨ 驻车制动不合格原因：驻车制动调整不良；驻车制动机构因长期不用造成锈蚀卡滞。

小　　结

汽车的制动性也是汽车的主要性能之一。随着汽车技术的发展和汽车行驶车速的提高，其重要性也显得越来越明显。制动性直接关系到交通安全，重大交通事故往往与制动距离太长、紧急制动时发生侧滑等情况有关。所以，汽车的制动性是汽车行驶的重要保障。本章主要内容如下：

① 汽车的制动性是指汽车行驶时，能在短距离内停车且维持行驶方向稳定和下长坡时能维持较低车速，以及在坡道上能长时间保持停驻的能力。

② 地面制动力是使汽车减速行驶的外力，它的大小取决于两个摩擦副的摩擦力：一是制动器摩擦片与制动鼓（或制动盘）的摩擦；另一个是轮胎与地面的摩擦。

③ 汽车制动性能评价指标包括制动效能、制动抗热衰退性和制动时汽车的方向稳定三个指标。

④ 制动时前、后轮同时抱死拖滑，是制动的理想状态，制动效果最佳。在任意附着系数 φ 的路面上，均能保证前后轮同时抱死拖滑的前后轮制动器制动力分配，称为理想分配。

⑤ 对于前、后车轮制动器制动力为固定比值的汽车在同步附着系数 φ_0 的路面上制动时，前、后轮同时抱死；在 $\varphi<\varphi_0$ 的路面上制动时，前轮先抱死；在 $\varphi>\varphi_0$ 的路面上制动时，后轮先抱死。

⑥ 影响汽车制动性的主要因素有轴间负荷分配、制动力的调节、汽车载质量、车轮制动器、制动初速度、道路条件及驾驶技术等因素。

习　　题

一、填空题

1. 制动后，从留在路面上的印痕看，可把制动过程分为________、________。
2. 行车制动性能的评价指标包括________、________、________。

3. 制动效能的稳定性包括________、________。
4. 汽车制动全过程由________时间、________时间、________时间、________时间四个阶段构成。
5. 决定汽车制动距离的主要因素是________、________、________。
6. 对于前后制动器制动力为固定比值的汽车，只有在________的路面上制动时才能使前后轮同时抱死。
7. 汽车制动距离随制动初速度的________、车重的________、和附着系数的________而增长。
8. 汽车在制动过程中丧失方向稳定的情况有________、________、________三类。
9. 汽车的地面制动力取决于________制动力，同时要受到地面________条件的限制。
10. 当汽车车轮作纯滚动时，滑移率 S =________；当汽车车轮抱死时，滑移率 S =________。
11. 评价汽车制动效能的最基本指标是________和________，当然也可以采用________检测汽车制动效能。
12. 制动试验台按试验台测量原理不同，可分为________式和________式两类。

二、判断题

1. 根据《机动车运行安全技术条件》（GB 7258—2017）的规定，可以用制动距离、制动减速度和制动力评定汽车制动性能。（　　）
2. 汽车制动时的制动力取决于制动器制动力和车轮的载荷。（　　）
3. 制动器制动力取决于制动系统压力和车轮与地面间的附着力。（　　）
4. 制动试验台不仅能指示左右轮制动力，还能输出左右轮制动力的和与差值、车轮阻滞力、制动协调时间和制动释放时间，并能将检测结果与检测标准对照，作出技术状况评价。（　　）
5. 汽车制动减速度是指在汽车规定的初速度下急踩制动踏板时，汽车速度在单位时间内降低的程度。（　　）
6. 使用制动试验台进行汽车制动性能检测，称路试法。（　　）
7. 用五轮仪和制动减速度仪检测汽车制动性能时在道路试验中进行，称台试法。（　　）

三、选择题

1. 汽车制动效能的评价指标主要有制动力、制动距离和制动减速度等，GB 7258—2017《机动车运行安全技术条件》规定，当（　　）即判为合格。
   A. 3 个指标中只要其中之一合格
   B. 3 个指标中只要其中两个合格
   C. 3 个指标全部符合要求
   D. 以上都不是
2. 制动协调时间包括（　　）。
   A. 消除制动拉杆、制动鼓间隙时间
   B. 部分制动力增长过程所需时间
   C. 制动器作用时间阶段的全部，要求单车不超过 0.6 s
   D. 制动器作用时间阶段的一部分，要求单车不超过 0.6 s

3. 以下不可以单独作为检测机动车辆制动性能的指标的是（　　）。

A. 制动距离　　B. 制动时间

C. 制动减速度　　D. 踏板作用时间

4.《机动车运行安全技术条件》的规定，机动车可以用（　　）、制动减速度和制动力检测制动性能。

A. 制动距离　　B. 制动时间

C. 制动踏板力　　D. 制动距离+制动踏板力

四、问答题

1. 制动跑偏和制动侧滑之间有何区别和联系？
2. 汽车辅助制动装置对改善制动性能有什么作用？
3. 汽车制动跑偏都有哪些原因造成的？
4. 画图说明典型硬路面的制动力系数与滑移率关系曲线。
5. 为什么前轮先抱死不易产生剧烈侧滑，后轮先抱死易产生“甩尾”现象？
6. 测力式滚筒制动试验台由哪几部分组成？各部分的作用是什么？
7. 反力式滚筒制动试验台和惯性式制动试验台的主要区别是什么？

单元3

汽车操纵与行驶性能

学习目标	☑了解汽车操纵稳定性的概念与评价； ☑掌握操作稳定性与悬架之间的关系； ☑掌握汽车行驶稳定性条件； ☑掌握提高汽车稳定性的控制方法； ☑理解平顺性、通过性的概念； ☑能分析汽车行驶稳定的基本条件； ☑能熟练运用通过性评价指标正确判断车况； ☑能根据车况判断影响汽车行驶平顺性和通过性的因素； ☑掌握侧滑试验检测、汽车悬架装置检测和车轮平衡检测基本方法。

本单元结构图

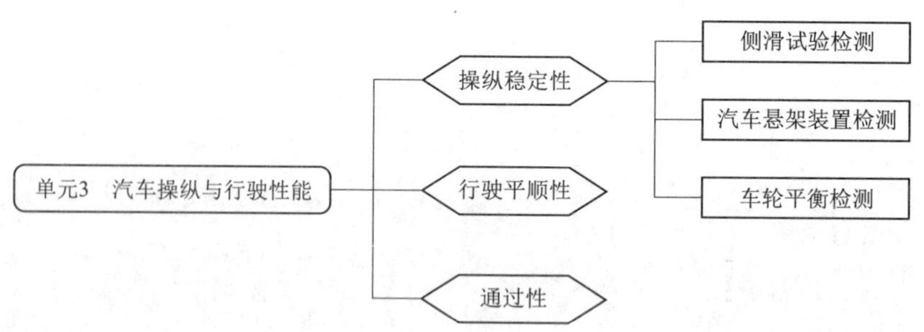

汽车的操纵与行驶性能包括操纵稳定性、行驶平顺性和通过性。

汽车的操纵稳定性是指驾驶者在不感到过分紧张、疲劳的正常行驶条件下，汽车能遵循驾驶者的意愿通过转向系及转向轮给定的方向行驶，且当遇到外界干扰时抵抗干扰而保持稳定行驶的能力。

行驶平顺性是指保持汽车在行驶过程中乘员所处的振动环境具有一定舒适度的性能，对于载货汽车还包括保持货物完好的性能。

汽车的通过性又称越野性，是指汽车能以足够高的平均车速通过各种坏路及无路地带的能力。

3.1 操纵稳定性

汽车的操纵稳定性包含两个方面的含义，即操纵性和稳定性。操纵性是指汽车能够准确地响应驾驶者转向指令的能力；稳定性是指汽车受到外界干扰时保持稳定行驶的能力，由于两者联系紧密且很难分开，故统称为操纵稳定性。汽车的操纵稳定性不仅影响到驾驶汽车的操纵方便性，而且也是决定汽车安全行驶的一个主要性能。汽车的操纵稳定性是现代汽车的重要使用性能之一。

3.1.1 汽车的转向特性与轮胎侧偏特性

1. 汽车的转向特性

在汽车操纵稳定性的研究中，常把汽车整车作为一个系统，通过系统的输入和输出物理参数之间的关系，来表征汽车的操纵稳定性，如图 3–1 所示。

转向盘或侧向干扰（输入）→ 汽车系统 → 汽车侧向运动（输出）

图 3–1 系统分析示意图

评价指标主要有以下几种：

（1）汽车曲线行驶的时域响应

是指汽车在转向盘输入或外界侧向干扰输入下的侧向运动相应。

（2）横摆角速度频率响应特性

是转向盘转角正弦输入的情况下，频率由 0→∞时，汽车横摆角速度与转向盘转角的振幅比及相位差的变化图形。

（3）转向盘中间位置操纵稳定性

是转向盘小转角低频正弦输入的情况下，汽车高速行驶时的操纵稳定性。

（4）转向半径

是评价汽车机动灵活性的物理参量。

（5）转向轻便型

是评价转向盘轻便程度的特性。

（6）汽车的直线行驶性能

是评价汽车直线行驶时，外界侧向干扰（侧向风和路面不平度）输入下，汽车直线行驶的时域响应。分别称为侧向风稳定性和路面不平度稳定性。

（7）典型工况行驶性能

是指汽车通过模拟典型驾驶操作的通道的性能。它们能更加如实地反映汽车的操纵稳定性。

（8）极限行驶性能

表明了汽车安全行驶的极限性能。是指汽车在处于正常行驶与异常危险之间的运动状态下的特性。

从以上评价汽车操纵稳定性的评价指标可以看出，汽车操纵稳定性涉及的问题较为广泛。本章主要讨论汽车在转向盘阶跃输入下的稳态响应。

当我们给转向盘一个输入转角，以汽车在曲线行驶的时域响应与频域响应来表征汽车的操纵稳定性能。

汽车在转弯时，实际输入的物理参数显然是转向盘转角，但为了简化分析过程，假设转向盘转角与前轮偏转角之间为单纯的线形关系，即：

$$\delta_{s\omega}(t)=i_{\omega}(t) \tag{3.1}$$

式中　$\delta_{s\omega}(t)$——转向盘转角随时间变化的函数；

i_{ω}——转向系角传动比，通常为常数；

$\delta(t)$——前轮偏转角随时间变化的函数。

前轮偏转角 δ 是指假想的设置在前轴中点的车轮偏转角，如图 3–2 所示。δ 的大小为

$$\delta=\frac{1}{2}(\delta_1+\delta_2) \tag{3.2}$$

式中　δ_1，δ_2——分别为左、右前轮的偏转角。

因此，在下面的分析中，均以前轮偏转角 δ 作为输入量。

阶跃输入函数是工程上常用的输入函数之一，对于前轮角阶跃函数而言，其数学表达式为式（3.3）。其函数图像如图 3–3 所示。

$$\delta(t)=\begin{cases}0 & t<0\\ \delta_0 & t\geqslant 0\end{cases} \tag{3.3}$$

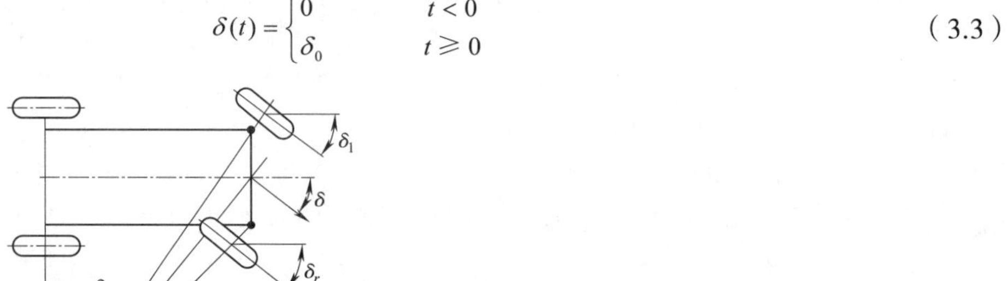

图 3–2　前轮偏转角示意图

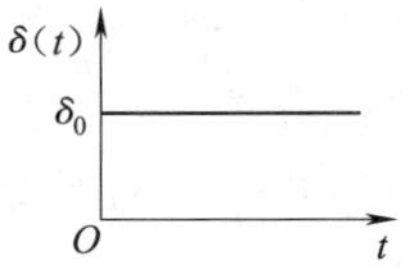

图 3–3　前轮角阶跃函数

2. 轮胎的侧偏特性

轮胎的侧偏特性主要是指侧偏力与侧偏角之间的关系，它是研究汽车操纵稳定性的基础。

（1）轮胎的坐标系

为讨论方便，建立如图 3–4 所示轮胎坐标系。取垂直于车轮轴线的轮胎中分平面为车轮平面；坐标原点为车轮平面和地面的交线与车轮旋转轴线在地平面上投影线的交点；X 轴为车轮平面与地平面的交线，规定向前为正；Z 轴与地平面垂直，规定向上为正；Y 轴在地平面上，规定面向车轮前进方向时指向左方为正。侧偏角 α 是轮胎接地印迹中心（即坐标原点）位移方向与 X 轴的夹角，图示方向为正；外倾角 γ 是垂直平面（xOz）与车轮平面的夹角，图示方向为正。

（2）轮胎的侧偏现象

汽车行驶时，由于各种侧向力的作用，相应地在地面上产生地面侧向反作用力 F_Y，F_Y 又称作侧偏力。车轮在侧向力 F_y 和侧偏力 F_Y 的作用下（侧向力 F_y：车轮外倾角为零时，一定的侧偏角 α 时地面作用在轮胎上的侧向反作用力；侧偏力 F_Y：侧偏角为零时，一定的车轮外倾角 γ 时地面作用在轮胎上的侧向反作用力），其运动方向偏离了车轮平面方向，这种现象称为轮胎的侧偏现象。其原因主要有以下两方面：

① 当侧偏力 F_Y 达到车轮与地面间的附着极限时，车轮发生侧向滑动，若滑动速度为 Δu，车轮便沿合成速度 u' 方向运动，偏离了车轮平面 CC 方向，如图 3–5 所示。

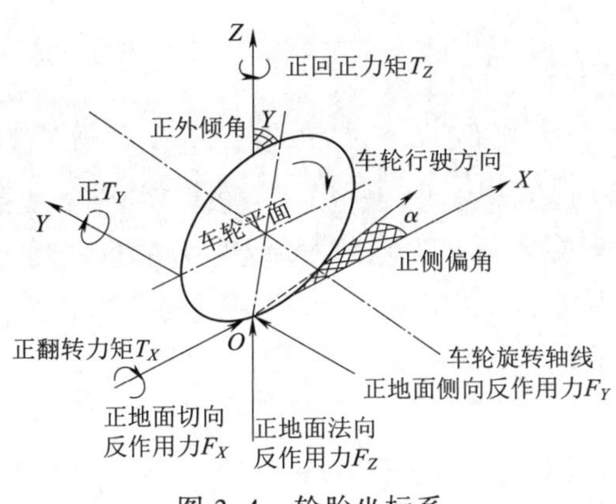

图 3-4　轮胎坐标系

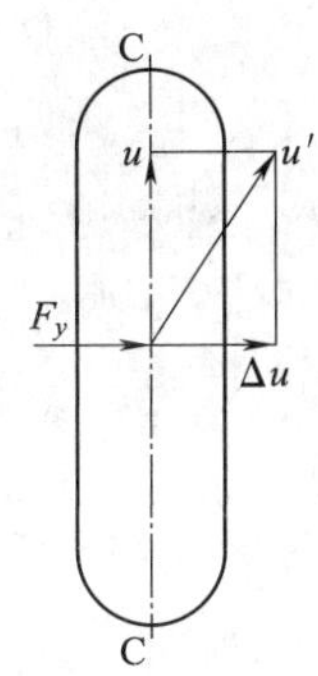

图 3-5　车轮侧滑时的运动简图

② 由于弹性车轮在侧向力的作用下产生侧向变形所引起的侧偏。下面利用图 3-6 所示对这个现象作一说明。设想在车轮的中心平面圆周上作出 a，b，c…标记，当车轮未受侧向力而滚动时如图 3-6（a）所示，车轮上的 b 点将与支承面上的 b_1 点相接触，c 点将与 c_1 点相接触，以此类推，从而可得车轮在支承面上的运动轨迹 af_1。由于 af_1 处于车轮平面之内，因此车轮的运动方向与车轮平面一致，没有侧偏现象。当车轮受到侧向力 F_y 作用时，就会产生如图 3-6（b）所示的侧向变形，一旦滚动，车轮上的 b 点将与支承面上的 b_1' 相接触，c 点将与 c_1' 相接触，依此类推。车轮在支承面上的运动轨迹 af_1' 相对于车轮平面偏离某一角度 α；换言之，弹性车轮在侧向力作用下，由于车轮的侧向弹性变形，其实际运动方向不再是车轮平面所指的方向，而是偏离了一个角度，这个角度 α 称为侧偏角。从图中可以看出，侧偏方向与侧向力 F_y 的方向一致，与侧偏力 F_Y 的方向相反。当汽车转弯时，侧偏方向则与离心力方向一致，因此也可用离心力方向来定义 α 的正值。显然，侧偏角 α 的数值与侧向力 F_y 的大小有关；换言之，侧偏角 α 的数值与侧偏力 F_Y 的大小有关。

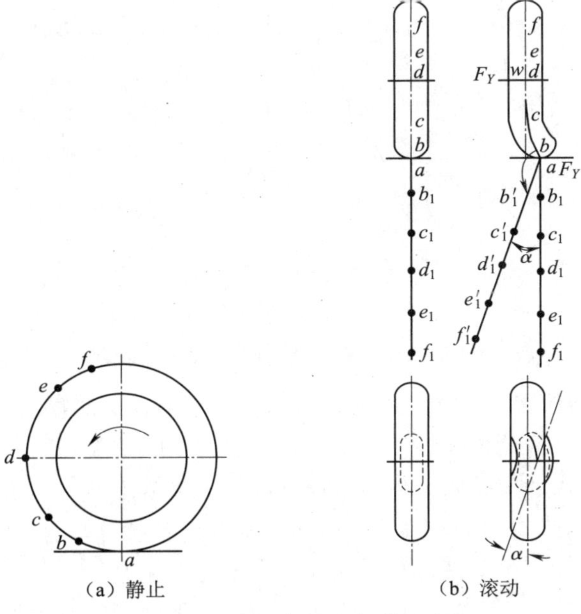

（a）静止　　（b）滚动

图 3-6　弹性车轮和侧偏现象

（3）轮胎侧偏

轮胎的侧偏特性是指侧偏力 F_Y 与侧偏角 α 之间的数值关系。图 3–7 所示为侧偏力–侧偏角曲线。曲线表明，侧偏角不超过 4°时，可以认为 F_Y 与 α 呈线性关系，随着侧偏力的增大，侧偏角也增大。侧偏角增至某一数值后（α=10°），由于轮胎与路面开始局部滑移，侧偏角增长加快，当侧偏力等于附着力时，车轮发生侧滑。汽车正常行驶时，侧偏角一般不超过 5°，故认为侧偏力与侧偏角呈线性关系，即

$$F_Y = k\alpha \tag{3.4}$$

式中　k——F_Y-α 曲线在 α=10°时的斜率，称为侧偏刚度。

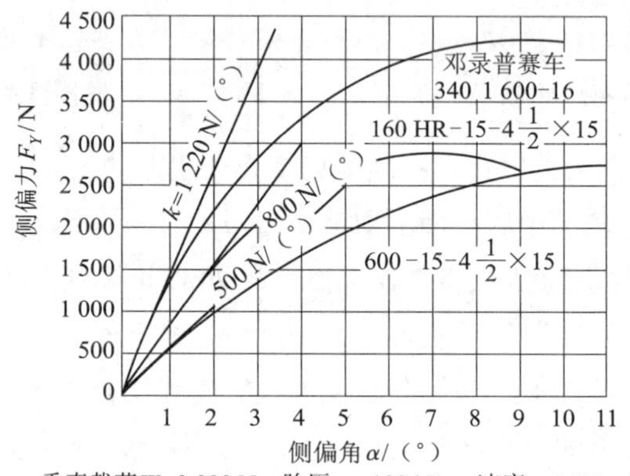

图 3–7　侧偏特性曲线图

（4）影响侧偏刚度的因素

① 轮胎的尺寸、型式和结构。尺寸较大的轮胎有较高的侧偏刚度。子午线轮胎接地面宽，一般侧偏刚度较高，如图 3–8 所示。

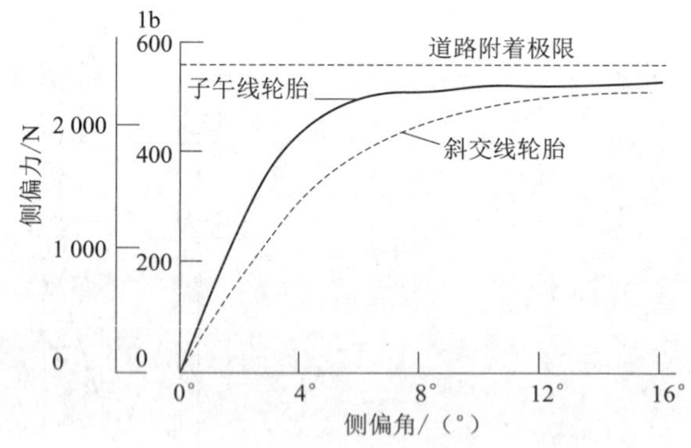

图 3–8　子午线轮胎与斜交轮胎的侧偏特性

轮胎断面高 H 与断面宽 B 之比 H/B×100%称为扁平率。早期轮胎的扁平率为 100%，现代轮胎的扁平率逐渐减小，目前不少轿车已采用扁平率为 60%的宽轮胎。扁平率对轮胎侧偏刚度影响很大，采用扁平率小的宽轮胎是提高侧偏刚度的主要措施。

② 轮胎的充气压力。轮胎的充气压力对侧偏刚度也有显著影响。由图 3–9 可知，随着气压的增加，侧偏刚度增大，但气压过高后侧偏刚度不再变化。

③ 轮胎的垂直载荷。由图 3–10 可以看出，同一侧偏角下，不同垂直载荷时的侧偏力不一

样。一般情况，侧偏刚度随垂直载荷的增加而加大，但垂直载荷过大时，轮胎产生很大的径向变形，侧偏刚度反而有所减小。侧偏刚度最大时的垂直载荷约为额定载荷的 150%。

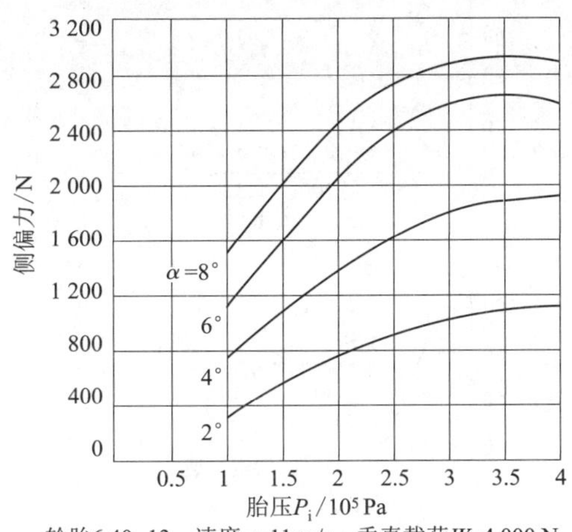

图 3-9 轮胎气压对侧偏刚度的影响

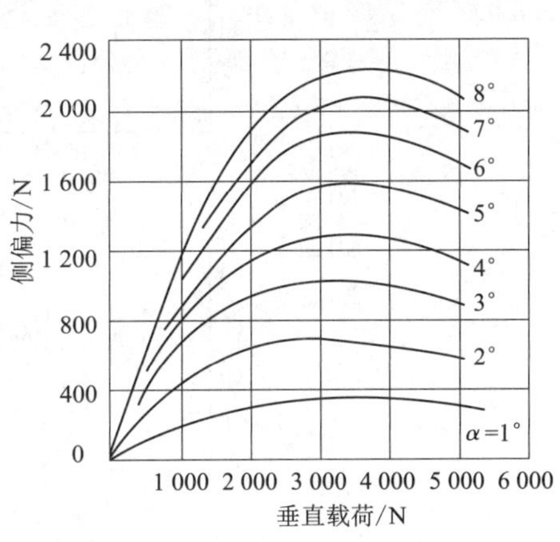

图 3-10 不同垂直载荷下的侧偏力

④ 地面切线反作用力。上面讨论的是没有切向反作用力作用时轮胎的侧偏特性。实际上，在轮胎上常同时作用有侧向力与切向力。由试验得到的曲线（见图 3-11）表明，一定侧偏角下，驱动力或制动力增加时，侧偏力逐渐有所减小，这是由于轮胎侧向弹性有所改变的关系。当纵向力相当大时，侧偏力显著下降。因为此时接近附着极限，切向力已耗去大部分附着力，而侧向能利用的附着力很少。由图还可看出，这组曲线的包络线接近于一椭圆，一般称为附着椭圆。它确定了在一定附着条件下切向力与侧偏力合力的极限值。

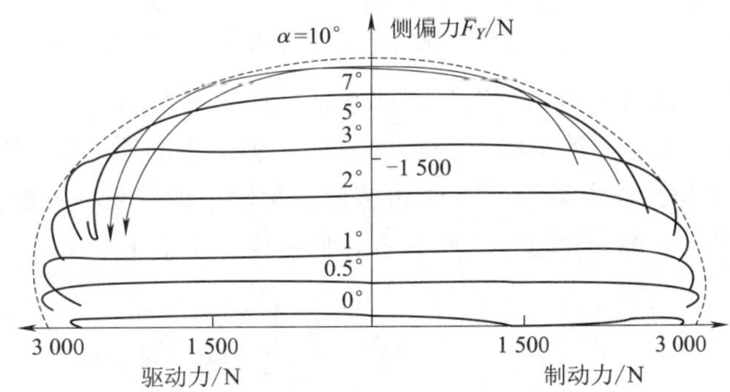

图 3-11 地面切线反作用力对侧偏特性的影响

⑤ 路面及其粗糙程度、干湿状态对侧偏特性的影响。

路面及其粗糙程度、干湿状态对侧偏特性，尤其是最大侧偏力有很大影响。粗糙路面较光滑路面的最大侧偏力大；同种路面干态较湿态较光滑路面的最大侧偏力大。路面有薄水层时，由于有滑水现象，会出现完全丧失侧偏力的情况。图 3-12 所示为一轮胎在不同轮胎胎面、路面粗糙度和水层厚度等条件下，最大侧偏力的降低情况。水层厚 1.02 mm 时，在粗糙路面上，开有 4 条沟槽的胎面能防止滑水现象。水层厚 7.62 mm 时，不论胎面有无沟槽、路面是否粗糙，当车速为 80 km/h 时均出现滑水现象，此时最大侧偏力为零。

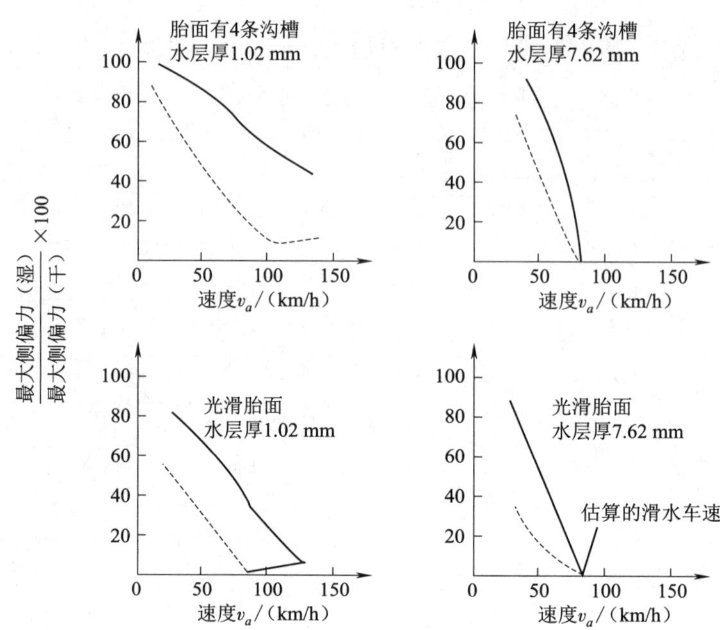

图 3-12　轮胎胎面、路面粗糙程度、水层厚度和滑水现象的关系

—粗糙混凝土路面　---光滑混凝土路面

3.1.2　汽车操纵稳定性与悬架、转向系、传动系的关系

1. 汽车操作稳定性基本特性

（1）汽车转向时运动微分方程

为了描述前轮偏转后汽车的运动状况，通常需要建立一个固结于运动着的汽车上的动坐标系——车辆坐标系来描述的。图 3-13 所示的固结于汽车上的 $Oxyz$ 直角动坐标系就是车辆坐标系，xOz 处于汽车左右对称的平面内。当车辆在水平路面上静止状态下，z 轴平行于地面指向前方，z 轴通过质心指向上方，y 轴指向驾驶员的左侧，坐标系的原点 O 常可令其与质心重合。与操纵稳定性有关的主要运动参量为，车厢角速度在 z 轴上的分量——横摆角速度 ω_r、汽车质心速度在 y 轴上的分量——侧向速度 v、汽车质心加速度在 y 轴上的分量——侧向加速度 a_y 等。

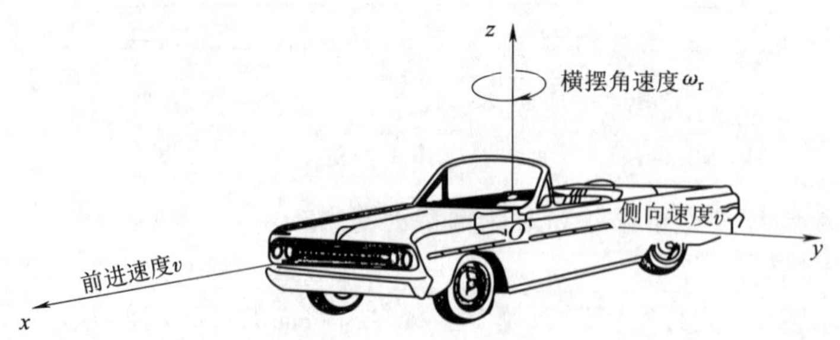

图 3-13　车辆坐标系图

为便于掌握操纵稳定性的基本特性，建立汽车转向时运动微分方程，我们将忽略转向系统的影响，直接以前轮转角作为输入；忽略悬架的作用，认为汽车只做平行于地面的运动，即汽车沿 z 轴的位移，绕 y 轴的俯仰角与绕 x 轴的侧倾角均为零。另外，假设汽车沿 x 轴的前进速

度 v 视为不变。因此，汽车只有沿 y 轴的侧向运动与绕 z 轴的横摆运动这样两个自由度。此外，轮胎侧偏特性处于线性范围。还假设：驱动力不大，不考虑地面切向力对轮胎侧偏特性的影响，没有空气动力的作用，忽略左右车轮轮胎由于载荷的变化而引起轮胎特性的变化以及轮胎回正力矩的作用。这样，实际汽车便简化成一个两轮摩托车模型，如图 3–14 所示。

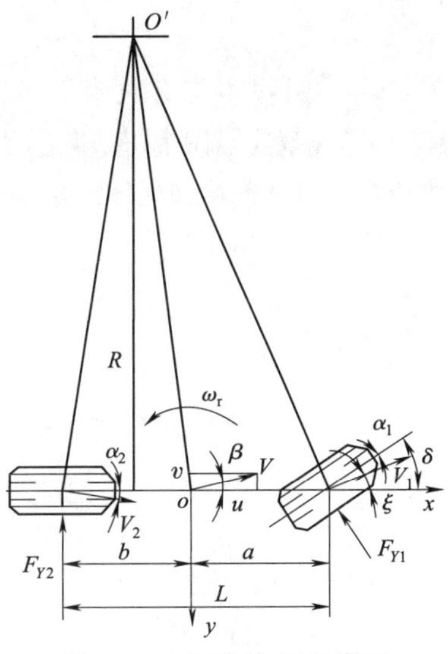

图 3–14　两轮摩托车模型

上述模型描述了汽车转向运动的动态过程，O' 为瞬时中心，汽车作刚体平面运动，而并非作定轴转动。图 3–14 中的有关参数如 F_Y、ω_r、v 以及角度 δ、α、β 等均随时间而变化。系统的输入函数为前轮偏转角 $\delta(t)$，输出函数为横摆角速度 $\omega_r(t)$和质心侧偏角 $\beta(t)$（在求解时，β 将被消去）。汽车的质量分布参数（如转动惯量等）为常数，因此，只要将汽车的（绝对）加速度与（绝对）角加速度及外力与外力矩沿车辆坐标系的轴线分解，就可以列出沿这些坐标轴的运动微分方程。

$$\begin{cases} F_{Y2} + F_{Y1}\cos\delta = ma_y \\ aF_{Y1}\cos\delta - bF_{Y2} = I_z\omega_r \end{cases} \tag{3.5}$$

式中　I_z——汽车绕 z 轴的转动惯量。

考虑到 δ 较小，尤其是高速行驶时更是如此，可以近似认为 $\cos\delta=1$，同时把 $F_Y=k\alpha$ 代入式（3.5），得

$$\begin{cases} k_1\alpha_1 + k_2\alpha_2 = ma_y \\ ak_1\alpha_1 - bk_2\alpha_2 = I_z\omega_r \end{cases} \tag{3.6}$$

下面确定汽车质心绝对加速度在 y 轴上的分量 a_y。

如图 3–15 所示，Ox 与 Oy 为车辆坐标系的纵轴与横轴。质心速度 V 于 t 时刻在 Ox 轴上的分量为 u，在 Oy 轴上的分量为 v，由于汽车转向行驶时伴有平移和转动，在 $t+\Delta t$ 时刻，不但车辆坐标系中质心速度的大小与方向均发生变化，而且车辆坐标系的纵轴与横轴的方向也发生变化。

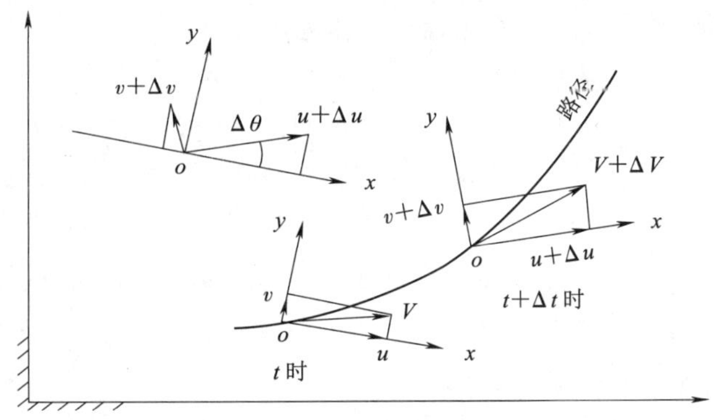

图 3–15　利用动坐标系分析汽车的运动图

由图 3-15 可知，汽车质心绝对加速度在 y 轴上的分量 a_y 为

$$a_y = \dot{v} + u\omega_r \tag{3.7}$$

前后侧偏角与有关参数的关系可利用图 3-14 和图 3-16 来确定。图中 V_1，V_2 分别为前后轴中点的速度，β 为质心侧偏角，$\beta=v/u$。ζ 为 V_1 与 x 轴的夹角，其值为

$$\xi = \beta + \frac{a\omega_r}{u} \tag{3.8}$$

于是

$$\begin{cases} \alpha_1 = \delta - \xi = \delta - \beta - \dfrac{a\omega_r}{u} \\ \alpha_2 = \dfrac{b\omega_r - v}{u} = \dfrac{b\omega_r}{u} - \beta \end{cases} \tag{3.9}$$

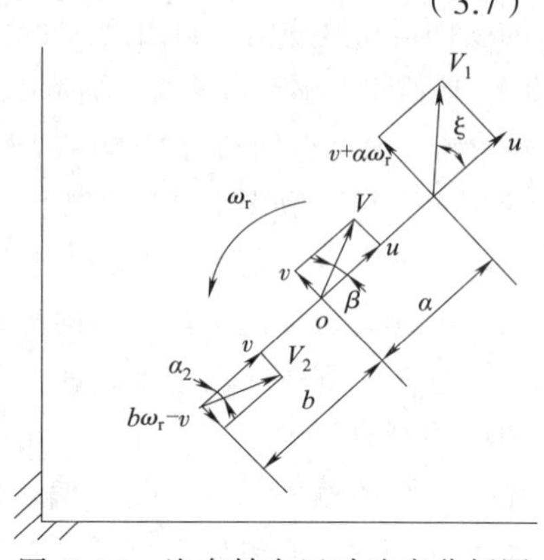

图 3-16 汽车转向运动速度分析图

将式（3.8）、式（3.9）代入式（3.6），整理后得汽车转向运动微分方程式为

$$\begin{cases} (k_1+k_2)\dfrac{v}{u} + \dfrac{1}{u}(ak_1 - bk_2) - k_1\delta = mu\omega_r \\ (ak_1 - bk_2)\dfrac{v}{u} + \dfrac{\omega_r}{u}(a^2k_1 + b^2k_2) - ak_1\delta = 0 \end{cases} \tag{3.10}$$

（2）前轮角阶跃输入下的稳态响应

汽车等速行驶时，在前轮角阶跃输入下进入的稳态响应就是等速圆周行驶。常用输出与输入的比值，如用稳态时的横摆角速度与前轮转角之比来评价稳态响应。这个比值称为稳态横摆角速度增益，也称为转向灵敏度，以符号 $\left.\dfrac{\omega_r}{\delta}\right)_s$ 表示。

稳态横摆角速度 ω_r 为定值，此时 $\dot{\omega}_r=0$，又 $\beta=v/u$，由式（3.10）可得

$$\begin{cases} (k_1+k_2)\dfrac{v}{u} + \dfrac{1}{u}(ak_1 - bk_2) - k_1\delta = mu\omega_r \\ (ak_1 - bk_2)\dfrac{v}{u} + \dfrac{\omega_r}{u}(a^2k_1 + b^2k_2) - ak_1\delta = 0 \end{cases} \tag{3.11}$$

将上两式联立并消去 v，可求出稳态横摆角速度增益为

$$\left.\frac{\omega_r}{\delta}\right)_s = \frac{u/L}{1 + \dfrac{m}{L^2}\left(\dfrac{a}{k_2} - \dfrac{b}{k_1}\right)u^2} = \frac{u/L}{1+Ku^2} \tag{3.12}$$

式中，$K = \dfrac{m}{L^2}\left(\dfrac{a}{k_2} - \dfrac{b}{k_1}\right)$。汽车前、后轴中点的速度为 u_1、u_2，侧偏角为 α_1、α_2，质心的侧偏角为 β，$\beta = \dfrac{v}{u}$。m 为汽车质量，δ 为前轮转角。

K 称为稳定性因素，它是表征汽车稳态转向特性的重要参数。

根据 K 的不同，汽车前轮角阶跃输入下的稳态响应可分为三类（见图 3-17）。

① 中性转向（$K=0$）。

$K=0$ 时，$\left.\frac{\omega_r}{\delta}\right)_s=\frac{u}{L}$，即横摆角速度增益与车速成线性关系。这种稳态称为中性转向，如图 3-18 所示。此曲线也就是汽车以极低车速行驶而又无侧偏角时的转向关系曲线。

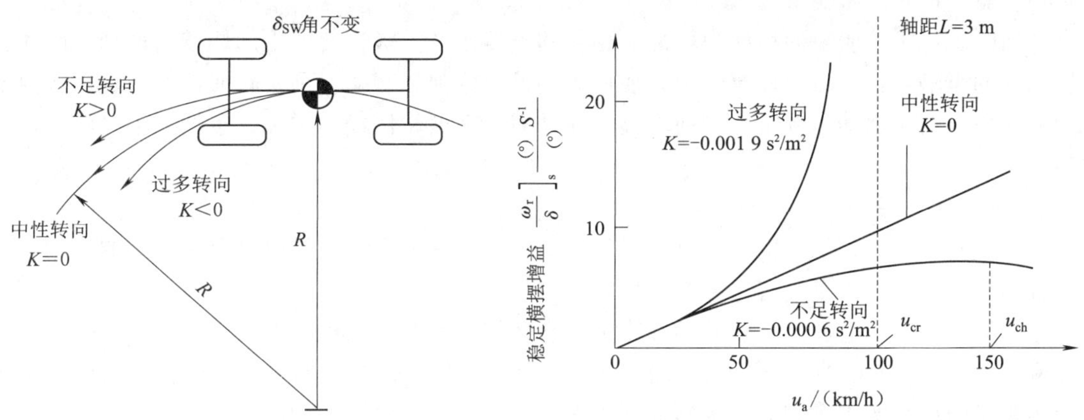

图 3-17 汽车的三类稳态响应　　　　图 3-18 汽车的稳态横摆角速度增益曲线

中性转向的汽车，当转向盘保持一个固定的转角加减速行驶时，汽车的转向半径不变，即转向半径与车速无关。此时，转向半径 $R=L/\delta$。

② 不足转向（$K>0$）。

$K>0$ 时，$\left.\frac{\omega_r}{\delta}\right)_s$ —$\frac{u}{L}$ 为一条低于中性转向汽车稳态横摆增益线且下弯的曲线。K 愈大，横摆角速度增益曲线愈低，不足转向量愈大。可以证明，当车速为$u_{ch}=\sqrt{1/K}$时，汽车稳态横摆增益达到最大值，且其横摆角速度增益为与轴距 L 相等的中性转向汽车横摆角速度增益的一半。u_{ch} 称为特性车速。

当转向盘保持一个固定的转角，汽车以不同的固定车速行驶时，随着车速的增加，不足转向汽车的转向半径 R 增大。

③ 过多转向（$K<0$）。

$K<0$ 时，$\left.\frac{\omega_r}{\delta}\right)_s$ —$\frac{u}{L}$ 曲线随着车速的增加而向上弯曲。当车速为 $u_{ch}=\sqrt{-1/K}$ 时，稳态横摆角速度增益趋于无穷大，u_{cr} 称为临界车速。

当转向盘转角固定不变，汽车以不同的固定车速行驶时，其转向半径只随着车速的增加而减小。

过多转向汽车达到临界车速时将失去稳定性。因为 ω_r/δ 为无穷大时，只要有极小的前轮转角便会产生极大的横摆角速度。这意味着汽车转向半径极小，汽车发生急转而侧滑或翻倒。

2. 影响汽车稳态转向特性的主要因素

（1）轮胎气压的影响

轮胎气压对侧偏刚度影响很大，降低轮胎气压，侧偏刚度下降，可以产生较大的侧偏角。

汽车说明书中规定的轮胎气压是考虑了获得不足转向性的数值，故使用中应注意在冷态下检查并按说明书的规定调整轮胎的充气压力。有的高速轿车甚至规定了每种乘坐条件及不同季节时前后轮胎的充气压力，以确保需要的不足转向性。前轮气压低于规定值，仅使汽车不足转向性增大，转向灵敏度即横摆角速度增益下降；而后轮气压过低，后轮的侧偏角加大，甚至使原来是不足转向性的汽车变为过多转向性汽车，对操纵稳定性带来严重不良影响。

（2）驱动形式的影响

转向时施加于轮胎上的切向力增加，轮胎的侧偏刚度下降，使产生的侧偏角增加。因此，后轮驱动的车辆，转向时施加驱动力，使后轮侧偏角增加，有减少不足转向性并向过多转向性转化的倾向；前轮驱动的汽车，转向时施加驱动力，使前轮侧偏角增加，有增加不足转向性的作用。

（3）轮胎结构的影响

不同结构（帘布层数、扁平率等）、不同形式（子午线轮胎、普通斜交轮胎）的轮胎，侧偏刚度不同，可能使汽车具有过多转向性。

子午线轮胎和普通斜交帘线轮胎在车上混合装用对汽车的操纵性有严重影响。子午线轮胎侧偏刚度大，若仅前轮改用于午线轮胎，可使前轮侧偏角 α_1 减少，如果小于后轮侧偏角 α_2，可使原为不足转向性的汽车变为过多转向性汽车。

扁平率小的宽轮胎，侧偏刚度大，产生的侧偏角小。因此，如仅前轮换用扁平率小的轮胎，有使汽车产生过多转向的倾向；如仅后轮换用，则有汽车呈不足转向的倾向。

（4）汽车的质量分配与车轮侧偏刚度的匹配

在汽车设计及改装中，应使汽车的质量在前后轴上的分配与车轮的侧偏刚度相适应，使稳定性因数 $K>0$，以保证汽车的不足转向性。

前置发动机前驱动的轿车，前轴上的轴荷较大，转弯时前轴承担的离心惯性力较大，在前后车轮侧偏刚度相同的情况下，前轮会产生较大的侧偏角，故趋向于呈不足转向性。反之，后置发动机后驱动的轿车则趋向于呈过多转向性。

（5）汽车悬架的影响

① 车轮侧倾角的变化。当车厢侧倾时，由于悬架结构型式不同，车轮侧斜角的变化有如下三种情况：

a. 车轮朝车厢侧倾的方向倾斜，即车轮的侧斜方向与离心力方向一致，如图 3–19（a）、（b）、（c）所示。它们分别是上、下横臂长度相等且平行的双横臂、单纵臂、烛式独立悬架。

b. 车轮朝车厢侧倾的相反方向倾斜，即车轮的侧斜方向与离心力方向相反，如图 3–19（d）所示的单横臂独立悬架在小侧向加速度时，就是属于这种情况。

c. 车轮的侧斜不随车厢的侧倾而变，如图 3–19（e）所示的非独立悬架。

车轮侧斜后，由于轮胎与地面接触面的受力情况发生变化，从而产生一个附加的侧偏角 $\Delta\alpha$。$\Delta\alpha$ 的大小与车轮侧斜角 γ 有关，二者的关系可通过试验求得 $\Delta\alpha$ 的方向与车轮倾斜的方向一致，因此当 γ 与离心力方向一致时，$\Delta\alpha$ 为正值，车轮的侧偏角增大，如图 3–19（b）所示；当 γ 与离心力方向相反时，$\Delta\alpha$ 为负值，车轮的侧偏角减小，如图 3–19（d）所示。

② 左、右轮垂直载荷再分配的影响。轮胎侧偏刚度在一定范围内随垂直载荷的增加而增加。在侧向力作用下，若前轴左右轮垂直载荷变动量大，则汽车趋向于减少不足转向性。由于增加前悬架的角刚度（车身每侧倾 1°，在前悬架上需施加的侧倾力矩值），能使侧倾力矩分摊

到前轴上的数值增加，因而能使前轴左右轮垂直载荷的变动量加大；减少后悬架的角刚度，能使侧倾力矩分摊到后轴上的数值减少，因而后轴左右轮垂直载荷的变动量减少，有利于增加汽车的不足转向性。

③ 轴转向。当车厢侧倾时，由于悬架导向机构的运动学关系，使车轴绕垂直轴线转动，这种现象称为轴转向。

下面以单纵臂非独立悬架为例进行说明，见图 3-20。汽车转向时车厢侧倾，外侧的弹性元件受到压缩，铰接中心 C 将下移至 C_1 点，相应的车轮中心 O 将左移至 O_1 点。而内侧因弹性元件伸张，铰接中心将上移至 C_2 点，相应的车轮中心 O 将右移至 O_2 点。从俯视图可以看出，车轴线转动了久角，这就是轴转向现象。

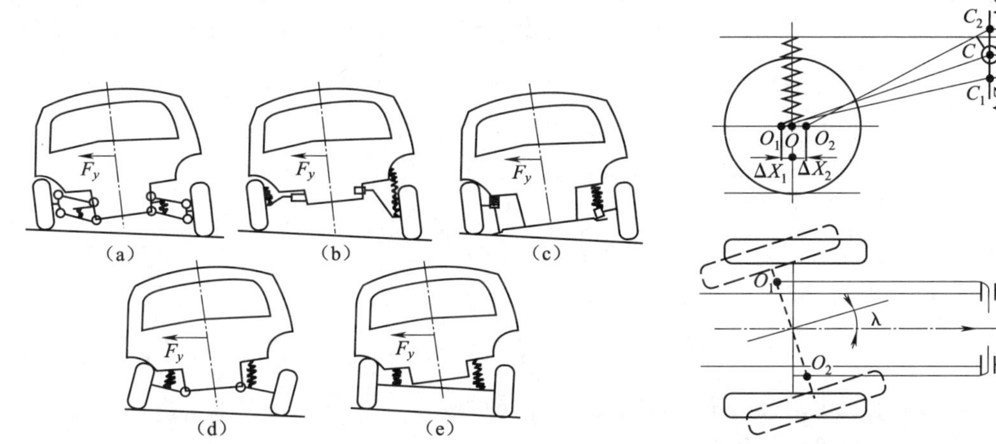

图 3-19　车轮侧倾与悬架导向机构的关系

图 3-20　单纵臂非独立悬架的轴转向

轴转向的大小和方向与悬架的结构型式、布置和参数有关。如果轴转向的方向与离心力方向一致，则从运动学的观点来看，相当于使车轮的侧偏角增加，对于后轴而言，将使汽车减小不足转向量；如果轴转向方向与离心力方向相反，则相当于使车轮的侧偏角减小，若为后轴，将使汽车增加不足转向量。

综上所述可知，汽车悬架的设计，不仅应满足汽车平顺性的要求，同时还应顾及对操纵稳定性的影响。

3.1.3　汽车行驶的纵向及横向稳定性

1. 汽车的纵向倾翻

当汽车在等速上坡时，其受力如图 3-21 所示。随着道路坡度增大，前轮的地面法向反作用力不断减小。当道路坡度大到一定程度时，前轮的地面法向反作用力为零。在这样的坡度下，汽车将绕 A 点向后倾翻，通常称之为纵向倾翻。下面求出汽车不发生纵向倾翻的极限坡度角 θ_{max}。

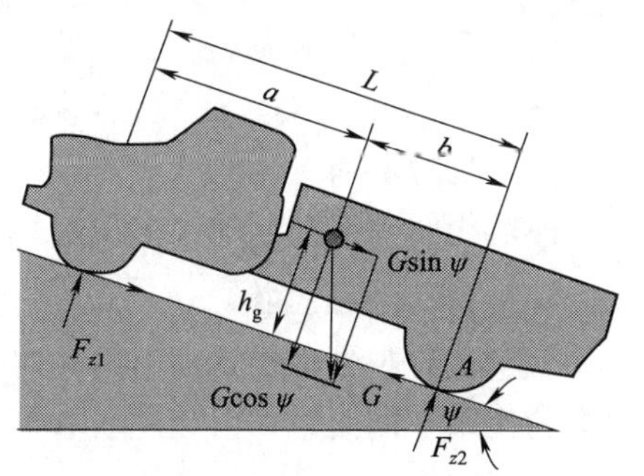

图 3-21　汽车在纵向坡道上等速行驶受力图

根据受力平衡可得

$$F_{z1} = \frac{Gb\cos\theta - Gh_g\sin\theta}{L} \tag{3.13}$$

$$F_{z1} = \frac{Ga\cos\theta + Gh_g\sin\theta}{L} \tag{3.14}$$

令 F_{z1}=0，有

$$\tan\theta = \frac{b}{h_g} \tag{3.15}$$

因此，汽车不发生纵翻的极限坡度角 $\theta_{max} = \arctan\frac{b}{h_g}$。

另一方面，汽车上坡时，坡度阻力随坡度的增大而增加，在坡度大到一定程度时，为克服坡度阻力所需的驱动力超过附着力时，驱动轮将滑转。这两种情况均使汽车的行驶稳定性遭到破坏。以后轴驱动汽车为例，汽车以较低速度等速上坡时，驱动轮不发生滑转的临界状态为

$$F_{tmax} = G\sin\theta_{\varphi max} = F_{z2}\times\varphi = \frac{Ga\cos\theta + Gh_g\sin\theta}{L}\times\varphi \tag{3.16}$$

式中　$\theta_{\varphi max}$——汽车后轮不发生滑转所能克服的最大道路坡度角，其大小为

$$\tan\theta_{\varphi max} = \frac{a\varphi}{L - \varphi h_g} \tag{3.17}$$

显然，如果 $\theta_{max} < \theta_{\varphi max}$，则当汽车遇有坡度角为 θ_{max} 的坡道时，驱动轮因受附着条件的限制而滑转，地面不能提供足够的驱动力以克服坡道阻力，因而无法上坡，也就避免了汽车的纵向翻倒。所以汽车避免纵翻的条件是

$$\frac{a\varphi}{L - \varphi h_g} < \frac{b}{h_g} \tag{3.18}$$

由此整理可得后轴驱动汽车纵向稳定性条件是

$$\frac{b}{h_g} > \varphi \tag{3.19}$$

同样可以求出前轴驱动汽车避免纵翻的条件为 L>0；全轴驱动汽车避免纵翻的条件与后轴驱动相同。

由于现代汽车的质心位置较低，因此上述条件均能满足而有余。但是对于越野汽车，其轴距 L 较小，质心较高（h_g 较大），轮胎又具有纵向防滑花纹因而附着系数较大，故其丧失纵向稳定性的危险增加。因此，对于经常行驶于坎坷不平路面的越野汽车，应尽可能降低其质心位置，而前轮驱动型汽车的纵向稳定最好。

2. 汽车的侧向翻倾

汽车在行驶中常受到重力的侧向分力、离心力、侧向风力和道路不平的侧向冲击等各种侧向力的作用。侧向力将引起左、右车轮法向反作用力的改变，当一侧车轮的法向反作用力变为零时，将发生侧向翻车。

下面讨论汽车在具有横向弯道作等速转向运动时，汽车不发生侧翻的极限车速 v_{max}。

汽车在弯道上等速行驶的受力如图 3-22 所示。随着车速的提高，其离心力增大，内侧车

轮的法向反作用力逐渐减小。当 $F_{zr}=0$ 时，汽车将失去侧向稳定性开始向外侧翻。此时对应的车速为弯道上产生侧翻的临界车速，用 v_{amax} 表示。

$$F_{zr}=\frac{Gh_g\sin\theta+G\dfrac{B}{2}\cos\theta+F_c\dfrac{B}{2}\sin\theta-F_ch_g\cos\theta}{B} \tag{3.20}$$

式中 G——汽车重力，$G=mg$；

F_c——汽车转向行驶时离心力的侧向分力，近似按离心力计算，$F_c=\dfrac{mv^2}{R_r}$；

B——汽车的轮距。

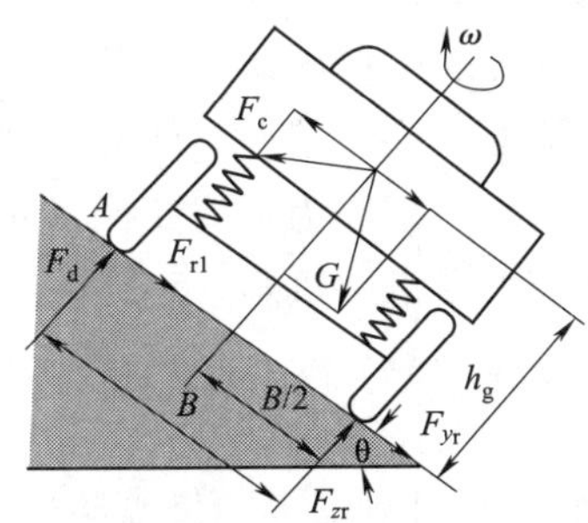

图 3-22 汽车横向横道上等速行驶受力图

令 $F_{zr}=0$，整理得

$$R_rg(2h_g\tan\theta+B)=v^2(2h_g-B\tan\theta)$$

因此，汽车不发生侧翻的极限车速 v_{amax} 为

$$v_{amax}-3.6\sqrt{\frac{gR_r(B+2h_g\tan\theta)}{2h_g-b\tan\theta}}\ (\text{km/h}) \tag{3.21}$$

若汽车在水平路面上（$\theta=0°$）作等速转向运动时，不发生侧翻的极限车速 v_{amax} 为

$$v_{amax}=3.6\sqrt{\frac{gR_rB}{2h_g}}\ (\text{km/h}) \tag{3.22}$$

汽车在侧向力的作用下，如车轮的侧向反作用力达到附着力时，汽车还将沿侧向力的作用方向滑移。如图 3-24 所示，经受力分析，汽车在具有横向弯道作等速转向运动时，汽车不发生侧滑的条件

$$F_c\cos\theta-G\sin\theta=(F_c\sin\theta+G\sin\theta)\varphi_{侧} \tag{3.23}$$

将上式整理可得在具有横向弯道作等速转向运动时，汽车不发生侧滑的极限车速 $v_{\varphi max}$ 为

$$v_{\varphi max}=3.6\sqrt{\frac{gR_r(\varphi_{侧}+\tan\theta)}{1-\varphi_{侧}\tan\theta}}\ (\text{km/h}) \tag{3.24}$$

式中 $\varphi_{侧}$——侧向附着系数。

若汽车在水平路面上（$\theta=0°$）作等速转向运动时，汽车不发生侧滑的极限车速 $v_{\varphi max}$ 为

$$v_{\varphi max}=3.6\sqrt{R_r g\varphi_{侧}} \text{（km/h）} \tag{3.25}$$

侧滑与侧翻都是汽车行驶中应避免的失控现象，比较起来侧翻更危险。要避免侧翻，应使汽车侧滑的临界车速低于侧翻的临界车速。即

$$v_{\varphi max}<v_{amax}$$

由此经分析整理可得，避免侧翻的条件为

$$\frac{B}{2h_g}>\varphi_{侧} \tag{3.26}$$

$\varphi_{侧}$又称为汽车侧向稳定系数，满足此式，称为满足侧向稳定条件。

一般汽车行驶于干燥的沥青路面上，这时 $\varphi_{侧}$值较大，为 0.7～0.8，仍然能满足上述稳定的条件。由于轮距 B 受车宽小于或等于 2.5 m 的限制，要避免侧翻应力求降低质心高度，一般车辆都能满足要求。只有在装载货物质心太高且偏向车厢的一侧，或者转向时车速过高，转动转向盘过急，致使风过大时，才容易产生侧翻。为了保证行车安全，就是侧滑也不希望发生，所以汽车转弯应降低车速，以减少侧翻及侧滑的机会。

用普通货车底盘改装的厢式货车，如冷藏车等，改装后的质心高度增加，使侧翻的危险性加大。

3. 汽车转向轮的摆振与稳定

在平直良好路面和转向盘转角不变的情况下，操纵稳定性良好的汽车能够自行抵抗侧向风、微小路面不平等外界干扰，保持直线稳定行驶。但在上述条件下，有些汽车会出现低速摆头、高速振摆等行驶不稳定现象。研究这些现象的特点及其产生原因，对于恢复和保持汽车行驶稳定性无疑是十分必要的。

（1）转向轮的摆振

① 车轮不平衡引起的转向轮摆振。车轮动不平衡和传动轴动不平衡会引起汽车高速振摆。当车轮总成质量中心 C 与旋转中心 O 不相重合时，在转动中会产生离心力 F_j，其分力 F_{jx} 是周期性的干扰力，它使前轴产生角振动，由于陀螺效应也可能引起前轮的摆振。当左、右轮偏心质量处于相隔 180°位置时，摆振更为严重，如图 3-23 所示。

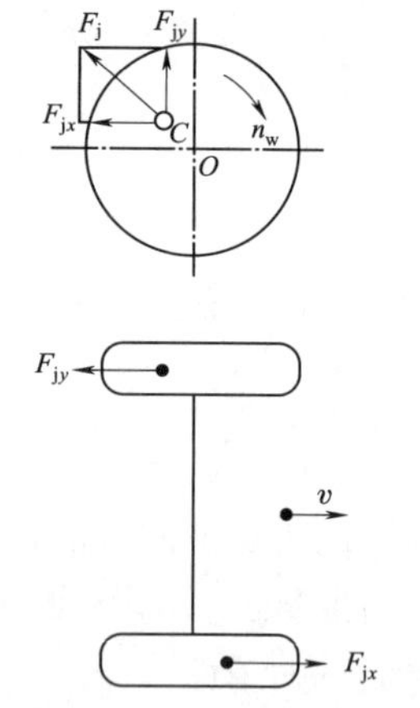

图 3-23 车轮不平衡引起的转向轮摆振示意图

即使质量中心 C 与旋转中心 O 重合，但质量分布相对于车轮的中心平面不对称，离心力的合力为零，但离心力的合力矩不为零，这时车轮处于动不平衡状态。在车轮旋转中，合力矩的方向不断变化，对主销产生周期性的干扰力矩，使转向轮绕主销摆振。

若传动轴存在动不平衡，离心力会忽左忽右随转动而周期性变化，通过车身、悬架也会使汽车行驶方向左右偏摆不定。

实际上车轮满足动平衡，就肯定满足静平衡。在实际使用中，轮胎修补、轮胎钢圈变形，前轮胎螺栓数量不一致等因素都会导致轮胎动不平衡；传动轴弯曲、平衡块脱落等会引起传动轴动不平衡。由动不平衡引起的振摆，其特点是随着车速的提高，振摆会不断加剧。要避免车轮总成和传动轴动不平衡的影响，必须对转向轮和传动轴进行动平衡试验。

② 转向系与悬架的运动干涉引起的方向摆振。图 3-24 所示为一种纵置半椭圆板簧前悬架与转向系布置简图。板簧的固定吊耳在前轴前面，活动吊耳及转向机在前轴的后面。前轴和转向节等固定于板簧上，随板簧一起运动。转向机固定于车架上。当板簧发生变形时，车轮相对

于车架有上下方向的运动，转向节的球销 c 作为前轴上一点绕 O_2 点摆动，其运动轨迹为 bb；但 c 又与纵拉杆相连，这样 c 将绕转向机垂臂下端球关节 O_1 摆动，运动轨迹为 aa 弧（实际上是以 O_1 点为圆心，以纵拉杆长度为半径作球面运动）。c 点不能同时满足这两个运动要求，于是转向节将相对主销发生转动，以满足 c 点沿 aa 弧的运动。从俯视图可以看出，当前轮向上运动时，c 点向前移，转向节绕主销向左转。当前轮向下运动时，c 点向后移，转向节绕主销向右转。由此可见，当路面不平引起前轴在垂直平面内产生角振动时，转向轮将出现水平面内的左右偏摆。

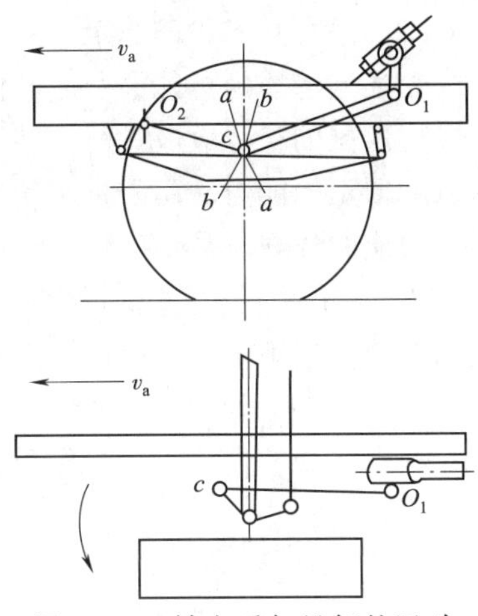

图 3-24　转向系与悬架的运动干涉引起的方向摆振

③ 前轴角振动引起的转向轮摆振。行驶中，车轮受路面不平的冲击，前轴在垂直平面内产生角振动。在某一车速下，来自路面不平的冲击频率与前轴角振动的固有频率接近时，发生共振，严重时一边的车轮可以跳离路面。

汽车的转向轮通过非独立悬架及转向传动机构与车架相连，这些互相联系的机件组成了弹性振动系统，如图 3-25 所示。当汽车在凹凸不平的路面上行驶，或偶遇一侧有凸起或凹坑时，将激发车轴相对于车体在垂直平面内的角振动，由于陀螺效应，使前轴在水平面内产生角振动。但由于前轴通过钢板弹簧和车架相连，无法在水平面内摆动，所以可能引发的是前轮绕主销的摆动。其规律是，当左前轮上升时，转向轮将向右偏转；左前轮下降时，转向轮将向左偏转；右前轮上升时，转向轮向左偏转；右前轮下降时，转向轮将向右偏转。

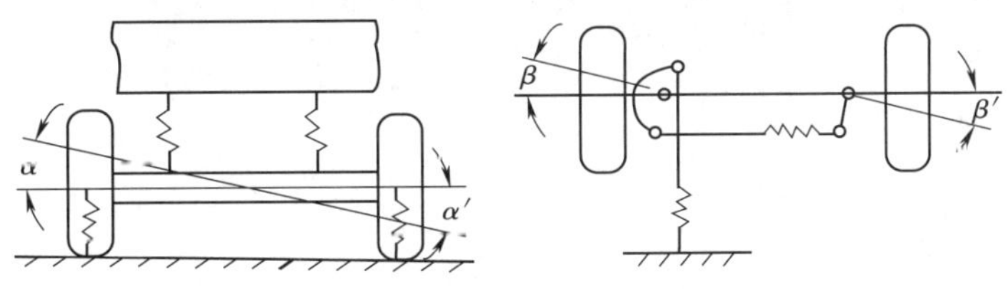

图 3-25　前轮振动系统示意图

产生陀螺效应的条件是，当车轴在垂直平面内产生角振动时，车轮旋转平面产生了偏转，如图 3-26（a）所示。双横臂独立悬架遇路面凹凸不平时，车轮旋转平面发生平移，但未发生偏转，不会产生陀螺效应（如图 3-26（b）所示）。各类不同结构的独立悬架系统，追求的主要目标之一就是要减小或消除陀螺效应，以提高行驶方向稳定性。

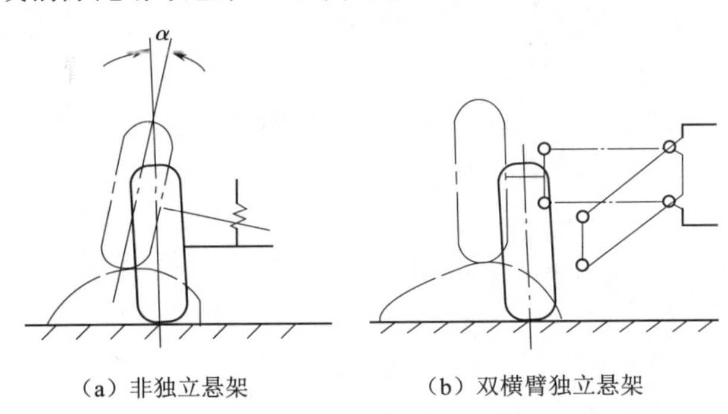

（a）非独立悬架　　（b）双横臂独立悬架

图 3-26　路面不平对不同悬架系统的影响

（2）汽车转向轮的稳定

上述这些原因可能会引起转向轮摆振，但不一定会造成转向轮摆振，因为转向轮还有阻止其发生摆振的稳定效应。所谓转向轮的稳定效应是指直行时转向轮保持居中位置的能力及转向后自动回正的能力。用阻止车轮偏转、力图使车轮保持居中位置的稳定力矩的大小，来表示其稳定效应的强弱。

① 主销后倾 γ，侧向反力 Y 产生的稳定力矩 $T_{y\gamma}$。如图 3–27 所示，假设转向轮绕主销向纸画内偏转，汽车转向中心在纸内的某点上，离心力向外地面侧向反力 Y 垂直于纸面向内，对主销的力矩 $T_{y\gamma}=Yr\sin\alpha\cdot\gamma\cdot Yr\sin\gamma$。其作用方向与前轮偏转方向相反，是稳定力矩。如果转向后撒手，则有使前轮自动回正的作用；回正直行后，离心力为零，地面侧向反力也为零，稳定力矩不再存在。

② 主销内倾 β，垂直反力 Z 产生的稳定力矩 $T_{z\beta}$。如图 3–28 所示，设前轴的空间位置保持不变，转向轮由直行位置转过某一角度时，车轮最低点将落在以 OA 为母线、绕主销轴线 OO 旋转形成的圆锥的底圆上，即车轮最低点将落在地面之下，这是不可能的。实际情况是：车轮最低点仍在路面上，而前轴在汽车转向中被抬高。驾驶员对转向盘做的功（施加于转向盘上的力矩与转向盘转角乘积之和）转变为车头抬高所增加的势能。因此，在转向时转向盘上必须施加转向力矩；维持某一转向半径行驶，转向盘上要保持一定的转向力矩；撒手后，势能将恢复到最小状态，迫使转向轮自动回正。

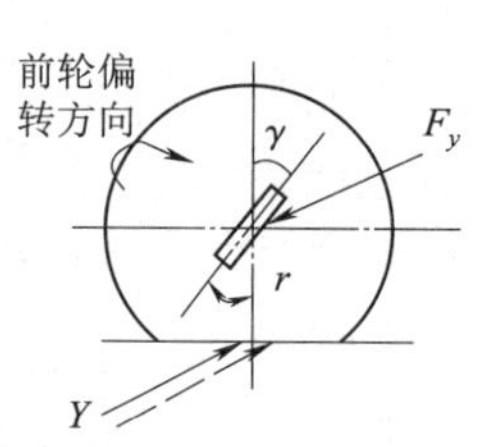

图 3–27　主销后倾 γ 作用图

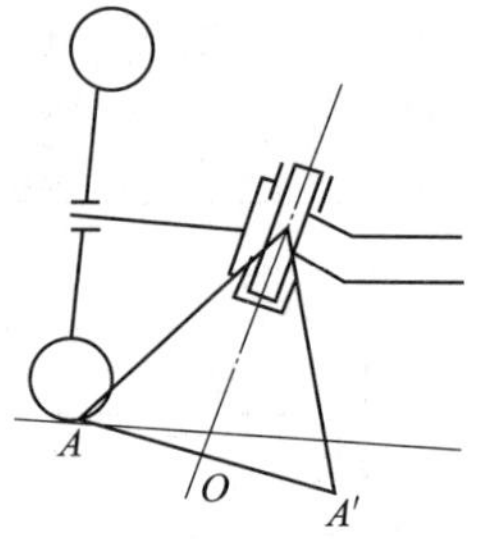

图 3–28　主销内倾 β 作用

直行时地面垂直反力 Z 与主销轴线在同一平面内，Z 对主销轴线的力矩为零。当前轮转过某一角度 δ 时，力 Z 对主销轴线处于空间相错位置，所产生力矩的方向与转角 δ 的方向相反，力图阻止前轮偏转，所以 $T_{z\beta}$ 是稳定力矩。在 0°～90°的范围内，随转角 δ 的加大，$T_{z\beta}$ 增大。因此，前轮以某一转角 δ 使汽车转弯时，在转向盘上必须施加一个力矩，该力矩经转向传动系放大后，去克服稳定力矩 $T_{z\beta}$，才能实现稳定的圆周行驶。如果撒手，在稳定力矩 $M_{z\beta}$ 的作用下，前轮将自动恢复到直行位置。

③ 由于侧偏，侧向反力产生的稳定力矩 $T_{y\alpha}$。如图 3–29 所示，由于转弯时离心力的作用，车轮受到的侧向力为 F_y，产生的侧偏角为 α。轮胎接地印迹的长轴由直行时的 aa 移到 bb 位置，轮胎侧向变形前小后大，地面侧向反力的分布呈前小后大状，使其合力 Y 与 F_y 错开一个距离 b_a，形成力偶矩 $T_{y\alpha}=Yb_a$。它的方向与车轮偏转方向相反，是稳定力矩。

现代轿车车速很高，转弯时离心力大，轮胎气压低，侧偏刚度小。由于侧偏，侧向反力的稳定力矩 $T_{y\alpha}$ 很大，这常使高速时感到转向沉重。实践证明，1°侧偏角引起的稳定力矩，相当于主销后倾 5° ～6° 的效果。为了不使总的稳定力矩过大，可以相应地减小主销后倾角 γ，甚

至 γ 为负值。

④ 由于侧偏，切向反力产生的稳定力矩 $T_{x\alpha}$。如图 3-30 所示，由于侧偏，内、外轮地面切向反力 X_i 和 X_0 的作用线到主销的距离不等，切向反力对主销之矩 $T_{x\alpha}=X_iL_i-X_0L_0$ 的方向取决于切向反力的方向。对于后轮驱动的汽车，前转向轮受到的切向反力（制动时的地面制动力及驱动时的滚动阻力）向后，形成的力矩方向与车轮偏转方向相同，它是非稳定力矩，记为 $-T_{x\alpha}$。对于前轮驱动的汽车，在转向时施加驱动力的情况下，因切向反力方向向前，$T_{x\alpha}$ 是稳定力矩。制动时切向反力向后，且 X_i 和 X_0 值很大，$-T_{x\alpha}$ 的绝对值很大，制动中转弯时转向轮容易过分偏转。因此，制动时要把稳转向盘。

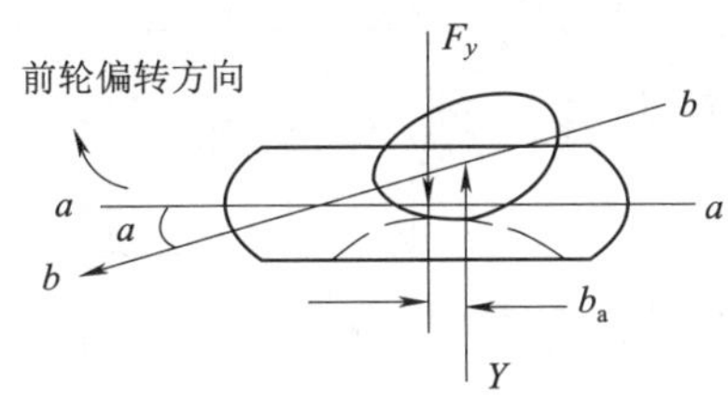

图 3-29 侧偏产生的稳定力矩

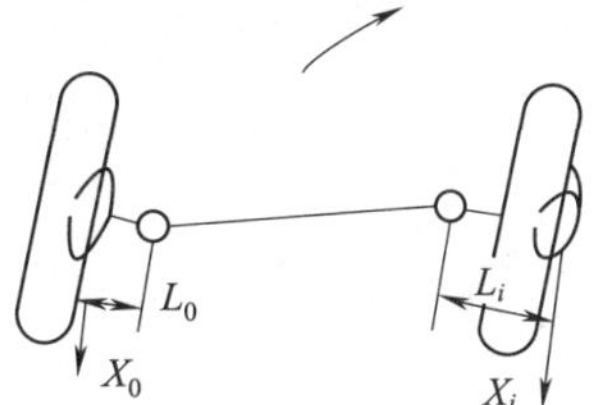

图 3-30 切向反力产生的稳定力矩

⑤ 转向系的摩擦力矩 T_μ。转向盘上施加的力矩，经转向传动系放大后，要能克服转向系的摩擦力矩 T_μ 及前述各项稳定力矩，才能实现转向。由此看来 T_μ 起阻止转向的作用，是稳定力矩。但是，转向后它又起阻止回正的作用，所以它又是非稳定力矩。

前轮稳定力矩的数值过小，容易产生转向轮摆振。但是，稳定力矩过大，不但转向沉重，且使回正过猛，增加转向轮在回正过程中的摆振。

3.2 行驶平顺性

因路面、轮胎产生的振动，先传到悬架，受悬架自身的振动特性影响后再传给车身，通过车身传到乘客的胸部，同时通过座椅传给乘客的臂部和背部，还通过转向系，以转向型抖动的形式传到驾驶员手部。发动机、传动系产生的振动，通过支承发动机、变速器和传动袖的缓冲橡胶块，经衰减后传给车身，再经上述途径传至人体各个部位。因此，行驶平顺性是决定汽车舒适性最主要的方面，是评价汽车行驶性能的主要指标之一。

1. 人体对振动的反应和行驶平顺性的评价

（1）振动及其传递途径

行驶平顺性可以用图 3-31 所示来分析。行驶中的汽车是个复杂的“振动系统”，振动的发生源主要有路面凹凸不平的变化，不平衡轮胎的旋转，不平衡传动轴的旋转以及发动机的扭矩变化等。这些因素引起的振动又大多与车速相关，尤其是路面凹凸不平引起的振动，随着车速的变化，振动的频率和强弱会产生相应的变化。

上述诸多“信号”不断地“输入”行驶中的汽车，而汽车又可以看作是由轮胎、悬架、坐垫等弹性、阻尼元件和悬架质量及非悬架质量构成的“振动系统”。各种“输入”信号沿不同的路径传至乘员人体、其主要传递路径如图 3-32 所示。

当振动频率超过 40 Hz 以上，便形成噪声传进耳朵。

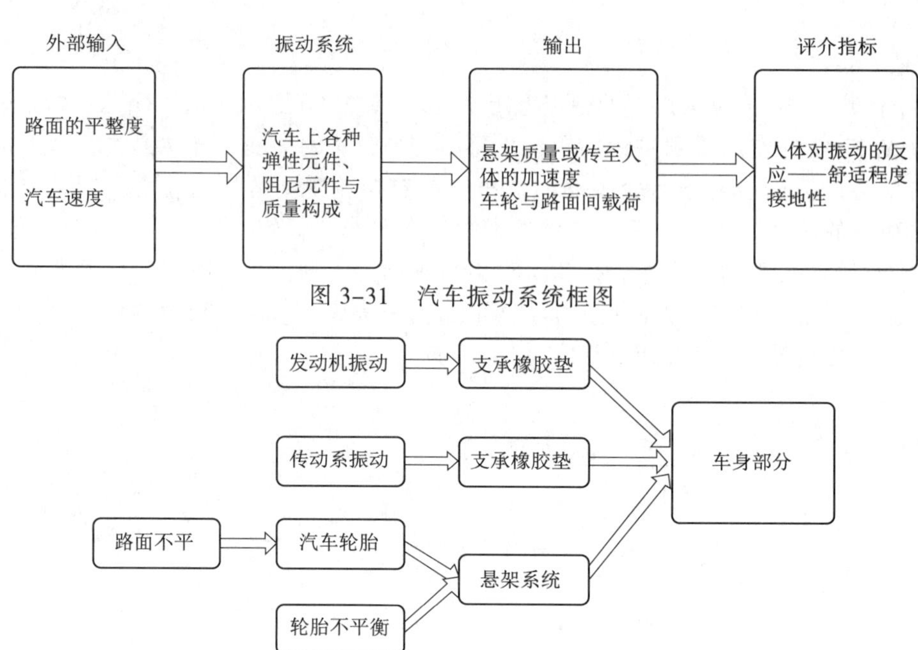

图 3-31　汽车振动系统框图

图 3-32　汽车行驶振动传递路线示意图

系统的“输出”，是人体或货物受到的振动，其中最重要的是振动的频率和振动加速度。由物理学知识可知，任何一个“振动系统”均有个“固有频率”，当外界激振信号，频率接近或等于“国有频率”时，将出现“共振”现象，产生剧烈的振动。研究汽车行驶平顺性实际上要解决两方面的问题：一是如何避免汽车这个“振动系统”的“共振”现象，这既要影响到汽车的操纵稳定性，也要影响行驶平顺性；二是使“振动系统”输出的振动频率避开人体敏感的范围，振动加速度不超过人体所能承受的强度。

（2）人体对振动的反应

人体是个复杂的机械振动系统，人体对振动的反应既与振动频率及强度、振动作用方向和暴露时间有关，也与人的心理、生理状态有关。

大量的振动试验表明，人体对不同方向的振动反应存在差异，对上下振动忍耐性最强，其次是前后振动，对左右振动最敏感。人体上下振动的共振点大约在 4～8 Hz，水平振动的共振点在 1～2 Hz。如果在共振点上加振，人的抗振能力会严重下降，氧气消耗量剧增，能量代谢加快。

所谓暴露时间是指人体处于振动环境的时间。暴露时间越长，人体所能承受的振动强度越小。

汽车行驶平顺性的评价方法，通常是根据人体对振动的生理感受和保持货物的完整程度来制订的，并用表征振动的物理量如频率、振幅、位移、加速度等作为评价指标。这些物理量称为振动参数。

最简单而且目前常用的评价行驶平顺性的指标是按照车身振动的低频率制订的，它决定悬架装置的性能。

人体器官自幼就已习惯于行走所引起的垂直振动的频率，如果车身振动频率与步行速度频率接近，则乘坐者不会感到不舒适。取步距为 0.75 m，中等步行速度为 3～4 km/h，则振动频串为 1.1～1.5 Hz。如车身振动频率在此范围内，则可以认为是人体器官所习惯的。当振动频率低于 1 Hz 时，会引起乘客晕车和恶心；当振动频率高于 1.5 Hz 时，车身振动强烈，也会引起乘客疲劳和不舒适的感觉。

实践证明，采用这种简化的指标评价汽车行驶平顺性时，某些汽车虽然有较好的自由振动频率指标，但其实际的行驶平顺性并不好。因此，仅用自由振动频率来评价汽车行驶平顺性是不够的。

为了确立振动参数与人体器官生理感受之间的关系，人们曾进行过大量的试验研究。由于试验对象条件不同，结果也不完全样。但这些试验都可以得到同样的结论，即所有振动参数都对人体器官发生影响，不过起主要作用的振动参数随着频率的变化而变化。根据试验结果，影响汽车行驶平顺性的主要振动参数为：振动加速度、振动加速度的变化速度和自由振动频率，其中自由振动频率是最重要的指标。振动加速度对行驶平顺性有较大影响，因为加速度很大时，惯性载荷对人体的肌肉和器官产生影响，特别是突然振动引起加速度的变化，乘客是最不能适应的。加速度变化越迅速，人越感不适。基于这些原因，汽车平顺性也按振动加速度和加速度的变化速度来评价。为了保证汽车有良好的行驶平顺性，车身的自由频率应在 1.1～1.5 Hz。振动加速度的极限容许值在 3～4 m/s^2 之间，从保持所运货物完整性的观点出发，可由车身加速度来评定所容许的振动。如果车身加速度达到 1g，则未经固定的货物可能离开车身地板，而后以很大的加速度降落。因此，为了保持货物完整性，应取车身振动加速度的极限值为（0.6～0.7）g。

（3）行驶平顺性评价

目前对行驶平顺性的评价仍是以人的主观感觉为最终依据，它既要受振动环境特点的影响，又要受人的心理、生理因素的影响，所以这种评价和衡量是非常困难和复杂的。

20 世纪 70 年代初，国际标准化组织（ISO）在综合大量有关人体全身振动的研究工作和文献的基础上，制订了国际标准 ISO 2631《人体承受全身振动能力的评价指南》，该标准是人体承受全身振动的评价国际通用标准。但 ISO 2631 是以短时间简谐振动的实验研究成果为基础，而汽车的行驶过程，是长时间随机振动，并伴有些较大的冲击振动。

我国参照 ISO 2631 制定了 GB/T 4970—2009《汽车平顺性试验方法》用于测定汽车在随机不平的路面上行驶时振动对乘员及货物的影响，测定汽车驶过单凸块时的冲击对乘员及货物的影响，以此来评价汽车的平顺性。

① 国际标准 ISO 的评价方法。

国际标准 ISO 2631 用加速度均方根值给出了在 1～80 Hz 振动频率范围内人体对振动反应的三个不同界限：

a. 暴露极限。当人体承受的振动强度在这个极限之内，将保持健康或安全。通常把此极限作为人体可以承受振动量的上限。

b. 疲劳-工效降低界限 T_{FD}。该界限与保持工作效能有关。当驾驶人承受的振动强度在此界限之内时，能准确灵敏反应并正常驾驶。

c. 舒适降低界限 T_{CD}。此界限与保持舒适有关，在这个界限之内，人体对所暴露的振动环境主观感觉良好，能顺利地完成吃、读、写等动作。

图 3-33（a）、（b）所示分别为垂直和水平方向在不同暴露时间（承受振动的待续时间）下的“疲劳-工效降低界限。”另外两个不同反应界限的振动允许值随频率的变化趋势与此完全相

同，只是振动加速度均方根允许值不同。暴露极限的值为“疲劳-工效降低界限”的 2 倍，“舒适降低界限”为“疲劳-工效降低界限”的 1/3.15。

图 3–33 所示的 ISO 2631“疲劳-工效降低界限”是用双对数坐标给出的，即纵、横两个坐标轴都是按以 10 为底的对数等间距刻度的。图上纵坐标允许加速度值 0.1～1 m/s^2 的间距和 1～10 m/s^2 的间距相等，因为对数差值（lg10–lgl）=（lg1–1g0.1）=1。图上横坐标 1～10 Hz 和 10～100 Hz 的间距也相等，变化范围都是 10 倍。

采用对数坐标的一个主要优点是能把很大的数值变化范围压缩地画在有限的刻度范围内，并且能对较小的数值扩展，以保持其精度。

由图 3–33 可以看出，“疲劳-工效降低界限”振动加速度允许值的大小与推动频率振动作用方向和暴露时间这三个因素有关。

a. 振动频率。在图 3–33 中，对于每个给定的暴露时间都相应有条“疲劳-工效降低界限”曲线，它表明不同频率下，同暴露时间达到“疲劳”，即人体对振动强度的感觉相同时，加速度允许值不同。该曲线也有人把它称为等感觉曲线。由这些曲线可以看出，人体对振动最敏感的频率范围（垂直方向 4～8 Hz，水平方向 1～2 Hz）的加速度允许值最小。

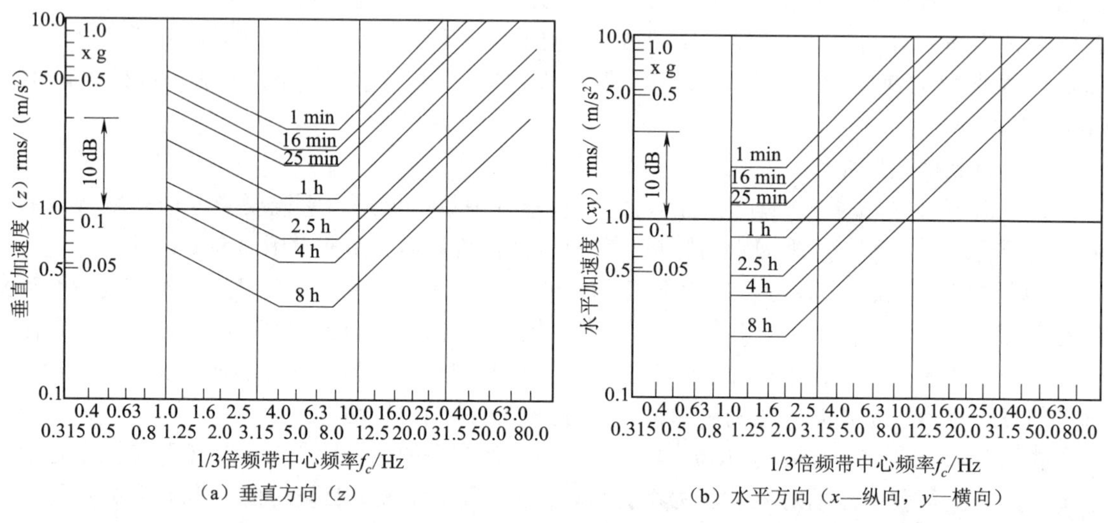

图 3–33 ISO 2631 人体对振动反应的“疲劳-工效降低界限”

b. 振动作用方向。如果将图 3–33（a）、（b）重叠加以比较可以看出，在同暴露时间下，水平方向在 2.8 Hz 允许加速度值与垂直方向最敏感频率范围 4～8 Hz，允许的加速度值相同，2.8 Hz 以下水平方向允许加速度值低于垂直方向 4～8 Hz 的允许值，水平方向最敏感频率范围 1～2 Hz 比垂直方向 4～8 Hz 允许值低 1.4 倍。对于汽车的振动环境来说，2.8 Hz 以下的振动占比重相当大，故对于由俯仰运动引起的水平振动的影响应给予充分重视。

c. 暴露时间。人体达到定反应的界限，如“疲劳”“不舒适”等。都是由人体感觉到的振动强度大小和暴露时间长短二者综合的结果。由图 3–33 可以看出，在定频率下，随暴露时间加长，“疲劳-工效降低界限”曲线向下平移，即加速度的允许值减小。亦即在实际行驶过程中若振动加速度越大，人体感觉达到某振动强度“界限”的时间越短；反之，若振动加速度越小，人体感觉达到某“界限”所需时间越长。故人体感觉到的振动强度的大小可以用暴露时间的长短来衡量。

② 国家标准对行驶平顺性的评价方法。GB/T 4970—2009 规定，用平顺性随机输入行驶试验，来测定汽车在随机不平的路面上行驶时振动对乘员及货物的影响，评价汽车的平顺性。因为随机输入是汽车行驶中遇到的最基本情况，所以这种试验是评定汽车平顺性的最主要的试验，该标准规定，以“疲劳-降低工效界限”T_{FD} 和“降低舒适界限”T_{CD} 为人体承受振动能力的主要评价指标；以 T_{FD} 和 T_{CD} 与车速的关系曲线——车速特性来评价汽车的平顺性。其中轿车和客车用“舒适降低界限”车速特性 T_{CD}-V 来评价，货车用“疲劳-降低工效界限”车速特性 T_{FD}-V 来评价，并对试验条件及车速范围作了相应的规定。“车速特性”可以在整个使用车速范围内全面地评价汽车的平顺性。

汽车行驶时偶尔会遇到凸块或凹坑，尽管遇到的概率并不多，但过大的冲击会严重地影响平顺性，甚至会损害人体健康，会使运输的货物损坏。GB/T 4970—2009《汽车平顺性试验方法》规定，对于人体振动的评价用加权加速度均方根值 α_{zw}、α_{yw}、α_{xw}，并分别用表示垂直方向、左右方向和前后振动的加权加速度均方根值。或者用三轴向加权加速度均方根的矢量和即总加权加速度均方根值，用 α_{wo} 表示。对火车车厢振动的评价用加速度均方根 α_{rms} 和加速度功率密度函数。

我国客车平顺性评价方法及限值 QC/T 474—2011《客车平顺性评价指标及限值》进一步对各种客车降低舒适界限 L_{zep} 作了明确规定。空气悬架城市客车 $L_{zep} < 106$ dB，非空气悬架城市客车 $L_{zep} < 115.0$ dB，空气悬架其他客车 $L_{zep} < 2.5$ dB，非空气悬架其他客车 $L_{zep} < 1.0$ dB。

2. 影响汽车行驶平顺性的因素

（1）悬架结构

减小悬架刚度，降低固有频率，可以减小由于不平路面而引起乘员承受的加速度值，这是改善平顺性的基本措施。为此，需要采用软弹簧以及低的轮胎气压。但悬架刚度也不宜过小，否则会引起悬架下质量高频振动幅值加大，影响操纵稳定性；还会引起紧急制动时汽车“点头”现象严重，转弯时车身容易产生较大的侧倾角等不良现象。

对于载荷变化较大的公共汽车和载货汽车，为满足不同载荷对悬架刚度的不同需要，常采用非线性悬架，即变刚度悬架。载荷较小时，悬架刚度较小，以避免振动频率过高，平顺性交差；当载荷较大时，刚度急剧增大，使汽车的侧倾和纵向角振动减轻。

为避免出现“共振”，前、后悬架的固有频率应避开激振效率。另外，由于来自路面的激励光作用于前轮，然后才作用到后轮，为减轻由此引起的纵向角振动，前悬架的固有频率应略低于后悬架，亦即前悬架刚度略低于后悬架。

（2）悬架阻尼

悬架系统的阻尼主要来自减振器、钢板弹簧叶片之间的摩擦以及轮胎变形时橡胶分子间的摩擦。其作用是使车身的振动迅速衰减，减小传递给乘员和货物的振动加速度，缩短振动时间，改善行驶平顺性，还能改善车轮与道路的接触状况，防止车轮跳离地面，提高操纵稳定性。

在使用中，应注意减振器及钢板弹簧的维振，以防减振器失效及弹簧片生锈锁住，影响行驶平顺性。

（3）轮胎

轮舱对行驶平顺性的影响主要取决于轮胎的径向刚度，适当减小轮胎径向刚度，可以改善行驶平顺性。比如采用子午线轮胎，径向刚度减小，轮胎的静挠度增加40%以上，行驶平顺性得到改善。但轮胎刚度过低，会引起侧向偏离加大，影响汽车的操纵稳定性。在使用中，通过动平衡试验消除轮胎的动不平衡现象，也是保证行驶平顺性的必要措施。

（4）座椅

座椅的布置对平顺性有较大影响。接近车身中部的座位，振幅较小，前、后两端的座位振幅较大，在相同频率下，乘员感受到的振动加速度就不致，所以轿车的座位均布置在前后轴轴距之内。载货汽车和公共汽车，为了减小水平前后方向的振幅，座位在高度方向上应尽量缩小与重心间的距离。

坐垫也有定减振作用。坐垫的刚度和阻尼要作适当选择，以便人—座椅系统的固有频率避开人体最敏感的4～8 Hz范围，同时应使其相对阻尼系数达到0.2以上。

（5）非悬架质量

非悬架质量对汽车的平顺性有较大的影响，其质量的大小直接影响到传递到车身上的冲击力。质量越小，冲击力越小，反之将加大。非悬架质量对行驶平顺性的影响，常用非悬架质量与悬架质量之比m/M来评价，此比值轿车一般在10.5%～14.5%，以小些为好。

3.3 通 过 性

汽车通过松软地面（松软的土壤、沙漠、雪地、沼泽地）、坎坷不平地段和各种障碍（陆坡、侧坡、壕沟、台阶）等。尤其是军用、农用、工地及林区使用的汽车，要求有良好的通过性。汽车的通过性主要决定于汽车的支承—牵引参数及几何参数，也与汽车的动力性、平顺性、机动性、视野等性能密切相关。

1. 汽车通过性评价指标及几何参数

（1）汽车支承通过性评价指标

目前，常采用牵引系数、牵引效率及燃油利用指数三项指标来评价汽车的支承通过性。

① 牵引系数TC：单位车重的挂钩牵引力（净牵引力）。它表明汽车在松软地面上加速、爬坡及牵引其他车辆的能力。表达式为

$$\mathrm{TC}=\frac{F_{\mathrm{d}}}{G} \tag{3.27}$$

式中 F_{d}——汽车的挂钩牵引力；

G——汽车重力。

② 牵引效率（驱动效率）TE：驱动轮输出功率与输入功率之比。它反映了车轮功率传递过程中的能量损失，这部分损失是由于轮胎橡胶与帘布层间摩擦生热及轮胎下土壤的压实和流动而造成的。表达式为

$$\mathrm{TE}=\frac{F_{\mathrm{d}}}{T_{\mathrm{W}}}\frac{v_{\mathrm{a}}}{\omega}=\frac{F_{\mathrm{d}}r(1-s_{\mathrm{r}})}{T_{\mathrm{W}}} \tag{3.28}$$

式中 v_{a}——汽车行驶速度；

T_{W}——驱动轮输入转矩；

ω——驱动轮角速度；

r——驱动轮动力半径；

s_r——滑转率。

③ 燃油利用指数 E_f：指单位燃油消耗所输出的功。表达式为

$$E_f = \frac{F_d v_a}{Q_1} \tag{3.29}$$

式中 Q_1——单位时间内的燃油消耗量。

（2）汽车通过性几何参数

由于汽车与地面间的间隙不足面被地面托住、无法通过的情况，称为间隙失效。当车辆中间底部的零件碰到地面而被顶住时，称为“顶起失效”；当车辆前端或尾部触及地面而不能通过时，则分别称为“触头失效”和“托尾失效”。显然，后两种情况属同一类失效。

与间隙失效有关的汽车整车几何尺寸，称为汽车通过性的几何参数。这些参数包括最小离地间隙、纵、横向通过半径、接近角、离去角、最小转弯半径等，如图 3-34 所示。

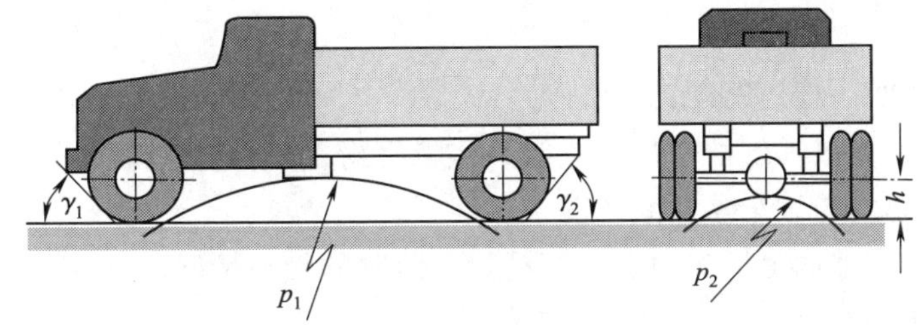

图 3-34 汽车通过性的几何参数

γ_1—接近角；γ_2—离去角；ρ_1—纵向通过半径；ρ_2—横向通过半径；h—最小离地间隙

① 最小离地间隙 h。指汽车除车轮以外的最低点与路面之间的距离，如图 3-34 所示。它表征了汽车能无碰撞地表越过石块、树桩等障碍物的能力。汽车的飞轮壳、前桥、变速器壳、消声器、驱动桥的外壳、车身地板等处均有较小的离地间隙。

② 纵向通过半径 ρ_1。在汽车侧视图上作出的与前后车轮及两轴中间轮廓线相切之圆的半径，称之为纵向通过半径，用符号 ρ_1 表示。它表示了汽车能够无碰撞地通过小丘、拱桥等纵向凸起障碍物的轮廓尺寸。ρ_1 越小，汽车的通过性越好。

③ 横向通过半径 ρ_2。在汽车的正视图上所作与左右车轮及与两轮之间轮廓线相切的圆之半径，称为横向通过半径，用符号 ρ_2 表示。它表示了汽车通过小丘及凸起路面等横向凸起障碍物的能力，ρ_2 越小通过性越好。

最小离地间隙不足，纵向和横向通过半径过大、都容易引起“顶起失效”。

④ 接近角 γ_1 和离去角 γ_2。从汽车前端突出点向前轮引切线，该切线与路面的夹角 γ_1 称为接近角。γ_1 越大障碍物（如小丘、沟洼地等）越不易发生“触头失效”。

从汽车后端突出点向后轮引切线，该切线与路面的夹角 γ_2 称为离去角。γ_2 越大障碍物越不容易发生“托尾失效”。

⑤ 最小转弯半径 R_H 和内轮差 d。转向盘转到极限位置，作转弯行驶，前外轮印迹中心至转向中心的距离（左、右转弯，取较大者），称为汽车的最小转弯半径（R_H），如图 3-35 所示。内轮差是指前内轮轨迹与后内轮轨迹半径之差。图中用 d 表示。这两个参数表示车辆在最小面积内的回转能力和通过狭窄弯曲地带或绕过障碍物的能力。

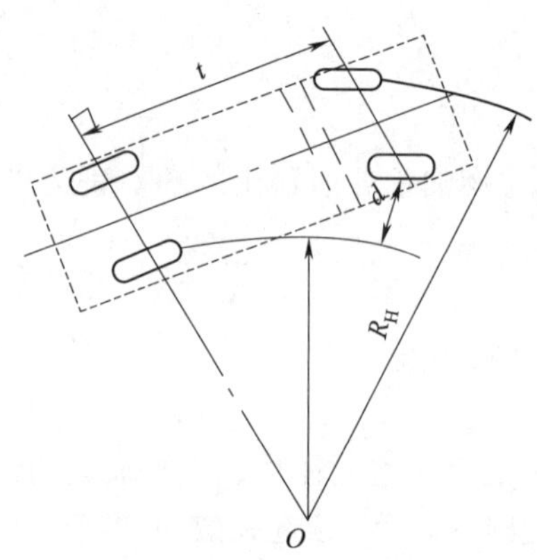

图 3-35　最小转弯半径及 R_H 和内轮差 d

机动车安全检测条件国标规定，机动车辆最小转弯直径，以前外轮轨迹中心线为基线测量其值不得大于 24 m。当轮转弯直径为 24 m 时，转向轴和末轴的内轮差，以两轮轨迹中心线计，不大于 3.5 m。

2. 汽车越过台阶、壕沟的能力

在越野行驶中，常以很低的车速去克服某些障碍物，如台阶、壕沟等。这时，可用静力学平衡方程式求得障碍物与汽车参数间的关系。

图 3-36 所示为硬地面上后轮驱动汽车越过台阶时的受力情况。

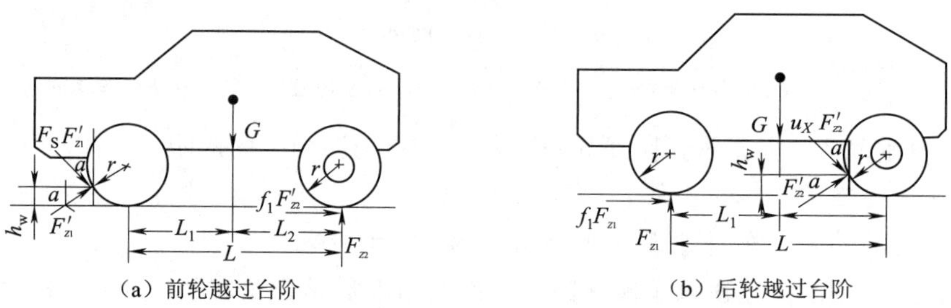

图 3-36　硬地面上后轮驱动汽车越过台阶时的受力

由图 3-38（a）可知，前轮从动轮碰到台阶时的平衡方程式为

$$\begin{cases} F'_{Z1}\cos\alpha + fF'_{Z1}\sin\alpha - \varphi F_{Z2} = 0 \\ F'_{Z1}\sin\alpha + F_{Z2} - fF'_{Z1}\cos\alpha - G = 0 \\ fF'_{Z1}r + F_{Z2}L - GL_1 - r\varphi F_{Z2} = 0 \end{cases} \tag{3.30}$$

式中　F'_{Z1}——台阶作用于前轮（从动轮）的反作用力；

G——汽车总重力；

F_{Z2}——为后轴负荷；

f——滚动阻力系数；

φ——附着系数。

将方程式（3.38）中的 G、F'_{Z1}、F_{Z2} 消除，可得无因次方程式

$$\left(\frac{\varphi + f}{\varphi}\frac{L_1}{L} - \frac{f}{\varphi} + \frac{fr}{L}\right)\sin\alpha - \left(\frac{1}{\varphi} - \frac{1 - f\varphi}{\varphi}\frac{L_1}{L} - \frac{r}{L}\right)\cos\alpha = \frac{fr}{L} \tag{3.31}$$

由图 3-38 中和几何关系可知

$$\sin\alpha=\frac{r-h_{\mathrm{w}}}{r}=1-\frac{h_{\mathrm{w}}}{r} \tag{3.32}$$

将式（3.40）代入式（3.39），并设硬路面上的 $f=0$，则式（3.39）成为

$$\left(\frac{h_{\mathrm{w}}}{r}\right)_{\mathrm{f}}=\left[1-\varphi^2\left(\frac{1}{\sqrt{1+(1-L_1/L-r\varphi/L)^2}}\right)\right] \tag{3.33}$$

式中 $\left(\frac{h_{\mathrm{w}}}{r}\right)_{\mathrm{f}}$——前轮单位车轮半径可克服的台阶高度，表示前轮越过台阶的能力。

由式（3.33）可知，L/r 越小及 L_1/L 越大，$\left(\frac{h_{\mathrm{w}}}{r}\right)_{\mathrm{f}}$ 就越大，即汽车前轮越容易越过较高的台阶。

当后轮（驱动轮）碰到台阶时如图 3-38（b）所示，其平衡方程式为

$$\begin{cases}F'_{Z2}\cos\alpha+fF'_{Z1}-\varphi F'_{Z2}\sin\alpha=0\\F_{Z1}+F'_{Z2}\sin\alpha-\varphi F'_{Z2}\cos\alpha-G=0\\\varphi F'_{Z2}r+F_{Z1}L-GL_2-rfF_{Z1}=0\end{cases} \tag{3.34}$$

式中 F'_{Z2}——台阶作用于后轮（驱动轮的作用力）；

F_{Z1}——前轴负荷。

将 $\sin\alpha=1-\frac{h_{\mathrm{w}}}{r}$ 及 $f=0$ 代式（3.42），可解得

$$\left(\frac{h_{\mathrm{w}}}{r}\right)_{\mathrm{f}}=\left(1-\frac{1}{\sqrt{1+\varphi^2}}\right) \tag{3.35}$$

式中 $\left(\frac{h_{\mathrm{w}}}{r}\right)_{\mathrm{f}}$ 为后轮单位车轮半径可克服的台阶高度，它表征了汽车后轮越过台阶的能力。

由式（3.35）可知，后轮越过台阶的能力与汽车的结构参数无关。

将不同的附着系数代入式（3.41）和式（3.43）可发现，后轮是限制汽车越过台阶的因素。式（3.35）计算所得的曲线示于图 3-37 下部。

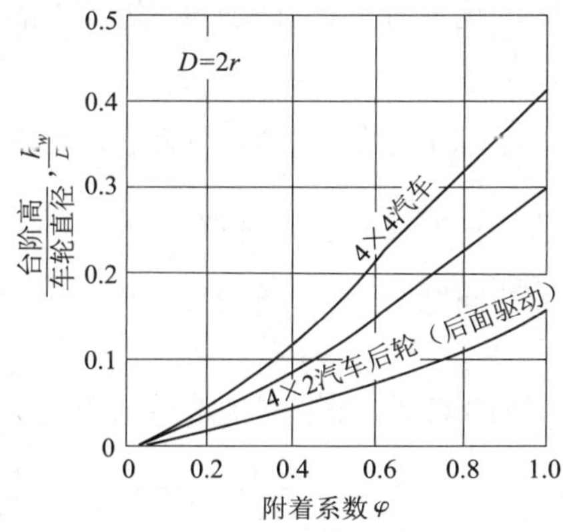

图 3-37　汽车障碍能力与附着系数的关系

图 3–38 所示是 4×4 汽车在硬地面上越过台阶时的受力情况。按上述同样的方法，当前轮与台阶相遇时，有

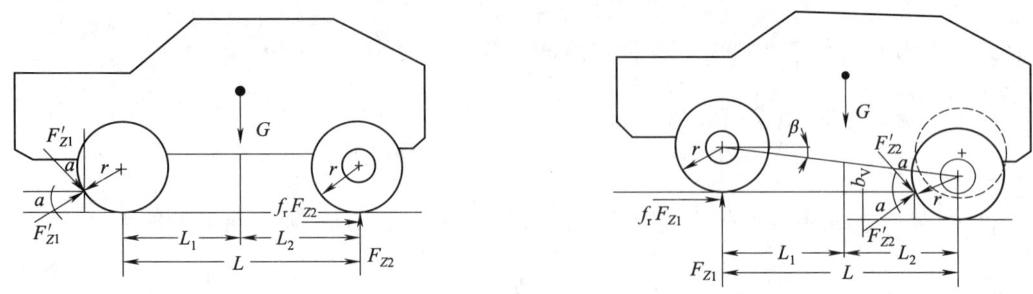

图 3–38　4×4 汽车在硬地面上越过台阶时的受力图

$$\left(\frac{1}{\varphi}-\frac{1-f\varphi}{\varphi}\frac{L_1}{L}-\frac{r}{L}\right)\cos\alpha-\left(1-\varphi\frac{r}{L}\right)\sin\alpha-\varphi\frac{r}{L}=0 \tag{3.36}$$

同理，以 $\sin\alpha=1-\frac{h_w}{r}$ 代入式（3.44），可求出 $\left(\frac{h_w}{r}\right)_f$。经分析计算后可知，$\left(\frac{h_w}{r}\right)_f$ 随 L/r 的增加而降低；另外，增加 L_1/L 的比值时，可使 4×4 汽车前轮越过台阶的能力显著提高，甚至可使车轮爬上高度大于半径的台阶。

当后轮遇到台阶时，有

$$\left[(\cos\beta-\varphi\sin\beta)-\varphi\frac{r}{L}\right]\sin\alpha-\left[\left(\frac{1+\varphi^2}{L}\frac{L_1}{L}+\varphi\right)-\left(\frac{1+\varphi^2}{L}\frac{h_0}{L}+1\right)\sin\beta-\frac{r}{L}\right]\cos\alpha-$$
$$\varphi\frac{r}{L}\left[(L-L_1)\cos\beta+h_0\sin\beta\right]=0 \tag{3.37}$$

式中　h_0——汽车质心至前后轴心连线的距离；

β——传动轴与水平线的夹角。

分析式（3.45）可知，L_1/L 比值的影响正好与 4×4 汽车前轮越过台阶的情况相同。长轴距、前轴负荷大的汽车（即 L_1/L 较小），其后轮越过台阶的能力要比前轮大。较大的 L/r 比值不论汽车的总质量如何在轴间分配，总会改善后轮越过台阶的能力。

图 3–37 给出了 4×4 汽车的越障性能，由图可见，4×2 汽车的越障能力要比 4×4 汽车差得多。4×4 汽车的越障能力与 L_1/L 的比值有关，有关数据均已包含在曲线的阴影区内。该区域的上、下限决定于被试验汽车的几何参数。

由图 3–37 可知，当 φ=0.7 时，根据 L_1/L 的参数不同，4×4 汽车的 $\left(\frac{h_w}{r}\right)_f$=0.18～0.26，但是后轮驱动的 4×2 汽车越障能力比 4×4 汽车约降低 50%。

用同样方法解汽车越过壕沟的问题时，可以看到，沟宽 l_d 与车轮直径之比值 $\frac{l_d}{r}$，同上面求得的 $\left(\frac{h_w}{r}\right)_f$ 值间只有一个换算系数的差别，它们之间的关系为

$$\frac{l_d}{r}=\sqrt{\frac{h_w}{r}-\left(\frac{h_w}{r}\right)^2} \tag{3.38}$$

将式 3.46 绘成曲线，如图 3-39 所示。因此，只要知道车轮越过垂直障碍的能力$\left(\frac{h_w}{r}\right)_f$，就可通过此图查得可越过的壕沟宽度。

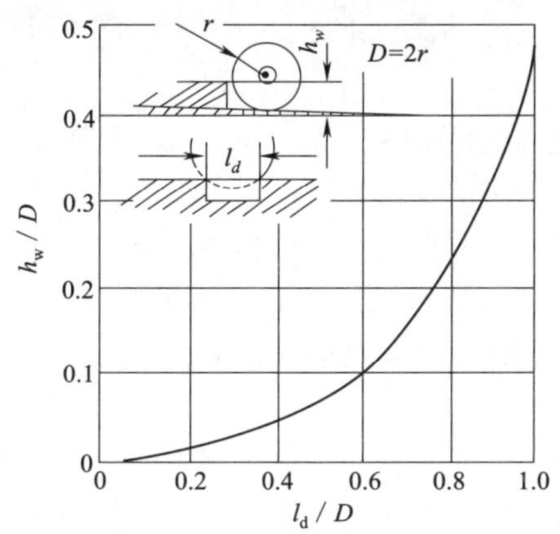

图 3-39　车轮可越台阶与壕沟尺寸换算图

如上所述，就 4×4 汽车的 L/r 与 L_1/L 比值的变化而言，前后轮在越障能力方面有不同的反映。因此，在设计时就应当考虑这两方面的折中。这可将前后轮对不同 L_1/L 值绘制$\left(\frac{h_w}{r}\right)_f = F(\alpha)$曲线，找出它们理想交点来求得。初步设计时，若结果不够理想，可适当地改变 L/r 值，以得出较好的性能。

驱动轮在汽车上的部位及其数目对通过性的影响还可从克服坡度能力加以论述。汽车上坡行驶时，其行驶所能克服的坡度大小与此有密切关系。

当汽车在坏路上行驶时，其行驶速度较低，故可略去空气阻力和加速阻力，前驱动汽车上坡的通过性最差，全轮驱动车辆爬坡能力最大。此外，增加汽车驱动轮数，还可提高汽车附着质量，增加驱动轮与松软地面的接触面积，是改善汽车通过性的最有效方法。因此，越野汽车都采用全轮驱动。

3.4　侧滑试验检测

在汽车安全性能检测项目中，有一项重要的检测项目，就是转向轮侧滑量检测。使用汽车侧滑试验台可检测车轮侧滑量，用动态检测法使汽车以一定的行驶速度通过侧滑试验台，从而测量转向轮的侧滑量。侧滑试验台有单板式和双板式，本节主要介绍用双板式侧滑试验台检测车轮侧滑。

车辆在使用中由于车架、车轴、转向机构的变形与磨损改变了原有的参数值，致使前轮定位失准（主要是前轮外倾角和前轮前束），车辆行驶时转向轮在向前滚动的同时还将产生横向滑移，这就是我们所说的侧滑。当这种滑移现象过于严重时，将破坏车轮的附着条件，丧失定向行驶能力，并导致轮胎的异常磨损引发交通事故。可用车轮侧滑量作为指标来评价前轮外倾角和前轮前束配合是否恰当。当二者配合恰当时，车辆保持直线行驶的状态。

3.4.1 侧滑的概念

侧滑一般是指车轮在前进过程中的横向滑移现象。造成侧滑的原因，既可能是由车轮定位（即车轮各个角度参数）不合适所引起，也可能是由于紧急制动时车轮“抱死”所造成。对于后一种情况，我们在有关制动检测的内容中作过介绍，我们这里仅讨论由于前轮定位不当导致的侧滑问题。

前轮是汽车的转向轮。我们已经知道，为了保证汽车具有良好的操纵稳定性，前轮所在平面以及主销轴线总是设计成与汽车的纵向或横向铅垂面成一定角度。这些角度参数包括主销内倾角、主销后倾角、前轮外倾角和前轮前束，合称前轮定位参数。

前轮外倾角如图 3-40 所示。其作用一方面是为了避免汽车承重后，前梁变形引起前轮出现内倾，从而加速轮胎的磨损和加大轮毂外侧轴承负荷。同时，有了外倾角也可以适应拱形路面。

车轮有了外倾角以后，在滚动时，就会类似于圆锥的滚动，出现两个车轮企图向各自的外侧滚开的趋势。由于受到横直拉杆和车桥的约束不可能向外滚开，于是车轮将在地面上出现边滚边滑（向内）的现象，从而增加了轮胎磨损。

为消除前轮外倾带来的不良后果，在安装前轮时，人为地使两轮中心平面不平行。在沿前进方向上，两轮前端距离小于后端距离。如图 3-41 所示，B 与 A 之差就称为前束值。

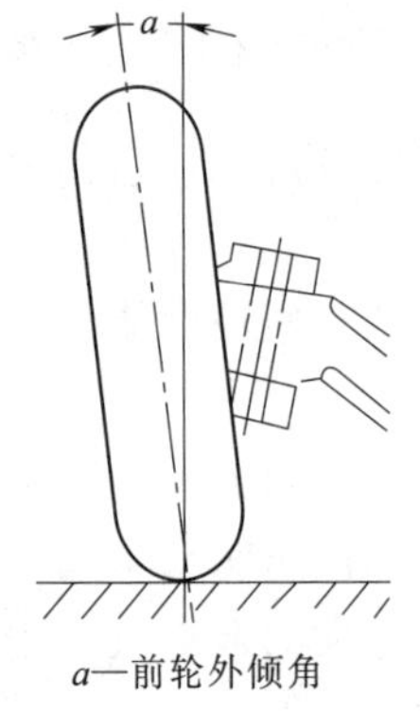

a—前轮外倾角

图 3-40　前轮外倾角

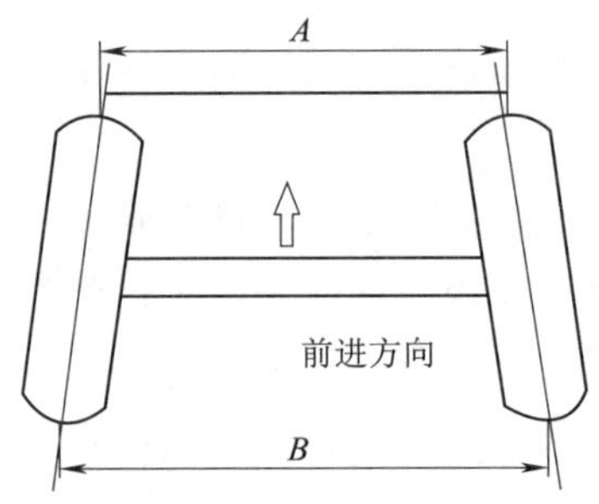

图 3-41　前轮前束

由于前束的作用，车轮在前进时，两轮力图向内侧滚动。同样，由于机械上的约束，车轮不可能向内侧滚动，这就又出现了车轮边滚动边向外滑的现象（或存在这种倾向）。

为保证汽车转向轮无横向滑移的直线滚动，要求车轮外倾角和车轮前束有适当配合。当车轮前束值与车轮外倾角匹配不当时，车轮就可能在直线行驶过程中不做纯滚动，产生侧向滑移现象。

为了分析方便，我们首先分别分析前束和前轮外倾对侧滑的影响，再看二者共同作用的综合效果。

1. 由前束引起的侧滑

如图 3-42 所示，让带有前束的前轮驶过只能横向移动的滑板。由于前束的存在，每个车轮都将一边滚动、一边向外侧推动滑板。滑板被横向推动的距离应该既与前束的大小有关，又与车轮走过的距离有关。若在车轮滚过一段距离 D 之后，两块滑板外侧之间的距

离由 L_1 变为 L_2，那么滑板总的滑移量是 L_2-L_1，其中 $L_2>L_1$。平均每个车轮的滑移量就是（L_2-L_1）/2。

应该指出，滑移量的出现是左右两个车轮共同作用的结果。不论两轮的偏斜情况是否对称，都不会影响以上的分析。

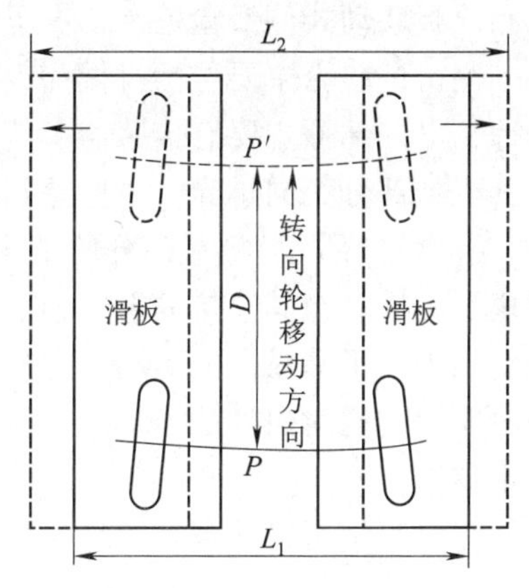

图 3-42　前束引起的侧滑作用

由于滑移量的大小与车轮驶过的距离有关，所以定义侧滑量是每驶过单位距离引起的单轮横向滑移量。从而由前束引起的侧滑量为

$$S_1=\frac{L_1-L_2}{2D} \tag{3.39}$$

上式中 S_1 的含义为每前进 1 m 时横向滑移的距离（mm）。

2. **由前轮外倾引起的侧滑**

如图 3-43 所示，若让仅有前轮外倾而无前束的车轮驶过滑板，由于前轮外倾力图使车轮边滚边散开的作用受到约束，前轮只能边滚边向内侧滑移，从而推动滑板向内侧移动。

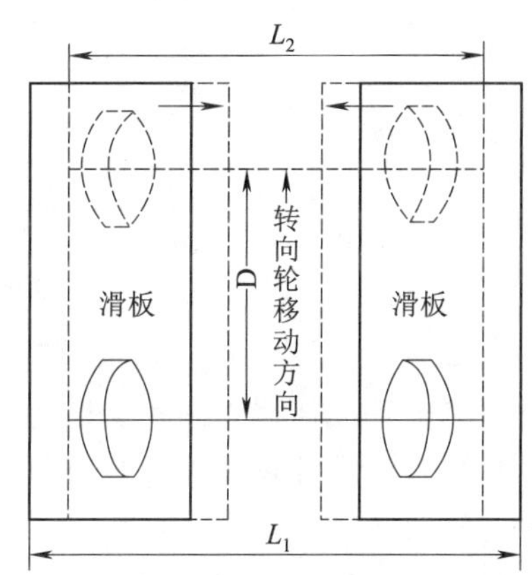

图 3-43　前轮外倾引起的侧滑作用

与前面的分析相似，若车轮驶过距离为 D，滑板外侧间的距离由 L_1 缩短为 L_2，那么滑板总的滑移量是 L_2-L_1，注意其中 $L_2<L_1$。平均单边的滑移量仍是（L_2-L_1）/2。则前轮外倾引起的侧滑量为

$$S_2=(L_2-L_1)/(2D) \tag{3.40}$$

其中为 S_2 负值。

3. **总侧滑量**

由前轮外倾和前束引起的侧滑作用相反，总的侧滑量为

$$S=S_1+S_2=d/D \tag{3.41}$$

式中　d——滑板单边滑移量，mm；

D——滑板沿前进方向的宽度，m。

由于 S_1 为正而 S_2 为负，故总的侧滑量为二者的代数和。

这里请注意：

① 侧滑现象是左右两个车轮共同造成的，侧滑量规定为每个轮侧滑量的平均值。

② 侧滑量是有符号的。滑板向外滑时为正，表示前束的影响较大；反之若滑板向内滑为负，表示前轮外倾的影响较大。

3.4.2 侧滑的检测

1. 侧滑台的结构

（1）双板联动式侧滑试验台的结构

侧滑检验台是使汽车在滑动板上驶过时，用测量滑动板左右移动量的方法来测量前轮侧滑

量的大小和方向，并判断是否合格的一种检测设备。目前，在国内侧滑检验台有单板侧滑检验台和双板联动式侧滑检验台，这里以双板联动式侧滑检验台为例进行介绍。

侧滑试验台主要包括机械和电气两大部分。机械部分主要有滑板、联动机构以及滚轮、弹簧等，电气部分主要有传感器、信号放大处理电路以及指示仪表等。侧滑试验台种类较多，不过其机械部分大同小异，主要差别在于电气仪表部分。

① 机械部分。机械部分的结构原理如图 3-44 所示。两块滑板分别支承在各自 4 个滚轮上，每块滑板通过与其连接的导向轴承（图中未画出）在导轨内滚动，保证了滑板能够沿左右方向滑动而限制了其纵向的运动。左右滑板通过中间的三连杆机构连接起来，从而保证两块滑板作同时向内或同时向外的运动。相应的位移量通过位移传感器转换成电信号，经放大处理后送到指示仪表。

复位弹簧可以起到自动复位的作用，以使滑板在不受力时能够保持中间位置（零位）。

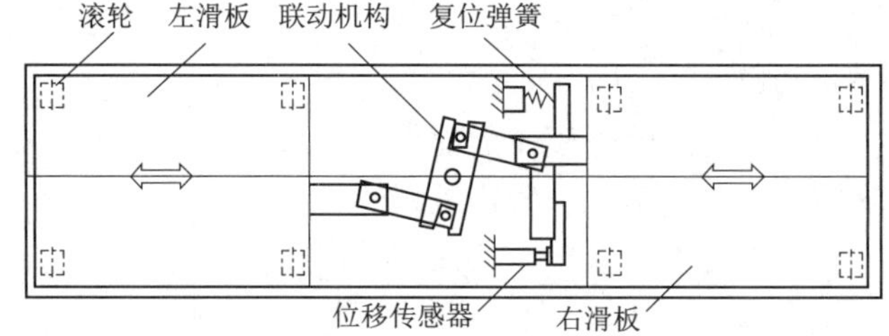

图 3-44　双滑板式侧滑试验台结构示意图

② 电气部分。电气部分按传感器的种类不同而有所区别。目前常用的位移传感器有电位计式和差动变压器式两种。早期的侧滑台也有用自整角电机的，现已很少使用。

电位计式测量装置。其原理非常简单，将一个可调电阻安装在侧滑检验台底座上，其活动触点通过传动机构与滑板相连，电位计两端输入一个固定电压（如 5 V），中间触点随着滑板的内外移动也发生变化，输出电压也随之在 0～5 V 之间变化，把 2.5 V 左右的位置作为侧滑台的零点，如果滑板向外移动，输出电压大于 2.5 V，达到外侧极限位置输出电压为 5 V。滑板向内移动，输出电压小于 2.5 V，达到内侧极限输出电压为 0 V。这样仪表就可以通过 A/D 转换将侧滑传感器电压转换成数字量，并送入单片机处理，得出侧滑量的大小。

差动变压器式测量装置。原理与电位计式类似，只是电位计式输出一个正电压信号，而差动变压器式输出的是正负两种信号。把电压为 0 时的位置作为零点。滑板向外移动输出一个大于 0 V 的正电压，向内移动输出一个小于 0 V 的负电压。同样，仪表就可以通过 A/D 转换将侧滑传感器电压转换成数字量，并送入单片机处理，得出侧滑量的大小。

③ 指示仪表。指示仪表可大致分为指针式和数字式两类。前述自整角机式测量装置一般连接指针仪表，而差动变压器式则多连接数字式仪表。目前检测站较普遍使用的是数字式仪表。数字仪表多为智能化仪表，实际上它往往就是一个单片机系统，因而具有较强的功能。不过指针式仪表也有它的优点，就是结构简单、维修方便，并且也很直观。目前两类仪表都在使用。

④ 释放板的作用。GA 468—2004《机动车安全检验项目与方法》要求侧滑台具有车轮应力释放功能。车轮在驶入侧滑台前，由于车轮侧滑量的作用，车轮与地面间接触产生的横向应力迫使车轮产生变形，在驶上侧滑板的瞬间将迅速释放并引起滑板移动量大于实际侧滑量引起

的位移；在驶出滑板的瞬间已接触地面部分的轮胎将积聚应力阻碍滑板移动，从而使滑板位移量小于实际值。

因此，近来陆续出现了前后带应力释放板的侧滑台，以保证车轮通过中间滑板（带侧滑量检测传感器）时能得以准确测量。因进车时的应力释放对侧滑测量造成的影响比出车时大得多，考虑到成本因素，目前在进车方向带释放板的侧滑台较多。

（2）单滑板侧滑试验台的工作原理

单滑板试验台仅用一块滑板，检测时仅有一侧车轮从滑板上驶过，另一侧车轮则从地面上单滑板侧滑试验台的测量原理如图所示。假设汽车左前轮从这块滑板上驶过，右前轮则从地面上驶过。由于两轮在试验中所处的地位不同，我们分两种极端情况进行分析。并且为了简单，先假定侧滑仅由前束造成。

① 左轮正直，右轮有偏斜。如图 3-45（a）所示，假设左轮与汽车纵向平面完全平行，右轮调前束时有偏斜。这是一种不对称的前束。因右轮行驶时有向内侧滚动的趋势，而左轮走在滑板上，右轮的内滚趋势受不到什么约束（我们在此忽略一些次要因素，例如汽车行驶的惯性，以及滑板相对底座的摩擦力等），这样，滑板在右侧车轮的侧向推力作用下会向左移动一段距离 b。事实上，在这种情况下，汽车的行驶方向也会向左偏斜。可以认为，此时滑板的滑移是右轮造成的。

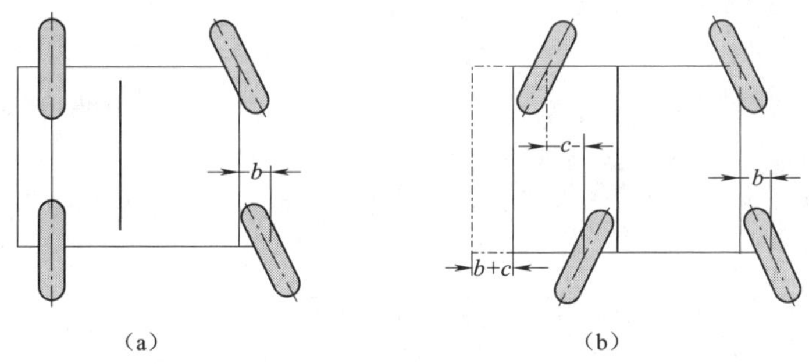

图 3-45 单滑板侧滑试验台的工作原理

② 右轮正直，左轮有偏斜。这种情况如图 3-45（b）所示。由于右轮完全正直，又走在地面上，它与地面之间的附着力远远大于滑板与底座间的摩擦力。于是毫无疑问，汽车会按照直线行驶。而左轮走在滑板上的这段时间里，左轮向内侧滚动的趋势却受到约束，所以左轮只能边走边将滑板推向左侧，滑板便会形成滑移量 c。这和前面分析前束作用时的道理是一样的。所以在这种情况下滑板的滑移是由左侧车轮造成的。

③ 总效果。在左、右车轮都有偏斜（也不论这种偏斜是由前轮外倾还是前束造成）的一般情况下，据前面分析可知，滑板的总滑移量应是左右两轮共同作用的结果。具体侧滑量的计算方法与双滑板时类似，即有

$$S=(b+c)/2D \qquad (3.42)$$

需要补充说明的是，由于双滑板与单滑板侧滑试验台的结构不同，测量机理也不同，难免造成实际测量时的误差（包括系统误差和随机误差）也常有不同。

理论分析可以证明，不论左、右两侧的车轮偏斜情况是否对称，也不论这种偏斜是由前轮外倾还是前束造成的，所测量的总滑移量都是左右两轮共同作用的结果。所以单滑板与双滑板的测量效果是一样的。具体侧滑量的计算方法与双滑板时也是类似的。

2. 侧滑试验台的操作

（1）使用前的准备

① 对于指针式仪表，要预先检查机械零点再接通电源；对于数字式仪表，要按说明书要求进行通电预热。

② 接通电源后，将滑板左右推动几下，待滑板静止后，检查滑板是否完全复位，看仪表指示是否为零。

③ 汽车轮胎保持标准气压。

④ 检查汽车轴重，不要超过试验台的承载能力。

（2）测量步骤

① 将车辆对正试验台，并使转向盘处于正中位置。

② 使车辆沿试验台板上的指示线以 3～5 km/h 车速平稳驶过试验台。在行进过程中，不得转动转向盘，也不得进行制动。

③ 待车辆完全通过试验台后，读取仪表指示的最大值。注意侧滑量的正负号。进行记录时，应遵循如下约定：滑动板向外侧滑动，侧滑量记为负值，表示车轮向内侧滑动（即 IN）；滑动板向内侧滑动，侧滑量记为正值，表示车轮向外侧滑动（即 OUT）。

（3）使用维护注意事项

① 车辆通过侧滑检验台时，不得转动转向盘。

② 不得在侧滑台上制动或停车。

③ 勿使轴荷超过检验台允许载荷的汽车驶到检验台上，以防压坏机件或压弯滑动板。

④ 不要在检验台上进行车辆修理维护工作。

⑤ 清洁时，不要让水或泥土带入试验台。应保持侧滑台滑板下部的清洁，防止锈蚀或阻滞。

⑥ 侧滑试验台长期使用后，由于零件磨损等原因会造成精度下降。为保证测量精度，必须对试验台进行定期检定调整。检定调整工作按有关国家标准进行。

3. 侧滑试验台的维护

① 使用前清除检验台盖板，滑板上的油水、泥、沙等杂物，检查活动滑板运动是否灵活。

② 每月检查连杆机构的工作状态，各接触部位不得有移动和窜动等不良现象。

③ 当不检测时，应将滑板锁止待测试时再打开。

④ 每三个月检查测量机构的杠杆及回位情况，如果杠杆动作不够灵活，需进行清洁与润滑工作，调整复位弹簧拉力。

⑤ 每六个月检查滑动板下面的滚轮、轨道并清洁泥污，紧固润滑。维护方法为拆下滑板，用溶剂清除滚轮、轨道等处的旧油，再涂上新润滑油。对磨损严重的滚轮、导向轴轨道等可据情更换。

4. 侧滑试验台的调整

通过对侧滑台的检定，往往会发现示值超差，造成超差的原因基本有两个方面：一是机械方面的原因，主要是滑动板及联动机构等机械构件在制造过程中存在隐蔽缺陷，以及长期使用后机件磨损，间隙增大所致；二是电气方面的原因，测试仪表内的电子器件日久老化，或作用过程中的操作不慎而造成零点漂移或阻值变化，或部分元件损坏所致。出现超差后的调整方法如下：

（1）调整仪表零点

侧滑台显示仪表依据仪表类型可分为两种调整零点形式。

① 电零位调整。利用仪表上的零点调整电位器，改变电阻值的大小进行调整。

② 机械零位调整。当电零位调整仍无法将仪表指针调零时，可通过机械的方法调整。如改变传感器的安装位置，改变滑臂转动角度（对于旋转电位器）或调整复位弹簧预紧力（对机械指针式显示仪表）等。

（2）调整示值超差

当侧滑台左右滑动板的示值偏大或偏小时，可通过仪表板上增益电位器进行调整。有些侧滑台的仪表板上设有两只调整增益用的电位器，对滑动板的向外（IN）和向内（OUT）可分别进行调整。在检定中常发现，联动机构间隙过大或轴承松旷，可造成仪表示值超差。在此情况下，应注意恢复机构配合间隙。如适当增加调整垫片或对轴承座圈进行镀铬修复等，以及改变调整螺母的松紧度以消除间隙，必要时也可更换磨损严重的轴承等易损件。

（3）调整报警判定点超差

由于报警点规定在 5 m/km 点，因此报警判定点超差必然是 5 m/km 点示值误差超差所致。有些仪表板上有电位器调整点，通过它可以方便地进行调整。当无此电位器调整点时，可用机械调整方法来解决。对于数字式仪表无须调整，由示值精度予以保证。

（4）调整动作力超差

滑动板动作力超差时，可以通过调整复位弹簧预紧力解决或更换 复位弹簧。在测定滑板动作力时，常可发现在滑板移动过程中，动作力不均匀，当滑板移到某一点时，动作突然增加，造成动作力超差。其主要原因是滑板卡滞。

3.5 汽车悬架装置检测

本节主要介绍汽车悬架装置评价方法、悬架装置检测台结构及使用方法。

汽车悬架装置是保证汽车平顺性的一个重要总成，它是将车身和车轴弹性连接的部件。汽车悬架装置通常由弹性元件、导向装置和减振器三部分组成。路面作用于车轮上的垂直反力（支承力），纵向反力（牵引力和制动力）和侧向反力以及这些反力所造成的力矩都要通过悬架装置传递到车架（或承载式车身）上，以保证汽车的正常行驶。其主要功能是：缓和由路面不平引起的振动和冲击，以保证汽车具有良好的平顺性；迅速衰减车身和车桥的振动；传递作用在车轮和车身之间的各种力和力矩；保证汽车行驶时必要的安全性和操纵稳定性。

同时，汽车悬架装置对汽车的安全性、操纵稳定性、通过性、汽车燃油经济性等诸多性能都有影响。汽车悬架装置的各元件的品质和匹配后的性能，对汽车行驶性能都有着重要影响。

3.5.1 汽车悬架装置的评价方法认知

汽车悬架装置在使用中出现结构元件故障和损坏，会影响汽车行驶性能。由汽车理论可知，汽车悬架装置的弹性元件或减振器损坏，使悬架装置角刚度减少，增加了高频非悬挂质量的振动位移，使车轮和道路的接触状态变坏。车轮作用在地面的接地力减少，大振幅的车轮振动甚至会使车轮跳离地面。因而，不仅影响汽车行驶平顺性，而且也使汽车行驶操纵稳定性恶化，汽车行驶安全性变坏。

从上述分析来看，我们引用了车轮和道路接触状态的新概念。汽车车轮和道路的接触状态可用车轮作用在地面上的接地力来表征。依靠汽车行驶中车轮作用在道路上接地力的变化可评价汽车悬架装置的品质和性能。

目前出现的悬架减振器检测台都是利用检测车轮和道路接地力的原理来快速评价悬架装置的品质和性能的。欧洲减振器制造商协会（EUSAMA）推荐的测量标准：汽车车轮稳态时的载荷，定义为车轮和道路的静态接地力。汽车车轮在受外界激励振动下，汽车车轮在检测台上的变化载荷定义为动态载荷，将动态载荷的最小值与静态载荷之比值作为评价汽车悬架装置的指标。

上述 EUSAMA 比值分为四级：

① 80～100 表示很好；

② 60～79 表示好；

③ 40～59 表示足够；

④ 0～39 表示弱、不够。

我们知道，评价汽车悬架装置一直是采用平顺性的评价指标，是以人体所能承受的加速度均方根值来评价的。这种评价方法不适宜在用车的快速检测分析评价上。另外，悬架装置的性能也影响到操纵稳定性，直接影响到汽车安全行驶。上述介绍的评价方法，不仅考虑了悬架装置对汽车平顺性的影响。更主要的侧重点是考虑了对汽车操纵稳定性和行驶安全性的影响，它考查的是汽车在工作条件最差的情况下，即地面激振使悬架达到共振时，车轮与地面的接触状态。这是一个比较直观的评价指标，既能够快速检测，又能够综合评价汽车悬架装置的弹簧与减振器的匹配性能及品质。当然，这个评价方法也有不足之处，有待不断地修订和完善。

3.5.2 汽车悬架装置检测台结构及使用方法认知

1. 悬架装置检测台的分类

检测台能快速检测、诊断悬架装置工作性能，并能进行定量分析。根据激振方式不同，悬架装置检测台可分为跌落式（见图 3-46）和共振式（见图 3-47）两种类型。其中，共振式悬架装置检测台根据检测参数的不同，又可分为测力式和测位移式两种类型。

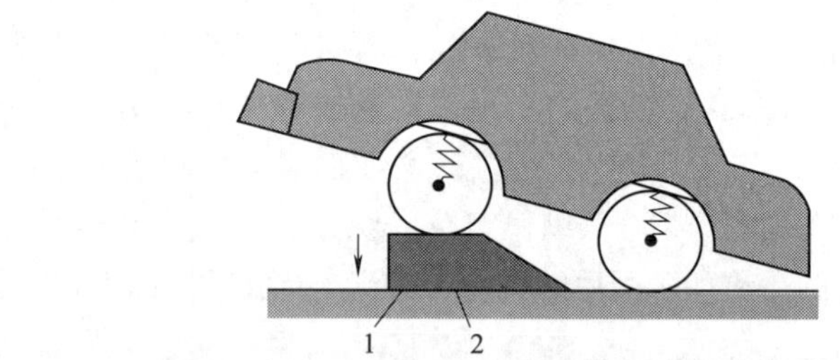

图 3-46 跌落式汽车悬架装置检测台

1—举升机构；2—测量装置

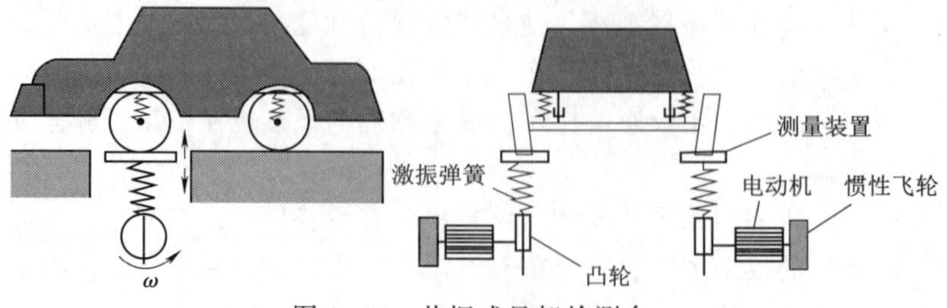

图 3-47 共振式悬架检测台

（1）跌落式悬架装置检测台

测试中，先通过举升装置将汽车升起一定高度，然后突然松开支撑机构，车辆落下产生自由振动。用测量装置测量车体振幅或者用压力传感器测量车轮对台面的冲击压力，对振幅或压力分析处理后，评价汽车悬架装置的工作性能。

（2）共振式悬架装置检测台

通过试验台的电动机、偏心轮、蓄能飞轮和弹簧组成的激振器，迫使试验台台面及其上被检汽车悬架装置产生振动。在开机数秒后断开电动机电源，从而由蓄能飞轮产生扫频激振。由于电机的频率比车轮固有频率高，因此蓄能飞轮逐渐降速的扫频激振过程总可以扫到车轮固有振动频率处，从而使台面-汽车系统产生共振。通过检测激振后振动衰减过程中力或位移的振动曲线，求出频率和衰减特性，便可判断悬架装置减振器的工作性能。测力式悬架装置检测台和测位移式悬架装置检测台，一个是测振动衰减过程中的力，另一个是测振动衰减过程中的位移量，它们的结构如图 3-48 所示。由于共振式悬架装置检测台性能稳定、数据可靠，因此应用广泛。

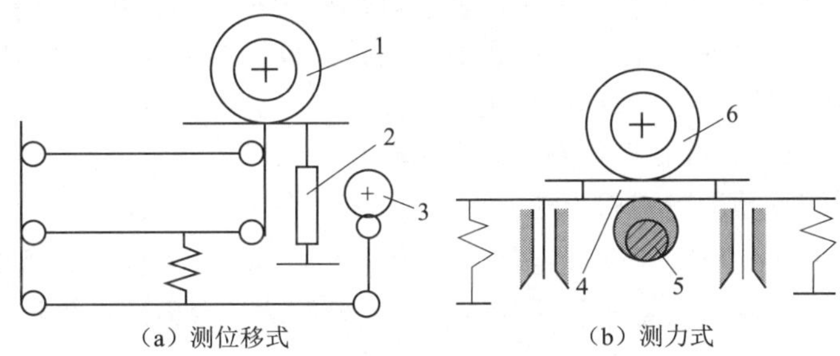

图 3-48　测力式和测位移式悬架检测台结构

1、6—车轮；2—位移传感器；3—偏心轮；4—力传感器；5—偏心轴

2. 共振式悬架装置检测台的结构与工作原理

共振式悬架装置检测台一般由机械和电子电器控制两部分组成。

（1）机械部分

共振式悬架装置检测台的机械部分，由箱体和左右两套相同的振动系统构成，结构简图如图 3-49 所示。图中所示为检测台单轮支撑结构。这是因为一套振动系统左右对称，故另一侧省略。每套振动系统由上摆臂、中摆臂、下摆臂、支撑台面、激振弹簧、驱动电动机、蓄能飞轮和传感器等构成。传感器一端固定在箱体上，另一端固定在台面上。

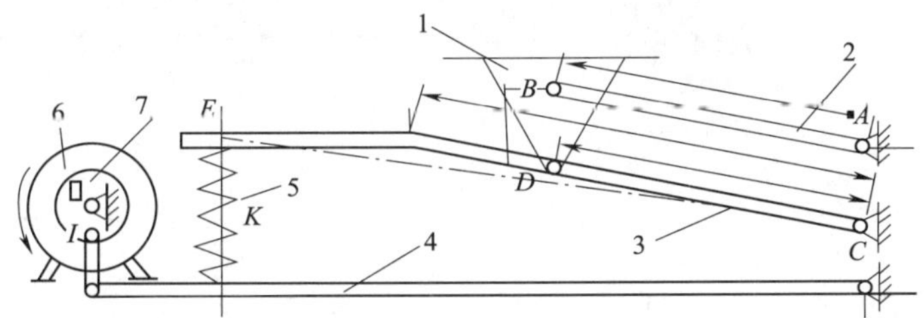

图 3-49　共振式悬架检测台单轮支承结构简图

1—支承台面；2—上摆臂；3—中摆臂；4—下摆臂；5—激振弹簧；6—驱动电动机；7—偏心惯性结构

上摆臂、中摆臂和下摆臂通过三个摆臂轴和六个轴承安装在箱体上。上摆臂和中摆臂与支撑台面连接，并构成平行四边形的四连杆机构，以保证上下运动时能平行移动，以及台面受载

时始终保持水平。中摆臂和下摆臂端部之间装有弹簧。

驱动电机的一端装有蓄能飞轮，另一端装有凸缘，凸缘上有偏心轴。连接杆一端通过轴承和偏心轴连接，另一端和下摆臂端部连接。

检测时，将汽车驶上支撑平台，启动测试程序，驱动电机带动偏心机构使整个汽车-台面系统振动。激振数秒钟达到角频率为 ω_0 的稳定强迫振动后，断开驱动电机电源，接着由蓄能飞轮以起始频率为 ω_0 的角频率进行扫频激振。由于停在台面上车轮的固有频率处于 0 和 ω_0 之间，因此蓄能飞轮的扫频激振总能使汽车一台面系统产生谐振。断开驱动电机电源的同时，启动采样测试装置，记录数据和波形，然后进行分析、处理和评价。

（2）电子电器控制部分

共振式悬架装置检测台电子电器控制部分，主要由微机、传感器、A/D 转换器、电磁继电器及控制软件等组成。通过的传感器，测量汽车的振动参数（振动幅值、振动频率、相位差），将采集的数据通过信号放大、低通滤波等前期处理后，将采集信号输入计算机，进行信号处理和分析。控制软件是悬架装置检测台电子电器控制部分与机械部分联系的桥梁。软件不仅实现对悬架装置检测台测试过程的控制，同时也对悬架装置检测台所采集的数据进行分析和处理。分析系统在接到采样信号后，对采样信号进行快速傅立叶分析，获得汽车在衰减振动过程中不同频率时的振幅等参数，并最终将检测结果显示并打印出来。

3. 谐振式悬架装置检测台检验方法

① 汽车轮胎规格、气压应符合规定值，车辆空载，不乘人（含驾驶员）。

② 将车辆受检轴车轮驶上悬架装置检测台，使轮胎位于台面的中央位置。

③ 启动检测台，使激振器迫使汽车悬架产生振动，使振动频率增加过振荡的共振频率。

④ 电机转速稳定后切断电机电源，振动频率逐渐降低，并将通过共振点。

⑤ 记录衰减振动曲线（如图 3-50 所示），纵坐标为动态轮荷，横坐标为时间。测量共振时动态轮荷。计算并显示共振时的最小动态车轮垂载荷与静态车轮垂载荷的百分比值及其同轴左右轮百分比的差值。

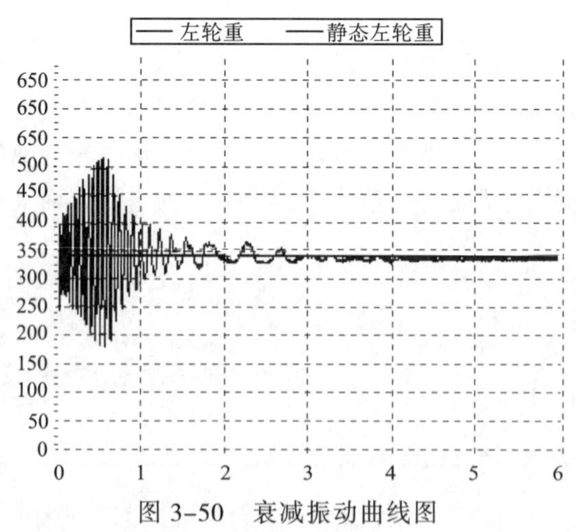

图 3-50　衰减振动曲线图

4. 谐振式悬架装置检测台使用注意事项

① 超出试验台额定载荷的汽车，禁止驶上悬架台。

② 不要在悬架台上停放车辆和堆积杂物，严禁做空载试验。

③ 不要让肮脏的车辆直接检测，特别是轮胎和底盘部分粘有较多泥土的情况。应首先清洗并待滴水较少时进行检测。

④ 雨天检测必须为车辆除水，滴水较少时才能检测。

⑤ 严禁悬架台中进水，保持传感器干燥，以保证传感器正常工作。

⑥ 为保证测试精度，传感器必须预热 30 min。

5. 谐振式悬架装置检测台维护与保养

① 使用 3 个月，拆开面板检查设备上的所有螺栓螺母包括电气接线端子的螺栓，是否有松动现象并加固。

② 使用 6 个月，除进行第 1 项的工作外，还须对台架内各部位进行清洁同时检查线路固定是否牢固；对轴承座进行润滑。

③ 应按国标进行定期检定（两次检定最长间隔不得超过 12 个月）。

6. 用平板检测台检验方法

① 检验员将车辆以 5～10 km/h 的速度，正直驶向平板，接近平板时置变速器于空挡。

② 当各被测车轮均驶上平板后，急踩制动，使车辆停住。

③ 测量制动时的动态轮荷；记录动态轮荷的衰减曲线（见图 3-51）。

④ 计算并显示悬架效率和同轴左右轮悬架效率之差值。

$$悬架效率：\eta=1-|(G_B-G_0)/(G_A-G_0)|$$

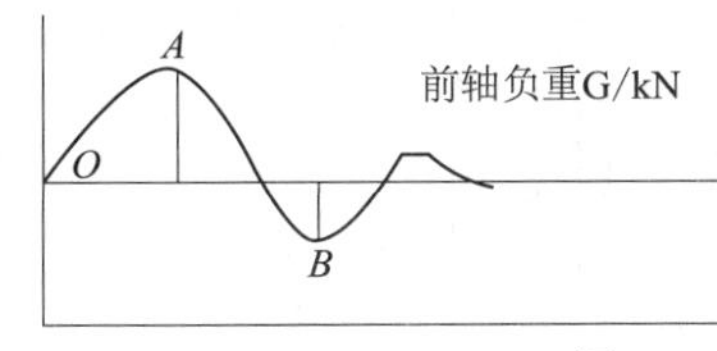

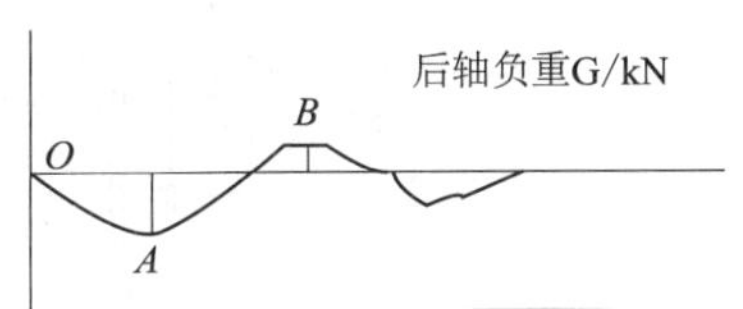

图 3-51　动态轮荷曲线

7. 汽车悬架装置检验技术要求

GB 38900—2020《机动车安全技术检验项目和方法》规定，设计车速不小于 100 km/h，轴质量不大于 1 500 kg 的载客汽车，其轮胎在激励振动条件下测得的悬架吸收率应不小于 40%，同轴左、右轮悬架吸收率之差不得大于 15%。

3.6　车轮平衡检测

随着高等级公路的兴建，汽车行驶条件越来越好，汽车车速也不断提高，车轮的不平衡度对汽车的平顺性、安全性和乘坐舒适性的影响越来越大。所以现代汽车对汽车车轮平衡度的要求日渐提高。车轮不平衡，会导致车轮在高速旋转时横行摆动或上下跳动，影响操纵稳定性和行车安全，同时还会加剧轮胎磨损、冲击转向机构和传动系统。造成整车震动，影响整车质量，缩短汽车的使用寿命。车轮平衡度检测已成为汽车检测的重要项目之一。

3.6.1　车轮平衡的概念

车轮的平衡可分为车轮静平衡和车轮动平衡。

1. 车轮静平衡与静不平衡

车轮的静平衡，是指车轮的质量在车轮圆周上分布的均匀性。在具体检验时，可以支起车轴，调整好轮毂轴承松紧度，用手轻转动车轮，使其自然停转。车轮停转后在离地最近处作一标记，然后重复上述试验多次。若车轮经几次转动自然停转后，所做标记的位置各不一样，或强迫停转后，消除外力车轮也不再转动，则车轮为静平衡。静平衡的车轮，其旋转中心与车轮中心重合。

如果每次试验的标记都停在离地最近处，则车轮为静不平衡。静不平衡的车轮，其旋转中心与车轮中心不重合。

2. 车轮动平衡与动不平衡

车轮的动平衡，指车轮的质量在车轮旋转轴向分布的均匀性。在图 3-52（a）中，车轮是静平衡的，在该车轮旋转轴线的径向反位置上，各有一作用半径相同质量也相同的不平衡点 m_1 与 m_2，且不处于同一平面内。这样的车轮，其不平衡点的离心力合力为零，但离心力的合力矩不为零，转动中产生方向反复变动的力偶 M，使车轮处于动不平衡中。动不平衡的前轮绕主销摆动。如果在 m_1 与 m_2 同一作用半径的相反方向上配置相同质量 m_1' 与 m_2'，则车轮处于动平衡中，如图 3-52（b）所示。

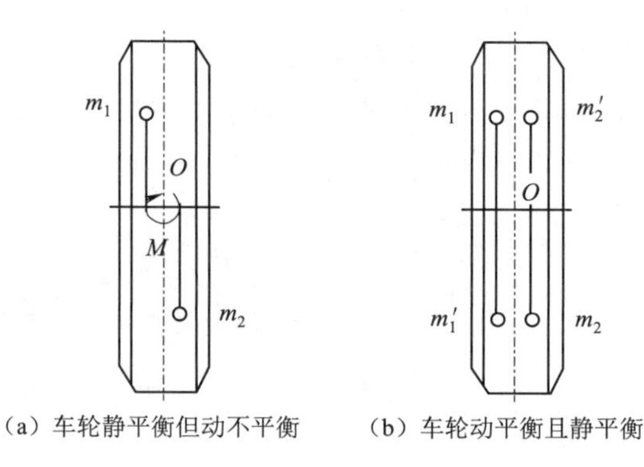

（a）车轮静平衡但动不平衡　（b）车轮动平衡且静平衡

图 3-52　车轮平衡示意图

3.6.2　车轮平衡机的使用

静平衡的车轮，不一定动平衡。动平衡的车轮却是静平衡的，因此在工程实践中，只需要测量车轮的动平衡即可。车轮平衡机用来检测车轮的平衡度，也称为车轮平衡仪。按照车轮的测量方式可分为离车式车轮平衡机和就车式车轮平衡机两类；使用离车式车轮平衡机时，将车轮从车上拆下安装到车轮平衡机的转轴上检测其平衡状况。就车式车轮平衡机是在不拆下车轮的情况下检测车轮的平衡情况。就车式车轮平衡机既可进行静平衡试验，又可进行动平衡试验。

1. 离车式车轮平衡机的结构与使用方法

（1）离车式车轮平衡机检测原理

离车式车轮平衡机的检测原理如图 3-53 所示。图中 M_1、M_2 为集中在两侧轮辋边缘的车轮不平衡质量，F_1、F_2 为车轮旋转时对应的离心力；N_1、N_2 为平衡机主轴左右支承测得的动反力；a 为被测车轮在平衡机上的安装尺寸，可由平衡机自带的专用工具测得；b 为被测车轮轮辋宽度，可由专用卡规测量或由轮辋规格得出；c 为定值，是平衡机的结构参数，表示平衡机主轴左右支承间的距离，因平衡机而异；d 为被测车轮轮辋直径，可由轮辋规格得出。

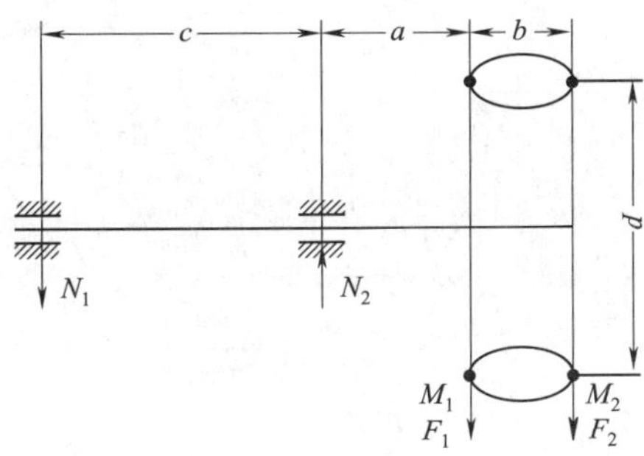

图 3-53 离车式车轮平衡机检测原理图

如果车轮静不平衡，则安装在平衡机上的车轮在自由转动状态下，其不平衡点处于最下面的位置时才能保持静止状态。此时车轮的重心与旋转中心不重合，所以车轮转动时，受到不平衡离心力作用，将上下跳动，引起动不平衡。因为车轮是一个宽度为 b 的回转体，如果集中在两侧轮辋边缘的车轮不平衡质量 M_1、M_2 形成的离心力 F_1、F_2 不相等时，不仅要形成不平衡力，还要形成不平衡力矩，在主轴的支承点产生不同的动反力，此时车轮转动时不仅要上下跳动还会横向摆动。根据力和力偶的平衡条件可得到以下两个关系式

$$\begin{cases} N_2 - N_1 - F_1 - F_2 = 0 \\ F_1(a+c) + F_2(a+b+c) - N_2 c = 0 \end{cases} \tag{3.43}$$

解之得

$$\begin{cases} F_1 = \dfrac{N_2(a+b)}{b} - \dfrac{N_1(a+b+c)}{b} \\ F_2 = \dfrac{N_1(a+c)}{b} - \dfrac{N_2 a}{b} \end{cases} \tag{3.44}$$

从上式可以看出，不平衡质量 M_1、M_2 产生的离心力 F_1、F_2 仅与支承处的动反力 N_1、N_2 及尺寸 a、b、c 有关。根据离心力 $F=M\omega^2/2$，在已知平衡机主轴转速 ω 的情况下即可计算出不平衡质量 M_1、M_2。支承处的动反力 N_1、N_2 可用传感器将之转变成电信号后测出，位置尺寸中 c 是常数，a、b、d 可通过量具测量或换算得到。

车轮平衡机在主轴支承处设置两个相互垂直的传感器，用来采集动反力 N_1 和 N_2，以建立系统的动静力学平衡式。该测量法的测量点在支承处，不平衡的校正面在轮辋边缘，它们存在动平衡关系。当不平衡质量越大，传感器的受力也越大，变换的电量也越大，指示装置指示的数值也越大。使用时将 a、b、d 输入运算电路，计算机进行分析运算后，便可计算出不平衡质量 M_1、M_2，并且可同时用频闪灯显示出不平衡点的位置。

（2）离车式车轮平衡机的结构简介

离车式车轮动平衡机如图 3-54 所示，其专用卡尺如图 3-55 所示。动平衡机一般由驱动装置、转轴与支承装置、显示与控制装置、制动装置、机箱和车轮防护罩等组成。驱动装置一般由电动机、传动机构等组成，可驱动转轴旋转。转轴由两个滚动轴承支承，每个轴承均有一能将动反力变为电信号的传感器。转轴的外端通过锥体和大螺距螺母等固定被测车轮。驱动装置、转轴与支承装置等均装在机箱内。车轮防护罩可防止车轮旋转时其上的平衡块或花纹内夹杂物飞出伤人。制动装置可使车轮停转。

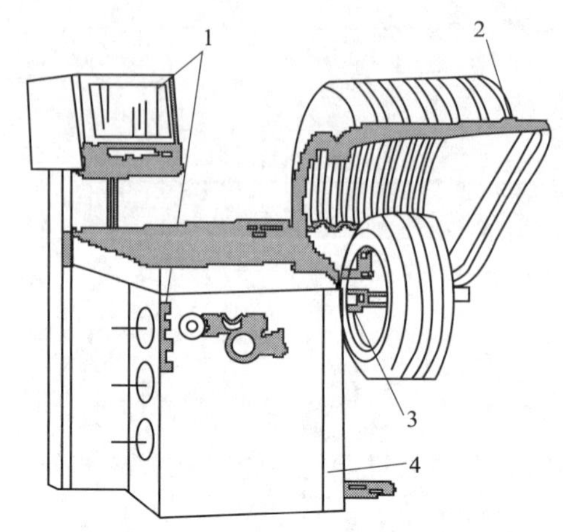

图 3-54　离车式车轮动平衡机

1—显示与控制装置；2—车轮防护罩；3—转轴；4—机箱

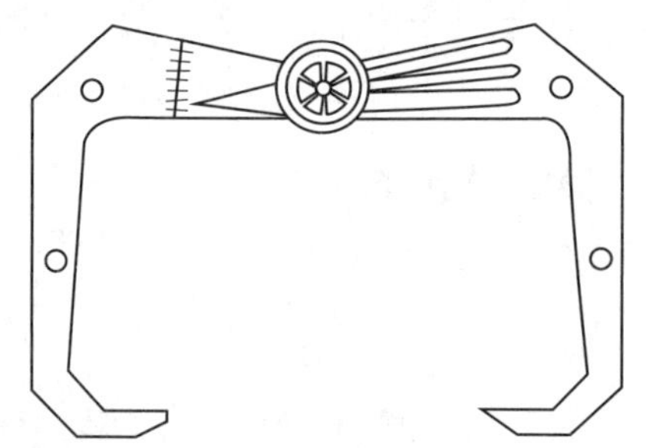

图 3-55　离车式车轮动平衡机的专用卡尺

车轮动平衡机显示与控制装置多为微机式，具有自动诊断和自动系统，能将传感器的电信号通过微机运算、分析、判断后显示出不平衡量及相位。为了使显示的不平衡量恰是轮辋边缘所加平衡块的质量，还必须将测得的轮辋直径 d、轮辋宽度 b 和轮辋边缘至平衡机机箱的距离 a（轮辋外悬尺寸），通过键盘或选择器旋扭输入微机。

（3）离车式车轮平衡机的使用方法

① 清除被测车轮上的泥土、石子和旧平衡块。

② 检查轮胎气压，视必要充至规定值。

③ 根据轮辋中心孔的大小选择锥体，仔细地装上车轮，用大螺距螺母上紧。

④ 打开电源开关，检查指示与控制装置的面板是否指示正确。

⑤ 用卡尺测量轮辋宽度 b、轮辋直径 d（也可由胎侧读出），用平衡机上的标尺测量轮辋边缘至机箱距离 a，用键入或选择器旋钮对准测量值的方法，将 a、b、d 直接输入指示与控制装置中。为了适应不同计量制式，平衡机上的所有标尺一般都同时标有英制和公制刻度。

⑥ 放下车轮防护罩，按下起动键，车轮旋转，平衡测试开始，微机自动采集数据。

⑦ 车轮自动停转或听到“笛”声，按下停止键并操纵制动装置使车轮停转后，从指示装置读取车轮内、外不平衡量和不平衡位置。

⑧ 抬起车轮防护罩，用手慢慢转动车轮。当指示装置发出指示（音响、指示灯亮、制动、显示点阵或显示检测数据等）时停止转动。在轮辋的内侧或外侧的上部（时钟 12 点位置）加装

指示装置显示的该侧平衡块质量。内、外侧要分别进行，平衡块装卡要牢固。

⑨ 安装平衡块后有可能产生新的不平衡，应重新进行平衡试验，直至不平衡量<5 g，指示装置显示“00”或“OK”时才能满意。当不平衡量相差 10 g 左右时，如能沿轮辋边缘左右移动平衡块一定角度，将可获得满意的效果。

2. 就车式车轮平衡机及使用方法

（1）就车式车轮平衡机检测原理

就车式车轮平衡机检测车轮平衡状态的原理与离车式平衡机的原理基本相同，只不过用就车式车轮平衡机检测车轮平衡状态时，测力传感装置是装于转向节、悬架或制动底板等车轮引起振动的部位，而不是装于车轮平衡机上。检测时将车辆支起，此时支离地面的车轮如果不平衡，转动时产生的上下振动或横向摆动将通过转向节或悬架传给检测装置的传感磁头及其底座内的传感器。因平衡机的应变位移正比于车轮的不平衡力，所以传感器可得到力的信号，经运算输出后，控制频闪灯闪光，指示车轮不平衡点的位置，同时在显示屏显示其不平衡质量。

因为就车式车轮平衡机检测的车轮是在原车桥上运动，不平衡力传感器装于转向节、悬架或制动底板等车轮引起振动的部位，所以就车式车轮平衡机可以连同制动鼓甚至传动轴等与车轮相连的部件一起检测，这更符合车轮的实际使用状态，因此就车式车轮平衡机的检测效果比离车式车轮平衡机的要好一些。

（2）就车式车轮平衡机结构简介

使用就车式车轮平衡机测车轮的平衡状况时，无须从车上拆下车轮。就车式车轮动平衡机一般由驱动装置、测量装置、指示与控制装置、制动装置和小车等组成。驱动装置由电动机、转轮等组成，能带动支离地面的车轮转动。测量装置由传感磁头、可调支杆、底座和传感器等组成。它能将车轮不平衡量产生的振动变成电信号，送至指示与控制装置。指示与控制装置由频闪灯、不平衡度表或数字显示屏等组成。频闪灯用来指示车轮不平衡点位置，不平衡度表或数字显示屏用来指示车轮的不平衡量。不平衡量一般有两个挡位，第一挡用于初查时的指示，第二挡用于装上平衡块后复查时指示。制动装置用于车轮停转。除测量装置外，车轮动平衡机的所有装置都装在小车上，可方便地移动。就车式车轮平衡机结构如图 3-56 所示，图 3-57 所示为其工作图。

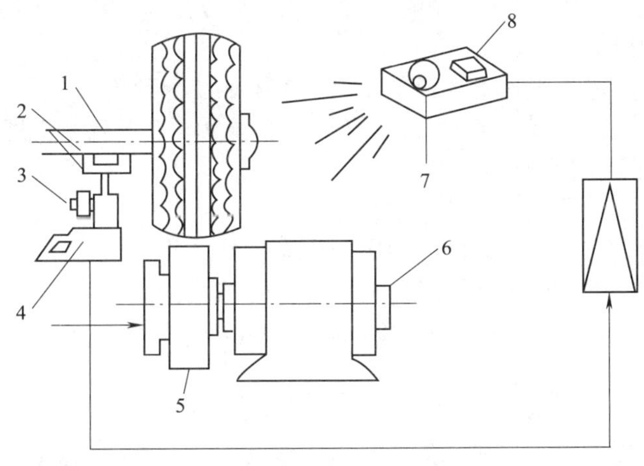

图 3-56 就车式车轮动平衡机示意图

1—转向节；2—传感磁头；3—可调支杆；4—底盘；5—转轮；6—电动机；7—频闪灯；8—不平衡度表

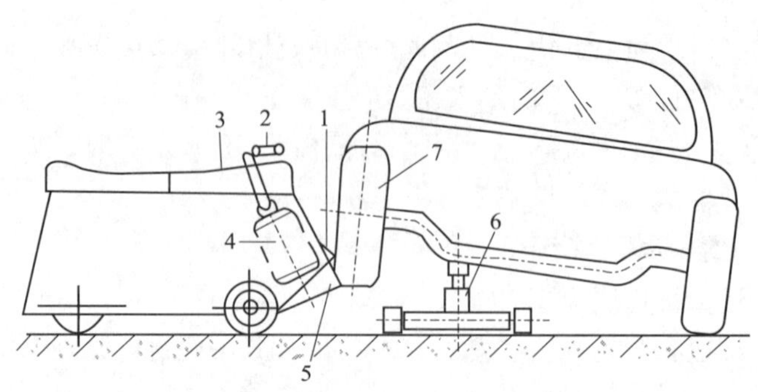

图 3-57　就车式车轮平衡机工作图

1—光电传感器；2—手柄；3—仪表板；4—驱动电机；5—摩擦轮；6—传感器支架；7—被测车轮

（3）就车式车轮平衡机的使用方法

① 检测前的准备工作。

a. 用千斤顶支起车轴，两边车轮离地间隙要相等。

b. 清除被测车轮上的泥土、石子和旧平衡块。

c. 检查轮胎气压，视必要充至规定值。

d. 检查轮毂轴承是否松旷，视必要调整至规定松紧度。

e. 在轮胎外侧面任意位置上用白粉笔或白胶布做上记号。

② 从动前轮静平衡检测。

a. 用三角垫木塞紧非测试车轮，将就车式车轮动平衡机的测量装置推至被测前轮一端的前轴下，传感磁头吸附在悬架下或转向节下，调节可调支杆高度并锁紧。

b. 推平衡机至车轮侧面或前面（视车轮平衡机形式不同而异），检查频闪灯工作是否正常，检查转动的旋转方向能否使车轮的转动力与前进行驶时方向一致。

c. 操纵车轮动平衡机转轮与轮胎接触，起动驱动电机带动车轮旋转至规定转速。

d. 观察频闪灯照射下的轮胎标记位置，并从指示装置（第一挡）上读取不平衡量数值。

e. 操纵平衡机上的制动装置，使车轮停止转动。

f. 用手转动车轮，使其上的标记仍处在上述观察位置上，此时轮辋的最上部（时钟 12 点位置）即为加装平衡块的位置。

g. 按指示装置显示的不平衡量选择平衡块，牢固地装卡到轮辋边缘上。

h. 重新驱动车轮进行复查测试，指示装置用二挡显示。若车轮平衡度不符合要求，应调整平衡块质量和位置，直至符合平衡要求。

③ 从动前轮动平衡检测。

a. 将传感磁头吸附在经过擦拭的制动底板边缘平整之处。

b. 操纵平衡机转轮驱动车轮旋转至规定转速，观察轮胎标记位置，读取不平衡量数值，停转车轮找平衡块加装位置，加装平衡块和复查等，方法与静平衡相同。

④ 驱动轮平衡。

a. 顶起驱动车轮。

b. 用发动机、传动系驱动车轮，加速至 50～70 km/h 的某一转速下稳定运转。

c. 测试结束后，用汽车制动器使车轮停转。

d. 其他方法与从动轮动、静平衡测试相同。

（4）检测注意事项

a. 离车式车轮动平衡机的主轴固定装置上、就车式车轮动平衡机的支架上装有精密的位移传感器和易碎裂的压电晶体传感器，严禁冲击和敲打主轴或传感器支架。

b. 在检修车轮动平衡机时，传感器的固定螺栓不得松动。因为这一螺栓向传感晶体提供必要的预紧力。当这一预紧力发生变化时，计算装置的电算过程将完全失准。

c. 车轮动平衡机的平衡重也称配重，通常有卡夹式和粘贴式两种类型。卡夹式适用于轮辋有卷边的车轮。对于铝镁合金轮辋，因无卷边可夹，可使用粘贴式配重。粘贴式配重的外弯面有不干胶，粘贴于轮辋内各面。

d. 车轮动平衡机的机械系统和电算电路都是针对正常车轮使用条件下平衡失准或轻微受损但仍能使用的车轮而设计的，严重变形的轮辋或胎面大面积剥离的车轮是不能上机进行平衡检测。因为不平衡量过大的车轮旋转时的离心力可能损伤车轮动平衡机的传感系统，另一方面，超值的不平衡力可能溢出电算范围而使仪器自动拒绝工作。

e. 当不平衡量超过最大配重时，可用两个以上配重并列使用。但这时要注意因多个配重占用较大的扇面会使其有效质量低于实际质量。

f. 离车式车轮动平衡机或就车式车轮动平衡机是分别使用的。但对高速行驶的汽车车轮而言，如果用离车式车轮动平衡机平衡后再装在车上行驶时，仍会出现不平衡现象。因此，使用离车式车轮动平衡机平衡车轮后，最好能再用就车式车轮动平衡机进行校对。

小　结

回忆本单元的知识，记住下列公式

（1）稳态横摆角速度增益

$$\left.\frac{\omega_r}{\delta}\right)_s=\frac{u/L}{1+\frac{m}{L^2}\left(\frac{a}{k_2}-\frac{b}{k_1}\right)u^2}=\frac{u/L}{1+Ku^2}$$

式中，$K=\frac{m}{L^2}\left(\frac{a}{k_2}-\frac{b}{k_1}\right)$。$K$称为稳定性因数，它是表征汽车稳态转向特性的重要参数。

根据K的不同，汽车前轮角阶跃输入下的稳态响应可分为三类：中性转向（K=0）、不足转向（K>0）、过多转向（K<0）。

（2）后轴驱动汽车避免纵翻的条件

$$\frac{a\varphi}{L-\varphi h_g}<\frac{b}{h_g}$$

（3）汽车避免侧翻的条件

$$\frac{B}{2h_g}>\varphi_{侧}$$

（4）汽车越过台阶的能力

$$\left(\frac{h_w}{r}\right)_f=\left(1-\frac{1}{\sqrt{1+\varphi^2}}\right)$$

式中，$\left(\frac{h_w}{r}\right)_f$ 为后轮单位车轮半径可克服的台阶高度，它表征了汽车后轮越过台阶的能力。

（5）汽车越过壕沟的能力

沟宽 l_d 与车轮直径之比值 $\frac{l_d}{r}$，之间的关系为：

$$\frac{l_d}{r}=\sqrt{\frac{h_w}{r}-\left(\frac{h_w}{r}\right)^2}$$

只要知道车轮越过垂直障碍的能力 $\left(\frac{h_w}{r}\right)_f$，可得可越过的壕沟宽度。

掌握下列概念

（1）轮胎的侧偏特性

轮胎的侧偏特性是指侧偏力 F_Y 与侧偏角 α 之间的数值关系。

（2）暴露极限

当人体承受的振动强度在这个极限之内，将保持健康或安全。通常把此极限作为人体可以承受振动量的上限。

（3）疲劳-工效降低界限 T_{FD}

该界限与保持工作效能有关。当驾驶人承受的振动强度在此界限之内时，能准确灵敏反应且正常驾驶。

（4）舒适降低界限 T_{CD}

在这个界限之内，人体对所暴露的振动环境主观感觉良好，能顺利地完成吃、读、写等动作。

（5）最小离地间隙 h

指汽车除车轮以外的最低点与路面之间的距离。

（6）纵向通过半径 ρ_1

在汽车侧视图上作出的与前后车轮及两轴中间轮廓线相切之圆的半径，称为纵向通过半径，用符号 ρ_1 表示。它表示了汽车能够无碰撞地通过小丘、拱桥等纵向凸起障碍物的轮廓尺寸。ρ_1 越小，汽车的通过性越好。

（7）横向通过半径 ρ_2

在汽车的正视图上所作与左右车轮及与两轮之间轮廓线相切的圆之半径，称为横向通过半径，用符号 ρ_2 表示。它表示了汽车通过小丘及凸起路面等横向凸起障碍物的能力，ρ_2 越小通过性越好。

（8）接近角 γ_1 和离去角 γ_2

从汽车前端突出点向前轮引切线，该切线与路面的夹角 γ_1 称为接近角。γ_1 越大障碍物（如小丘、沟洼地等）时，越不易发生“触头失效”。从汽车后端突出点向后轮引切线，该切线与路面的夹角 γ_2 称为离去角。γ_2 越大障碍物时，越不容易发生“托尾失效”。

（9）最小转弯半径 R_H 和内轮差 d

转向盘转到极限位置，做转弯行驶，前外轮印迹中心至转向中心的距离（左、右转弯，取较大者），称为汽车的最小转弯半径（R_H）。

这些内容与后续知识的学习关系紧密

（1）影响汽车稳态转向特性的主要因素

轮胎气压、驱动型式、轮胎结构、汽车质量分配与车轮侧偏刚度的匹配、车轮侧倾角的变化、左、右轮垂直载荷再分配、轴转向。

（2）影响汽车转向轮的摆振与稳定的主要因素

① 转向轮的摆振（车轮不平衡引起的转向轮摆振、转向系与悬架的运动干涉引起的方向摆振、前轴角振动引起的转向轮摆振）；

② 汽车转向轮的稳定（主销后倾 γ 和侧向反力 Y 产生的稳定力矩 $T_{y\gamma}$、主销内倾 β 和垂直反力 Z 产生的稳定力矩 $T_{Z\beta}$、由于侧偏，侧向反力产生的稳定力矩 $T_{y\alpha}$、侧偏力矩 $T_{x\alpha}$、转向系摩擦力矩 T_{μ}）。

习　题

一、填空题

1. 侧滑一般是指车轮在前进过程中的________现象。
2. 通过对侧滑台的检定，往往会发现示值超差，造成超差的原因基本有两个方面：一是原因；二是________的原因。
3. 根据激振方式不同，悬架装置检测台可分为________式和________式两种类型。
4. 车轮平衡机按测量方式可分为________式车轮平衡机和________式车轮平衡机两类。

二、判断题

1. 被测车辆的轮胎气压可以小于汽车制造厂的规定。（　　）
2. 轮胎沾有水、油等或轮胎花纹沟槽内嵌有小石子时，应清除干净。（　　）
3. 对于后轮没有定位的汽车，可用侧滑试验台根据汽车后轮前进、后退驶过滑板时滑板的滑动方向和滑动量大小来检测后轴是否变形和轮毂轴承是否松旷。（　　）
4. 共振式悬架装置检测台的机械部分主要由微机、传感器、A/D转换器、电磁继电器及控制软件等组成。（　　）
5. 静平衡的车轮肯定是动平衡的。（　　）
6. 并装双胎的充气嘴未相隔180°安装，会引起车轮静不平衡，但不会引起车轮动不平衡。（　　）
7. 共振式悬架装置检测台的电子电器控制部分由箱体和左右两套相同的振动系统构成。（　　）

三、选择题

1. 侧滑检测时汽车以（　　）km/h的速度垂直驶向试验台，使前轮平稳通过滑板。

A. 1～2　　B. 2～3

C. 3～5　　D. 6～7

2. 用侧滑试验台检验转向轮的横向侧滑量时，其值应≤（　　）m/km。

A. 2　　B. 5　　C. 8　　D. 6

四、问答题

1. 什么是轮胎的侧偏现象？
2. 什么叫轮胎的侧偏特性？它受哪些因素的影响？
3. 什么是汽车的稳定转向特性？
4. 汽车的稳态转向特性有哪几种？各有何特点？影响汽车稳态转向特性的主要因素有哪些？
5. 汽车转向轮的摆振的原因有哪些？
6. 汽车的侧翻条件是什么？
7. 典型 4WS 汽车前、后轮的偏转规律是什么？
8. 简述车轮平衡机的工作原理和使用方法。
9. 悬架的检测方法有哪些？

单元4

汽车特定条件下的使用性能

学习目标	☑ 了解汽车磨合期的规定; ☑ 了解汽车特定温度环境下行驶使用特点、对汽车造成的危害和防护措施; ☑ 了解高原及山区条件下汽车的使用特点; ☑ 掌握泥泞和冰雪道路安全行驶技巧。

本单元结构图

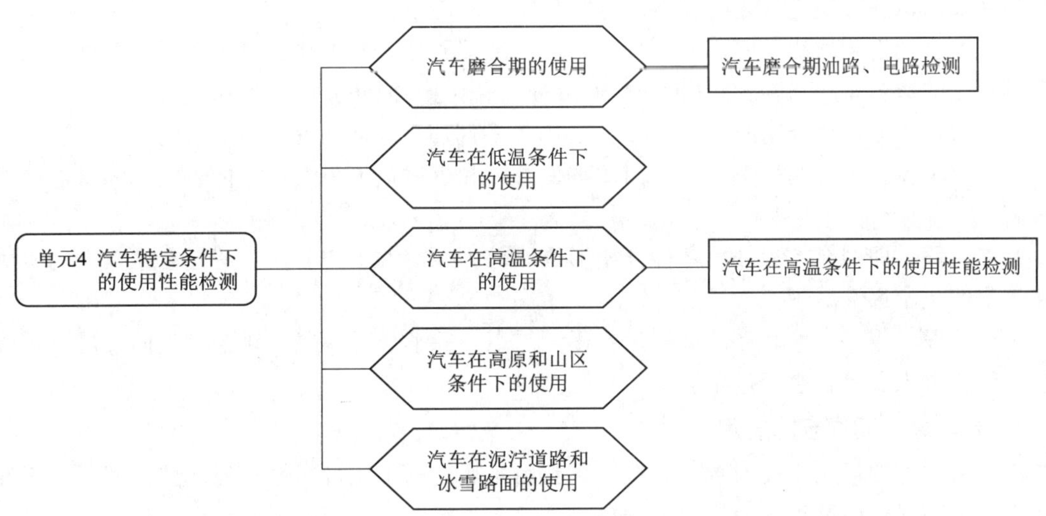

汽车使用条件指影响汽车完成运输工作的各类外界条件，主要包括气候条件、道路条件、运输条件和汽车安全运行技术条件等。本单元所述汽车使用的特定条件主要包括汽车新车走合、发动机低温起动、汽车在高原地区的使用、在泥泞道路和冰雪路面上行驶等。

汽车走合期实际上是为了使汽车向正常使用阶段过渡，而在使用中对相互配合的摩擦表面进行磨合加工的工艺过程。同时，由于走合期内所暴露出的生产、修理缺陷得以排除，减小了汽车正常使用阶段的故障率，从而提高了汽车的使用可靠性。

发动机低温起动困难的主要原因有曲轴旋转阻力矩大，燃料蒸发性差，蓄电池工作能力降低。在高温条件下，发动机冷却系统的散热温差小，散热能力下降，由此会导致发动机的充气量下降、燃烧不正常、润滑性能变差、供油系统气阻等现象，使发动机的动力性、经济性和可靠性变坏。

若汽车需经常在高原地区使用时，应购置汽车制造厂为高原地区专门设计、制造的高原型汽车。

汽车在泥泞道路和冰雪路面上行驶时，要充分认识到道路条件，根据车况谨慎驾驶。

4.1　汽车磨合期的使用

1. 汽车的磨合期

磨合期指在汽车运行初期改善零件摩擦表面的几何形状和表面层物理机械性能的过程，新车和大修竣工车最初的使用阶段称为磨合期。汽车的使用期限、行驶可靠性、动力性和燃料经济性与汽车工作初期的使用情况有很大关系。

新车或大修竣工车，尽管经过了生产磨合，但零件加工表面仍存在微观和宏观的粗糙度、圆度、圆柱度、直线度等几何形状偏差；此外，总成及部件装配也有一定的允许误差。因此，新配合件表面的实际接触面积比计算面积小得多。在这种情况下，汽车若以全负荷运行，零件摩擦表面的单位压力会很大，将导致润滑油膜被破坏和局部温度升高，使零件迅速磨损和破坏。

汽车磨合期实际上是为了使汽车向正常使用阶段过渡，而在使用中对相互配合的摩擦表面进行磨合加工的工艺过程。在此期间，零件摩擦表面不平的部分被磨去，逐渐形成了比较光滑的、耐磨而可靠的工作表面，以承受正常的工作负荷。同时，通过磨合，暴露出生产或修理中的缺陷并加以消除，使进入正常使用时的故障率基本趋于稳定。

汽车磨合期里程取决于零件表面加工精度、装配质量、润滑油的品质、运行条件和驾驶技术等。汽车的磨合里程通常为 1 000～1 500 km，相当于 40～60 个工作小时。

第一阶段，即在磨合期的头 2～3 h 内，因为零件加工表面粗糙，加工后的形状和装配位置都存在一定偏差，配合间隙也较小，因此零件磨损和机械损失很大，零件表面和润滑油的温度也很高。

第二阶段，即磨合 5～8 h，零件开始形成了较为光滑的工作表面，消耗在摩擦上的机械损失和产生的热量逐渐减少。

第三阶段，零件工作表面的磨合过程逐渐结束，并形成了一层防止配合表面金属直接接触的氧化膜，进入了氧化磨耗过程。

2. 汽车磨合期遵守的规定

汽车磨合期的使用正确与否，直接关系到新车后期的工作可靠性和经济性。使用不正确，会使汽车早期损坏或缩短发动机使用寿命。为此，汽车在磨合期必须遵守下列规定：

① 发动机刚起动时，不要猛踩加速踏板急剧增加其转速。当发动机冷却水的水温上升到 50～60℃时再平稳起步。避免在高速或低速连续运转，以中等转速运转发动机为宜。

② 汽车在行驶中，不允许长时间的高速行驶或低速挡时加速行驶，不要以单一速度长时间快速或慢速行驶，也不要在高速挡情况下缓慢驾驶。

③ 尽量选择良好的路面行驶。根据道路的不同条件及时换挡，充分估计发动机动力，提

前换低速挡，不要勉强用高速挡行驶，以免发动机负荷过大。同时，汽车在磨合期早期阶段（约500～800千米），承载量不要满载。

④ 控制车速注意路面状态，避免紧急制动，以免损坏机件。缓和地使用制动，能较好地磨合并延长其使用寿命。

⑤ 保持发动机工作温度在一定范围（80～90℃）。

⑥ 选用品质好的燃油和润滑油。新车使用的机油必须要按照厂家规定的标号选用，注意不要在润滑油内添加任何抗磨剂。

⑦ 加强各润滑部位润滑，及时对螺栓、螺母松动进行紧固。

⑧ 磨合期满后，应进行一次磨合维护，结合一级维护对汽车进行全面的检查、紧固、调整和润滑作业（更换润滑油），拆除限速片。其作业项目和深度参照制造厂的要求进行。

以桑塔纳轿车为例，新车1 000 km范围内变速器各挡不可超过以下速度：1挡30 km/h、2挡55 km/h、3挡80 km/h、4挡110 km/h，发动机最大转速要小于4 200 r/min。当新车行驶到1 000～1 500 km时，车速和发动机转速可逐渐提高到最大值，磨合期发动机最大转速为6 300 r/min。不过随着汽车制造装配技术越来越精准，新车磨合期里程也越来越短，目前部分车企宣传某些车型甚至不需要磨合期。

4.2　汽车在低温条件下的使用

当气温在-15～-10℃以下时，发动机冷车起动就会有一定的困难；当外界气温在-30℃以下时，没有冷起动装置的汽车，不经预热则无法起动。在低温条件下使用汽车，发动机起动困难，机械磨损严重，热状况不良，燃油与润滑油消耗量增加，轮胎强度减弱，行车条件明显变差的现象。

1. 汽车在低温条件下使用特点

（1）发动机起动困难

一般气温在-15～-10℃范围时，汽车冷起动则有一定困难。当气温降至-40℃以下时，不经预热，则根本无法起动的。

发动机低温条件下难以起动的主要原因：一是发动机润滑油黏度增加，从而加大了曲轴的旋转阻力矩，使发动机起动转速降低，缸内压缩力和温度不足而难以起动；二是随着外界温度的降低，燃油的黏度和密度均变大，难以雾化；三是蓄电池工作能力大为降低，蓄电池在发动机的起动过程中，影响起动机的起动转矩和火花塞的火花强度。

（2）汽车机械磨损严重

汽车在低温环境中行驶，各总成尤其是发动机的磨损都比较严重。在发动机的使用过程中，50%以上的气缸磨损是在起动过程和发动机初始运转中造成的。而冬季低温下起动，又占其磨损量的60%～70%。

低温下起动发动机造成机件严重磨损的主要原因是：第一，低温起动时，润滑油黏度大，流动性差，机油泵不能将润滑油及时压送到各运动件摩擦表面，使气缸壁、主轴承及连杆轴承等润滑恶化。第二，燃油气化不良，部分燃油以液态进入气缸，冲刷了气缸壁上的润滑油膜并流入曲轴箱，稀释了润滑油，使润滑油油性减退，降低其润滑性能。第三，由于温度低，发动机工作过程中析出的水蒸气凝附在气缸壁上，并与汽油中的含硫氧化物生成酸，引起腐蚀磨损。第四，低温下，曲轴与连杆轴承的合金、轴瓦与轴颈等膨胀系数不同，使配合间隙变小，而且间隙还变得不均匀，使磨损增加。第五，变速器、主减速器和差速器等传动系各总成的润滑油，在低温下过度黏稠甚至凝固，使其润滑能力变差，甚至失去润滑能力。如果依靠传动系工作产生的摩擦热量去加热润滑油，则温升时间长，机件处于干摩擦或半干摩擦状态，使零件急剧磨损。

（3）燃油消耗量增加

汽车在低温环境中行驶，发动机工作温度低，升温时间长，摩擦内耗大，其输出功率下降，增大燃料消耗量。如汽油机在冷却水温度为 60℃时比在 80℃时耗油量约增加 3%，水温下降到 40℃时，耗油量约增加 12%，若降低到 30℃时，耗油量则增加到 25%。因此，低温起动时要尽量缩短发动机升温到 40～50℃的时间，这段时间越短越好。

（4）零件材料在低温下的物理性能下降

机械性能将发生变化在-30℃或更低气温环境中，碳钢的冲击韧性急剧下降，硅钢、锰钢等合金钢零件（如钢板弹簧）、铸铁件（如气缸盖、变速器壳等）变脆；锡焊合金焊件在-45℃以下时，易产生裂纹或碎成粉末状，从接头的地方断落。同时，在特别严寒的气候下，汽车上的塑料制品会发生破裂；橡胶轮胎逐渐变脆，当受到冲击，特别是受到尖凸等物的冲击时，容易产生破损。所以，冬季行车为避免轮胎在低温时遭受冲击损伤，冷车起动后应低速行驶几公里，待轮胎温度提高后方可常速行驶。

2. 汽车低温环境下行驶防护措施

（1）加强季节性维护

为适应汽车冬季正常运行的要求，在冬季来临之前，应结合二级维护内容，对全车进行一些必要的季节性检查和调整：

① 冷却系统的检查和维护：对冷却系密封情况，节温器工作情况进行检查；及时清除冷却系的水垢；关闭散热器、百叶窗，盖好发动机保温罩，如图 4-1 所示；换用冬季防冻液。

图 4-1　盖好保温罩的汽车

② 润滑油的维护：在寒冷的冬季，发动机、空气压缩机、机油滤清器等处应换黏度较低的冬用机油；变速器、差速器、转向器等处清洗，调校啮合间隙后换用冬用齿轮油；清洗轮毂轴承并调整间隙换用标号较低的润滑脂；按规定周期进行检查和维护。

③ 蓄电池的维护：冬季气温低，发动机摩擦副间隙会适当变小，加之机油黏度加大，起动所需电流加大，所以要经常检查蓄电池液面高度，将电解液比重调整在 1.27～1.31 之间，同时调整发电机调节器，将充电电压调整到比夏季高 0.6 V；夜间停驶时最好将蓄电池从车上取下放到温室内；冬季补加蒸馏水后，要及时发动汽车，使水和电解液均匀混合，以防水结冰而冻坏蓄电池。

（2）燃油系统的维护

对柴油机而言，冬季应选用凝点较低的柴油，选择应根据当地当月最低气温选择，凝点应比环境气温低 5℃以上，低温起动可采取预热措施，也可用低温起动液；对汽油机而言，低温起动后要暖车，使油膜不能形成。正常怠速，电喷发动机从快怠速状态的 1 200 r/min 降至 800 r/min 后，即可正常行车。

（3）防发动机冻裂措施

冬季最好换用防冻液，若没换用防冻液，则应在出车前后加水和放水。注意加水时要用热水和含矿物质较少的软水，如雨水、雪水等，以防水垢的大量生成；也可在每天放水后将水放入干净的水桶内经沉淀后次日再用，对损失的部分用热水补充即可。对停驶时间短的汽车，应据情况进行间隙发动，以使发动机保持在恒温状态。

（4）防汽车侧滑

在冰雪泥泞道路上行车，轮胎应装上防滑链，拉大前后车距，保持在 50 m 以上，并严格控制车速在 20 km/h 以下。同时行车中不得急转弯，要按“前轮侧滑反打方向，后轮侧滑顺打方向”的方法修正方向，以制止侧滑。图 4-2 所示为安装了防滑链的车轮。

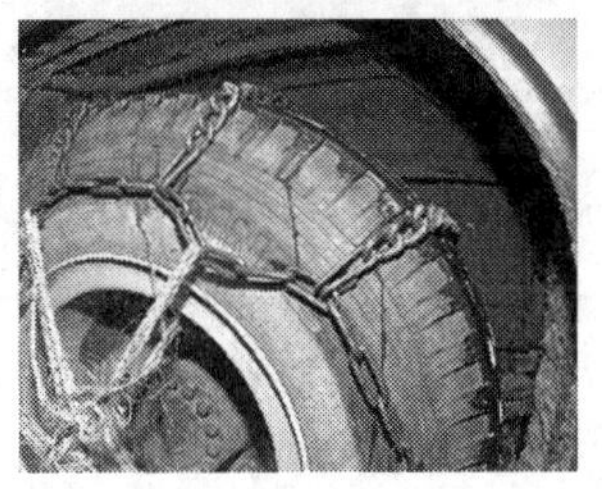

图 4-2　安装防滑链的车轮

（5）防制动效能下降措施

驾驶员应经常清除气压制动储气筒里的冷凝水，长时间停车要将储气筒里存气放掉，及时清除制动鼓上的油液，冰雪水分，泥污等，保证汽车良好的制动效能。对液压制动的汽车冬季要换冬用制动液，并经常注意检修制动主缸和轮缸的工作情况，检查制动踏板的自由行程，出现变化及时调整。

（6）挡风玻璃除霜防护措施

① 用甘油和酒精按 7∶3 或 6∶4 的比例（体积比）混合组成除霜液或用食盐与甘油混合（体积比 2∶1）涂抹于挡风玻璃内侧，气温在-30～-20℃时可保持 3 h 不结冰霜。

② 用冷却系中的防冻液涂于挡风玻璃内侧，除霜效果更佳。

4.3　汽车在高温条件下的使用

在炎热的夏季，由于气温高、辐射热强，汽车的动力性、经济性及行驶可靠性会变坏，严重时会影响汽车正常行驶。汽车在高温环境里，发动机冷却系的散热温差小，散热能力差，发动机容易过热。热的夏天，由于外界气温高，发动冷却液与大气温差变小，导致冷却系散热量变小，使发动机过热，从而会出现一系列的问题。

1. 发动机过热导致的不良现象

（1）发动机的充气系数下降

气温越高，空气密度越小，发动机的实际进气量减少；由于发动机过热，发动机罩内温度更高，发动机充气能力降低。充气系数下降，造成发动机功率下降，使汽车行驶无力。另外，由于充气系数下降，混合气相对变浓，汽车废气中的有害物质（CO、HC、NO_x、碳烟）浓度增大，增加环境污染。

（2）发动机燃烧不正常

大气温度高，进入气缸的混合气温度也高，发动机整个工作循环的温度也高，而散热器的散热效率又低，使发动机处于过热状态，燃烧室内末端混合气接受热量多，加剧焰前反应，这就容易产生爆燃。另外，过热的发动机使积存于活塞顶部、燃烧室壁、气门顶部及火花塞上的积炭形成炽热点，易造成可燃混合气的早燃。这种不正常的燃烧，更加剧了发动机的过热现象，形成恶性循环，气缸体和缸盖易产生热变形甚至裂纹，较为常见的是烧坏气缸垫、气门及气门座。

（3）机油变质

发动机的机油在高温、高压下工作时，使机油的抗氧化安定性变坏，加剧了其热分解、氧化和聚合的过程。机油与燃烧不完全的产物、凝结的水蒸气以及进气中夹带的灰尘混合，引起机油变质。另外，由于机油温度高，黏度下降，使机油变稀，油性变差，机油压力降低，发动

机零部件表面不易形成润滑油膜。同时，金属零件由于高温热膨胀较大，零件之间正常配合间隙变小。这些都加速机件磨损，严重影响发动机的使用寿命。

（4）供油系易发生气阻

气温越高，发动机罩内温度也就越高，越易产生气阻现象。供油系受热后，部分汽油蒸发成气体状态存在于油管及汽油泵中，不仅增加了汽油的流动阻力，同时由于气体的可压缩性，汽油泵出油管中的油蒸气随着汽油泵的脉动压力不断地被压缩和膨胀，破坏了汽油泵在吸油行程中所形成的真空度，造成发动机供油不足甚至中断，形成供油系气阻。这种现象在炎热地区，特别是汽车满载爬坡或以低速长时间行驶时，更容易发生。

（5）点火系工作不正常

汽车在高温环境中行驶时，因点火线圈过热而使高压火花减弱，容易出现发动机高速断火现象。严重时使点火线圈烧坏，影响汽车正常行驶。

2. 高温环境对汽车造成的危害

（1）汽车易发生爆胎

汽车运行时，外界气温高，轮胎散热较慢，过热易使气压过高，引起轮胎爆胎。车速越快，轮胎产生的热量越大，更容易发生爆胎。图 4–3 所示为过热引起轮胎爆胎。

图 4–3　过热引起的轮胎爆胎

（2）汽车制动效能下降

汽车的制动效能随着温度的升高将有所下降。液压制动的汽车，制动液在高温下可能产生气阻现象。在经常制动的情况下，制动液温度可达 100℃以上，易导致皮碗膨胀，制动液气阻，致使制动效能下降，影响行车安全。

（3）蓄电池易损坏

温度高，蓄电池的电化学反应加快，电解液蒸发快，极板易损坏，同时易产生过充电现象，严重影响了蓄电池的使用寿命。

（4）润滑油性能变差

在炎热夏季，汽车离负荷连续行驶，变速器、差速器齿轮油的温度会超过 120℃，引起齿轮油变质。另外，汽车润滑脂在高温下易流失（熔点温度一般在 76℃），使润滑效能下降，严重时容易烧坏齿轮和轴承。

3. 防护措施

提高汽车在高温环境下的使用性能应采取以下几点措施。

（1）加强季节性维护

为了适应汽车夏季正常运行的要求，在夏季来临之前，应结合二级维护对全车进行一些必要的季节性检查与调整。

① 冷却系的检查与维护。

a. 对冷却系的密封情况，风扇皮带的松紧度，节温器的工作情况进行检查，并保证系统有充足的冷却液。

b. 清除冷却系（散热器、水套）的水垢。

c. 在发动机过热，水箱开锅时，应及时停车降温，且注意不要熄火，防止发动机内部过热而发生拉缸事故。

② 在炎热的夏季，发动机应换用黏度较高的润滑油，大型载货（客）汽车变速器和差速器应换用厚质齿轮油，应适当缩短换油周期。轮毂轴承换用滴点较高的润滑脂，要按规定周期进行检查与维护。

③ 经常检查电解液密度和液面高度，电解液的密度比冬季使用时要小些，应及时补充蒸馏水，并保持通气孔畅通。适当调整发电机调节器，减小发电机的充电电流。

（2）加强轮胎的使用与检查

高温环境下长时间行车必须经常检查轮胎温度，防止胎温过高，必要时，应将车辆停在阴凉的地方降温，待胎温降低后再继续行驶，绝不能采用泼冷水或放气降压的方法降温。行驶中应严格控制车速，并注意加强轮胎的定期换位保养工作。按规定标准对轮胎进行充气，保持气压正常。

（3）防止制动效能

防止制动效能下降液压制动的车辆应选用沸点高（不低于 115℃）的制动液，注意检修制动总泵和分泵，特别是密封皮圈，排除管路中的空气。气压制动的车辆要检查制动软管和分泵皮碗的良好程度，发现问题及时更换。在行车中如感到制动效能有所下降，应停车检查、降温。另外，也可安装制动毂滴水冷却装置，改善制动毂的散热条件，确保制动良好。

（4）改进散热装置，提高冷却强度

冷却系散热好坏，取决于冷却系统机件是否匹配及设计是否合理。我国幅员辽阔，从寒冷的北方到炎热的南方都使用一种冷却系统就很难适应，因此，可对冷却系某些机件进行适当改进，以提高冷却强度。如：增加风扇叶片数、叶片直径或叶片角度，提高风扇转速，以增加风扇对散热器的覆盖面积和通风流量；增加水泵叶轮上的叶片和叶片直径，以提高泵水压力；增大节温器主阀门通道，以加快水的大循环；适当提高散热器盖上压力阀的压力，从而提高冷却水的沸点，达到增加散热器散热量的目的；在散热器旁安装补偿水桶，当冷却水受热膨胀时流入补偿水桶，当温度降低后自动流回散热器，以减少冷却水的损失。

4.4　汽车在高原和山区条件下的使用

汽车在高原山区条件下行驶时，由于海拔高、气压低、空气稀薄，从而使发动机动力性和经济性下降；同时，在山区复杂路面上，制动系统负荷也增大。在高原山区使用时，发动机功率下降，油耗增多，磨损加剧。汽车低挡爬坡时，发动机易过热；停车时，发动机又很快冷却。

发动机应采取良好的冷却和保温措施。汽车在山区行驶时，换挡、制动和转弯次数多（见图 4-4），底盘机构的载荷大，轮胎磨损大，应适当缩短维护周期。

图 4-4　山区行驶的汽车

1. 高原及山区条件下汽车制动系的使用特点

（1）制动效能下降严重

由于山区地形复杂，经常会遇到上坡、下坡、路窄、弯多等问题，所以影响山区行驶安全的主要问题是汽车制动性能。在山区行驶，汽车需要经常制动减速，因此制动系的使用特点是制动频繁，致使摩擦衬片和制动鼓（盘）经常处于发热状态。下长坡时，制动蹄摩擦衬片温度可达 400℃左右。在这种情况下，摩擦衬片的摩擦因数急剧下降，严重时可能出现制动失效。此外，由于摩擦衬片连续高温，磨损加剧并常有碎裂现象。

（2）前后制动力分配失调，稳定性差

在山区行驶的汽车制动安全性主要存在两个方面的问题，即前轮失去转向能力和后轴侧滑。前者容易发生在坡道、湿路面和超载的情况下；后者容易发生在平路，干路面和空载的情况下。这两个问题造成了汽车前后制动力分配比例上的突出矛盾：第一种情况须防止前轮制动抱死；而第二种情况须防止后轮抱死或提前抱死（后轮比前轮提前抱死超过一定时间间隔）。此外，路面附着特性的变化（山区公路常见现象），道路曲率的变化等也会对汽车制动稳定性产生较大的影响。

（3）气压制动的汽车制动力不足

气压制动在山区使用时，特别是高原山区，因空气稀薄，空气压缩机的生产率下降，供气压力不足，再加上制动次数多，耗气量大，往往不能保证汽车、特别是汽车列车的可靠制动。

（4）制动液易产生气阻

在高原山区行驶的汽车，使用制动频繁，制动器因摩擦而生热，使制动系统温度升高。如使用沸点低的制动液，还会在高温时由于制动液的蒸发而产生气阻，引起制动失灵。

2. 高原及山区条件下对汽车制动系改进措施

（1）采用 ABS 制动系统

从总体上来说，采用 ABS 制动系统可以提高车辆制动的操纵稳定性，提高汽车在山区的行使安全性。

（2）采用辅助制动器

辅助制动器主要有电涡流、液体涡流和发动机排气制动器。前两种辅助制动器由于体积较大，结构复杂，多用于山区或矿用的重型汽车上，又称电力或液力下坡缓行器。发动机排气制动是一种有效而简便的措施。它是在一般发动机制动的基础上，再在发动机排气管上装一个排气节流阀，当使用排气制时，切断发动机的燃料供给，关闭排气节流阀，达到降低车速制动汽车的目的。排气制动也属于缓行制动装置，多用在重型汽车上。排气制动可保证各车轮制动均匀，制动功率可达发动机有效功率的 80%～90%。

（3）采用大范围可调制动比例阀

现有的比例阀主要用于防止后轴制动抱死，不能解决前轮制动抱死问题，而一些进口矿用车的前轮制动减压阀，又只能用于防止前轮抱死，而且以上两类阀一般都是固定比例的，不适用于制动工况变化很大的山区情况。因此有必要采用一种从前轮制动减压到后轮制动减压的大范围可调比例阀。

（4）制动鼓淋水

为了防止制动器过热，在下长坡时，对制动鼓外圆进行淋水冷却效果很好，可以基本上防止摩擦衬片的烧蚀现象。但是，这种方法需要有充足的水源，在缺水地区无法使用。此外，经常需要停车加水，增加了驾驶员的劳动强度和降低了运输生产率。

（5）选用合成型汽车制动液

评价制动液高温抗气阻性能的指标是平衡回流沸点。平衡回流沸点是指制动液在测定条件下开始沸腾的温度，平衡回流沸点越高，越不易产生气阻。

（6）为了满足气压制动的供气压力要求，可采用供气量大的双缸空气压缩机。

4.5　汽车在泥泞道路和冰雪路面的使用

汽车在泥泞道路和冰雪路面上行驶时，要充分认识到道路条件和车况，谨慎驾驶。认真学习掌握安全行驶技巧，确保行车安全。

1. 泥泞道路安全行驶技巧

（1）缓慢加油提速

泥泞路面或者有大量积水路面，行车要缓加速，如果是停车再次起动车辆，加油过快还会导致因轮胎空转而整个车体左右摇摆，此时应该立即松开加速踏板，双手紧握转向盘修改方向，车辆前移，慢慢加油提速，确保直线稳定行驶。图4–5所示为在泥泞路面行驶的汽车。

图4–5　在泥泞路面行驶的汽车

（2）下坡切忌空挡

湿滑路面上坡，急加油和急制动往往会造成车轮打滑，下坡时则切忌空挡，应根据车速保持挡位行驶。如需使用制动则应该持续轻踩塌板，以免长时间踩住制动踏板而导致热效应，使得制动蹄片和制动盘失去制动力。在非正规路面（柏油和水泥路面以外的路况）行驶，轮胎打滑的原因多半是加油过多过急，或者是踩下制动踏板过重，以及弯道路面车速过高。出现轮胎打滑的情况时不要惊慌失措，应该保持镇定，千万不要胡乱扳动转向盘或者干脆彻底丢开转向盘听天由命，绝不能再踩下制动踏板，手动挡车辆此时应该迅速减至低速挡位，利用发动机制动力来降低车速，以免车轮有过量的驱动力，并逐步使四个车轮转动受力平衡，这样车轮可以很快重新拥有地面附着抓地力，车辆便可以正常行驶了。

（3）泥坑自救有方

如果不慎前车轮陷入泥坑（见图4–6），则需要用小铲子铲开泥坑的边缘，或者使用自备极端泥泞路面垫胎用的铁丝网铺设，“修造”出一个小小的坡路，然后缓缓加油通过，此时急加油导致的结果只能是泥坑越来越深。

图4–6　车轮陷入泥坑的汽车

如果坑比较深，而我们车辆的接近角和离去角又很小的情况下，也可以利用路边的平整石块、树枝或者蒿草类植物加垫，还是不行的话，也可以用自己的衣服塞进泥坑。如果车上有同伴，可以让其协助推车，但需注意不要让人站在两只后轮的后方推车，以防止被车轮带出的泥块和石头击伤。如果是越野车进行越野，通常使用绞盘进行自救，如图 4-7 所示。

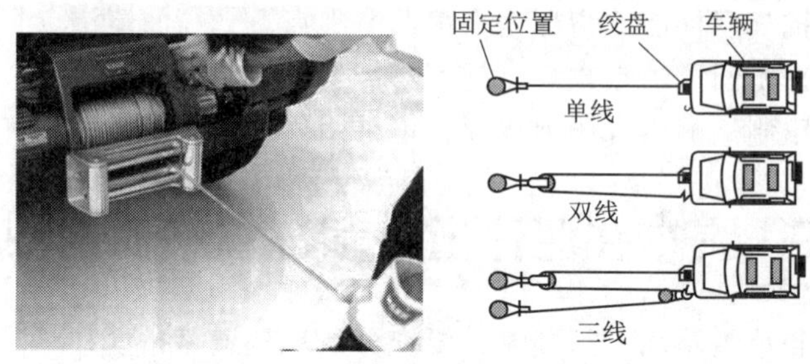

图 4-7　越野车上绞盘的使用

（4）打滑应急处理

前轮转向不足打滑以及后轮侧滑转向过度这两种情况，都会造成车体后部不能及时摆正行驶路面方向，此时手动挡车应该急速踏下离合器、自动挡车入“N”挡，让前轮尽可能转向正常行驶方向以增加外侧轮胎的牵引力，使得车身得到正常控制后继续驾驶。

2. 冰雪路面安全行车技巧

（1）在冰雪路面上起步时，应缓加油、慢抬离合器

如果在起步时出现车轮打滑的现象，可挂入比平时高一级的挡位，如小轿车可用二挡起步、货车空车时用三挡、重车时用二挡起步。离合器松开时比往常要慢，调整传动力的大小最好用半离合的幅度来解决。节气门比平时起步时要小，只要发动机不熄火就行。一旦车轮已经转动起来，立即换入低一级挡位，就可以正常加油走了。这些都要求驾驶人换挡动作要快，加速踏板、离合器、挡位配合要准确。特别是在坡路上起步，一旦起步发生侧滑，要充分利用紧打方向的办法来纠正。具体的办法是：前轮驱动的车型侧滑时，立即停止起步，稍微往后溜一点，让前轮躲开平滑的位置重新起步；后轮驱动的车型，车尾向左侧滑，方向就向左打，车尾向右侧滑，方向就向右打，这样可以抵消一部分侧滑力，待车身顺直以后，同时回正转向盘，再慢慢起步就行了。按照以上的做法，如果汽车仍不能起步时，应当在驱动轮下铺撒沙土、炉灰或杂草等物，增加车轮的附着力；如果车辆起步后出现溜车的情况，要及时踏下制动踏板停车，然后重新起步。

（2）在行车中，要始终保持低速平稳驾驶

由于制动距离会随着车速的提高而加大，所以控制车速和与前车保持较大的安全距离是冰雪路面行车的关键。一般来说，城市道路应控制在每小时 10 km 的速度，郊区普通公路也不应该超过每小时 15 km，要视道路和交通环境而定。对于保持较大的安全距离，具体地说，多高的行驶速度，就要保持多长的安全行车距离，如每小时 30 km 的速度，就要保持 30 m 长的距离。因为驾驶员从发现情况到踏下制动踏板的时间最快也要 0.03 s，而机械反应时间也需要 8.33 m 的距离。所以，如果车辆行驶速度过快，两车之间的安全距离短，一旦遇紧急情况后果不堪设想。

（3）冰雪路面上禁忌急打方向

当需要转向时，也要先减速，适当加大转弯半径并慢打转向盘。双手握住转向盘操作要匀顺缓和，否则就会发生侧滑。这是因为转向过猛、转向轮横向偏移，造成车辆前轮阻力突然加大，

在惯性的作用下车尾向外甩出的现象。特别是在山区的公路上，有时冰雪路面是间断的，打方向时，最好提前采取措施在间断处完成。如果在冰雪路面打急方向（见图 4–8）很可能会因侧滑横在路上或冲出路基发生重大交通事故。

图 4–8　冰雪路面打急方向

（4）在冰雪路上行驶，尽量少用脚制动

因为在冰雪路面行车不准空挡或者熄火滑行，所以需要减速停车时，应先利用发动机的“牵阻”制动进行减速，使发动机转速迅速下降，迫使驱动轮转速降低。无论是否带有 ABS 防抱死制动系统的车型都应该这样做。比如，车辆用 4 挡行驶时，先将右脚从加速踏板松开放到制动踏板上，左脚迅速踩离合器，将挡位换到 3 挡，遇紧急情况也可以直接从 4 挡换到 2 挡甚至 1 挡，然后抬起离合，右脚再轻轻反复点踏制动踏板慢慢停车。

（5）超车也要有学问

冰雪路面上行车最好不要超车，跟在前车后面谨慎行驶。因为前面的车已将雪地轧出了冰辙，所以要更加格外小心。最好让冰辙夹在两轮之间绕过去。如果要超车必须变更车道时，千万不要急打转向盘，缓慢地驶出冰辙后再超过去。同时还要注意观察欲变更车道前后车辆的距离，可以超车时，先打开转向灯，多看相应方向的后视镜，确认没有危险时再变更车道。如果车辆陷在雪中走不了，在不影响其他车辆安全行驶的情况下，可以挂上倒挡，轻踩加速踏板和离合器慢慢往后倒车，离开打滑区域后再向前行驶。

（6）保持车辆前后风挡玻璃的良好视线

雪天行车之前，首先要检查雨刷器和玻璃水是否正常，因为车顶上的雪融化后会从前风挡玻璃上流下来，前车行驶中甩起来的泥污也会溅到风挡玻璃上，这时，就要喷玻璃水用雨刷器刷干净，才能保持良好的行车视线。行车中，还要把后风挡玻璃的电热除霜器打开，如果后风挡玻璃结雾会阻碍后视镜的视线，司机不好判断后面车辆的情况。前风挡玻璃和反光镜两侧的玻璃上如果结了雾，可以打开车内的暖风开关，大风量吹散玻璃上的雾气，千万不可手里拿着棉布或毛巾等物擦拭玻璃上的雾气，以免发生交通事故。

（7）保持较大的会车横向安全距离

冰雪路面行车进出主路、通过十字路口、左右转弯、双方会车，以及遇有行人和自行车时，要充分顾及他人，礼貌让行，始终保持较大的横向安全距离。特别是一些新司机或骑车人行驶速度缓慢时，应该多谅解，一般不要闪灯鸣笛催促，否则会给他人精神上造成恐慌。有时，自行车和行人可能会在混合路段的非机动车道内或胡同的两侧，因路滑不慎摔倒，驾驶员宁可停车让行，也不要抢道行驶，随时避免可能发生的人身伤亡事故。

（8）保持良好的心理状态

对于那些有经验的老司机来说，冰雪路面虽然不可怕，但也要谨慎慢行，分不同情况处理就行了。而冰雪路面对新司机而言确实是一个考验。驾驶车辆的各种操作动作要柔和，尤其是在坡度较大的立交桥上行驶，上下坡难度大、易熄火，新司机可改走辅路，避免多次上下桥区行驶的危险。一定切记遇上紧急情况千万不要惊慌失措，更不要做过激的动作，应该做到头脑沉着冷静，按照自己的分析判断，果断处理。

4.6 汽车磨合期油路、电路检测

汽车磨合期的油耗应相对较大，如磨合期后的油耗大，可能是喷油嘴和节气门过脏、进气门过脏，没有及时进行清理导致的。

① 油路和电路故障是导致油耗猛增的两个比较常见的原因，如果在清洗了喷油嘴和节气门等关键部位后，油耗仍然没有改观，那这两个位置就应该高度重视，因为油路和电路出现故障后，发动机在工作时就会增大喷油量，自然油耗也就增大了。

② 检查火花塞和点火线，如这火花塞和点火线损坏，发动机内的某个缸体做功不足，甚至不做功，将导致汽车动力不足。

③ 如车电控发动机喷油的时间不正确，在应该减少喷油量的时候却加大了喷油量，导致油耗增加，因此，应检测汽车电控发动机的喷油时间。

④ 新车各个零部件都处于磨合期，一定要注意对新车的保养，定期更换机油，清洗喷油嘴和节气门等部位，一旦出现了问题要及时到维修站进行检查。

⑤ 新车在行驶了 8 000～10 000 km 时，必须对燃烧室和进气道的积炭进行清洗，同时要及时更换“三滤”，这对新车以后的油耗都有重要的影响。

4.7 汽车在高温条件下的使用性能检测

（1）加强季节性检测

为适应汽车夏季正常运行的要求，在夏季来临之前，结合二级维护对全车进行一些必要的季节性检查与调整。

① 冷却系检查。

a. 对冷却系的密封情况，风扇皮带的松紧度，节温器的工作情况进行检查，并保证系统有充足的冷却液。

b. 清除冷却系（散热器、水套）的水垢。

c. 在发动机过热，水箱开锅时，应及时停车降温，且注意不要熄火，防止发动机内部过热而发生拉缸事故。

② 在炎热的夏季，发动机应换用黏度较高的润滑油，大型载货（客）汽车变速器和差速器应换用厚质齿轮油，应适当缩短换油周期。轮毂轴承换用滴点较高的润滑脂，要按规定周期进行检查与维护。

③ 经常检查电解液密度和液面高度，电解液的密度比冬季使用时要小些，应及时补充蒸馏水，并保持通气孔畅通。适当调整发电机调节器，减小发电机的充电电流。

（2）防止发动机爆燃

应根据发动机的压缩比选用辛烷值合适的汽油，当使用的汽油牌号低于要求时，应调整分电器上的辛烷值调节装置，适当推迟点火提前角，降低燃烧室末端混合气温度；对燃烧室、活塞顶部、气门头等部位的积炭要进行彻底清除，清除炽热点，保持良好的散热性和正常的压缩点。有的汽车安装有爆燃限制器，要保证性能完好。

(3) 防止供油系气阻

对于使用中的汽车，防止气阻的措施是在原车的基础上改善发动机的散热和通风，以及隔开供油系的受热部位。具体措施如下:

① 行车中发生了气阻，可用湿布使汽油泵冷却或将汽车开到阴凉处，降温排除。

② 改变膜片式汽油泵的安装位置，由原来靠近排气管后侧处，移至排气管前面通风良好处，并在汽油泵与排气管之间加装一块隔热板，以防汽油泵受高温而影响正常工作。

③ 提高汽油泵抗气阻能力，可在汽油泵进、出油阀上各装一个旧单向阀弹簧，用以抗气阻。

④ 改进汽油泵的结构。

⑤ 装用晶体管电动汽油泵。晶体管电动汽油泵具有结构简单、工作可靠、不受安装位置的限制(即可以远离热源装在汽车大梁外侧)、防止气阻产生等特点。

(4)加强轮胎的使用与检查高温环境下长时间行车必须经常检查轮胎温度，防止胎温过高，必要时，应将车辆停在阴凉的地方降温，待胎温降低后再继续行驶，绝不能采用泼冷水或放气降压的方法降温。行驶中应严格控制车速，并注意加强轮胎的定期换位保养工作。按规定标准对轮胎进行充气，保持气压正常。

(5) 防止制动效能下降

液压制动的车辆应选用沸点高(不低于 115℃)的制动液，注意检修制动总泵和分泵，特别是密封皮圈，排除管路中的空气。气压制动的车辆要检查制动软管和分泵皮碗的良好程度，发现问题及时更换。在行车中如感到制动效能有所下降，应停车检查、降温。另外，也可安装制动毂滴水冷却装置，改善制动毂的散热条件，确保制动良好。

(6) 改进散热装置，提高冷却强度

冷却系散热好坏，取决于冷却系统机件是否匹配及设计是否合理。我国幅员辽阔，从寒冷的北方到炎热的南方都使用一种冷却系统就很难适应，因此，可对冷却系某些机件进行适当改进，以提高冷却强度。如：增加风扇叶片数、叶片直径或叶片角度，提高风扇转速，以增加风扇对散热器的覆盖面积和通风流量；增加水泵叶轮上的叶片和叶片直径，以提高泵水压力；增大节温器主阀门通道，以加快水的大循环；适当提高散热器盖上压力阀的压力，从而提高冷却水的沸点，达到增加散热器散热量的目的；在散热器旁安装补偿水桶，当冷却水受热膨胀时流入补偿水桶，当温度降低后自动流回散热器，以减少冷却水的损失。

小　结

掌握下列概念

磨合期：指在汽车运行初期改善零件摩擦表面的几何形状和表面层物理机械性能的过程，新车和大修竣工车最初的使用阶段称为磨合期。汽车的使用期限、行驶可靠性、动力性和燃料经济性与汽车工作初期的使用情况有很大关系。

这些内容与后续知识的学习关系紧密

（1）汽车在低温条件下使用特点

发动机起动困难、汽车机械磨损严重、燃油消耗量增加、零件材料在低温下的物理性能下降。

（2）汽车在磨合期必须遵守下列规定

① 发动机刚起动时，不要猛踩加速踏板急剧增加其转速。

② 汽车在行驶中，不允许长时间的高速行驶或低速挡时加速行驶，不要以单一速度长时间快速或慢速行驶，也不要在高速挡情况下缓慢驾驶。

③ 尽量选择良好的路面行驶。

④ 控制车速注意路面状态，避免紧急制动，以免损坏机件。缓和地使用制动，能较好地磨合并延长其使用寿命。

⑤ 保持发动机工作温度在一定范围（80~90℃）。

⑥ 选用品质好的燃油和润滑油。

⑦ 加强各润滑部位润滑，及时对螺栓、螺母松动进行紧固。

⑧ 磨合期满后，应进行一次磨合维护，结合一级维护对汽车进行全面的检查、紧固、调整和润滑作业（更换润滑油），拆除限速片。其作业项目和深度参照制造厂的要求进行。

（3）泥泞道路安全行驶技巧

慢慢加油提速、切忌空挡下坡、自救、打滑应急处理。

习　题

一、填空题

1. 汽车磨合期实际上是为了使汽车向正常使用阶段过渡，而在使用中对相互配合的______进行磨合加工的工艺过程。
2. 汽车在磨合期应保持发动机工作温度在________。
3. 在低温条件下使用汽车，________，________，热状况不良，________消耗量增加，轮胎强度减弱，行车条件明显变差的现象。
4. 气温越高，空气密度________，发动机的实际进气量________。
5. 下长坡时，制动蹄摩擦衬片温度可达400℃左右。在这种情况下，摩擦衬片的________急剧下降，严重时可能出现________。
6. 泥泞路面或者有大量积水路面，行车要________加速。

二、判断题

1. 只有新车才需要磨合。（　　）
2. 一般气温在-15～-10℃范围时，汽车冷起动则有一定困难。（　　）
3. 高温时汽车发动机燃料供给系统易发生气阻。（　　）
4. 汽车在山区行驶时，换挡、制动和转弯次数多（见图 4-4），底盘机构的载荷大，轮胎磨损大，应适当缩短维护周期。（　　）

5. 在冰雪路面上起步时，应缓加油、慢抬离合器。　　　　　　　　　　　　　　（　　）

三、问答题

1. 汽车在磨合期必须遵守哪些规定？
2. 试论述汽车在低温条件下使用特点。
3. 高温环境对汽车会造成哪些危害？
4. 高原及山区条件下汽车制动系有哪些使用特点？
5. 论述泥泞道路安全行驶技巧。
6. 论述冰雪路面安全行车技巧。

单元5

汽车典型系统检测

学习目标	☑了解汽车典型系统的检测项目及设备； ☑熟悉汽车典型系统的检测相关标准； ☑理解汽车典型系统检测设备的工作原理； ☑掌握汽车典型系统的检测方法； ☑能够对汽车典型系统的检测结果进行分析，确定故障所在部位。

本单元结构图

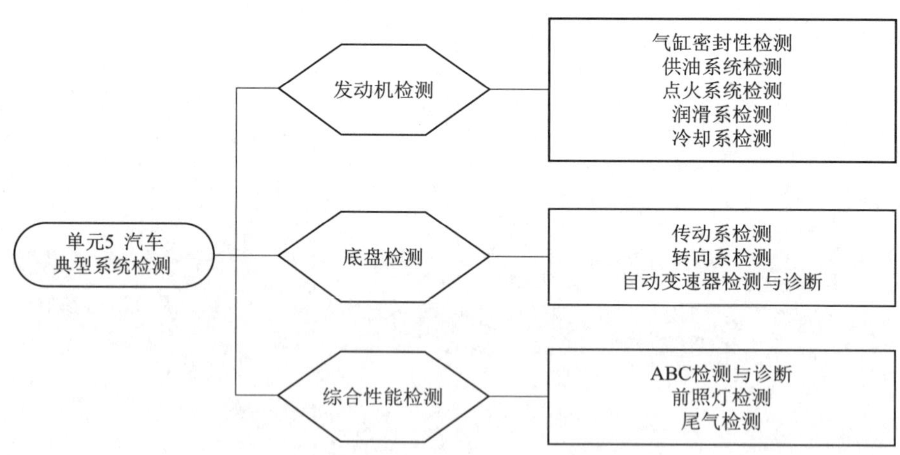

本单元介绍汽车典型系统的检测。

汽车发动机是汽车的动力源，汽车的动力性、经济性、可靠性和环保性等性能指标都直接与发动机有关。发动机的结构复杂，转速与负荷变化范围大，工作条件苛刻，因而故障率较高，是汽车检测与诊断的重点。汽车底盘技术状况的好坏，将直接关系到整车行驶的操纵稳定性和安全性，同时还影响发动机的动力传递和燃油消耗。

5.1 气缸密封性检测

气缸密封性与气缸、气缸盖、气缸衬垫、活塞、活塞环及进排气门等零件的技术状况有关，在发动机使用过程中，由于上述零件的磨损、烧蚀、结胶和积炭等原因，导致了发动机气缸密封性的下降，进而影响了发动机的动力性、经济性及其使用寿命。因此，有必要定期对发动机气缸密封性进行检测与判断，并使其能尽可能地保持良好的工作状态。发动机气缸密封性好坏主要是通过检测气缸压缩压力、曲轴箱漏气量、气缸漏气量（率）以及进气管真空度等参数来进行分析判断。

5.1.1 气缸压缩压力检测

检测活塞到达压缩终了上止点时气缸压缩压力（以下简称为“气缸压力”）的大小，可以表明气缸的密封性。可用气缸压力表检测气缸压力。由于气缸压力表具有价格低廉，轻便小巧，实用性强和检测方法简便等优点，在汽车维修企业中应用非常广泛。

1. 气缸压力表

气缸压力表是一种气体专用压力表。它一般由压力表头、导管、单向阀和接头等组成。压力表头多为波登管（Bourdon-tube）式，其驱动元件是一根扁平的弯曲成圆圈状的管子，一端为固定端，另一端为活动端。活动端通过杠杆、齿轮机构与指针相连。当气体压力进入弯管时，弯管伸直，通过杠杆、齿轮机构带动指针运动，在表盘上指示出压力的大小。

气缸压力表的接头有两种形式：一种为螺纹管接头，可以拧紧在火花塞（汽油发动机）或喷油器（柴油发动机）内；另一种为锥形或阶梯形的橡胶接头，可以压紧在火花塞或喷油器孔上。接头通过导管与压力表头相连通。导管也有两种：一种为软导管；另一种为金属硬导管。软导管适用于螺纹管接头与压力表头的连接，硬导管适用于橡胶接头与表头的连接。

气缸压力表还装有能通大气的单向阀。当单向阀处于关闭位置时，可保持压力表指针位置以便于读数。当单向阀处于打开位置时，可使压力表指针回零。气缸压力表外形如图 5-1 所示。

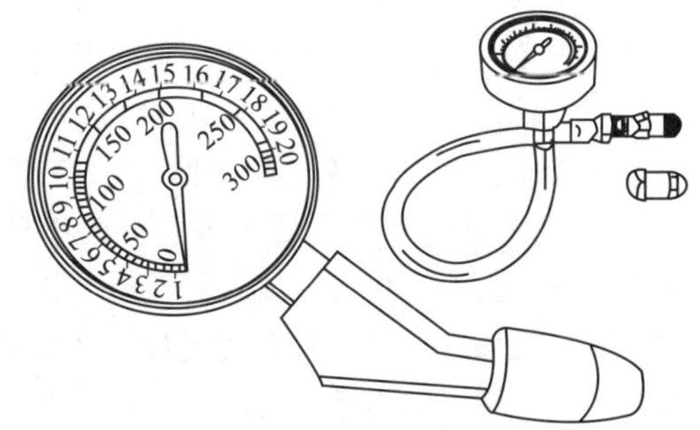

图 5-1 气缸压力表外形图

2. 用气缸压力表检测的一般步骤

① 起动发动机并运转到正常工作温度，水冷式发动机需要达到 75～95℃。

② 使用蓄电池电量检测仪检测蓄电池电量，应符合要求，一般要求放电电量不低于 50%，拆下空气滤清器。

③ 拔掉点火线圈插头与燃油泵继电器（或者燃油泵熔丝）。

④ 旋下全部火花塞（汽油发动机）或喷油器（柴油发动机）， 柴油发动机必须采用螺纹接口式气缸压力表，将气缸压力表螺纹接口旋入喷油器座孔内。

⑤ 节气门要求达到全开状态，使用起动机带动曲轴旋转 3～5 s，使发动机转速保持在 150～180 r/min（汽油发动机）或 500 r/min（柴油发动机），这时气缸压力表所指示的压力值，就是该

气缸的气缸压力。

⑥ 按下气缸压力表上的放气阀，压力表指针归零。

⑦ 在实际测量气缸压缩力时，每个气缸应重复 2～3 次，测量结果应取其测量次数的平均值。

3. 检测标准及检测结果分析

（1）检测标准

根据 GB/T 15746—2011《汽车修理质量检查评定方法》的表 B.2 的规定：在正常工作温度下，气缸压缩压力应符合原设计规定；其压力差汽油机应不超过各缸平均压力的5%，柴油机应不超过 8%。

（2）检测结果分析

当气缸压缩压力的检测值低于标准值时，常根据润滑油具有密封作用的特点，用下述方法确定导致气缸密封性不良的原因所在。由火花塞或喷油器孔注入适量（一般为 20～30 mL）润滑油后，再次检测气缸压缩压力，并比较两次检测结果。

① 如果第二次检测结果比第一次高，并接近标准值，则表明气缸密封性不良是由于气缸、活塞环、活塞磨损过大或活塞环对口、卡死、断裂及缸壁拉伤等原因而引起的。

② 如果第二次检测结果与第一次近似，则表明气缸密封性不良的原因为进、排气门或气缸衬垫不密封（滴入的润滑油难以达到这些部位）。

③ 两次检测结果均表明某相邻两缸压缩压力低，其原因可能是两缸相邻处的气缸衬垫烧损窜气。

如果所测气缸压缩压力高于标准值，并不一定说明气缸密封性好，而应结合使用和维修情况分析具体原因。因为燃烧室内积炭过多、气缸衬垫过薄或缸体与缸盖的结合平面经多次修理后加工过度，均会导致气缸压缩压力过高。同时，气缸压缩压力高于标准值常会导致爆燃、早燃等不正常燃烧情况的发生。

以上仅为对气缸活塞组不密封部位的故障分析推断，并不能完全确定故障原因及准确部位，还需配合其他方法检测故障所在。在测量气缸压力后，针对压力低的气缸，常采用如下简易办法：拆下滤清器，打开散热器盖、加机油口和节气门，用一条胶管；一头接在压缩空气气源（600 kPa 以上），另一头通过锥形橡皮头插在火花塞或喷油器孔内；摇转发动机曲轴，使被测气缸活塞处于压缩终了上止点位置，然后将变速器挂入低速挡，拉紧驻车制动器，打开压缩空气开关，注意倾听发动机漏气声。如果在进气管口处听到漏气声，说明进气门关闭不严；如果在排气消声器口处听到漏气声，说明排气门关闭不严。如果在散热器加水口处看到有气泡冒出，说明气缸垫不密封造成气缸与水套沟通；如果在加油口处听到漏气声，说明气缸活塞配合副磨损严重。

检测缸压注意事项如下：

① 不能在凉车时测缸压。由于温度和大气压等因素的影响，只有在发动机达到正常工作温度时测得的缸压才具有实质性的参考价值。

② 对于电喷车在测试中必须拆下燃油泵熔丝或其他继电器、熔丝再测量，否则往往会导致“淹缸”以及缸压偏低的情况。

③ 测试过程中须将节气门全开，否则会由于燃烧室内进气量不足，导致缸压偏低。

④ 由于缸压测量具有一定的偶然性，只测一次往往不准确，只有经过 2～3 次测试取其平均值，测试结果才有效。

⑤ 测试中起动机运转时间不能过长或过短。时间过长会过多消耗电能和损害起动机，过短则会达不到测试标准。

用普通气缸压力表检测气缸压力，必须将火花塞拆下，一缸一缸地测量，费时费力，而且存在较大的测量误差。研究表明，这种方法的测量结果，不仅与气缸内各处的密封程度有关，还与曲轴转速有关。例如某发动机气缸压力与曲轴转速的关系曲线，如图 5-2 所示，只有当曲轴转速超过 1 500 r/min 以后，气缸压力曲线才变得比较平缓。但在低速范围内，即在检测条件中由起动机带动曲轴达到的转速范围内，即使较小的Δn，也能引起气缸压力的较大变化值如Δp。所以，在检测气缸压力时，应用转速表严格监控曲轴转速，只有获得准确的、稳定的转速值，才能使测得的气缸压力值误差最小。

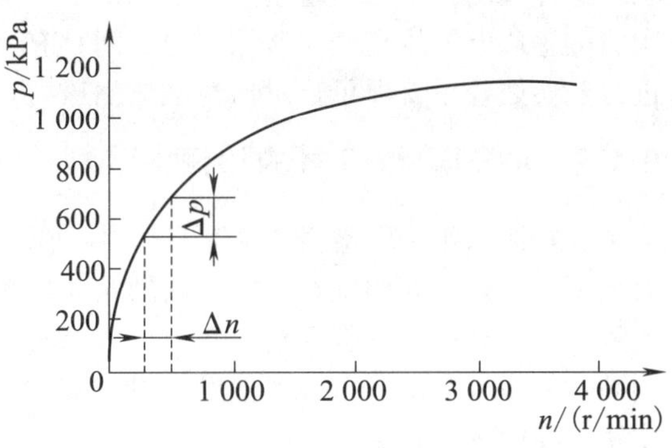

图 5-2　发动机气缸压力与曲轴转速的关系曲线

4. 用气缸压力检测仪检测

气缸压力检测仪主要有压力传感器式气缸压力检测仪、起动电流式气缸压力检测仪及电感放电式气缸压力检测仪等形式。

（1）压力传感器式气缸压力检测仪

它是利用压力传感器拾取气缸内的压力信号，经 A/D 转换器进行模/数转换，在显示装置上显示出气缸压力。测量时，卸下被测气缸的火花塞，旋上仪器配置的传感器，用起动机带动曲轴旋转 3～5 s，读出显示数值即为该气缸压力值。

（2）起动电流式气缸压力检测仪

这种检测仪的工作原理是：启动机产生的扭矩是启动机电流的函数，而扭矩又与气缸压缩压力成正比。所以，启动电流的变化和气缸压缩压力之间存在着相应关系。测量与某气缸压缩压力相对应的启动电流值，就可以确定该缸压缩压力的大小。

有些仪器，如元征 EA-3000 型发动机综合性能检测仪，可以把启动电流的波形变成直方图来更直观地显示各缸的气缸压力（见图 5-3）。检测时，启动发动机，仪器自动全部断油，屏幕上显示出发动机转速、启动电流，同时绘出启动电流曲线和相对气缸压力的直方图。

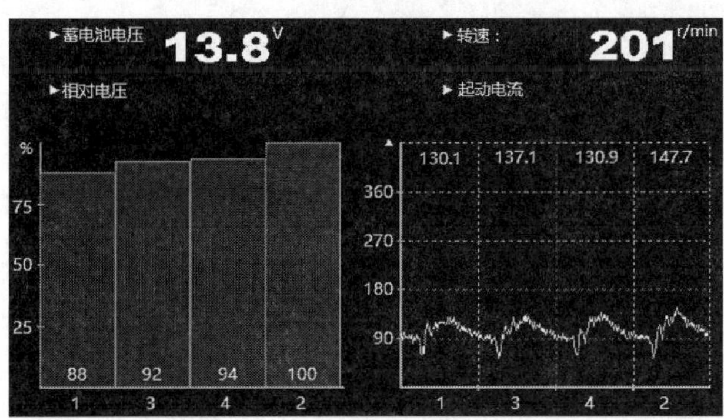

图 5-3　气缸相对压缩压力测试

（3）电感放电式气缸压力检测仪

这种检测仪是通过检测点火系二次电压来确定气缸压力的仪器，只适用汽油机。点火线圈次级电感放电电压和气缸压缩压力之间具有近乎直线的对应关系。因此，取得各缸信号经电路进行变换处理后，即可显示出气缸压缩压力。

5.1.2 曲轴箱窜气量的检测

气缸活塞组配合磨损、活塞环弹性下降或黏结都会使气缸密封性下降，工作介质和燃气将会从不密封处窜入曲轴箱。窜入曲轴箱气体越多，表明气缸活塞配合副磨损、活塞环弹性下降的程度就越高。有资料介绍，新出厂发动机曲轴窜气量为 15～20 L/min，使用磨损后的发动机则高达 80～130 L/min。一般把发动机工作时单位时间内窜入曲轴箱的气体量作为衡量气缸活塞副密封性的评价指标。

曲轴箱的窜气量需采用漏气量检验仪进行检测，相应的试验条件和试验方法在国家标准 GB 18352.6—2016《轻型汽车污染物排放限值及测量方法（中国第六阶段）》以及 GB 11340—2005《装用点燃式发动机重型汽车曲轴箱污染物排放限值及测量方法》中分别作了规定。本小节介绍 GB 18352.6—2016《轻型汽车污染物排放限值及测量方法（中国第六阶段）》中的曲轴箱污染物排放试验（Ⅲ型试验）。

（1）一般规定

Ⅲ型试验在已经进行了Ⅰ型试验的汽车上进行。被试发动机必须包括防漏发动机，但不包括那些在结构上即使有一点泄漏也会造成不能接受的运转故障的发动机（如卧式双缸对置发动机）。

（2）试验条件

怠速必须调整到制造厂规定的状况；按表 5-1 中规定的三种发动机运转工况进行测量。

（3）试验方法

必须在表 5-1 所列运转工况下，检查曲轴箱通风系统功能的可靠性。

（4）曲轴箱通风系统的检查方法（见图 5-4）

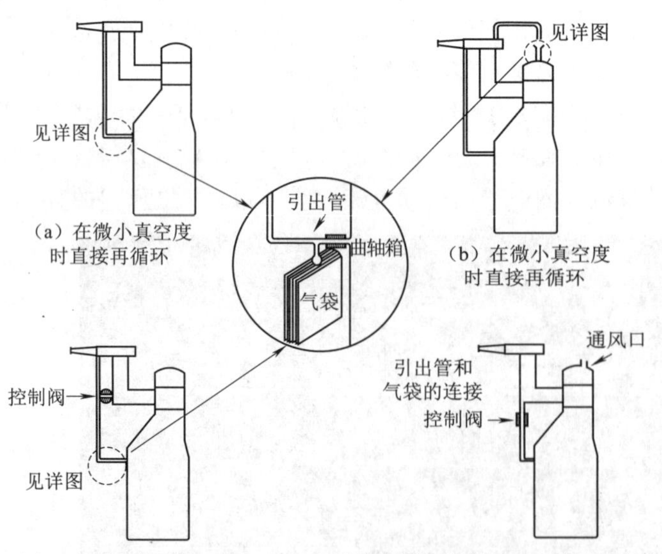

图 5-4 曲轴箱污染物排放试验（Ⅲ型试验）

① 发动机的缝隙或孔应保持原状。

② 在适当位置测量曲轴箱内的压力。例如在机油标尺孔处使用倾斜式压力计进行测量。

③ 如果在表 5-1 规定的各测量工况下，测得的曲轴箱内的压力均不超过测量时的大气压力，则认为汽车曲轴箱污染物排放满足要求。

④ 用上述方法进行试验时，测量进气支管中的压力，其准确度应在±1 kPa 以内。

⑤ 测量测功机指示的车速，其准确度应在±2 km/h 以内。

⑥ 测量曲轴箱内的压力，其准确度应在±0.01 kPa 以内。

⑦ 如果在规定的某一测量工况下，在曲轴箱内测得的压力超过大气压，若制造厂提出要求，则进行下面规定的追加试验。

（5）追加试验

① 发动机的缝隙或孔应保持原状。

② 在机油标尺孔处连接一个容积大约为 5 L，不泄漏曲轴箱气体的柔性袋，每次测量前应将柔性袋排空。

③ 每次测量前气袋应该封闭。在表 5-1 规定的每种测量工况下，气袋应与曲轴箱接通 5 min。

④ 每次测量前应将柔性袋排每次测量前气袋应该封闭。在表 5-1 规定的每种测量工况下，气袋应与曲轴箱接通 5min。

表 5-1　发动机运转工况

序号	车速/（km/h）	底盘测功机吸收的功率
1	怠速	无
2	50 ± 2（3 挡或前进挡）	相当于 I 型试验 50 km/h 下的设定状况
3	50 ± 2（3 挡或前进挡）	第 2 号工况的设定值乘以系数 1.7

⑤ 若在表 5-1 规定的每一测量工况下，气袋均没有出现可观察到的涨大，则认为此汽车曲轴箱污染物排放满足要求。

GB 11340—2005《装用点燃式发动机重型汽车曲轴箱污染物排放限值》试验类似，其曲轴箱排放试验运转工况见表 5-2。

表 5-2　曲轴箱排放试验运转工况

序号	车速/（km/h）	测功机吸收的功率
1	车辆静止，发动机怠速运行	0，无
2	50 ± 2	车辆以基准质量，在平坦路面上，以直接挡 50 km/h 等速行驶时的负荷
3	50 ± 2	第 2 号工况的设定值乘以系数 1.7

如图 5-5 所示为一种测量气体流量的玻璃流量计示意图。在测量时，将曲轴箱密封（堵住润滑油尺口、曲轴箱通风进出口等），由加润滑油口处用橡胶管将漏窜气体导出，输入气体流量计。当气体沿图中箭头方向移动时，由于流量孔板两边存在压力差使压力计水柱移动，直到气体压力与水柱落差平衡为止。压力计通常以流量刻度，因而由压力计水柱高度可以确定窜入曲轴箱气体的数量，流量孔板备有不同直径的小孔，可以根据漏入窜气体数量的范围来选用。

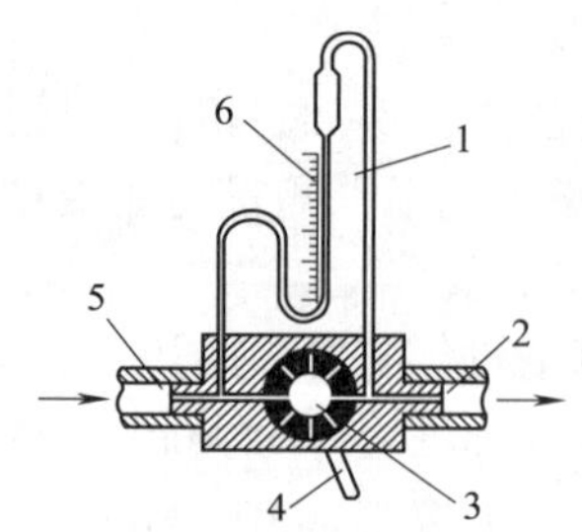

图 5-5　气体流量计示意图

1—压力计；2—大气管；3—流量孔板；4—流量扳手柄；5—通曲轴箱胶管；6—刻度板

5.1.3　气缸漏气量和漏气率检测

气缸漏气量的检测采用气缸漏气量检测仪进行。其基本原理是利用充入气缸的压缩气，用压力表检测活塞处于压缩终了上止点时气缸内压力的变化情况，来表征整个气缸组的密封性。即不仅表征气缸活塞组摩擦副的密封性，还要表征进排气门、气缸衬垫、气缸盖及气缸的密封性。

1. 气缸漏气量检测仪结构原理

图 5-6 所示为国产气缸漏气量检测仪，主要由调压阀、进气压力表、测量表、校正孔板、橡胶软管、快速接头、充气嘴等组成。测试时，检测仪的充气嘴安装于所测气缸的火花塞孔上，该缸活塞处于上止点位置。外接气源的压力应相当于气缸压缩压力，一般为 600～800 kPa，其具体压力值由进气压力表显示；经调压阀、校正孔板的量孔、橡胶软管、快速管接头、充气嘴进入气缸。当气缸密封不严时，压缩空气就会从不密封处溢漏出去，校正孔板量孔后的空气压力下降为 p_2。则 p_1 和 p_2 的关系为

$$p_1 - p_2 = \frac{\rho Q^2}{\varphi^2 A^2} \tag{5.1}$$

式中　Q——空气流量；

A——量孔截面积；

ρ——空气密度；

φ——流量系数。

当校正孔板量孔截面积和结构一定时，A 和 φ 为常数；而进气压力 p_1，及测试时的环境温度一定时，空气密度亦为常数，因此校正孔板量孔后的压力 p_2（由测量表指示）取决于经过量孔的空气流量 Q。显然，空气流量 Q 的大小（漏气量）与气缸的密封程度有关。由于气缸、活塞、活塞环和气门、气门座等处磨损过大或因故障密封不良时，漏气量 Q 增大而使测量表指示压力 p_2 低于进气压力 p_1 的量增大。因此，根据测量表压力下降值即可判断气缸的漏气量，并由此判断出气缸的密封性。

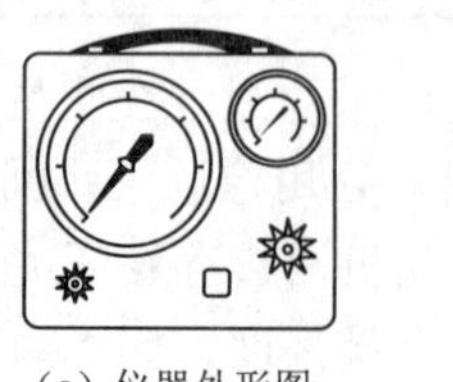

（a）仪器外形图

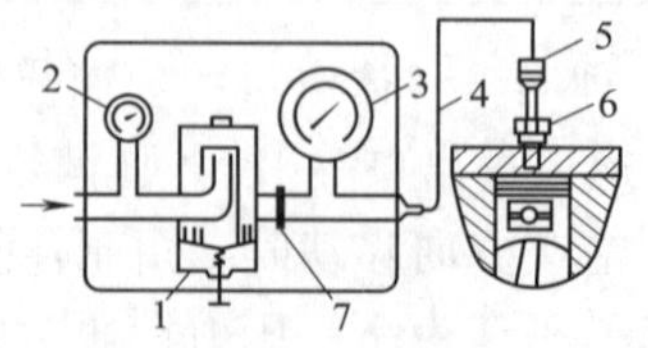

（b）工作原理图

图 5-6　QLY-1 型气缸漏气量检测仪

1—调压阀；2—进气压力表；3—测量表；4—橡胶软管；5—快速接头；6—充气嘴；7—校正孔板

2. 气缸漏气量的检测方法

① 先将发动机预热到正常温度，然后用压缩空气吹净缸盖，特别要吹净火花塞孔上的灰尘，最后拧下所有火花塞，装上充气嘴。

② 将仪器接上气源，在仪器出气口完全密封的情况下，通过调节减压阀，使测量表指针指在 392.27 kPa 位置上。

③ 拔下各缸点火线圈插头，装上指针和活塞定位盘如图 5-7 所示，按照点火顺序和定位盘的刻度，便能确定各缸的上止点位置。

④ 摇动曲轴，先使第 1 缸活塞处于压缩终了上止点位置，然后转动活塞定位盘使刻度“1”对正指针，变速器挂低速挡，拉紧驻车制动器手柄。

⑤ 把第 1 缸充气嘴接上快换管接头，向第 1 缸充气，测量表上的读数便反映了该缸的密封性。在充气的同时，可以从进气管口、排气消声器口、散热器加水口和加润滑油口等处，察听是否有漏气声，以便找出故障部位。

⑥ 摇转曲轴，使指针对正活塞定位盘上、下一缸上止点的刻度线，按以上方法检测下一缸漏气量。按以上方法和点火顺序，检测其他各缸的漏气量，为使数据可靠，各缸应重复测量 1 次。仪器使用完毕后，减压阀应退回到原来位置。

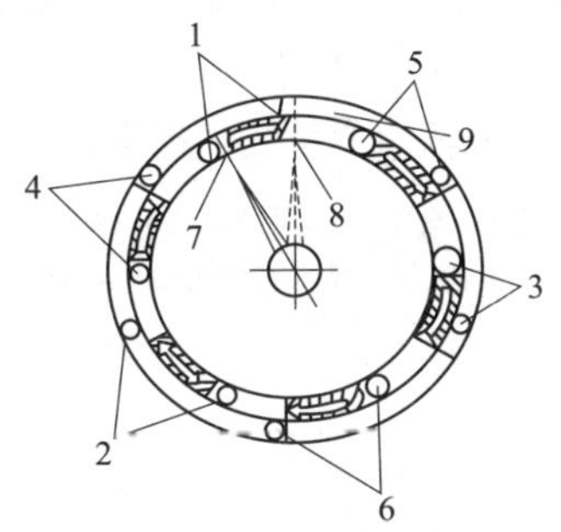

图 5-7　活塞定位盘

点火顺序：1—5—3—6—2—4；7—压缩行程开始位置；8—压缩行程上止点；9—气缸上止点位置

5.1.4　进气歧管真空度检测

进气歧管真空度是衡量发动机技术状况的综合参数，发动机进气歧管真空度随气缸活塞组的磨损而变化，并与配气机构零件状况以及点火系和供油系的调整有关，利用真空表，检测汽油机进气管的真空度，可以表征气缸活塞组和进气管的密封性。

1. 真空表

检测真空度的真空表，由表头和软管组成，如图 5-8 所示。真空表头同气缸压力表头一样，多为波登管。当真空进入表头内弯管时，弯管更加弯曲，于是通过杠杆、齿轮机构带动指针动作，在表盘上指示出真空度的大小，真空表的量程为 0～100 kPa（旧式表为 0～760 mmHg）。软管一头固定在表头上，另一头可方便地连接在进气管的接头上。

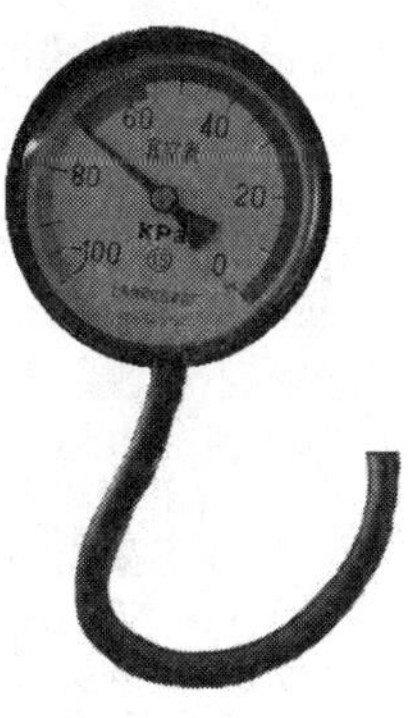

图 5-8　真空表

2. 真空度测试方法

① 发动机预热达到正常的工作温度。

② 用一条长约 30 cm 的真空管将真空表接到进气歧管处，选择这个长度是为了阻止表针的过量摆动。

③ 变速器处于空挡位置，发动机怠速运转。

④ 读取真空表的读数。

考虑大气压的影响，真空度的参数标准应根据测量地点的海拔进行修正。一般海拔每增加 1 000 m，真空度将减少 10 kPa 左右。

3. 检测结果分析

① 在相当于海平面高度的条件下，发动机怠速运转时，真空表表针稳定在 57～71 kPa 范围内，波动值小于或等于 5 kPa。迅速开启并立即关闭节气门时，表针能随之在 6.8～84 kPa 之间摆动，说明气缸密封良好。

② 怠速时，真空表指针在 50.6～67.6 kPa 摆动，表示气门黏滞或点火系有问题。

③ 怠速时，若真空表指针低于正常值，主要是活塞环、进气管漏气造成的，也可能与点火过迟或配气过迟有关。此种情况下，若突然开启并关闭节气门，指针会回落，但回跳不到 84 kPa。

④ 怠速时，真空表指针在 33.8～74.3 kPa 缓慢摆动，且随发动机转速升高加剧摆动，表示气门弹簧弹力不足、气门导管磨损或气缸衬垫泄漏。

⑤ 怠速时，真空表指针有规律地跌落，表示某气门烧毁。当烧毁的气门工作时，指针就跌落。

⑥ 三元催化剂结胶、积炭和破碎会引起排气系统局部堵塞，使排气负压增加。真空度过低，造成进气不充分、排气不彻底。此时，怠速真空度只达到 57 kPa，甚至迅速跌落至 0，若堵塞严重，发动机只能维持低速运转。

⑦ 怠速时，真空表指针快速地在 27～67.6 kPa 摆动，发动机升速时指针反而稳定，表示进气门杆与其导管磨损松旷。

⑧ 动态下发动机最佳点火提前角所对应的真空度应较大。发动机某一缸工作正常时，若进行断火试验，真空度明显跌落，当加大或减小点火提前角时，真空度则有所下降。当真空度低于正常值时，可以转动分电器外壳直至真空度表示值最大为止，此时为最佳点火提前角。

电控燃油喷射发动机冷车时进气压力在 40～46 kPa，达正常温度后会在 36.5～40 kPa。

若一缸火花塞不跳火，进气压力会升高 6.7 kPa。若一缸进气门漏气，进气压力会上升 13.4 kPa。点火正时比标准值每提前 3°，进气压力会下降 3.3 kPa。

进气管真空度是一项综合性很强的诊断参数。若进气管真空度符合要求，表明气缸密封性符合要求，点火正时、配气正时和空燃比等也都符合要求。

5.2 供油系统检测

本节主要介绍电控汽油机燃油供给系和柴油供给系的检测方法。

随着汽车电子技术的发展，装备电控燃油喷射系统的汽油机逐渐取代了化油器式汽油机，我国也已经禁止生产化油器轿车。燃油供给系技术状态的好坏直接影响着发动机的动力性、经济性、排放净化性和可靠性，在使用中故障率较高。因此，这往往是汽车检测和诊断的重点内容。

5.2.1 汽油机供油系统检测

电控汽油喷射系统中，燃油供给系统是最容易产生故障的，特别是电动汽油泵、喷油器以及油压调节器。这些部件常因燃油中所含杂质和水分的影响而损坏，导致不供油或油压过低、喷油器堵塞等故障，经常需要检修。

1. 喷油器的检测

由于各种车型的检测过程和采用的方法不尽相同，以丰田皇冠 3.0 轿车 2JZ-GE 型发动机为例，介绍喷油器的检测方法。

（1）喷油器电路电压的检测

当点火开关置于 ON 位置时，发动机 ECU 的端子 10#、20#、30#、40#与端子 E01 间应有 9～12 V 电压。

（2）喷油器工作情况检查

发动机热车后怠速运转时，用旋具（螺丝刀）或听诊器（触杆式）接触喷油器，通过测听各缸喷油器工作的声音来判断喷油器是否工作。在发动机运转时应能听到喷油器有节奏的“嗒嗒”声——这是喷油器在电脉冲作用下喷油的工作声。若各缸喷油器工作声音清脆均匀，则各喷油器工作正常；若某缸喷油器的工作声音很小，则该缸喷油器工作不正常——可能是针阀卡滞，应作进一步的检查；若听不见某缸喷油器的工作声音，则该缸喷油器不工作，应检查喷油器及其控制线路。

另外，还可通过检查喷油器的工作声音和发动机转速之间的关系来检查喷油器的工作情况，其具体方法如下：

发动机热机时，接好转速表（用蓄电池作转速表的电源，转速表的触杆接检查连接器的 IG 端子）。使发动机转速达 2 500 r/min 以上，听喷油器的喷油声音（应该有喷油声音）。放开节气门后，在短时间内喷油声音应停止，发动机转速随即迅速下降到低于 1 400 r/min，接着，喷油声音又恢复，转速上升到 1 400 r/min。如不这样，应检查喷油器或 ECU 的喷油信号。

（3）喷油器电磁线圈电阻的测量

拔下喷油器的导线连接器，用万用表 Ω 挡测量喷油器上两个接线端子间（电磁线圈）的电阻值。在 20℃时，该喷油器的电阻值应为 13.4～14.2 Ω，如果电阻值不符，应更换喷油器。

（4）喷油量的检查

用连接线连接检查连接器的端子+B 与 FP，并将蓄电池与喷油器连接好；通电 15 s，用量筒测出喷油器的喷油量，并观察燃油雾化情况。每个喷油器测试 2～3 次，标准喷油量为 70～80 cm^3（15 s），各喷油器间的喷油量允差为 9 cm^3。如果喷油量不合标准，则应清洗或更换喷油器。

（5）检查漏油情况

在检测喷油量后，脱开蓄电池与喷油器的连接线，检查喷油器喷嘴处有无漏油。要求每分钟漏油不多于 1 滴。

2. 燃油压力的检测

检测发动机运转时电控燃油喷射系统燃油管路内的燃油压力，可以判断电动燃油泵或燃油限力调节器有无故障、汽油滤清器是否堵塞等。检测燃油压力时，应准备一个量程为 1 MPa 左右的燃油压力表及专用的油管接头，按下列步骤检测燃油压力。

（1）燃油压力表的安装

① 将燃油系统卸压。起动发动机，在发动机运转中拔下电动燃油泵继电器（或拔下电动燃油泵电源插头），待发动机自行熄火后，再转动起动开关，起动发动机 2～3 次，燃油压力即可基本释放，然后关闭点火开关，装上电动燃油泵继电器（或插上电动燃油泵电源接线）。

② 拆下蓄电池负极搭铁线。

③ 拆除燃油系统测压孔螺栓（对于有冷起动喷油器的车型，可以拆除冷起动喷油器油管接头螺塞），拆开螺塞时，要用一块棉布包住油管接头，以防汽油喷溅。将燃油压力表和油管一起安装在测压孔或冷起动喷油器油管接头上，如图 5-9（a）所示，燃油压力表也可以安装在汽油滤清器油管接头或用三通接头接在燃油管道上便于安装和观察的任何部位，如图 5-9（b）所示。

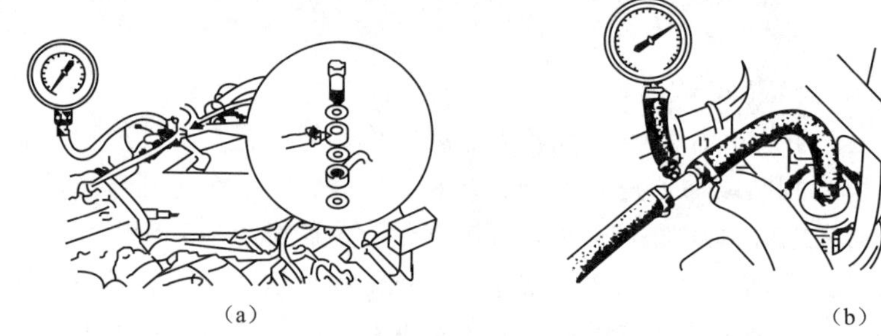

(a)　　(b)

图 5-9　油压表的安装

④ 擦干溅出的燃油。重新装上蓄电池负极搭铁线。

（2）燃油系统静态燃油压力的检测

① 拔下电动燃油泵继电器，用一根导线将电动燃油泵的供电端子短接。

② 打开点火开关（但不要起动发动机），让电动燃油泵运转。

③ 测量燃油压力。燃油压力应符合车型技术要求规定值。

④ 将点火开关转至 OFF 位置，拔掉短接导线。

（3）燃油系统保持压力的检测

测量静态燃油压力结束 5 min 后，再观察燃油压力表指示的燃油压力。此时的压力称为燃油系统保持压力。其值应符合车型技术要求。

燃油系统保持压力过低的原因是：燃油泵单向阀关闭不严；油压调节器阀门关闭不严；喷油器漏油或燃油系统管路漏油。分别进行检查，排除故障。

（4）发动机运转时燃油压力的检测

① 起动发动机。让发动机怠速运转，测量燃油压力，如图 5-10（a）所示。该燃油压力应符合车型技术要求。油压过高将使混合气过浓，油压过低将使混合气过稀。油压过高的原因是油压调节器故障或回油管堵塞，分别进行检查，排除故障。油压过低的原因可能是油箱中燃油少、油泵滤网堵塞、油泵故障、油泵出油管松动泄漏、汽油滤清器堵塞或油压调节器故障，分别进行检查，排除故障。

② 缓慢踩下加速踏板，测量在节气门接近全开时的燃油压力。该燃油压力应符合技术要求。

③ 拔下燃油压力调节器上的真空软管，并用手堵住，如图 5-10（b）所示，让发动机怠速运转，测量此时的燃油压力。该压力应和节气门全开时的燃油压力基本相等。

（5）电动燃油泵最大压力和保持压力的检测

① 将燃油系统卸压。

② 拆下蓄电池负极搭铁线。

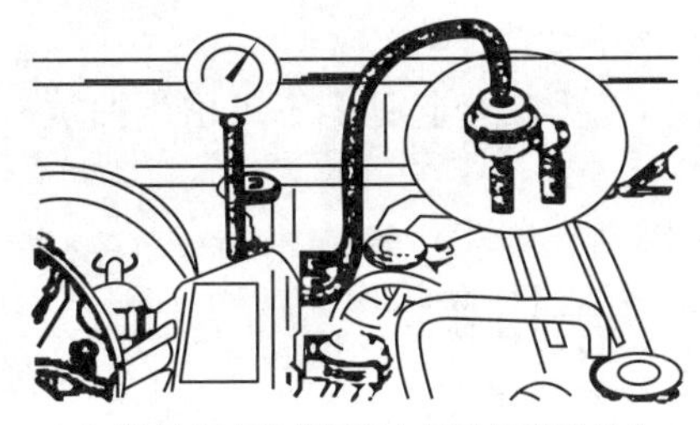

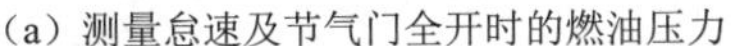

（a）测量怠速及节气门全开时的燃油压力

（b）测量按下油压调节器真空软管后的燃油压力

图 5-10　燃油压力的测量

③ 将燃油压力表接在燃油管路上，并将出油口塞住，如图 5-11 所示，测量电动燃油泵最大压力。

④ 接上蓄电池负极搭铁线。

⑤ 拔下电动燃油泵继电器，用导线将电动燃油泵的供电端子短接。

⑥ 将点火开关转至 ON 位置，持续 10 s 左右（不要起动发动机），使电动燃油泵工作，同时读出燃油压力表的压力读数，该压力即为电动燃油泵的最大压力，其值应符合车型技术要求（它通常应当比发动机运转时的燃油压力高 200～300 kPa）。

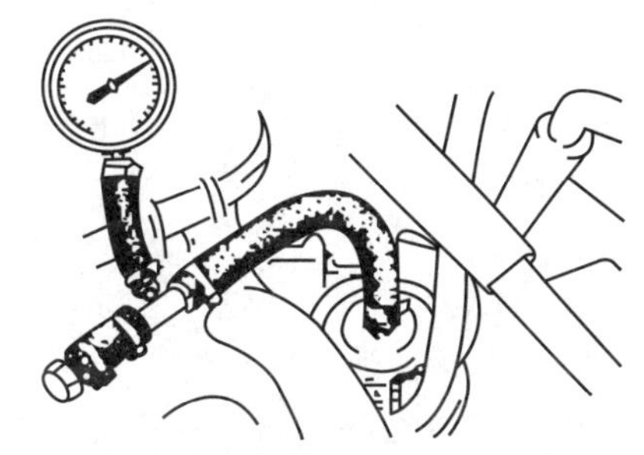

图 5-11　电动燃油泵最大压力的测量

⑦ 将点火开关转至 OFF 位置，5 min 后再观察燃油压力表的压力读数，此时的压力即为电动燃油泵的保持压力。其值应符合车型技术要求。

⑧ 拆下燃油压力表。

（6）燃油压力调节器保持压力的检测

① 将燃油压力表接入燃油管路。

② 拔下电动燃油泵继电器，用导线将电动燃油泵的供电端子短接。

③ 将点火开关转至 ON 位置，并保持 10 s，让电动燃油泵运转。

④ 将点火开关转至 OFF 位置，拔去短接导线。

⑤ 用包上软布的钳子将燃油压力调节器的回油管夹紧。

⑥ 5 min 后观察燃油压力，该压力即为燃油压力调节器保持压力。

⑦ 拆下燃油压力表。

3. 电动燃油泵的检测

正常的电动燃油泵在接通电源时，用手触摸其外壳应能感到轻微的振动；如无振动首先应检查故障是在电路部分还是在机械部分。

（1）电路部分的检测诊断

① 将电动燃油泵的导线拆下，用试灯测试。如果试灯亮，说明电源正常；如果试灯不亮，则检查电动燃油泵的供电电路。

② 选取一只量程为 2 A 的直流电流表，以电流表的一端接电源线，另一端接电动燃油泵的接线架（即将电流表串联在电路中）。

③ 接通点火开关，观察电流表指针的摆动情况。

（2）泵油量的检测诊断

① 将电动燃油泵的进油管置于盛有煤油的容器内（为安全起见，不可用汽油），在电动燃油泵的出油管下接一量杯，如图 5-12 所示。

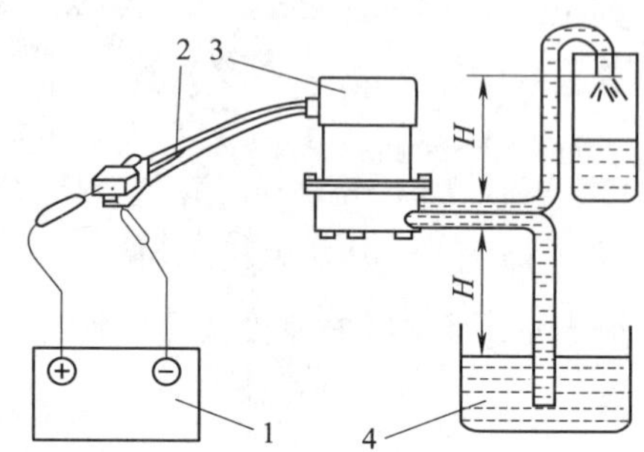

图 5-12　电动燃油泵的泵油量检查

1—蓄电池；2—导线；3—电动燃油泵；4—煤油

② 将电动燃油泵与蓄电池相连，然后计时检查电动燃油泵的泵油量。

（3）电动汽油泵电阻的检测

用万用表 Ω 挡测量电动汽油泵上两个接线端子间的电阻，即为电动汽油泵直流电动机线圈的电阻，其阻值应为 2～3 Ω（20 ℃时）。如电阻值不符，则须更换电动汽油泵。

（4）电动汽油泵工作状态的检查

将电动汽油泵与蓄电池相接（正负极不能接错），并使电动汽油泵尽量远离蓄电池，每次接通不超过 10 s（时间过长会烧坏电动汽油泵电动机的线圈）。如电动汽油泵不转动，则应更换电动汽油泵。

5.2.2　柴油机供油系统检测

柴油机供给系统可用人工经验法进行诊断，也可用测试仪进行。现着重介绍利用元征 EA-3000 发动机综合性能检测仪检测柴油机的综合参数。在发动机不解体情况下，该仪器显示器能观测各缸高压油管中的压力波形，能定量、准确地测出喷油器针阀开启压力、关闭压力、喷油提前角。

1. 主要测试项目

① 观测压力波形。可观测各缸高压油管中压力变化的波形，这些波形以多缸平列波、多缸并列波、单缸选缸波和全周期单缸波的形式出现。

② 观测异常喷射。可观测到喷油器间断喷射、二次喷射和停喷等。

③ 检测瞬态压力。可测出各缸高压油管内的残余压力、最高压力、喷油器针阀开启压力和针阀关闭压力。

④ 检测供油正时。可检测 1 缸供油提前角和各缸间供油间隔。提前角和供油间隔的检测误差均应 < 1°凸轮轴转角。

⑤ 测量转速。

2. 波形介绍

柴油机的工作性能，在很大程度上取决于喷油泵和喷油器的工作状况。喷油泵和喷油器的工作状况可以通过高压油管中压力的变化情况和针阀升程反映出来。因此，用示波器观测高压油管中压力与喷油泵凸轮轴转角之间的变化关系，喷油器针阀升程与喷油泵凸轮轴转角之间的变化关系，就可以判断出柴油机燃油供给系统的工作是否良好。

图 5-13 所示为在柴油机有负荷情况下实测的某缸高压油管内压力 p 和喷油器针阀升程 S 随凸轮轴转角 θ 的变化曲线，图中还可看出针阀升程与高压油管内压力的对应关系。图中 p_r 为高压油管中的残余压力，p_0 为针阀开启压力，p_b 为针阀关闭压力，p_{max} 为最高压力。在横坐标方向上，整个曲线可划分为 3 个阶段。其中 I 为喷油延迟阶段，若调高针阀开启压力 p_0，高压油管渗漏，出油阀偶件或喷油器针阀偶件不密封造成残余压力 p_r 下降，随意增加高压油管的长度或增加高压油系统的总容量（如漏装减容体）等，都会使这个阶段延长；II 为主喷油阶段，该阶段长短主要与柴油机负荷有关，对于柱塞式喷油泵来说与柱塞的供油行程长短有关，供油行程愈长，该阶段愈长；III为自由膨胀阶段，若高压油管内的最大压力不足，可使该阶段缩短，反之使该阶段延长。

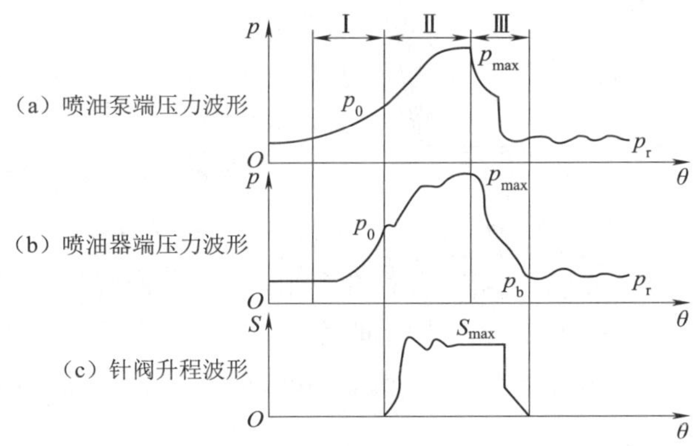

图 5-13　高压油管内压力 p 和喷油器针阀升程 S 随凸轮轴转角变化曲线

从图中可以看出，第 I 、II 阶段为喷油泵的实际供油阶段，第 II 、III阶段为喷油器的实际喷油阶段。在循环供油量一定的情况下，若 I 阶段缩短和III阶段延长，则喷油量增大。因此，曲线上 3 个阶段的长短，对该缸工作的好坏是有影响的。多缸发动机各缸对应的 I 、II 、III重复阶段如果不一致，对发动机工作性能影响很大。所以，必须将各缸的压力波同时测取出来，以多种形式进行对比观测。

高压油管内的压力波形，可用多缸平列波、多缸并列波、多缸重叠波和全周期单缸波等波形进行观测。

（1）多缸平列波

即以各缸高压油管内的残余压力（p_r）为基线，将各单缸波形按点火次序从左向右首尾相连的一种排列形式，如图 5-14 所示。

（2）多缸并列波

即将各单缸波形按点火次序自下而上单独放置并将其首部对齐的一种排列波形，如图 5-15 所示。必要时可将某缸波形单独选出观测，即为单缸选缸波。

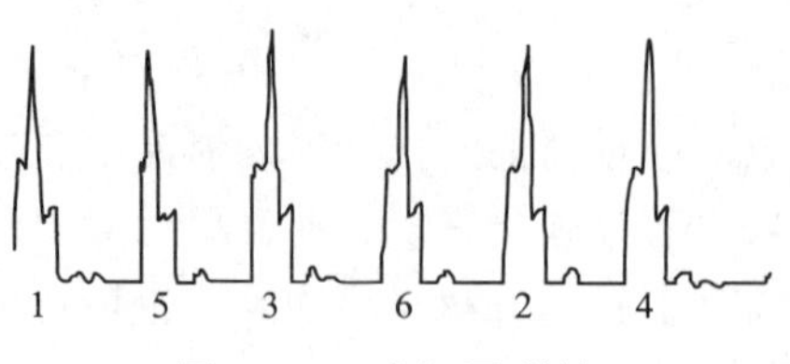

图 5-14　多缸平列波

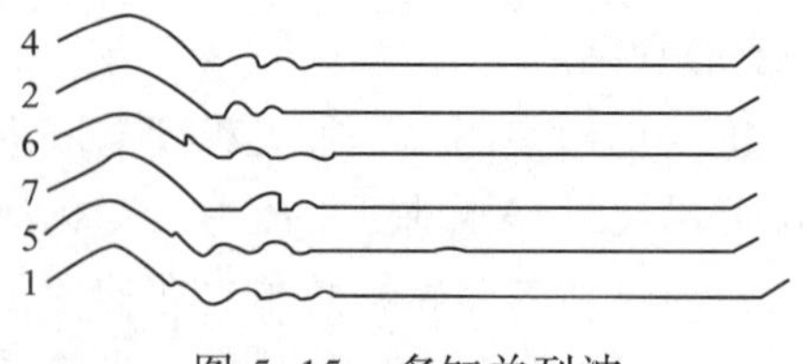

图 5-15　多缸并列波

（3）多缸重叠波

即将各缸波形之首对齐并重叠在一起的一种排列方式，如图 5-16 所示。

（4）全周期单缸波

全周期单缸波是指单独将某一缸高压油管中的压力随喷油泵凸轮轴转过 360°时的变化情况显示出来的波形，如图 5-17 所示。在数码管上可以轮流指示出某缸高压油管中的残余压力 p_r、针阀开启压力 p_0、针阀关闭压力 p_b、最大压力 p_{max}、转速等。

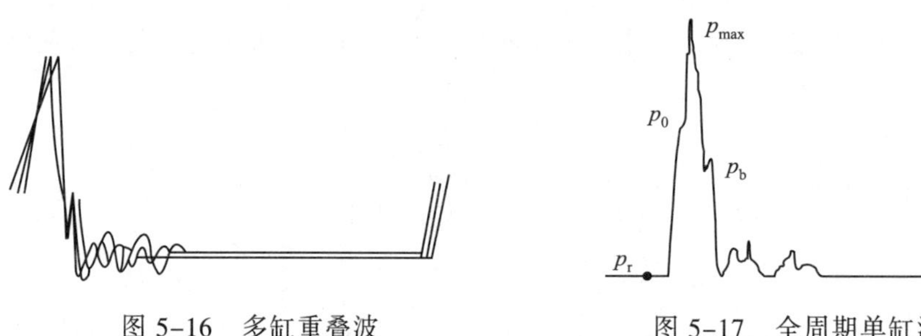

图 5-16　多缸重叠波　　图 5-17　全周期单缸波

通过对各种转速下压力波形、针阀升程波形和瞬态压力的观测，可以有效地判断各缸供油量、喷油量、供油压力、喷油压力和供油间隔的一致性。针阀升程是判断实际喷油状况的重要参数。因此，通过对针阀升程波形的观测，可发现喷油器有无间断喷射、二次喷射和停喷等故障。

3. 转速与供油提前角的测量

（1）转速测量

转速是发动机的基本参数，其测量原理为：喷油泵凸轮轴转一圈各缸轮流供油一次，取出某一缸（一般取 1 缸）的压力波并整形使其成为定宽脉冲，对四冲程发动机还要注意到曲轴转速是喷油泵凸轮轴转速的 2 倍，则有：曲轴转速 = 1 缸脉冲频率×60×2。因此，将 1 缸脉冲送入微机，则仪器数码管上即可显示出转速值。

（2）1 缸供油提前角测量

1 缸供油提前角，即喷油泵 1 缸柱塞开始供油时间。根据光学的频闪效应，用闪光灯可将发动机上的 1 缸上止点记号对正，利用仪器打印键或正时灯上的打印开关，可直接打印出折合为曲轴转角的总提前角值。

4. 用元征 EA-3000 发动机综合性能检测仪检测

（1）柴油机喷油压力检测

在测试前，请按图 5-18 所示的方法把柴油机喷油压力测试线及接地线（1280402）夹在柴油机的某一缸高压油管上，起动发动机。

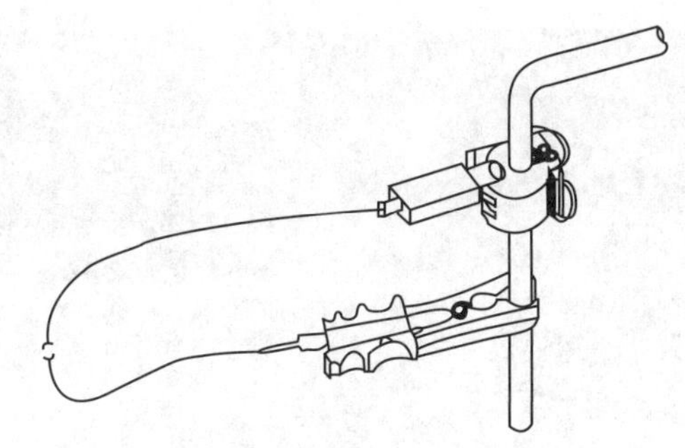

图 5–18　柴油机喷油压力测试线安装

在“柴油机”菜单下单击“喷油压力”按钮，进入柴油机喷油压力测试界面。如图 5–19 所示。

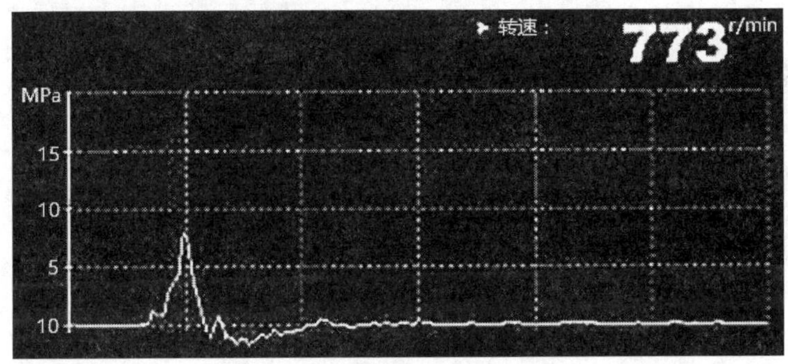

图 5–19　柴油机喷油压力测试

界面说明及操作：

① 在喷油压力测试界面单击“选择缸号”按钮，依据压力传感器所夹持的油管选定“第几缸”。

② 单击“测试”按钮，系统即自动测定发动机的喷油波形及转速并显示。

③ 单击“保存数据”按钮，可将检测有效结果进行保存。

④ 单击“保存波形”按钮，可将波形保存于指定目录。

⑤ 单击“图形打印”按钮，可对界面有效区域进行图形打印。

⑥ 单击“帮助”按钮，可进入帮助系统查询相关技术数据。

⑦ 单击“返回”按钮，可返回上级菜单。

⑧ 单击“显示专家分析”按钮，可显示本项目测试的智能提示内容。

（2）柴油机喷油提前角

在检测前，把柴油机喷油压力测试线及接地线夹夹在一缸高压油管上。起动发动机，选定柴油机喷油提前角功能，取下频闪灯，按下频闪灯电源按钮，将频闪灯对准飞轮或带轮上一缸上止点标志，通过调整频闪灯上的电位器，改变频闪相位，使闪光相位前后移动。

当看到标志不动时，系统显示的角度值即为喷油提前角，如图 5–20 所示。界面说明及操作：

① 单击“保存数据”按钮，可将检测有效结果进行保存。

② 单击“帮助”按钮，可进入帮助系统查看相关技术参数。

③ 单击“返回”按钮，可返回上级菜单。

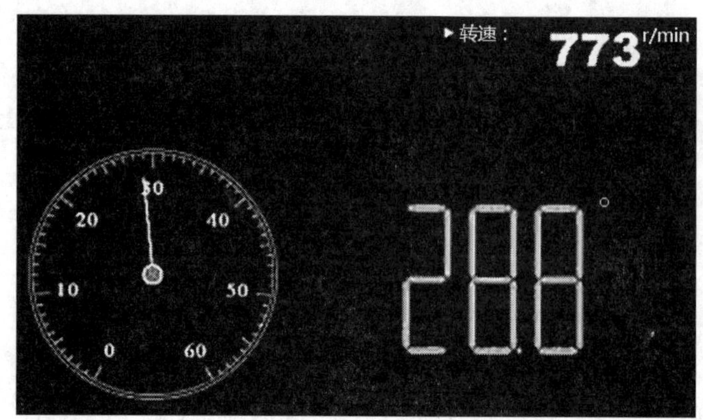

图 5-20　喷油提前角检测

5. 柴油机燃油供给系燃油压力故障波形分析

当计算机显示或打印出的波形与图 5-21 所示的标准波形不同，则视为故障波形。

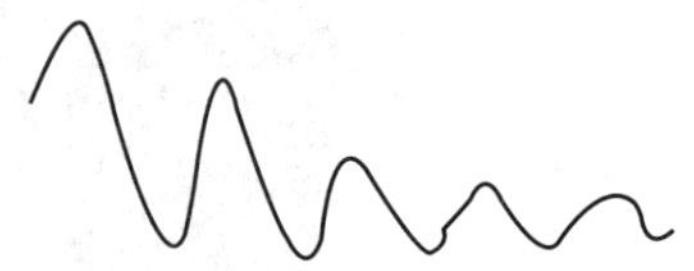

图 5-21　供油压力检测结果

① 曲线光滑无抖动点，其故障可能为针阀开启压力过高、供油量太少或针阀关闭不死，如图 5-22 所示。

② 针阀开启咬死或该缸不供油，此时可能由于仪器不同步造成波形跳动，如图 5-23 所示。

图 5-22　针阀开启压力过高、供油量太少或针阀关闭不严曲线

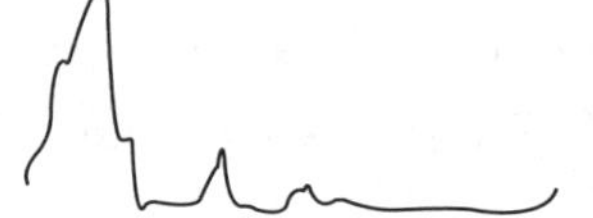

图 5-23　针阀卡死或不供油曲线

③ 在波形上除正常的抖动点外，前沿上边右抖动点出现，说明高压油路内有漏油点，如图 5-24 所示。

④ 残余压力下降，说明高压油路有严重漏现象，如图 5-25 所示。

图 5-24　高压油路内有漏油点曲线

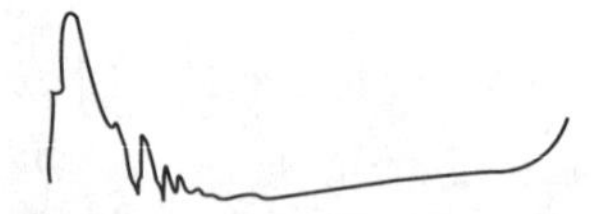

图 5-25　高压油路有严重泄漏曲线

通过调节，使示波器上出现的振动波形幅度最高且呈尖峰状，然后从定位缸开始，按供油顺序依次出现振动波形。若振动波形幅度和形状都相同，则说明各缸喷油状况正常；若发现波形幅度偏低，说明该缸喷油量少；若无波形，说明该缸不喷油或不雾化。将发动机转速提高，若仍无波形，则应在加速中观测；若还是无波形或波形很小，说明该缸不工作或工作很差，此时应用喷油嘴检验台检查喷油嘴的针阀开启压力和雾化质量。在进行该项测量时，可通过打印机将缸喷油状况波形打印出来。

若测试出来的波形不正常，则在车辆二级维护时，检修喷油泵和喷油器并进行试验台调试。

5.3 点火系检测

本节主要介绍汽油机点火系点火波形、点火正时的检测方法，并对检测结果进行分析。

在汽油机各系统中，点火系对发动机的性能影响最大，统计数字表明，有将近一半的故障是因为电气系统工作不良而引起的，因此发动机性能检测往往从点火系开始。

无论是传统触点式点火系统还是无触点电子点火或计算机控制的点火系统，都是由点火线圈通过互感作用把低压电转变为高压电，通过火花塞跳火点燃混合气做功的。点火系统低压部分、高压部分的变化过程是有规律的。把实际测得的点火系统点火电压波形与正常情况下的点火电压波形进行分析比较，便可判断点火系统技术状况好坏及故障所在。

目前，对点火系统进行检测主要是利用仪器分析点火线圈初、次级电压波形（主要是次级电压波形），进而判断点火系统的工作情况，以及测试点火提前角等。所用仪器，一般是汽车专用示波器或发动机综合性能分析仪。

5.3.1 点火系的波形检测

1. 用 EA3000 发动机综合性能分析仪检测点火系统

汽油机性能检测包括十三个项目的检测，进入“检测”→“汽油机”界面后单击所要测试的项目即可开始。图 5-26 所示为“汽油机检测”菜单。

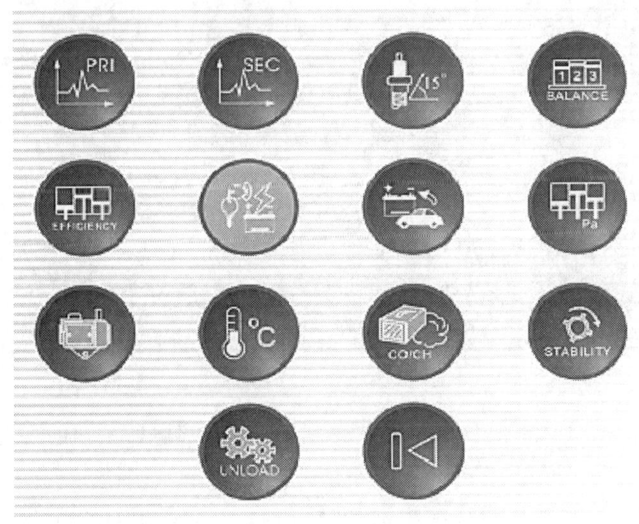

图 5-26 “汽油机检测”菜单

（1）初级点火信号

① 常规点火系统。首先将蓄电池充电电压测试线的红、黑夹分别夹在蓄电池的正、负极上，将初级点火信号适配器（1280401）的红、黑色探头分别连接到点火线圈的正、负极，再将一缸信号适配器夹在一缸高压线上，如图 5-27 所示。

② 直接点火系统（包括单缸和双缸独立点火系统）。首先将蓄电池电池充电电压测试线的红、黑夹分别夹在蓄电池的正、负极上，再将单双缸初级信号提取适配器（1280401-1DIS）的各探针依次接入各缸的波形输出端。

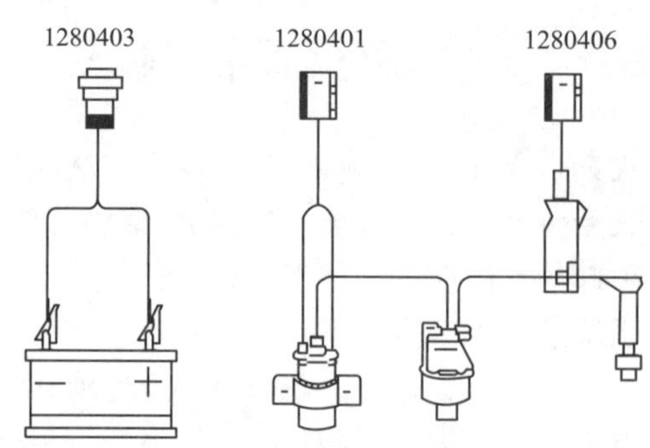

图 5-27　常规初级点火波形测试接线示意图

有些直接点火车辆的初级信号放大器内置在点火线圈内，接线端只能测到初级信号的触发信号。

初级点火系统波形的读取：

① 平列波：

a. 在“汽油机检测”菜单下单击“初级信号”按钮，即进入初级信号检测界面，然后起动发动机即可测到初级点火波形，如图 5-28 所示。

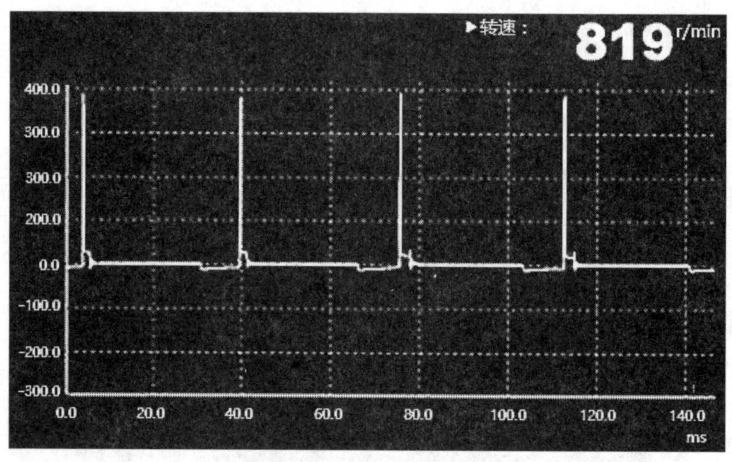

图 5-28　初级平列波

b. 单击“停止”按钮（“停止”按钮被按下后即变为“测试”按钮），系统即停止采集，再单击此按钮即可恢复测试（同时“测试”按钮恢复为“停止”按钮）。

c. 单击“波形选择”按钮，系统弹出波形选择窗口，可在其中选择其他波形显示形式（波形选择窗口中包括“平列波”“直方图”，不选择时系统默认为平列波）。

d. 单击“选择缸号”按钮，在系统弹出的小窗口中可选择显示每一缸或所有缸的初级波形。

e. 单击“显示调整”按钮，系统即弹出显示调整窗口，用户可根据需要单击相应按钮进行 *X* 轴单位调整（在 ms 和角度之间切换）和将波形进行横、纵向平移和缩放。

f. 单击“保存数据”按钮，系统将当前特征值保存到数据库。

g. 单击“保存波形”按钮，系统可将当前界面波形保存于指定目录。

h. 单击“图形打印”按钮，可对界面有效区域进行图形打印。

i. 单击“帮助”按钮，将进入帮助系统，可以查看相关正确与故障波形供参考。

j. 单击“返回”按钮，可返回上级“汽油机检测”菜单。

② 直方图：

a. 在初级点火平列波形界面单击“波形选择”按钮，在弹出的窗口中单击“直方图”按钮，系统即可切换到默认特征点的直方图测试界面。图 5-29 所示为初级电压直方图。

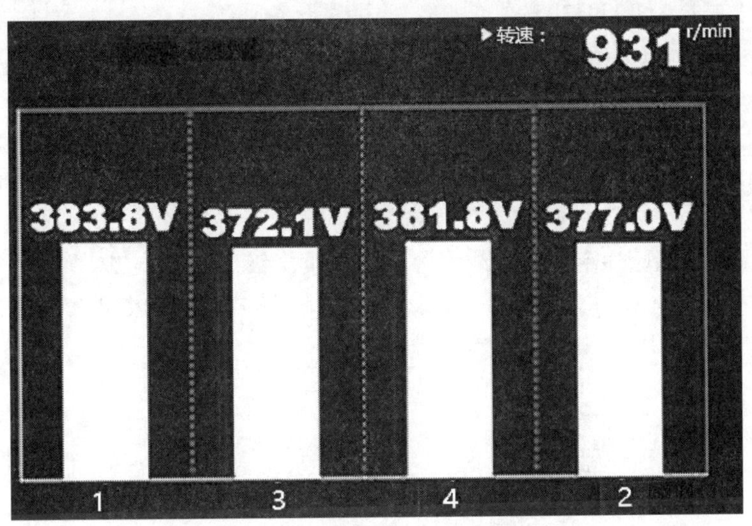

图 5-29　初级电压直方图

b. 单击“参数选择”按钮，在其下拉菜单中可选择初级电压或点火能量。图 5-30 所示为初级点火能量直方图。

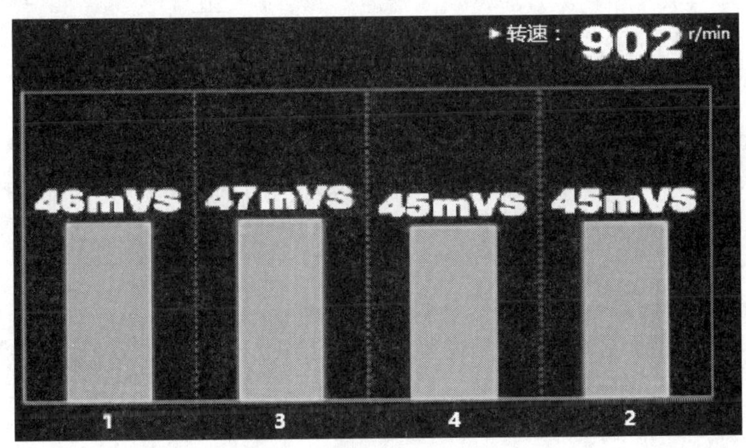

图 5-30　初级点火能量直方图

c. 正常缸特征点直方图颜色为绿色，有故障或不良的缸，其特征点直方图为红色。

（2）次级点火信号

该设备具有强大的点火波形检测、处理、分析的能力。它不仅具有对次级点火波形进行平列波、并列波、阶梯波、重叠波的分析检测能力，还能将次级点火信号的击穿电压、火花电压、火花持续时间、闭合角、重叠角 5 个特征值的动态过程以直方图、折线图、数据表的形式显示出来。

点火系统按点火形式分为常规点火系统（指有分电器的点火系统）、单缸点火系统和双缸点火系统 3 种。不同点火系统的接线方法不同，现分述如下：

① 常规点火系统。首先将蓄电池充电电压测试线的红、黑夹分别夹在蓄电池的正、负极上，将红色次级信号夹夹在中心高压线上（从适配器 1280408 的红色 BNC 头引入设备），一缸信号适配器夹在一缸高压线上，如图 5-31 所示。

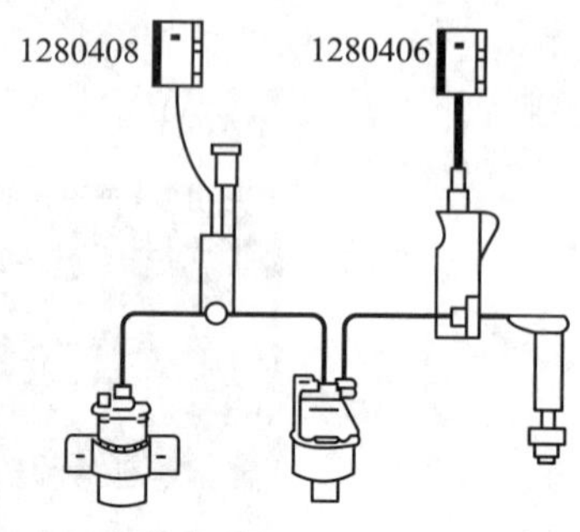

图 5-31　常规点火接线示意图

② 单缸点火系统。首先将蓄电池充电电压测试线的红、黑夹分别连接到蓄电池的正、负极上，再将同步信号适配器（1280406-1）接在一缸喷油嘴或初级信号线上（必须是有效的信号线，二者只能选其一），最后将与所测车型相对应的次级信号感应片卡在点火线圈上，并通过次级信号转接线、跨接线（某些车辆不用接）和次级信号连接线输入单缸次级信号提取适配器（1280408-SX）相应的 BNC 头，如图 5-32 所示。

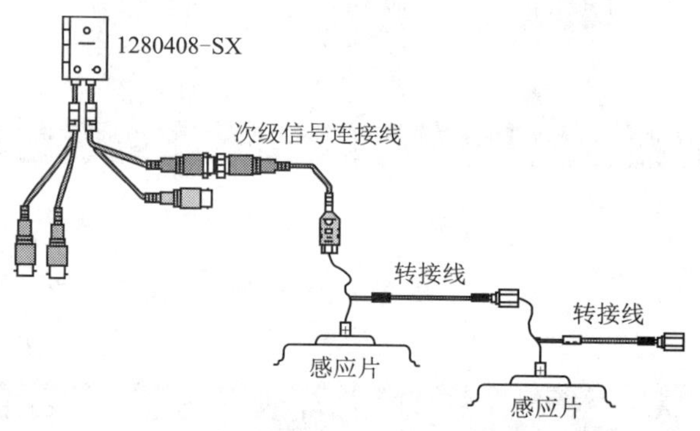

图 5-32　单缸独立点火系统接线示意图

a. 喷油嘴信号线的连接方式：将喷油嘴信号线座拔开，再用转接线将其按原来的连接关系两两连接，将同步信号适配器的喷油脉冲测试探针头插入转接线的通用母插头，将信号取出，如图 5-33 所示。

b. 喷油嘴信号线有两根，其中一根有效一根无效（相对喷油脉冲适配器而言）。验证有效无效的办法是：先接其中一根，进入转速稳定性测试界面，看有无转速，若有转速则该信号线有效，若无转速则另一根信号线有效。

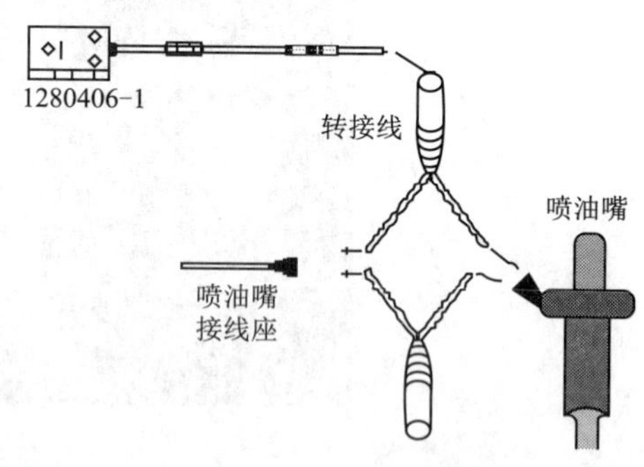

图 5-33　喷油嘴接线示意图

c. 不同的车辆需要选择不同的次级信号输入通道，若适配器输入通道标贴上的车型号与所测车辆的型号不相符，可能造成次级信号波形失真。

③ 双缸独立点火系统。

a. 常规双缸点火系统。

常规双缸点火系统泛指每两缸共用一个点火线圈，且点火线圈与火花塞之间均通过高压线连接的点火系统。它分为单点喷射的常规双缸点火系统和多点喷射的常规双缸点火系统。

单点喷射的常规双缸点火系统是指只在进气歧管的交汇处装有一个主喷射阀的常规双缸点火系统，如 BORA 1.8。

首先将电瓶电压充电电压测试线的红、黑夹分别连接到电瓶的正、负极上，将一缸信号适配器（1080406）夹到一缸的高压线上。

再将红色次级信号夹夹在正触发高压线上，黑色次级信号夹夹在负触发的高压线上，然后将次级夹按颜色标记分别接入红、黑色次级信号汇接器，再将次级信号汇接器按颜色标记分别接入双缸次级信号适配器（1280408-D1）的红、黑 BNC 头，如图 5-34 所示。

接着进入用户数据设定界面，按照被测车辆的实际参数设置好车辆的冲程数、缸数，并将车辆的点火方式设置为“双缸点火”，同步方式设置为“初次级信号同步”。然后单击“确定”按钮，退出用户数据设置，返回主界面。

最后依次单击“汽油机”按钮、“次级信号”按钮，系统进入“双缸点火初始化”对话框，如图 5-35 所示，提示用户选择输入“红色通道有效点火缸号”，即正触发的缸号。用户只要单击从红色 BNC 头输入的次级夹所对应的缸号即可（单击一次，缸号标记亮显，表示该缸被选定为正触发方式；再点击一次，缸号标记灰显，表示该缸被系统默认为负触发方式）。选择完毕，单击“确定”按钮，系统即进入次级信号测试界面，如图 5-36 所示。

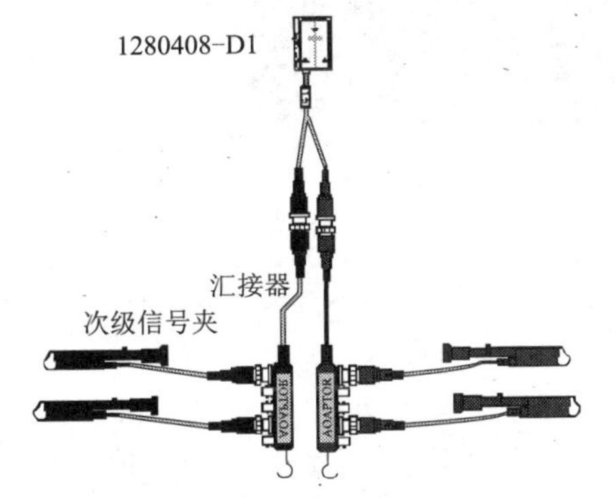

图 5-34　单点喷射常规双缸点火系统接线示意图

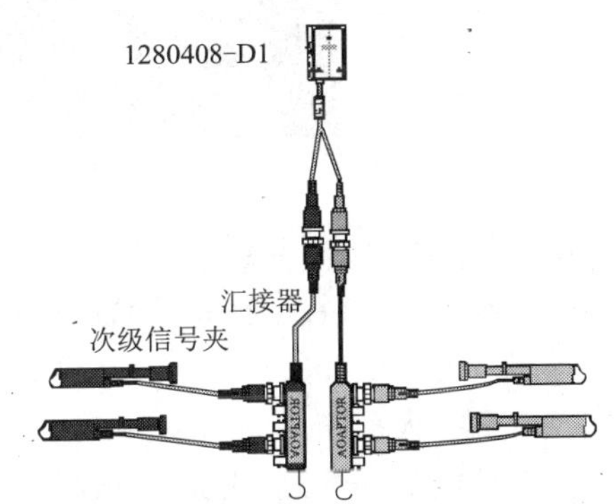

图 5-35　多点喷射常规双缸点火系统接线示意图

多点喷射的常规双缸点火系统指在各缸进气歧管上均装有喷射阀的常规双缸点火系统，如奥迪 A6 2.4。

首先将电瓶电压充电电压测试线的红、黑夹分别连接到电瓶的正、负极上，将同步信号适配器（1280406.1）接在一缸的喷油嘴或初级信号线上，拾取同步信号，也可以用一缸信号适配器拾取同步信号（喷油脉冲适配器的连线方式如图 5-33 所示）。

再将红色次级信号夹夹在正触发高压线上、黑色次级信号夹夹在负触发的高压线上，然后将次级夹按颜色标记分别接入红、黑色次级信号汇接器，再将次级信号汇接器按颜色标记分别接入次级信号拾取器（1280408-D1）的红、黑 BNC 头，如图 5-35 所示。例如：奥迪 A6 2.4 车型，其 1、2、3 缸为负触发，4、5、6 缸为正触发。这种车的夹线方式为：取 3 个黑色次级夹分别夹取 1、2、3 缸的次级高压线，将 3 个黑色次级信号夹连接到黑色次级信号汇接器，再将黑色汇接器接入次级信号适配器的黑色 BNC 头；取 3 个红色次级信号夹分别 4、5、6 缸的次级高压线，将三个红色次级信号夹连接到红色次级信号汇接器，再将红色汇接器接入次级信号适配器（1280408-D1）的红色 BNC 头。

接着进入用户数据设定界面，按照被测车辆的实际参数设置好车辆的行程数、缸数，并将车辆的点火方式设置为“双缸点火”、同步方式设置为“喷油信号同步”。然后单击“确定”按钮，退出用户数据设置，返回检测界面。

最后依次单击“汽油机”按钮、“次级信号”按钮，系统进入“双缸点火初始化”对话框，提示用户选择输入“红色通道有效点火缸号”，即正触发的缸号。用户只要单击从红色 BNC 头输入的次级信号夹所对应的缸号即可（单击一次，缸号标记亮显，表示该缸被选定为正触发方式；再单击一次，则缸号标记灰显，表示该缸被系统默认为负触发信号）。例如，测试奥迪 A6 2.4AT 车型时，应设置方式如图 5-36 所示。选择完毕，单击“确定”按钮，系统即进入次级信号测试界面。

图 5-36　双缸点火初始化对话框

b. 直接双缸点火系统。

直接双缸点火系统泛指每两缸共用一个点火线圈，其中一个缸的火花塞通过高压线与点火线圈连接，另一个缸的火花塞不通过高压线而是直接与点火线圈连接，这种点火方式的车辆称为直接双缸点火系统。

首先将电瓶电压充电电压测试线的红、黑夹分别连接到电瓶的正、负极上，将同步信号适配器（1280406.1）接在一缸的喷油嘴或初级信号线上拾取同步信号。也可以用一缸信号适配器拾取同步信号（喷油脉冲适配器的连线方式如图 5-33 所示）。

再判断高压线的次级触发类型，按照高压线的触发类型选取与之相应颜色的次级信号夹（正触发信号接红色次级信号夹、负触发信号接黑色次级信号夹）夹取高压线，通过对应颜色的汇接器接入次级信号适配器的相应输入通道。

接着把次级信号感应片卡在点火线圈上，用次级信号转接线连接各个感应片，通过次级信号转接线、跨接线和次级信号连接线输入次级信号适配器的相应 BNC 头（感应片信号与高压线信号的触发方式相反。若高压线次级信号从红色 BNC 头输入，则感应片次级信号从黑色 BNC 头输入；否则从红色 BNC 头输入），如图 5-37 所示。例如，奔驰 S320 车型，其 XXX 缸为正触发高压线，YYY 缸为负触发感应片。这种车的接线方式为：取三个红色次级信号夹分别夹取 XXX 缸的次级高压线，将三个红色次级信号夹连接到红色次级信号汇接器，再将红色汇接器接入次级信

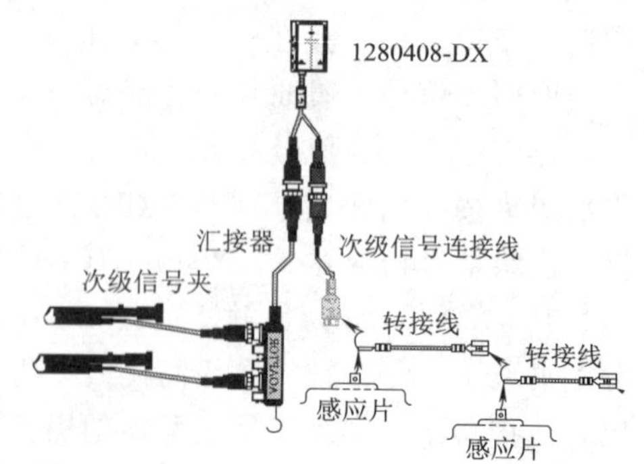

图 5-37　双缸独立点火系统接线示意图

号适配器的红色 BNC 头；取三个奔驰用感应片分别卡在 YYY 缸的点火线圈上，用次级信号转接线连接各感应片，再通过次级信号引入线接入次级信号适配器的黑色 BNC 头即可。

再次进入用户数据设定界面，按照被测车辆的实际参数设置好车辆的行程数、缸数，并将车辆的点火方式设置为“双缸点火”、同步方式根据实际夹取的同步信号源分别设置为“初次级同步”“喷油同步”。然后单击“确定”按钮，退出用户数据设置，返回主界面。

最后依次单击“汽油机”按钮、“次级信号”按钮，系统进入“双缸点火初始化”对话框，提示用户选择输入“红色通道有效点火缸号”，即正触发的缸号。用户只要点击从红色 BNC 头输入的次级信号夹或次级信号连接线所对应的缸号即可（单击一次，缸号标记亮显，表示该缸被选定为正触发方式；再单击一次，缸号标记灰显，表示该缸被系统默认为负触发信号），设定方式如图 5-36 所示。选择完毕，单击“确定”按钮，系统即进入次级信号测试界面。

双缸点火系统测试注意事项：

- 次级信号的正负触发方式的判断方法：选择常规点火方式，进入次级信号测试界面，把夹在各个缸的次级信号分别从次级信号拾取器的红色 BNC 头接入，若波形显示正常，则该缸的点火为正触发，否则为负触发。
- 用户数据设定中选择的同步方式应与实际夹取的同步信号相同（同步方式分初次级同步和喷油同步，用一缸信号适配器 1280406 或同步信号适配器 1280406-1 的初级信号线提取同步信号时，选择“初次级信号同步”；用喷油信号提取同步信号时，选择“喷油信号同步”），否则将造成缸号识别错误。
- 需根据不同的车型选择与之相应的适配器，否则可能造成波形失真。（设备配制了多种车型的次级信号适配器，适配器测试线上标有所测车辆的型号。）
- 用户必须正确输入被测车辆的缸数、点火次序和正触发的缸号，正确夹持所有次级信号夹或次级信号感应片，否则可能会造成波形不能正常显示。

次级点火系统波形的读取：

① 平列波。在“汽油机检测”菜单下单击“次级信号”命令，即进入次级信号测试界面（默认为平列波），然后起动发动机即可测到次级平列波，如图 5-38 所示。

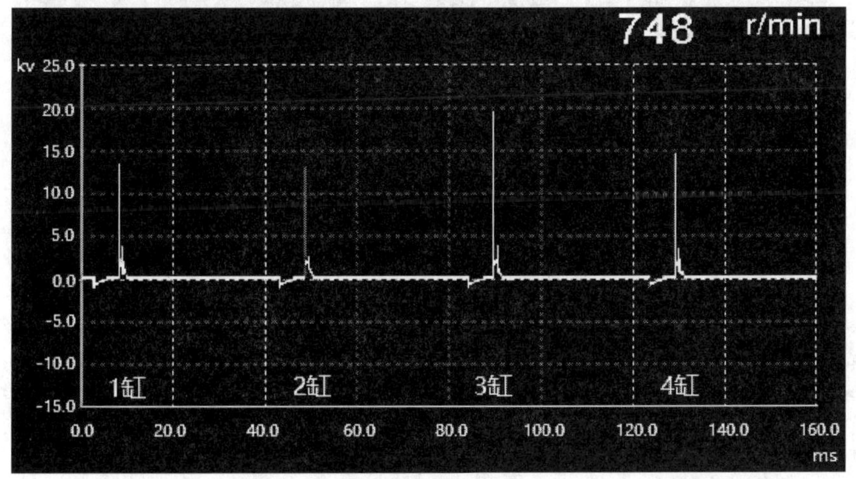

图 5-38 次级平列波

界面说明如下：

a. 单击“停止”按钮（“停止”按钮被按下后即变为“测试”按钮），系统即停止采集，再点击此图标即可恢复测试（同时“测试”按钮恢复为“停止”按钮）。

b. 单击“波形选择”按钮，系统弹出波形选择窗口，可在其中选择波形显示形式（波形选择窗口中包括“平列波”“并列波”“重叠波”“阶梯波”“直方图”“折线图”“数据表”，不选择时系统默认为平列波）。

c. 单击“显示调整”按钮，系统即弹出显示调整窗口，用户可根据需要点击相应图标进行X轴单位调整（在ms和角度之间切换）和将波形进行横、纵向平移和缩放。

d. 单击“选择缸号”按钮，在系统弹出的小窗口中可选择显示每一缸或所有缸的次级波形。

e. 单击“保存数据”按钮，系统将当前特征值保存到数据库。

单击“保存波形”按钮，系统可将当前界面波形保存于指定目录。

f. 单击“图形打印”按钮，可对界面有效区域进行图形打印。

g. 单击“帮助”按钮，将进入帮助系统，可以查看相关正确与故障波形。

h. 单击“返回”按钮，可返回上级“汽油机检测”菜单。

i. 单击“显示专家分析”按钮，可显示本项目测试的智能提示内容。

② 并列波。在次级点火平列波界面单击“波形选择”按钮，在弹出的窗口中单击“并列波”按钮，系统即可切换到并列波测试界面，如图 5-39 所示。

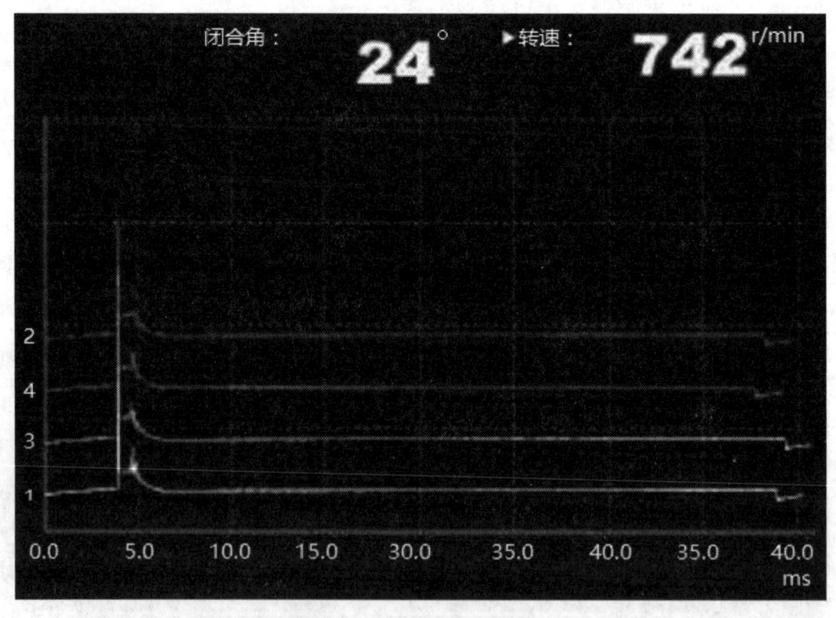

图 5-39　次级并列波

界面说明及操作同平列波。

③ 重叠波。在次级点火平列波界面单击“波形选择”按钮，在弹出的窗口中单击“重叠波”按钮，系统即可切换到重叠波测试界面，如图 5-40 所示。界面说明及操作同平列波。

④ 阶梯波。在次级点火平列波界面单击“波形选择”按钮，在弹出的窗口中单击“阶梯波”按钮，系统即切换到阶梯波测试界面，如图 5-41 所示。

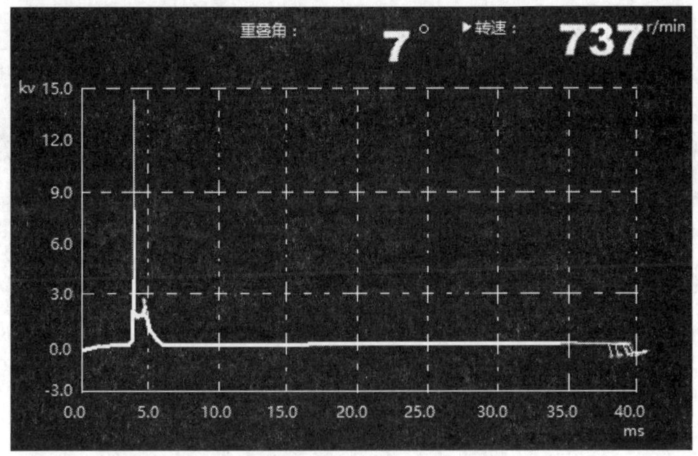

图 5-40 次级信号重叠波

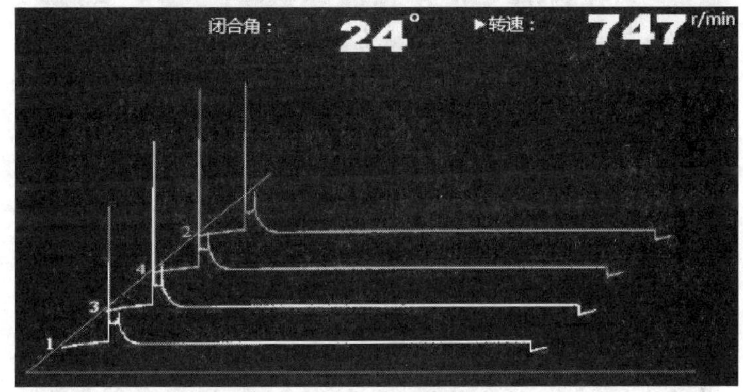

图 5-41 次级信号阶梯波

界面说明及操作同平列波。

⑤ 直方图。在次级点火平列波界面点击“波形选择”图标，在弹出的窗口中单击“直方图”按钮，系统即可切换到默认特征点的直方图测试界面，如图 5-42 所示。

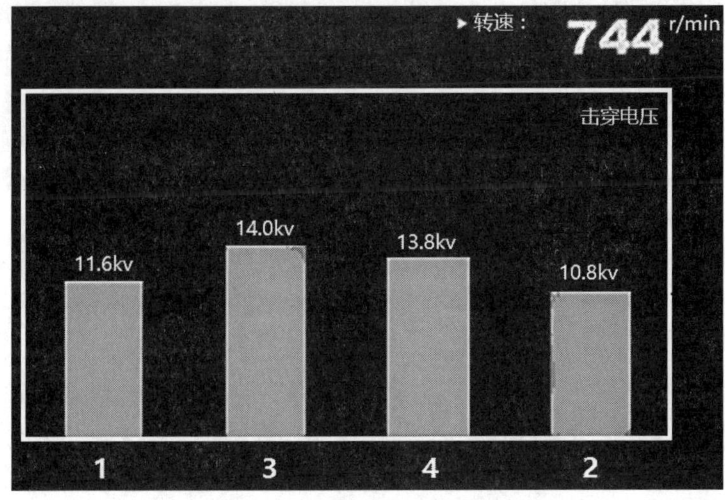

图 5-42 击穿电压特征点直方图

a. 单击“选择缸号”按钮，在其下拉菜单中选择所测缸号。

b. 单击“参数选择”按钮，在其下拉菜单中可选择击穿电压、火花电压、火花持续时间、闭合角、重叠角之一。

c. 正常缸特征点直方图颜色为绿色，有故障或不良的缸，其特征点直方图为红色。

界面说明及操作同平列波。

⑥ 折线图。把选定的特征点按采集的先后顺序依次排列，然后用直线把相邻的特征点两两相连即得到该特征点的折线图。折线图能反映车辆该项性能在所测试的一段时期内的变化范围及趋势。

a. 在次级点火平列波界面单击“波形选择”按钮，在弹出的窗口中单击“折线图”按钮，系统即可切换到默认特征点的折线图测试界面，如图 5-43 所示。

b. 单击“参数选择”按钮，在弹出的窗口中选择参数。

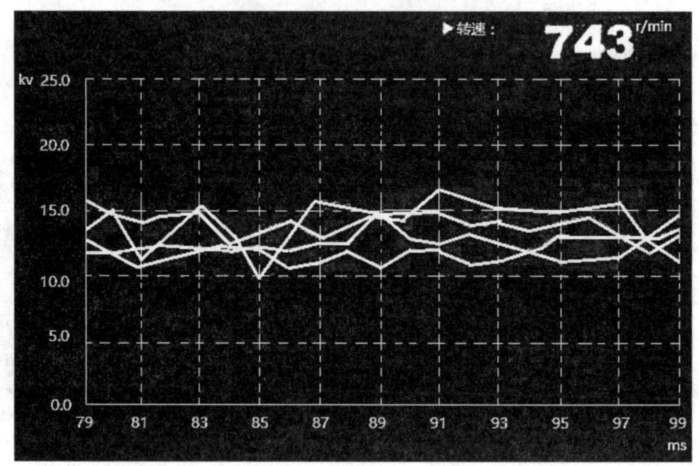

图 5-43　击穿电压折线图

界面说明及操作同平列波。

⑦ 数据表。在次级点火平列波界面单击“波形选择”按钮，在弹出的窗口中单击“数据表”按钮，系统即可切换到数据表界面，并将测得所有缸的所有特征点的数据显示于屏幕上，如图 5-44 所示。

▶转速：741 r/min

缸号	击穿电压（kv）	火花电压（v）	闭合角（°）	火花电压（v）	重叠角（°）
第1缸	13.1	1728	24	1.01	7
第2缸	12.9	1655	24	1.06	7
第3缸	12.4	1721	24	1.00	7
第4缸	15.2	1546	24	1.00	7

图 5-44　次级参数数据表

界面说明及操作同平列波。

2. 点火波形及分析

（1）初级点火闭合角波形及分析

自从点火系统发明以来，初级点火闭合角测试就是必不可少的检查步骤。现在，有了先进的便携式汽车示波器，能够在示波器屏幕上观察波形的同时还能看到点火初级闭合角的数字显示，所有的一切操作都可以在人们的手中完成。如果有必要，甚至可以在路试中进行操作。

然而，电子点火控制系统的出现，已不再需要进行闭合角调整工作了，因为点火闭合角已经改由发动机控制计算机来控制。现代发动机控制计算机含有最优化的点火控制图，它对点火正时、闭合角等因素的控制比传统的白金-电容系统要精确得多。这一点对发动机性能和尾气排放则更有益。但由于发动机控制计算机及其线路系统和点火控制模块都可能出现故障，所以初级点火闭合角测试仍然是有用的。由于点火初级和次级线圈的互感作用，在次级发生跳火会反馈给初级电路，因此初级点火波形就显得非常有用。图 5-45 所示为初级点火闭合角波形。

初级点火闭合角测试主要用来分析单缸的点火闭合角（点火线圈充电时间）；确定平均闭合角的度数或毫秒数；分析点火线圈和初级电路性能（从点火高压线）。

这个试验能提供关于发动机控制计算机的闭合角控制和精确度等方面的很有用的资料，如果有必要，甚至在行驶条件下也可以做。

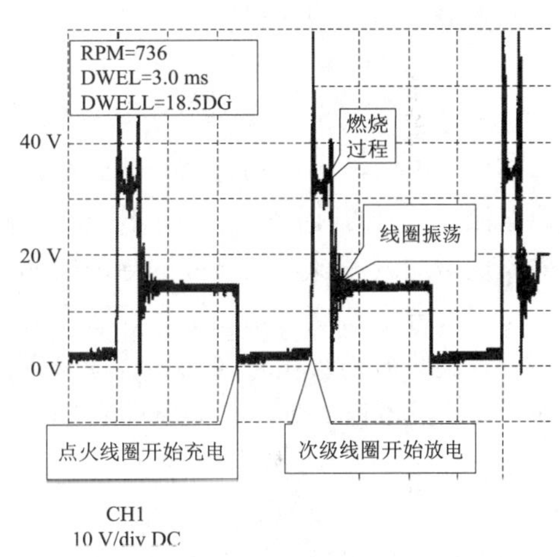

图 5-45　初级点火闭合角波形

由于点火初级波形非常容易受到不同的发动机、燃油系统和点火条件的影响，因此它对控制发动机和燃油系统的部件以及点火系统部件的故障分析是极有价值的。而且同次级点火波形相似，初级点火波形的不同部分也能表明在任一特定气缸中相应部件或系统的问题。可参见图 5-45 所示中对波形特定部分和相关元件运行的说明框。同时，汽车示波器在显示屏上可以用数字显示波形的特征值。

（2）点火初级线圈电流波形及分析

当怀疑点火线圈短路或点火模块开关晶体管有故障。还可以用以下几种方法进行诊断：

第一，制造厂家的维修规范提供了初级点火线圈的电阻范围，这是对初级点火线圈的静态测量；第二，对初级点火线圈进行更精确的动态测量，包括在工作状态下用分析电流波形的方法测试电流值（A）。另外，在初级点火线圈电流测试中，可以对点火模块开关晶体管的工作状况进行检查，即对点火模块电流极限进行测试，它能够确认在点火模块开关晶体管中的电路运行极限电流是否合适。

但是，要进行上述试验需要示波器的一个附件——电流钳。因为它可以使汽车示波器的内部设置不做任何改动，只需做初始设置就可以进行电流测试。而且在任何时候，这种电流钳都可以用来检查电磁阀线圈（喷油器等）、点火线圈或开关电路的电流大小，汽车示波器还可以在显示波形的同时用数字的方式显示最大电流的数值。

当电流开始流入点火初级线圈时，由于线圈特定的电阻和电感特性，引起波形以一定的斜率

上升（见图 5-46），波形上升的斜率是关键所在。通常点火初级线圈电流波形会以 60°角上升。

大多数新式点火初级电路会先提供 5～6 A 电流给点火线圈，当到达允许最大电流时（5～6 A），点火模块中的限流电路（恒流控制）就开始起作用。从而使得波形顶部变平，并且在点火初级线圈的“导通时间”（或闭合角）内电流波形的顶部一直应保持平直。而当点火模块关断电流时，电流波形几乎是垂直下降，直到 0 A 以上过程在每一个点火循环中重复出现。

观察点火线圈的电流故障波形（见图 5-47）：如果在其左侧几乎是垂直上升的，这就说明点火线圈的电阻太小了（短路），这样则会造成行驶性能故障，并损坏点火模块中的开关晶体管。

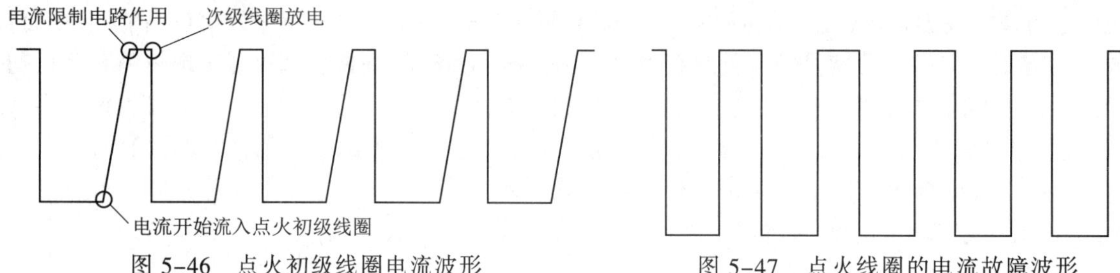

图 5-46　点火初级线圈电流波形　　图 5-47　点火线圈的电流故障波形

而且电流波形的初始上升达到峰值的时间通常是不变的，这是由于充满一个好的点火线圈的电流，所用的时间应是保持不变的（随温度可能有轻微变化）。发动机控制计算机可以通过点火模块增加或减少点火线圈的导通时间，从而控制流入点火线圈的电流大小。

（3）分电器点火初级平列波形及分析

点火线圈初级信号在动力传动管理系统中是一个重要的诊断信号，对于行驶性能故障（例如，发动机不能起动、怠速熄火或行驶中熄火、点火不良、喘振等），检测这个信号是最有效的诊断方法之一。

当行驶性能故障仅仅发生在行驶之中或是间歇性出现时，由于便携式汽车示波器能够随车进行路试，所以对检测点火初级信号就更加有用。由于点火燃烧的过程，可以通过次级与初级线圈的互感返回到初级电路，所以从点火初级上显示的点火初级平列波形对行驶性能故障的诊断内容是很有效的。

点火初级平列波主要用于查出造成点火不良的主要原因，如火花塞、高压线的短路或断路故障，或是受污损的火花塞。

当点火次级不易测试时（例如，无火花塞高压线的汽车），测试点火初级波形比较容易。

因为点火初级波形同样是会受不同发动机、燃油系统和点火条件影响，所以用它检测发动机机械部分和燃油系统部件及点火系统部件的故障也是极有价值的。

参照波形（见图 5-48）相关部件所相对应的波形特定段能分别指示出相应故障。同样，示波器在显示屏上可以用数字的方法显示出波形的特征值。

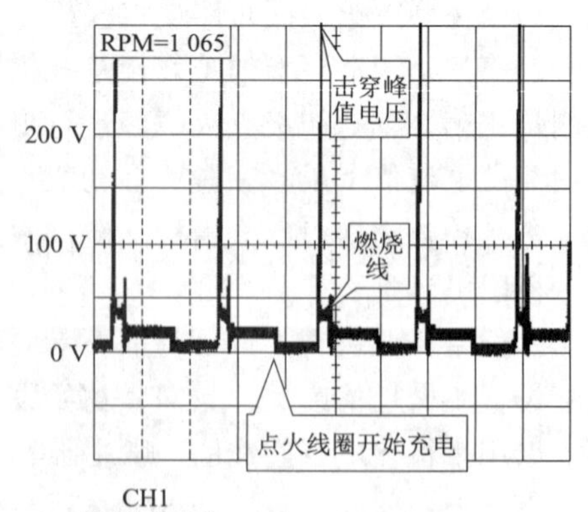

图 5-48　点火初级平列波形

观察各缸点火击穿峰值电压高度是否相对一致。任何一缸与其他各缸击穿电压峰值高度的偏差都意味着可能有故障存在。如果一个缸的点火峰值电压明显比其他缸高出很多，则说明这个气缸的点火次级线路中电阻过高，这可能是点火高压线开路或阻值太高造成的。如果一个缸的点火峰值电压比其他缸低，则表明点火高压线短路或火花塞间隙过小、火花塞破裂或污浊。

一般1缸点火峰值显示在最左侧，其他各缸按点火顺序依次从左至右排列。

（4）电子点火初级单缸波形

电子点火初级单缸波形（见图5-49）测试对查出电子点火线圈的点火故障是很有效的。由于点火燃烧的过程可以通过次级与初级点火线圈的互感返回到初级电路，所以这个点火波形是非常有用的。电子点火初级单缸波形的测试内容、项目和方法与下面的电子点火次级单缸波形完全相同。而只是在测试时要确认闭合角随发动机的转速和负荷变化而改变的情况。另外，还需要逐个测试模块组上的每个点火线圈。

由图5-49可观察气缸点火时点火线圈产生的峰值电压。

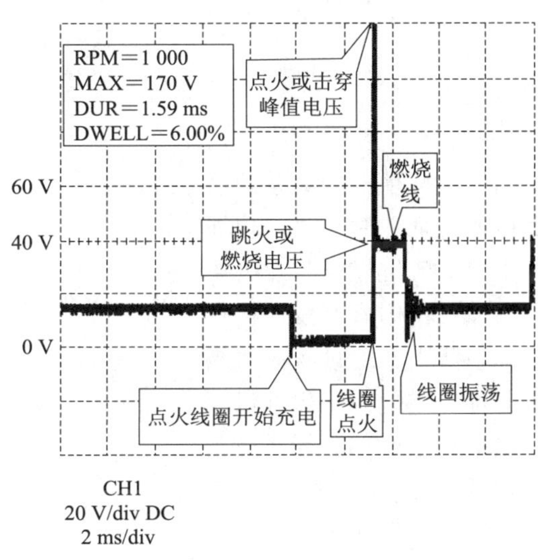

图5-49　电子点火初级单缸波形

（5）电子点火次级单缸波形

点火次级单缸波形（见图5-50）主要用来分析单缸的点火闭合角（点火线圈充电时间）；分析点火线圈和次级高压电路性能（从燃烧线或点火击穿电压）；检查单缸混合气空燃比是否正常（从燃烧线）；查出造成气缸断火的原因（污浊或破裂的火花塞，从燃烧线）。

单缸次级点火波形可以使用户一缸一缸地观察其不同点，进而帮助用户确定混合气的空燃比、发动机机械部分或次级点火的故障，并确认各缸幅值、频率、形状和脉冲宽度等判定性尺度的一致性，在加速或高负荷下检查对应特定部件的波形部分的故障。

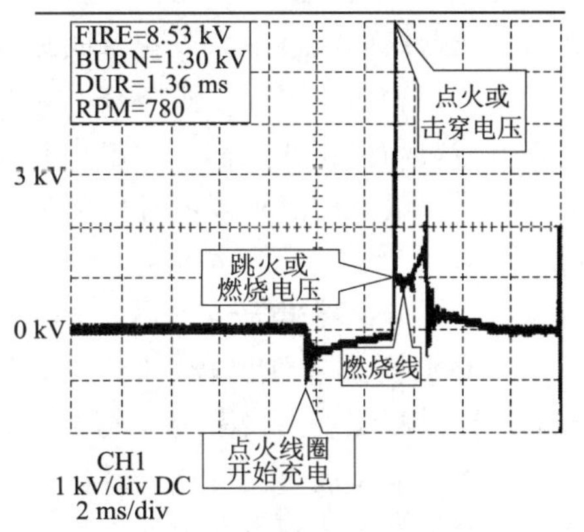

图5-50　电子点火次级单缸波形

① 点火线圈充电。观察点火线用在开始充电时，应保持相对一致的波形下降沿。这表明各缸闭合角相

同以及点火正时精确。

② 点火线。观察击穿电压高度的一致性，如果击穿电压太高（甚至超过了示波器的显示屏），表明在点火次级电路中电阻值过高（如开路或损坏火花塞、高压线或是火花塞间隙过大），如果击穿电压太低，表明点火次级电路电阻低于正常值（受污损或破裂的火花塞或高压线漏电等）。

③ 跳火或燃烧电压。观察跳火或燃烧电压保持相对一致性，它说明的是火花塞工作和各缸空燃比正常与否，如果混合气太稀，燃烧电压就比正常值低一些。

④ 燃烧线。观察火花或燃烧线应十分“干净”，即没有过多的杂波在燃烧线上。过多的杂波表明气缸点火不良或由于点火过早喷油器损坏、污浊火花塞以及其他原因。燃烧线的持续时间长度与气缸内混合气浓或稀有关。燃烧线太长（通常超过 2 ms）表明混合气浓，燃烧线太短（通常少于 0.75 ms）表示混合气稀。

⑤ 点火线圈振荡。观察在燃烧线后面最少 2 个，一般多于 3 个的振荡波，这表明点火线圈是好的。动态峰值检测显示方式对发现各缸点火过程中的间歇件故障是十分有用的。

（6）电子点火次级单缸急加速波形

电子点火次级单缸急加速测试用于确定最大击穿电压或指定气缸燃烧峰值电压与其他缸的关系。这个测试最初用来诊断当大负荷或急加速时是否出现断火现象。这个测试能提供关于单个气缸燃烧和点火质量的有用信息。影响点火次级波形的因素有发动机机械部分、燃烧系统和点火条件。所以，通过点火次级波形测试可诊断发动机机械部件、燃烧系统部件以及点火系统部件存在的故障。波形的不同部分能对应判断指定气缸的部件或系统存在的故障。

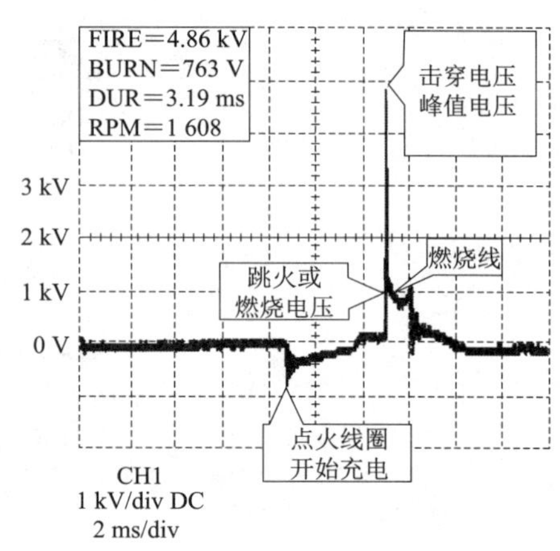

图 5-51　电子点火次级单缸急加速波形

电子点火次级单缸急加速波形如图 5-51 所示。

观察各缸击穿电压高度是否一致。在急加速或高负荷时，由于燃烧压力的增加，其峰值电压将随之增高。当与其他缸信号峰值高度出现偏差时，意味着此缸相应系统存在故障。过高的峰值电压表明在该缸点火次级电路中存在高电阻，它意味着电路断路、火花塞线电阻过高、火花塞间隙过大。如果峰值电压太低，表明点火高压线短路、火花塞间隙过小、火花塞破裂和火花塞有油污。出现有负荷时断火或急加速时所有气缸的点火峰值都低的情况，意味着点火线圈不良。

（7）无分电器/电子点火线圈高压波形及分析

这要求测试条件比较特殊——起动发动机但需断油，同时测试点火线圈最大输出。要求在不同工况和压力条件下（混合比变化、燃烧室紊流、极大的燃烧压力等），点火线圈都必须有能力提供必要的点火电压（见图 5-52）。因为点火线圈已被设计成在任何正

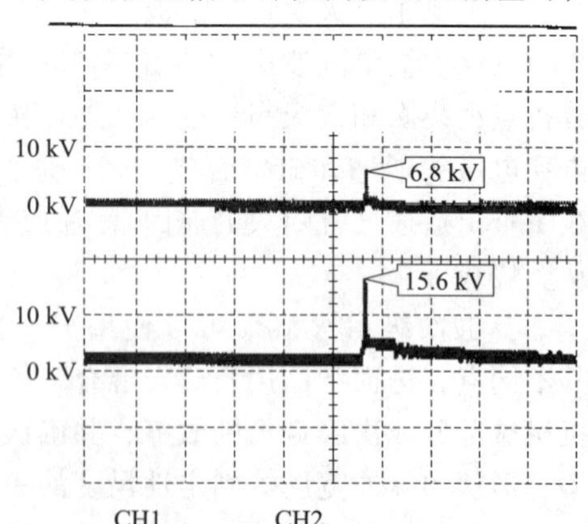

图 5-52　无分电器/电子点火线圈高压波形

常发动机工作方式下，都有能力提供超出所需要的最大电压。然而，由于振动、热疲劳、点火高压线圈的高电阻和其他因素可能导致点火线圈早期损坏，这个试验对发现点火线圈在有负荷的情况下（例如加速）出现的间歇性断火或启动困难及无法启动都是很有用的。

对于无分电器点火系统（1 个点火线圈给 2 个气缸点火或 1 个点火线圈对应 1 个气缸点火），则汽车示波器上的 2 个通道都要用。一个用在做功行程火花塞上，是有效点火，该工况下因气缸的充量为新鲜可燃混合气，电离程度低，因此击穿电压和火花电压较高；另一个用在排气行程火花塞上，是无效点火，该工况下因气缸内为燃烧废气，电离程度高，因而击穿电压及火花电压较低，检测时应加以区分。

当启动时，火花塞无喷油的情况下点火时，点火电压（即击穿电压）力最大，并同时会显示在示波器上。步骤如下：

① 确定波形上点火峰值电压，通常在新式或高能点火系统中，击穿电压在 15 kV 左右甚至超过 30 kV。

② 击穿电压因火花塞间隙、发动机气缸压缩比和混合气空燃比不同而有所差异，如在双火花塞（EI）系统中，在排气行程的火花塞峰值电压要比在做功行程的火花塞峰值电压低，接近 5 kV。

③ 注意在判断击穿峰值电压较低的点火线圈是否可用时，首先应确认火花塞和高压线是否完好，因为在测试时，如果次级高压线短路或火花塞电阻过小（如间隙小、受污损等），可能导致点火线圈输出电压低。

（8）电子点火“做功及排气”波形及分析

做功及排气点火波形（见图 5-53）对测试电子式无分电器点火线圈是一种有效的方法。它可以用于测试电子点火系统工作状况的以下几个方面：

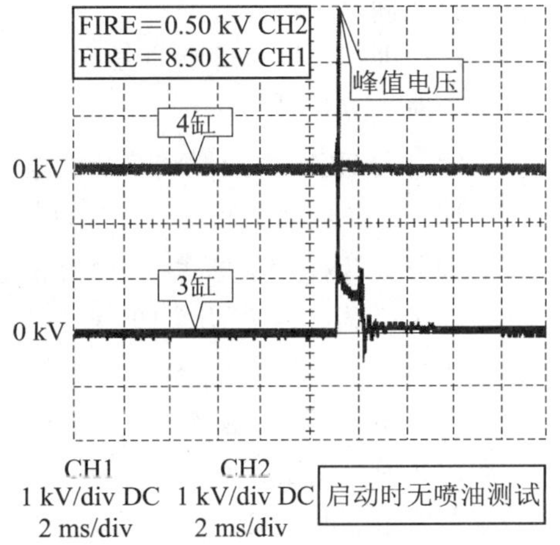

图 5-53 做功及排气点火波形

分析单个气缸的点火闭合角（点火线圈充电时间）；分析点火线圈和次级高压电路性能（从燃烧线或点火击穿电压）；检查单缸的混合气空燃比是否正常（从燃烧线）；查出造成气缸断火的原因（从燃烧线判断污浊或破裂的火花塞）；电子次级点火“做功及排气”点火波形测试，将使用示波器双通道显示方式，将做功点火和排气点火波形及点火电压（数字显示）同时显示在汽车示波器上。

5.3.2 点火正时检测

1. 点火正时概述

点火正时也称为点火定时，是指正确的点火时间。点火时间一般用点火提前角（曲轴转角或凸轮轴转角）表示。汽油发动机吸入气缸中的混合气，燃烧时需要一定时间（约为 23 ms）。为使活塞到达上止点时混合气已充分燃烧，发出最大功率，应使火花塞在活塞到达上止点前跳火。从点火开始到活塞到达上止点这一段时间内，曲轴转过的角度称为点火提前角。当点火正时正确时，点火提前角处于最佳状态。然而，最佳点火提前角是随转速、负荷和汽油辛烷值等因素的改变而变化的。对于传统点火系，随转速和负荷的变化，是在动态情况下由分电器上离心式调节器和真空式调节器自动调节的；随辛烷值的变化，则是在静态情况下通过获得最佳初始点火提前角，亦即获得最佳分电器壳固定位置得到的。当使用的汽油辛烷值改变时，发动机的初始点火提前角也要随之改变，即改变分电器壳的固定位置。

初始点火提前角也称为初始点火正时，它是点火提前自动调节装置进入工作状态前的基础。在离心式调节器和真空式调节器工作正常的情况下，发动机最佳点火提前角往往决定于初始点火提前角。

检测点火正时时，一般仅测得一个缸（如第 1 缸或最末缸）的结果就可以了，其他缸的点火提前角决定于点火间隔。当测得的各缸波形间的重叠角很小时，可以认为各缸间的点火间隔是相等的，因而其他缸的点火提前角与被测缸相等，此时被测缸的点火提前角可认为是整台发动机的点火提前角。

发动机的点火正时是非常重要的，它直接影响到动力性、燃油经济性和排气净化。当发动机加速无力，排气管有“突突”声或爆燃现象较严重时，应检测点火正时。

电喷发动机的点火提前角一般是不可调的，但需要检测，目的是当发现点火提前角不符合要求时，进一步确定是否 ECU 或传感器存在故障。电喷发动机点火提前角的检测方法，与传统发动机相同。

发动机点火正时检测的方法主要有闪光法和缸压法。检测发动机点火正时，可利用相应的点火正时检测仪进行。

2. 闪光正时检测仪基本结构与工作原理

用闪光正时检测仪（见图 5-54）检测点火提前角，按工作原理分为两种基本形式：一种为非延迟式闪光正时检测仪，另一种为可调延迟式闪光正时检测仪。前者要求在发动机飞轮（或正时齿形带等）上标有点火提前角刻度线时才能检测，而后者则不受限制，只要刻有上止点标记即可。闪光正时仪一般由正时灯（氖灯或氙灯）、传感器、中间处理环节和指示装置等组成，目前在汽车维修企业应用比较广泛。

图 5-54 闪光正时检测仪

（1）非延迟式检测原理

点火正时仪一般由点火传感器、闪光灯触发电路及闪光灯等组成。其测试原理如图 5-55 所示。

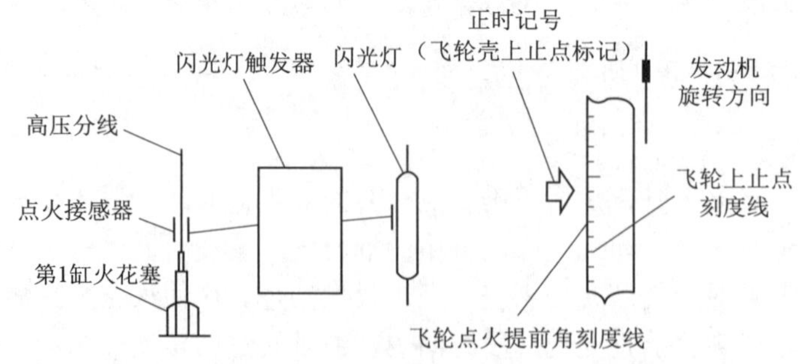

图 5-55 非延迟式闪光正时检测仪点火提前角测量原理

当被检测缸开始点火时，点火次级线圈产生的高压电流流经被检测缸高压线，点火传感器便产生一个电信号。闪光灯触发器根据点火传感器的电压信号产生一个触发闪光灯闪光所需的电压脉冲，使闪光灯闪光。当发动机运行时，点火传感器不断地产生脉冲信号，闪光灯就会连续闪光。由于闪光的频率与发动机转速同步，因此用这连续闪亮的闪光灯去照亮发动机上的正时记号，就可以看清飞轮（或正时齿形带等）上面的点火提前角刻度线与飞轮壳上的上止点标记对齐，此刻度线所指示的值即为发动机当前工况下的点火提前角。

（2）可调延迟式闪光正时检测仪点火提前角测量原理

非延迟式闪光点火正时仪检测点火提前角，必须在发动机飞轮（或正时齿形带等）上面标有清晰、准确的点火提前角刻度线。而目前常用的发动机上只标有上止点标记而无点火提前角刻度线。即使有的发动机标有刻度线，但使用一段时间后会变得不清晰，使检测结果不能正确地反映出来。可调延迟式闪光正时检测仪点火提前角的测量原理如图 5–56 所示，该仪器在非延迟式闪光正时检测仪的基础上增加了开关电路、延时电路和测量仪表。开关电路的作用是当接收到点火传感器的信号时使显示仪表通电（指针式）或开始记数（数字式），当延时电路反馈信号输入时关断仪表或停止记数；延时电路的作用是在人工调整下使闪光灯触发时间从被测缸开始点火时刻移到被测缸活塞上止点时刻。

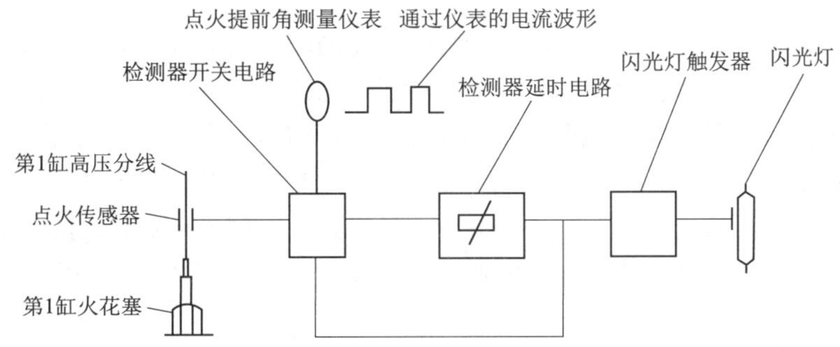

图 5–56 可调延迟式闪光正时检测仪点火提前角测量原理

使用非延时正时灯检测点火提前角时，当点火正时灯点亮，即可以看到飞轮或曲轴传动带轮上的点火时刻记号与发动机机体上的固定记号是否相重合。如重合，则说明点火提前角正确。而使用可调延时闪光点火正时仪检测时可通过调节旋钮，将频闪时发动机机体上的固定记号与点火时刻记号调整到固定记号与飞轮或曲轴传动带轮上的上止点记号相重合。此时，所显示的数值或调节旋钮旋过的刻度，即为实际的点火提前角数值，如图 5–57 所示。

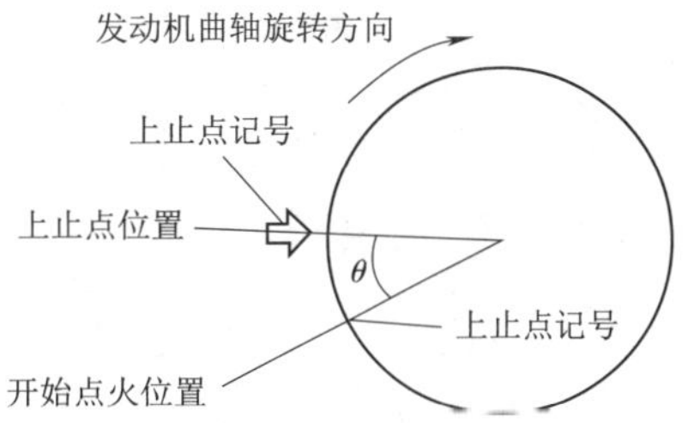

图 5–57 用可调延时闪光点火正时灯检测记号

3. 闪光正时检测仪的使用方法

目前，依上述两种原理制成的正时仪有很多种型号。下面介绍用 EA3000 便携式发动机综合性能分析仪测量点火提前角。

在“汽油机检测”菜单中单击“点火提前角”按钮，然后起动发动机。连接好频闪灯，按下频闪灯电源按钮，将频闪灯对准曲轴飞轮或带轮上的一缸上止点标记处，调整频闪灯上的电位器，使闪光相位前后移动直到曲轴飞轮上的标记对准飞轮壳上刻度零点或皮带轮上的一缸上止点标记对准指示标记，如图 5–58 所示。此时显示器即会显示点火提前角数值，如图 5–59 所示。

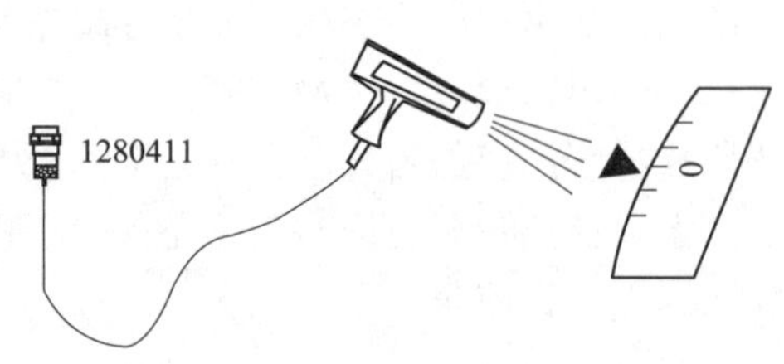

图 5-58　频闪灯测定点火提前角

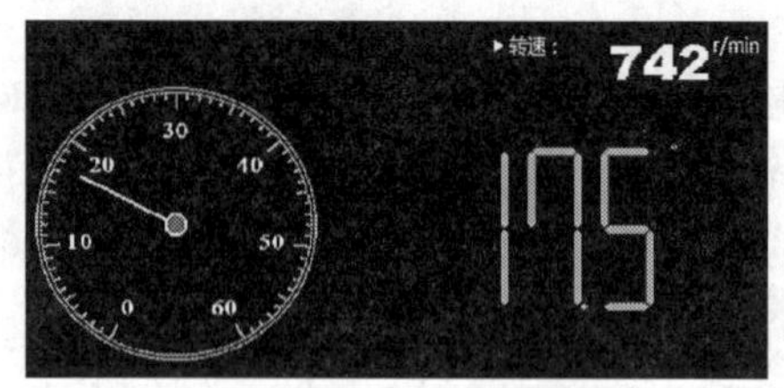

图 5-59　点火提前角

① 单击“保存数据”按钮可将检测有效结果进行保存。

② 单击“帮助”按钮进入帮助系统相关部分查看相关参考数据。

③ 单击“返回”按钮可返回上级菜单。

对计算机控制电子点火系统而言，应按制造厂规定的校准点火正时步骤进行，一般应先将发动机罩下的点火正时接线柱搭铁，使计算机控制点火提前装置不起作用。首先检测基本提前角（此时为计算机控制点火提前装置不起作用时的点火提前角），检测结束后再拆下搭铁线。

4. 缸压法点火正时仪检测原理和使用方法

（1）缸压法点火正时仪检测原理

用缸压法制成的点火正时仪检测原理不同于上述的闪光法原理，其由缸压传感器、点火传感器、中间处理装置及指示装置等组成。带有液压传感器的正时仪还能够检测柴油机的供油提前角，当某缸活塞到达压缩行程上止点时，气缸内的压缩压力最高，用缸压传感器检测出这一时刻，在此之前点火传感器应已检测出该缸点火的开始时刻，在这二者之间的时间段内凸轮轴所转过的转角即为点火提前角，如图 5-60 所示。用缸压法制成的点火正时检测仪，既可以制成单一功能便携式，又可以和其他仪表组合成多功能综合式。

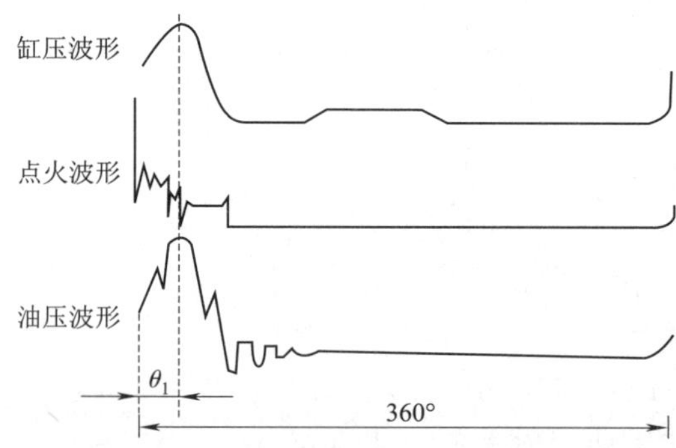

图 5-60　缸压法测量点火提前角原理图

（2）缸压法点火正时仪使用方法

检测点火提前角时，发动机应运转至正常工作温度，拆下发动机任意一缸的火花塞，装上缸压传感器。在拆下的火花塞上仍接上原高压线，在高压线与火花塞之间插接点火传感器或在高压线上卡上外卡式点火传感器，然后将火花塞放置在机体上使之良好搭铁。起动发动机使之运转。由于被测缸不工作，因而缸压传感器采集的是气缸压缩压力信号，其压力最大点就是活塞压缩终了上止点。拆下的火花塞虽在缸外但仍在跳火，其上的点火传感器可采集到点火开始的信号。此时输入操作指令，即可从指示装置得到怠速、规定转速或任意转速下的点火提前角及对应转速，按下打印键还可以打印出检测结果。

5.4　润滑系统检测

本节主要介绍汽车发动机润滑系统的机油压力检测、润滑油消耗量及润滑油品质的检测方法以及检测结果的分析。

发动机润滑系统的功能是对发动机运动部件的摩擦副进行润滑、清洗、冷却和密封。发动机润滑系统技术状况，能直接影响整机的工作性能和使用寿命。在使用过程中，润滑系统有时会产生机油压力变化、机油品质变化或机油消耗量过快等异常现象。为了减少机件磨损、保证发动机正常工作，延长使用寿命，必须对机油压力、机油品质和机油消耗量等几个方面进行检测。

5.4.1　机油压力的检测

机油压力是发动机润滑系统技术状况的重要指标。精度不高时，机油压力的大小一般可直接通过汽车仪表板上的机油压力表或油压信号指示灯显示而测得。常用的检测方法是当打开点火开关时，机油压力表指针指示为“0”，如装有油压指示灯则灯亮。发动机起动后，油压指示灯在数秒内熄灭。机油压力表则表示为某一较高的数值，并随发动机热起逐渐指示正常。一般汽油机机油压力应为 180～392 kPa，柴油机机油压力应为 204～588 kPa。当机油压力不符合要求时，可采用人工经验判断。

5.4.2　机油品质的检测

机油品质在发动机使用过程中会逐渐变化，表现在颜色变黑，黏度下降或上升，添加剂性能丧失等。机油品质变化的主要原因是机械杂质对其污染和机油自身理化性能指标降低。

污染机油的机械杂质包括通过气缸进入机油池的道路尘埃，运动机件表面因摩擦剥落下来的金属微粒，以及未完全燃烧的重质燃料、胶质和积炭等。这些杂质在机油中或处于悬浮状态，或沉积到油泥中去。除上述固体杂质外，从气缸漏入机油池内的未燃燃油蒸气和水蒸气也会影响机油品质。其中未燃燃油蒸气会稀释机油，而微小的水滴则与机油构成乳浊液。

机油在发动机工作过程中的高温和氧化作用下，能生成氧化产物和氧化聚合物。这些物质对机件有一定腐蚀作用。机油中氧化产物和氧化聚合物逐渐增多的质量变化，通常称为机油老化。

综上所述，机油品质变化对发动机润滑会导致严重后果，因而加强对在用机油的定期检测与分析，实行按质换油，具有极为重要的意义。这不仅可以节约机油，保证发动机良好润滑，而且可以掌握润滑系统甚至整机技术状况的变化。

对在用机油的检测与分析，有理化性能指标检测法、滤纸斑点分析法、清净性分析法、介电常数分析法、光谱分析法、铁谱分析法和磁性探测器分析法等。下面介绍油滴斑点试验法，该方法主要是分析机油的污染性质和程度。

1. 测试原理

用机油尺取一滴发动机内的机油滴在专用滤纸上，油内的污染物便随油向滤纸四周扩散。2～3 h 后，滤纸上便形成颜色深浅不同的晕环，一般在 3 个或 3 个以上，如图 5-61 所示。中心有黑色的圆核，外围有一条色度很深的圆带，这就是中心沉淀区。油内粗颗粒的杂质都集中在该区。所以，

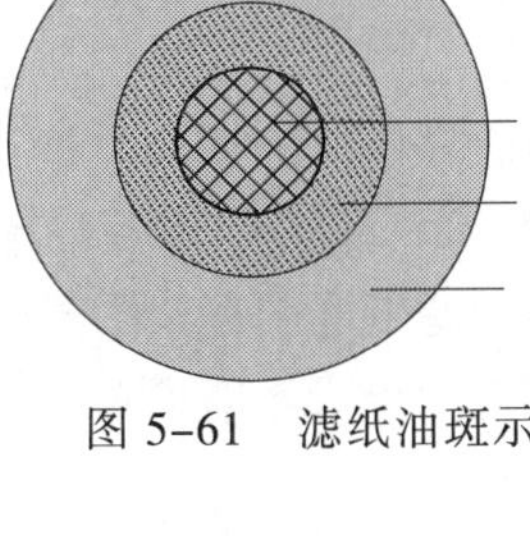

中心深沉区
扩散环
油环

图 5-61　滤纸油斑示意图

中心沉淀区的色度表示出油的污染程度。如果发动机磨损异常，这里便可偶然发现金属屑粒。中心沉淀区以外是油内细小、分散的悬浮物向外扩散的痕迹，越向外颜色越浅。向外扩散的宽度代表着机油残余清净分散性的好坏。如果扩散的环很宽，甚至中心沉淀区和扩散区无明显界限，说明油的清净性还好，油内的清净分散剂性能亦佳；反之，滤纸中只有中心沉淀区而无扩散区，则表明油的清净分散剂已消耗殆尽。把油样加热到 200 ℃保持 5 min，再滴一个油斑与未加热的油斑进行比较，更能说明油的清净分散剂性能。不含添加剂的机油即使污染很轻，也没有扩散区。如果油内有 2%以上的水分，油滴扩散受到阻碍，从中可以看出油中水的含量。最外层是机油及油内可溶性氧化物的扩散环，颜色从淡黄到深褐，表示出油的氧化程度。

2. 测试方法

油斑中心区和扩散区的杂质浓度可用两区域的透光度评价。透光度大，则杂质浓度小；反之，则杂质浓度大。测试两区域透光度所采用的滤纸油斑检验光度计的原理框图，如图 5-62 所示。该仪器是通过检测油斑的透光度以评价机油分散性品质的。油内的杂质浓度与不透光度成正比，杂质浓度越高，透光度越差。如果中心沉淀区的不透光度为 O_1，扩散区的不透光度为 O_2，分散品质因数为Δ，则机油的分散性品质可用下式评价：

$$\Delta=\frac{2O_2}{O_1+O_2}$$

机油分散品质因数的值在 0～1 之间。值越大，表示机油分散性质量越好。

滤纸：使用直径 7 cm 或直径 9 cm 定性快速滤纸。

滴油棒：使用直径为 2 mm，长 150 mm 的金属棒，棒的尖端需磨光滑。

框架：用长×宽为 12 cm×7 cm 的有机玻璃（或硬纸板、塑料板、木板）制成一式两片框架，中间挖成 5 cm 的圆孔，一边用胶布黏结。框架可使滤纸背面不接触台面，以免影响油斑的扩散。

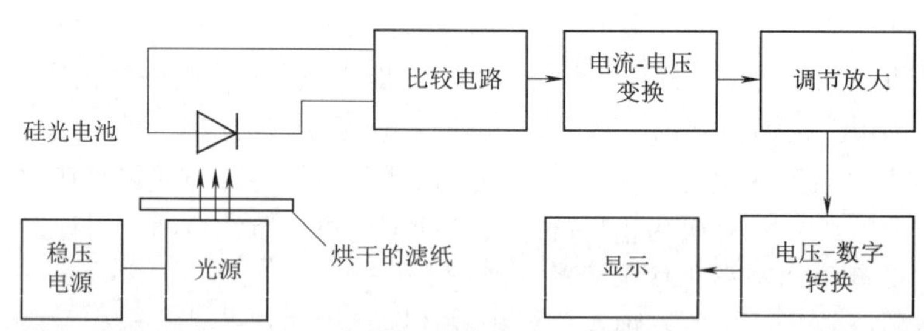

图 5-62　滤纸油斑检验光度计框图

滴油温度：在室内常温下进行，最低温度控制在 20 ℃，要求油温与室温基本一致。

滴油量：用直径 2 mm 滴油棒平均滴油量约为 0.02 g。

油样：必须在补加新机油前、发动机运转 5 min 后采取。

滴定方法：把滤纸放在框架上压平，将油样充分搅拌或摇动，立即将滴油棒浸入油样 3～5 cm 深处，垂直提起，等滴油棒上的机油间断滴落时，取第 3 或第 4 滴油滴，滴在滤纸的中心。将滴过油的滤纸连同框架平放在无风尘之处，静置 2～4 h。把滴定好的滤纸斑点图与标准滤纸斑点图谱对比分析，即可对在用机油品质做出判断。

5.4.3　机油消耗量的检测

机油消耗量的检测，可按一定的行驶里程定期进行。测定前，发动机预热至正常工作温度，待机油的温度稳定后，停机测定机油消耗量。而且，每一次测定的条件应相同。

对于润滑油消耗量的检测，目前实际使用的是油标尺测定法和质量测定法两种。

1. 油标尺测定法

测试前，汽车置于水平地面上，预热后停机，将润滑油加至润滑油底壳规定的液面高度，然后在油尺上清楚地画上刻线，以记住这一油面位置。其后汽车投入实际运用，使润滑油消耗至油尺下限或行驶一定里程时，停止运行，仍置汽车于原地点，按原测试条件，向油池内加入已知量（质量或体积）的润滑油，使油面仍升至油尺上的刻线，所加油量为润滑油消耗量。

这种测定方法比较简单，但由于机油内机油表面积太大，机油标尺上较小的高度误差导致测量误差较大。

2. 质量测定法

预热发动机至正常温度，按测试条件打开油底壳的放油螺塞，放出油底壳内的润滑油，至润滑油由流变成滴时，拧上油底壳的放油螺塞，记下放油时间，然后将已知质量的润滑油加入油底壳至规定的液面，使汽车投入实际运行。汽车行驶若干里程后，当需要测试润滑油消耗量时，只要按同样的测试条件和放油时间，放出油底壳内的在用润滑油，并称量出其质量就可以了。放入和放出的质量之差即为润滑油消耗量。这种方法费力、费时，但测量精度比油标尺测定法高。

5.4.4　检测标准及检测结果分析

1. 机油压力的检测标准及检测结果分析

机油压力不正常有两种情况，一种是机油压力过低，另一种是机油压力过高。

（1）机油压力过低

主要有以下几个方面；机油压力表失准；机油压力传感器效能不佳；机油黏度降低；汽油泵膜片破裂使汽油漏入油底壳或未燃气体漏入油底壳，将机油稀释；油底壳油面太低；机油泵齿轮磨损、泵盖磨损或泵盖衬垫太厚造成供油能力降低；机油集滤器滤网堵塞；机油限压阀调整不当、关闭不严或弹簧折断；内外管路有泄漏之处；曲轴主轴承、连杆轴承或凸轮轴轴承磨损松旷，轴承盖松动，减摩合金脱落或烧损。

① 第一次起动发动机时，注意观察机油压力表的指示情况。若刚起动时压力正常，然后迅速下降至低于规定值，说明油底壳存油不足，可在停车数分钟后拔出机油尺检查；若油面低于下限，则即为此故障。

② 第一次起动发动机时，若刚起动时机油压力就低，说明故障不在油底壳的存油多少上，可先检查润滑系统外露部分有无明显泄漏之处，如无泄漏，再检查机油压力表和传感器的技术状况。

③ 检查机油压力表技术状况时，可先检查机油压力表与传感器导线两端的连接状况。若无问题，再将导线从传感器上拆下，然后打开点火开关，使导线与机体搭铁（快速碰擦一下，时间要短，否则易损坏油压表）；若机油压力表指针急速上升到头，说明压力表良好；若压力表指针不动或稍微动一下，说明压力表失效。

④ 若机油压力表良好，应检查传感器的效能。从发动机机体上拆下传感器，然后起动发动机，观察油流情况，若流出的机油压力很足，说明传感器失效；反之，若油流压力不足，油

道又无堵塞，说明故障不在传感器，应继续查找。

⑤ 如机油限压阀位于发动机机体外部，可停熄发动机检查限压阀的技术状况，若限压阀磨损严重、弹簧太软、弹簧折断或调整状况不佳，则故障在此。

⑥ 若限压阀良好，可拔出油尺，用手指捻试其上机油的黏度，若机油太稀，说明机油黏度发生变化；若机油中有汽油味，说明机油被汽油或被汽油蒸气稀释。

⑦ 若机油黏度良好，说明机油压力过低的原因可能在机油泵、集滤器、内部管路或各处轴承间隙上，此时需拆下发动机油底壳才能诊断出结果。

（2）机油压力过高

主要有以下几个方面：机油压力表失准；机油变稠或新换机油黏度太大；主油道及分油道内积垢太多或曲轴主轴承、连杆轴承、凸轮轴轴承间隙太小；限压阀调整不当等。

① 未起动发动机前，首先检查机油压力表指针能否回零，若不能回零，则故障在机油压力表。

② 若压力表良好，拔出油尺，检查油面高度。若油面太高，则故障在此；若油面不高，可用手指捻试机油。

③ 如机油限压阀位于发动机机体外部，可检查限压阀的技术状况。如限压阀调整不当，则为故障原因。

2. 滤纸斑点标准图谱及检测结果分析

1 级：滤纸斑点图的核心区和扩散环，光亮五色或颜色很浅，无明显沉积环。

在用机油滤纸斑点图如属此类，说明是新机油或使用时间很短的机油，尚无污染，继续使用。

2 级：滤纸斑点图的沉积环与扩散环界限分明，扩散环很宽，油环明亮。

在用机油滤纸斑点图如属此类，说明机油使用时间不长，污染程度很轻，清净分散性良好，继续使用。

3 级：滤纸斑点图沉积环暗黑，扩散环较宽，油环明亮。

在用机油滤纸斑点图如属此类，说明机油使用时间较久，污染程度较重，但清净分散性尚好，继续使用。

4 级：滤纸斑点图沉积环深黑，扩散环开始缩小，油环浅黄。

在用机油滤纸斑点图如属此类，说明机油使用时间很长，污染严重，沉积物增多，清净分散性下降，尚可继续使用。

5 级：滤纸斑点图沉积环深黑，甚至呈油泥状，不易干，扩散环狭窄，油环扩大且呈黄色。

在用机油滤纸斑点图如属此类，说明机油的污染已很严重，清净分散性已很差，清净分散剂消耗将尽，不能继续使用，必须换用新油。

6 级：滤纸斑点图只剩极黑的沉积环与棕黄色油环，扩散环已完全消失。

在用机油滤纸斑点图如属此类，说明机油的污染已十分严重，污染杂质完全凝聚在沉积环内，清净分散剂耗尽，清净分散性消失，早就超过了换油期。

滤纸斑点分析法简单、快速，适合现场作业，并能给人以直观印象。但是，它只能概略地分析机油品质，无法实现定量分析。

3. 机油消耗量检测标准与检测结果分析

一般情况下，消耗的机油与燃油的比 0.5%～1%为正常，技术状况良好的发动机机油的消耗可降至 0.3%～0.6%。如果机油的消耗大于 1%就不正常了。机油消耗过多的主要原因有两方面：一是漏机油；二是烧机油。

如机油消耗量明显增加，外部检视也无渗漏，说明是由于气缸活塞配合副间隙太大、活塞环密封性能降低等原因造成气缸上油严重。如有必要，可结合发动机行驶里程、排气烟色和火花塞油污情况等进行确诊。

① 首先检查外部是否有漏油处。应特别注意曲轴前端和后端的漏油，曲轴的前端油封破裂损坏，老化或曲轴带轮与油封接触面磨损，会引起曲轴前端滑油；曲轴的后端油封破裂损坏，或后主轴承盖的回油孔过小，回油受阻，会引起曲轴后端漏油。另外，还应注意凸轮轴后端油堵是否漏油。再详细检查其他的漏油部位。

② 若发动机前后气缸盖罩、前后气门挺杆室、粗细机油滤清器、油底壳衬垫及发动机的前后油封中的多处有机油渗出，但又找不出明显的漏油处，应检查曲轴箱通风装置，清理曲轴箱管道中尤其是通风流量控制阀处的积炭和结胶。若通风受阻，就会引起曲轴箱内压力升高，出现机油渗漏故障。

③ 若机油滤清器盖和一些管路接头处经过紧固后还是漏油，应注意机油压力是否过高，应检查机油限压阀是否失去泄油限压的功能。

④ 若排气管明显冒蓝烟，则是烧机油造成的。当发动机大负荷、高速运转时，排气管大量冒蓝烟，同时机油加注口（设在下曲轴箱内）也向外冒蓝烟，则为活塞、活塞环与气缸壁磨损过甚，或活塞环的端隙、背隙和边隙过大，多个活塞环对口、扭曲环装反等，使机油窜入燃烧室。

⑤ 若发动机大负荷运转时，排气管冒大量蓝烟，但机油加注口不冒烟，而气缸盖罩内却向外窜烟，则为气门杆油封损坏，气门导管磨损过甚（尤其是进气门），使机油被吸入燃烧室烧掉。

⑥ 若短时间冒蓝烟后停止，而油底壳的机油未见减少，则是湿式空气滤清器内的油面过高，或滤清器堵塞，使空气滤清器内的机油被吸入气缸。

⑦ 对于用压缩空气制动的汽车，若从储气筒的放污螺塞放出较多的机油，则为空气压缩机的活塞、活塞环与气缸壁磨损过甚。

⑧ 有些汽车的机油散热器管子装在水套内或水泵的进水管内，机油主要靠水来冷却，若发现水箱内有机油，其原因多为散热器管子脱焊、腐蚀或破裂，或进出油管接头处密封垫损坏。

5.5 冷却系统检测

发动机的工作温度主要取决于冷却液的温度。在使用过程中，冷却系统的技术状况逐渐变坏，如果冷却装置使用维修不当，冷却液温度过高或过低，不仅影响发动机的功率、油耗和磨损，甚至会引起活塞与气缸咬住、气缸盖破裂等严重事故。

冷却系统冷却液温度过高或过低，其主要原因为：冷却液过少，有渗漏处；散热器水管堵塞；冷却系统内有水垢；风扇传动带打滑；节温器失灵等等。根据这些情况，可以把外观检查、压力试验及部件检验结合起来，综合地对冷却系统进行检测与诊断，以排除故障。

冷却系统检测的项目有外观检查、冷却系统密封性检测、水泵泵水性能检测等。

（1）外观检查

外观检查主要是通过察看散热器、水泵、水管、水套和放水开关等部位是否泄漏，冷却液的量是否足够，风扇和散热器的距离是否正确，传动带两侧面是否磨损。

（2）冷却系统密封性能检测

冷却系统密封性检测的主要目的是检查水箱、气缸体、气缸盖等本身和结合部位是否密封良好。测试冷却系统密封性的方法是：测试之前按规定在冷却系统中加入足够的冷却液，并使发动机暖机至正常工作温度；不使用连接器，直接将测试器装在散热器的冷却液注入口，在确定没有漏气的情况下拧紧；然后给冷却系统加压，使压力值达到规定值以上（一般为 120～150 kPa）；检查冷却系统各部件及连接部是否有渗漏现象。

（3）水泵泵水性能检测

水泵泵水性能检测可分为就车检测与试验台检测。

① 就车检测水泵泵水性能时，可旋下水箱盖，然后起动发动机，查看水箱上水室进水口处的水流量是否正常、有力。若出水量小，出水无力，说明冷却系统内部有阻塞或水泵泵水量不足。

② 水泵流量试验。水泵流量试验在专用试验台上进行，由试验台驱动装置带动水泵转动，观察泵水量是否符合制造厂的标准。例如，桑塔纳 2000 轿车发动机水泵在规定转速为 6 000 r/min 时，进口压力为 0.1 MPa，系统压力为 0.14 MPa，出口压力为 0.16 MPa；解放 CA6120 型发动机水泵在规定转速为 2 000 r/min 时，水泵的流量不少于 140 L/min，压力不得低于 40.4 kPa，当转速为 3 300 r/min 时，水泵流量不得少于 240 L/min，压力不得低于 12.2 kPa。东风 EQ6100-1 型发动机在水泵转速为 2 000 r/min 时，水泵流量不得低于 220 L/min，压力不得低于 49 kPa。若水泵泵水性能达不到上述要求，则有水泵叶轮和壳体之间间隙过大、水泵泵轴弯曲、水泵轴承松旷等故障，应进行修理。

5.6 传动系检测

本节主要介绍在汽车不解体的情况下，对传动系的离合器、变速器及万向传动装置等主要部件进行检测诊断的原理、方法以及相关检测设备的使用，并判断被检车辆的检测项目是否合格。

汽车传动系是汽车底盘的重要组成部分。传动系技术状况的好坏不仅直接关系到发动机的动力传递，而且对汽车的操纵方便性和燃油经济性产生较大的影响。因此，对汽车传动系的整体性能应经常检测，而对传动系的故障应及时诊断并排除，确保传动系具有良好的技术状况。

5.6.1 传动系检测认知

传动系由离合器、变速器（及分动器）、万向传动装置和驱动桥等组成。常对传动系统的检测并进一步发现故障是汽车诊断的重要内容。

1. 传动系传动效率的检测

发动机发出的功率 P_e，经传动系传至驱动轮的过程中，若传动系摩擦阻力消耗的功率为 P_T，则传动系的传动效率为

$$\eta_T=(P_e-P_T)\ P_T$$

由上式知，只要测取 P_e 和 P_T，即可求出传动效率 η_T。通常，送检汽车的发动机功率 P_e 及其传动损失功率 P_T，可在底盘测功机上间接测得。传动系传动效率可反映汽车传动系统的总体技术状况，其传动效率的正常值见表 5-3。若被检汽车传动系传动效率低于表 5-3 中的数值，则传动系统技术状况较差，说明消耗于传动系的功率增加，其损耗的功率主要消耗在各运动件

的摩擦和搅油损失上。

表 5-3 汽车传动系传动效率

汽车类型		传动效率 η_T
轿车		0.90～0.92
载货汽车和公共汽车	单级主减速器	0.90
	双级主减速器	0.84
4×4 越野车		0.85
6×4 载货汽车		0.80

2. 离合器、变速器及传动件异响

被检车辆在行驶过程中。进行以下检查：

① 进行换挡操作，检查离合器接合是否平稳、分离是否彻底、操作是否轻便。有无异响、打滑、抖动和沉重等现象。

② 进行换挡操作，检查变速器操纵是否轻便、挡位是否准确。有无异响。

③ 检查传动轴、主减速器和差速器有无异响。

3. 万向节与轴承、变速器密封性

在机动车检测地沟内进行以下检查：

① 转动传动轴，检视万向节、中间轴承有无松旷及可视的裂损。

② 检视变速器有无滴油现象。

5.6.2 离合器打滑检测

离合器踏板自由行程过小，离合器弹簧弹力减弱或折断，离合器摩擦片沾有油污，离合器压盘与飞轮发生翘曲，离合器摩擦片烧蚀或硬化等都势必导致离合器打滑。离合器打滑将使动力传递受到影响，并使离合器磨损加剧、过热、烧焦甚至损坏。使用离合器频闪测定仪可检测离合器是否打滑。

1. 测定仪的结构与工作原理

离合器打滑频闪测定仪主要由闪光灯、电阻、电容、传感器和电源等组成，如图 5-63 所示。

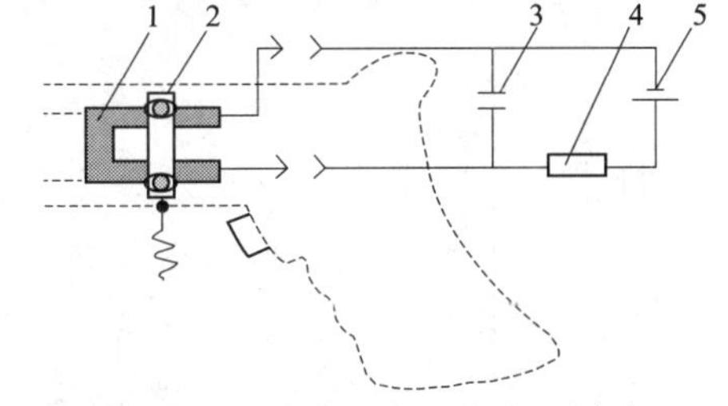

图 5-63 离合器打滑频闪测定仪

1—闪光灯；2—高压电极；3—电容；4—电阻；5—蓄电池

该仪器由发动机火花塞的高压电极输入电脉冲信号，火花塞每跳火一次，闪光灯就亮一次，闪光频率与发动机转速成正比。离合器不打滑时，传动轴上设定点会与闪亮点同步动作，传动轴似乎处于不转动状态；否则，轴上设定点转速会滞后于闪亮点动作，而说明离合器存在打滑现象。

2. 测定仪的使用方法

离合器打滑的检测可以在底盘测功试验台上或车速表试验台上进行，无试验台的可支起驱动轮进行。检测时，在传动轴上作一标记点，变速器应挂入直接挡并踩下加速踏板，使车轮原

地运转，必要时可给试验台滚筒增加负荷或使用行车制动器，以增加驱动轮和传动系的负荷。将闪光灯发出的光亮点投射到传动轴上的标记点。若离合器不打滑，传动轴上标记点与光亮点同步；若离合器打滑，则传动轴上标记点与光亮点不同步。

离合器不允许出现打滑现象。离合器打滑时，汽车将出现起步困难、加速缓慢，严重时会散发出焦煳味等，也可从汽车的这些特征上进行诊断。

5.6.3 传动系游动角度检测

传动系游动角度是离合器、变速器、万向传动装置和驱动桥的游动角度之和，因此也称为传动系总游动角度。传动系游动角度，在汽车使用中随行驶路程增加将逐渐增大。因此，检测传动系游动角度能表征整个传动系的调整和磨损状况。

1. 传动系游动角度增大的现象

在汽车起步和车速突然改变时，传动系发出“吭”的一声；当换入低挡缓慢加速行驶时，传动系发出“呱啦、呱啦”的响声；汽车静止，变速器挂在某挡位上，抬起离合器踏板，松开驻车制动器，在车下用手左右转动传动轴时，感到旋转方向的松旷量很大。

2. 传动系游动角度增大的原因

① 离合器从动片与变速器第一轴的花键配合松旷。

② 变速器各挡传动齿轮啮合间隙太大或滑动齿轮与花键轴配合松旷。

③ 万向传动装置的伸缩节和各万向节等处配合松旷。

④ 驱动桥内主传动器传动齿轮、差速器行星齿轮与半轴齿轮、半轴齿轮与半轴花键等处的啮合间隙太大。

3. 指针式游动角度检测仪及检测方法

（1）仪器的结构与工作原理

指针式游动角度检测仪是由指针、刻度盘、测量扳手等组成。在测量过程中，指针固定在驱动桥主动轴上，刻度盘固定在主减速器壳上，如图 5-64（a）所示。测量扳手一端带有 U 形卡嘴，以便卡在十字万向节上。为了适应多种车型，卡嘴上带有可更换的钳口。测量扳手另一端有指针和刻度盘，可指示转动扳手的转矩值，如图 5-64（b）所示。

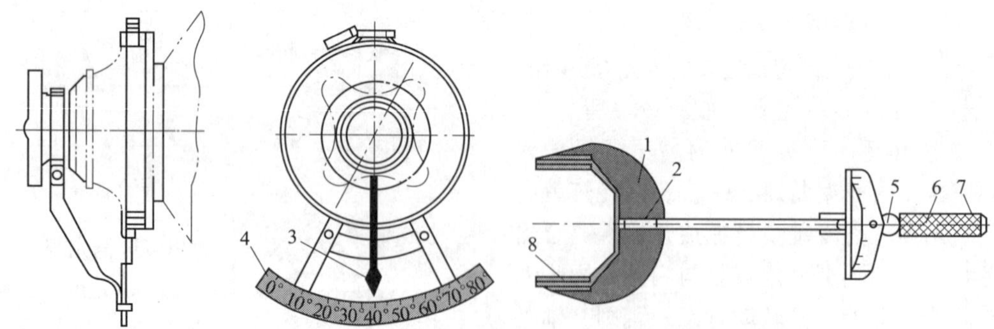

（a）指针与刻度盘的安装　　（b）测量扳手

图 5-64　指针式游动角度检测仪

1—卡嘴；2—指针座；3—指针；4—刻度盘；5—手柄；6—手柄套筒；7—定位销；8—可换钳口

检测传动系游动角度时，将检测扳手卡在万向节上，用不小于 30 N · m 的转矩转动，使之从一个极端位置转到另一个极端位置，刻度盘上指针转过的角度即为所测游动角度值。

（2）仪器的使用方法

① 检测驱动桥的游动角度变速器挂空挡，驻车制动器松开，驱动轮制动，将测量扳手卡在驱动桥主动轴万向节的从动叉上，即可测得驱动桥的游动角度。

② 检测万向传动装置的游动角度与测驱动桥游动角度的方法基本相同，只是扳手卡在变速器后端万向节的主动叉上。此时获得的游动角度减去驱动桥的游动角度，即为万向传动装置的游动角度。

③ 检测离合器和变速器的游动角度放松制动器，离合器处于接合状态，视必要可支起驱动桥。测量扳手仍卡在变速器后端万向节的主动叉上，依次挂入各挡，即可获得不同挡位下从离合器到变速器的游动角度。

对上述三段游动角度求和，即可获得传动系的游动角度。

（3）诊断参数标准

目前，我国尚无游动角度的诊断参数标准。根据国外资料，中型载货汽车传动系游动角度及各分段游动角度应不大于表 5-4 所列数据（仅供诊断时参考）。

表 5-4 游动角度参考数据

部 位	游动角度	部 位	游动角度
离合器与变速器	≤5°～15°	驱动桥	≤55°～65°
万向传动装置	≤5°～6°	传动系	≤65°～86°

拓展资源：数字式游动角度检测仪

数字式游动角度检测仪的检测范围为 0°～30°，使用的电源为直流 12 V。数字式游动角度检测仪由倾角传感器和测量仪两部分组成，两者以电缆相连。

1. 结构与工作原理

（1）倾角传感器

倾角传感器的作用是将其外壳随传动轴游动之倾斜角转换为相应频率的电振荡。传感器外壳是一个长方形的壳体，其上部开有 V 形缺口，并配有带卡扣的尼龙带，因而可方便地固定在传动轴上。传感器壳内的装置如图 5-65 所示。图中弧形线圈固定在外壳中的夹板上，弧形铁氧体磁棒通过摆杆和心轴支承在夹板的两轴承上，因此可绕心轴轴线摆动。在重力作用下，摆杆与重力方向始终保持某一夹角 α_0。当传感器外壳倾斜角度不同时，弧形线圈内弧形磁棒的长度亦随之不同，产生的电感量亦不同，因而也就改变了电路的振荡频率。可见，传感器实际上是一个倾角-频率转换器。为使传感器摆动后能迅速处于平衡状态，传感器外壳内装有变压器油。

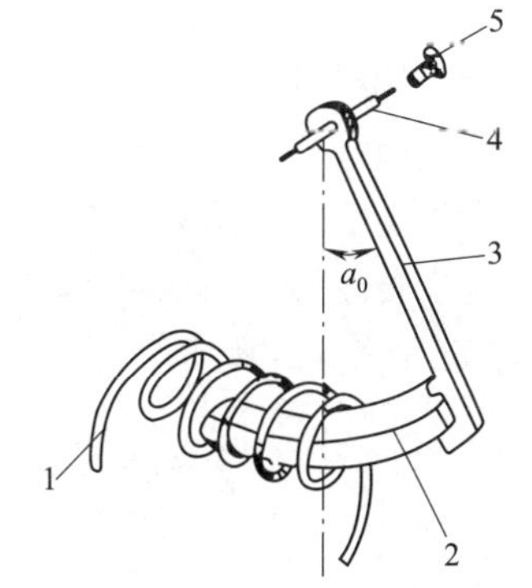

图 5-65 倾角传感器结构示意图

1—弧形线圈；2—弧形铁氧体磁棒；3—摆杆；4—心轴；5—轴承

（2）测量仪

测量仪是一台专用的数字式频率计，由于采用了与传感器特性相应的门时和初始置数的措施，因而能直接显示传感器的倾角。

仪器采用 PMOS 数字集成电路。由传感器送来的振荡信号经计数门进入主计数器，在置成的补数基础上累计脉冲数。计数结束后，在锁存器接收脉冲作用下，将主计数器的结果送入寄存器，并由荧光数码管将结果显示出来，将游动范围内两个极端位置的倾角读出，其差值即为游动角度。

2. 使用方法

将测量仪接好电源，用电缆把测量仪和传感器连接好，先按仪器使用说明书的要求对仪器进行自校，再将转换开关扳到“测量”位置上，即可进行实测。在汽车传动系统中，最便于固定倾角传感器的部位是传动轴。因此，在整个检测过程中，该传感器一直固定在传动轴上。

（1）万向传动装置的游动角度

把传动轴置于驱动桥游动范围的中间位置或将驱动桥支起，拉紧驻车制动器。左、右旋转传动轴至极端位置，测量仪便直接显示出固定在传动轴上的传感倾斜角度，将两个极端位置的倾斜角度记下，其差值即为万向传动装置的游动角度。此角度不包括传动轴与驱动桥之间的万向节的游动角度。

（2）离合器与变速器及各挡的游动角度

放松驻车制动器，将变速器挂入选定挡位，离合器处于接合状态，传动轴置于驱动桥游动范围中间位置或将驱动桥支起。左、右旋转传动轴至极端位置，测量仪便显示出传感器的倾斜角度。求出两极端位置倾斜角度的差值，便可得到一游动角度值。该游动角度减去已测得的万向传动装置的游动角度，即为离合器与变速器在该挡位下的游动角度。按同样方法，依次挂入各挡位，便可测得离合器与变速器各挡位下的游动角度。

3. 驱动桥的游动角度检测

变速器置于空挡位置，松开驻车制动器，踩下制动踏板将驱动轮制动。左、右旋转传动轴至极端位置，即可测得驱动桥的游动角度。该角度包括传动轴与驱动桥之间万向节的游动角度。

对于多桥驱动的汽车，分别将传感器固定在变速器与分动器之间的传动轴、前桥传动轴、中桥传动轴和后桥传动轴上，可以检测每段传动轴的游动角度。

在测量仪上读取数值时应注意，显示的角度值在 0°～30°内有效，出现大于 30°的情况，可将固定在传动轴上的传感器适当转过一定角度。若其中一极限位置为 0°，另一极限位置超过 30°，说明该段游动角度已大于 30°，超出了仪器的测量范围。

5.7 转向系检测

本节主要介绍转向系转向盘自由转动量、转向力以及车轮定位参数的测量原理与方法以及相关设备的使用。

转向盘自由转动量，是指汽车转向轮保持直线行驶位置静止不动时，轻轻左右晃动转向盘测得的游动角度。转向盘的转向力，是指在一定行驶条件下，作用在转向盘外缘的圆周力。这两个诊断参数主要用来诊断转向轴和转向系中各零件的配合状况。该配合状况直接影响到汽车的操纵稳定性和行车安全性。因此，对于在用车辆应对上述两项参数进行检测。

汽车在使用过程中，由于机件的磨损、变形及松动会改变车轮定位参数，同样也会影响到汽车的操纵稳定性和行车安全性，因此需要对这些参数进行定期的检查、核对，以便及时加以调整。

5.7.1 汽车转向盘自由行程与转向力检测

国产 ZC-2 型转向参数测量仪，是以微机为核心的智能仪器，可测得转向盘自由转动量和转向力。该仪器由操纵盘、主机箱、连接叉和定位杆四部分组成，如图 5-66 所示。操纵盘由螺钉固定在三爪底板上，底板经力矩传感器与三个连接叉相连，每个连接叉上都有一只可伸缩的活动卡爪，以便与被测转向盘相连接。主机箱为一圆形结构，固定在底板中央，其内装有接口板、微机板、转角编码器、打印机、力矩传感器和电池等。定位杆从底板下伸出，经磁力座吸附在驾驶室内的仪表盘上。定位杆的内端连接有光电装置，光电装置装在主机箱内的下部。测量时，把转向参数测量仪对准被测转向盘中心，调整好三个连接叉上伸缩卡爪的长度，与转向盘连接并固定好。转动操纵盘，转向力通过底板、力矩传感器、连接叉传递到被测转向盘上，使转向盘转动以实现汽车转向。

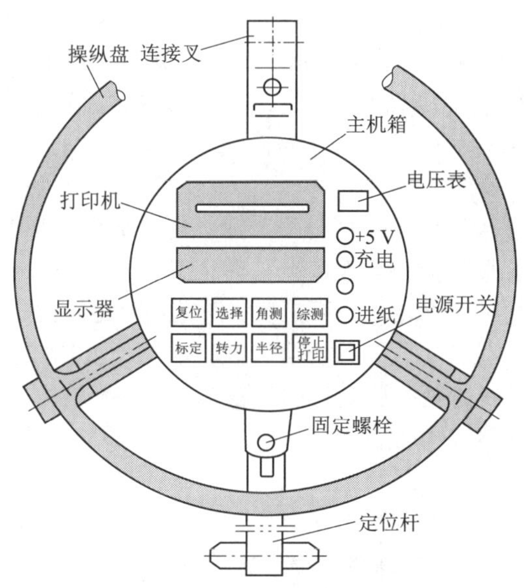

图 5-66 ZC-2 型转向参数测量仪

此时，力矩传感器将转向力矩转变成电信号，而定位杆内端连接的光电装置则将转角的变化转变成电信号。这两种电信号由微机自动完成数据采集、转角编码、运算、分析、存储、显示和打印。因此，使用该测量仪既可测得转向盘的转向力，又可测得转向盘的自由转动量。

1. 转向盘自由转动量和转向力检测方法

（1）转向盘自由转动量的检验方法

① 测量时，应使汽车的两转向轮处于回正状态将车停稳，固定转向参数测量仪。

② 调整转向参数测量仪的角度和扭矩的零点。

③ 轻轻向左（或向右）转动转向参数测量仪的操纵盘至某一侧的极限位置（刚克服完自由间隙时的位置)，记录角度值，然后再旋转至另一侧的极限位置，记录角度值，两个角度值的绝对值之和就是转向盘的自由转动量。

（2）转向力检测方法

① 汽车转向轮置于转角盘上，安装、固定好转向参数测量仪。

② 调整转向参数测量仪的角度和转矩的零点。

③ 转动转向参数测量仪的操纵盘使转向轮达到原厂规定的最大转角，记录全过程中转向力矩的最大值。然后再除以转向盘的直径（单位为 m）就得到了最大转向力。

检测时，注意车轮能否转动到极限位置或是否与其他部件发生干涉现象。

2. 转向盘的最大自由转动量和转向力检测标准及检测结果分析

（1）检测标准

① 转向盘的最大自由转动量。最大设计车速大于或等于 100 km/h 的汽车为 15°；三轮汽车为 35°（GB 7258—2017）；其他机动车为 25°。

② 转向力：

路试检测：机动车在平坦、硬实、干燥和清洁的水泥或沥青道路上行驶，以 10 km/h 的速度在 5 s 之内沿螺旋线从直线行驶过渡到外圆直径为 24 m 的车辆通道圆行驶，施加于转向盘外缘的大切向力应小于等于 245 N（GB 7258—2017 规定为 245 N）。

原地检测：汽车转向轮置于转角盘上，转动转向盘使转向轮达到原厂规定的最大转角，在全过程中用转向力测试仪测得的转动转向盘的操纵力不得大于 120 N。

（2）检测结果分析

转向盘的转动阻力是评价转向盘转动是否灵活、轻便的量化指标。转动阻力大，即转向沉重，会增加驾驶员的劳动强度和影响行车安全。转向盘转动阻力一般用弹簧秤拉动转向盘的轮缘检测（转向盘自由转动量是评价转向是否灵敏、操纵是否稳定的指标）。如转向盘自由转动量超过（机动车运行安全技术条件）规定的要求，在行驶中，要用较大幅度转动转向盘，才能控制车辆的行驶方向，且在直线行驶时感到行驶不稳定，严重影响行车安全。转向盘自由转动量、最大转向力超标主要有以下几个方面的原因：

① 轮胎气压过低。

② 前轮定位不正确、前轮轴承磨损。

③ 转向系万向节磨损、悬架臂球头磨损、转向柱卡滞、滑叉磨损。

④ 转向系机械结构间隙过大。

5.7.2 汽车车轮定位参数检测

转向系是汽车的重要组成部分，直接关系着汽车的操纵稳定性和行驶安全性。转向系应保证的主要设计性能包括工作的安全可靠性、操纵的轻便灵敏性、直线行驶稳定性，以及转向系对前轮受到冲击时逆向传递到转向盘上的冲击力要小。但是在车辆长期运行中，转向系各零件难免会发生磨损、变形以及因金属疲劳而产生裂纹。这些变化轻则影响转向系的工作性能，破坏车辆的正常运行，表现在行驶过程中的转向沉重、方向不稳、行驶跑偏、前轮摆振和轮胎异常磨损等故障，重则会引发安全事故。

随着道路条件的改善，现代轿车的行驶速度愈来愈高，有许多高档轿车都设置了四轮定位。对于前轮驱动汽车和独立后悬架汽车，如果后轮定位不当，即使前轮定位良好，仍然会有不良的操纵性和轮胎早期磨损。因此对转向系的检测有着特别重要的意义。

汽车车轮定位的检测有静态检测法和动态检测法两种类型。静态检测法是在汽车停止的状态下，使用测量仪器对车轮定位进行几何角度的测量。动态检测是在汽车以一定车速行驶的状态下，用测量仪器检测车轮定位产生的侧向力或由此引起的车轮侧滑量。

1. 静态检测方法及定位仪的类型

车轮定位值的静态检测法，是根据车轮旋转平面与各定位角间存在的直接或间接的几何关系，用专用的检测设备测量其是否符合规定。使用的检测设备有气泡水准式、光学式、激光式、电子式和微机式等车轮定位仪。

气泡水准式定位仪由于具有结构简单、价格低廉、便于携带等优点，在国内获得广泛应用，但是也有安装和测试费时费力等缺点。

光学式车轮定位仪一般由转盘、支架、车轮镜和投光装置等组成。投光装置（由投光器和投影屏组成）也和气泡水准式定位仪一样安装在支架上，支架固定在轮辋上。该定位仪利用光学投影原理，将车轮纵向旋转平面与车轮定位的关系投影到带有指示刻度的投影屏上，从而测得车轮定位值。

激光式车轮定位仪的检测原理与光学式相同，只不过采用的是激光投影系统，因而在强烈的阳光下也能清楚地从投影屏读出测量数据。

电子式车轮定位仪则是在光学式和激光式的基础上，由投影屏刻度显示转变为显示屏数字显示。

微机式车轮定位仪比以上几种车轮定位仪先进，目前国内外生产的定位仪多以这种类型为主，且一般为四轮定位仪，可同时检测前、后轮的定位参数。微机式车轮定位仪由于采用微计算机技术和精密传感测量技术，并备有完整齐全的配套附件，所以具有测量准确和操作简便等优点。它一般由计算机主机、显示器、操作键盘、转盘、支架、打印机和遥控器等组成，往往制成可移动台式。它由安装在车轮上的传感器把车轮定位角的几何关系转变成电信号，送入微机分析判断，然后由显示屏显示和打印机打印输出。测试过程中，可通过操作全功能红外线遥控器，在汽车的任何位置实现远距离的测试控制。

2. 四轮定位仪及使用方法

四轮定位仪是专门用来测量车轮定位参数的设备。四轮定位仪可检测的项目包括：前轮前束、前轮外倾角、主销后倾角、主销内倾角、后轮前束、后轮外倾角、轮距、轴距、推力角和左右轴距差等。

目前使用的四轮定位仪有光学式和电脑式，它们的测量原理基本是一致的，但不同类型的四轮定位仪的使用方法有一定的差异，因此应严格按使用说明书的要求和方法进行操作。

下面以电脑式四轮定位仪为例，说明四轮定位仪的使用方法。

电脑式四轮定位仪由主机、显示器、打印机、前后车轮检测传感器、传感器支架、转盘、制动锁、转向盘锁及导线等零件构成。配有专用软件和数据光盘，可读取近 10 年来世界各地汽车四轮定位参数，且可更新。还配有数码视频图像数据库，显示检查和调整位置等。

为便于检测和调整，被检汽车需放在地沟上或举升平台上，地沟或举升平台应处于水平状态，四轮定位仪则安装在地沟两旁或举升平台上。图 5-67 是四轮定位仪安装在举升平台上的情况。

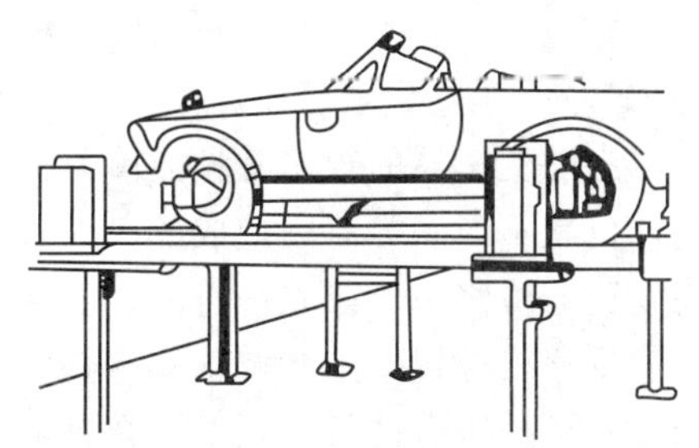

图 5-67　四轮定位仪安装在举升平台上的情况

（1）检测前的准备

① 把汽车开上举升平台，托住车轮，把汽车举升 0.5 m（第一次举升）。

② 托住车身，把汽车举升至车轮能自由转动（第二次举升）。

③ 拆下各车轮，检查轮胎磨损情况，要求各轮胎磨损基本一致。

④ 检查轮胎气压，使其符合标准值。

⑤ 作车轮动平衡试验，动平衡完成后，将车轮装回车上。

⑥ 检查车身高度，检查车身四个角的高度和减振器技术状况，如车身不平应先调平，同时检查转向系统和悬架是否松旷，如松旷则应先紧固或更换零件。

（2）检测步骤

① 把传感器支架安装在轮辋上，再把传感器（定位校正头）安装到支架上，并按使用说明书的规定调整。

② 开计算机进入测试程序，输入被测汽车的车型和生产年份。

③ 进行轮辋变形补偿，转向盘位于直驶位置，使每个车轮旋转一周，即可把轮辋变形误差输入计算机。

④ 降下第二次举升量，使车轮落到平台上，把汽车前部和后部向下压动 4～5 次，使各部位落到实处。

⑤ 用制动锁压下制动踏板，使汽车处于制动状态。

⑥ 将转向盘左转至计算机显示“OK”，输入左转角度数；然后将转向盘右转至电脑显示“OK”，输入右转角度数。

⑦ 将转向盘回正，计算机显示出后轮的前束及外倾角数值。

⑧ 调下转向盘，并用转向盘锁锁止转向盘，使之不能转动。

⑨ 将安装在四个车轮上的定位校正头的水平仪调到水平线上，此时电脑显示出转向轮的主销后倾角、主销内倾角、转向轮外倾角和前束的数值。电脑将比较各测量数值，得出“无偏差”、“在允许范围内”或“超出允许范围”的结论。

⑩ 若“超出允许范围”，按电脑提示的调整方法进行针对性调整。调整后仍不能解决问题，则应更换有关零部件。

⑪ 再次压试汽车，将转向轮左右转动，观察屏幕上数值有无变化，若有变化应重新调整。

⑫ 拆下定位校正头和支架，进行路试，检查四轮定位调整的效果。

5.8 自动变速器检测与诊断

自动变速器的很多常见故障是由发动机怠速不正常、ATF 液面高度不正确、油质不良、变速杆位置不准确等原因造成的，对这些方面的检查就是自动变速器的初步检查。初步检查是自动变速器检修中要首先进行的，包括 ATF 检查和更换、变速器漏油检查、节气门拉索检查和调整、变速杆位置检查和调整、空挡起动开关检查和调整和发动机怠速检查。这些项目也是自动变速器维护所需进行的项目。自动变速器的道路试验内容主要有：检查换挡车速、换挡质量以及检查换挡执行元件有无卡滞打滑等。自动变速器具有自诊断功能，若发生故障，发动机与自动变速器电子控制单元（ECU）会将故障码存储在存储器内，而且 PWR（动力模式）指示灯也会闪烁，提醒驾驶员注意。

5.8.1　自动变速器初步检查和调整

1. ATF 检查和更换

（1）ATF 液面高度的检查

由于自动变速器装有液力变矩器，油底壳中油液在车辆不同状态时液位如图 5-68 所示。故检查油液液面高度时应使发动机处于怠速运转状态。

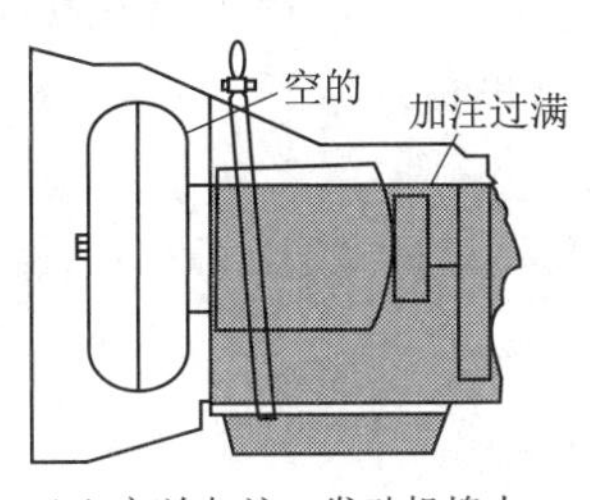

（a）初次加注，发动机熄火

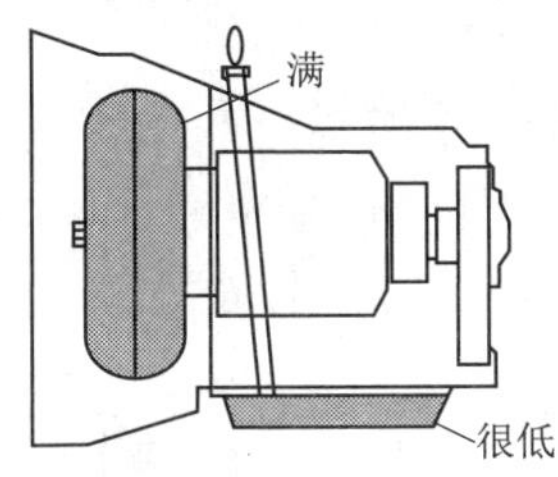

（b）发动机怠速

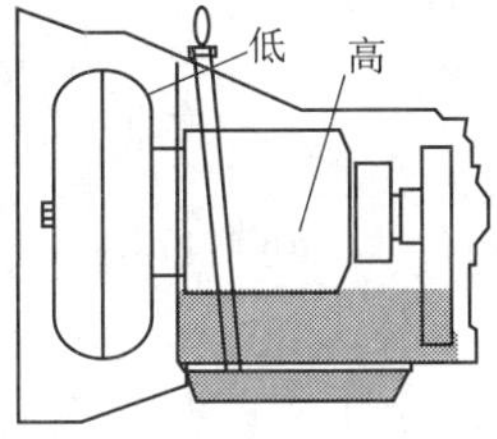

（c）发动机熄火

图 5-68　自动变速器内油液高度的变化

① 液面高度标准。每台自动变速器油液的加油量都有明确的规定。总的原则是当把液力变矩器及换挡执行元件各操纵油缸都充满之后，在自动变速器油底壳中的油面高度应低于行星齿轮机构等自动变速器中的旋转件的最低位，以免油液在使用中剧烈地搅动产生泡沫。但油面高度必须高于阀体在变速器壳体安装的接合面，以免阀体在工作中渗入空气，影响液压系统各阀体的正常工作。

② 液面高度不当的危害。油液液面过低，将使油泵进油口进空气，即油液混入空气，导致油压降低，管道压力建立缓慢，行星齿轮系统润滑不良，离合器和制动器打滑，加速性能变坏。油液面过低，多为外部泄漏而造成，应找出原因修复后按规定加满。油液液面过高，旋转的行星齿轮系统搅动油液，使空气进入而形成泡沫，且油液易过热氧化而形成胶质，影响各滑阀、离合器和制动器伺服油缸的正常工作。油液液面过高还可能使油液从加油口或通风管处喷油，致使发动机罩下起火。油液液面过高多为油液加注过多造成，应从加油管吸出或从放油螺塞处将多余的油液放出。

ATF 液面高度检查的具体方法、步骤如下：

① 行驶车辆，使发动机冷却液温度和 ATF 温度达到正常工作温度；

③ 将车辆停在水平地面，并可靠驻车；

③ 发动机怠速运转，将变速杆由 P 位换至 L 位，再退回 P 位；

④ 拉出变速器油尺，并将其擦拭干净；

④ 将油尺全部插回套管；

⑥ 再将油尺拉出，检查油面是否在 HOT 范围，如图 5-69 所示；如果不在，应加油。

一般车辆经过 1 万 km 的行驶里程就要检查 ATF 液面高度。

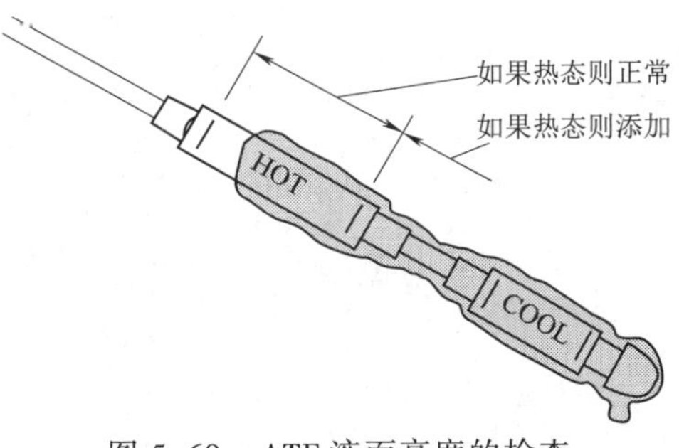

图 5-69　ATF 液面高度的检查

（2）ATF 油质的检查

从油质中可以了解自动变速器具体的损坏情况。油质的好坏主要从以下几个方面去判断：

① ATF 的颜色：正常颜色为鲜亮、透明的红色，如果发黑则说明已经变质或有杂质，如果呈粉红色或白色则说明油冷却器进水。

② ATF 的气味：正常的 ATF 没有气味，如果有焦煳味，说明 ATF 过热，有摩擦材料烧蚀。

③ ATF 的杂质：如果 ATF 中有金属切屑，说明有元件严重磨损或损伤；如果 ATF 中有胶质状油，说明 ATF 因油温过高或使用时间过长而变质。

检查 ATF 油质时，从油尺上闻一闻油液的气味，在手指上点少许油液，用手指互相摩擦看是否有颗粒，或将油尺上的油液滴在干净的白纸上，检查油液的颜色色及气味。

（3）ATF 的更换

ATF 油的更换间隔一般为 2 万～4 万 km 或 24 个月，也有的自动变速器 10 万 km 里程更换即可。具体方法、步骤如下：

① 拆下放油塞，将 ATF 排放到容器中，如图 5-70 所示；

② 再将放油塞紧固上；

③ 发动机熄火，通过加油管加入新油；

④ 起动发动机，将变速杆由 P 位换至 L 位，再退回 P 位；

⑤ 检查油位，应在 COOL 范围内；

⑥ 在正常温度（70～80℃）时检查油位，必要时加油。

有些自动变速器如丰田新皇冠的 A761E，不采用上述的方式。加注或更换 ATF 时，先拆下注液塞和溢流塞，从注液孔处注入 ATF 直到油液从溢流孔流出即可。

ATF 的选择要按照厂家的推荐。如图 5-70 所示，在放油塞上标明所使用的 ATF 为 T Ⅱ型。

提倡使用专用自动变速器换油设备换油。目前有专用自动变速器清洗换油设备（见图 5-71），用此设备换油既可将自动变速器彻底清洗，又可将旧油液全部换出。采用油底螺塞放油法只能换掉 50%～60%的旧油，其余油液在液力变矩器和油冷却器内无法换出，因此须应用专用设备更换自动变速器油液。

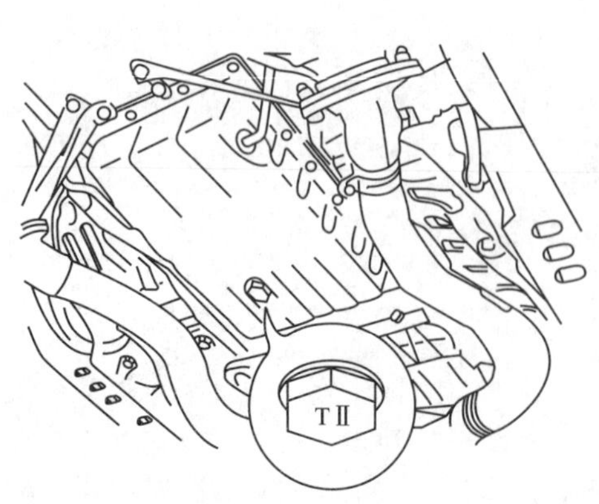

图 5-70　ATF 的更换

图 5-71　自动变速器换油设备

2. 变速器漏油检查

一般情况下，ATF 不会消耗，如果 ATF 液面高度变低，就要检查自动变速器是否有漏油的地方。

漏油会导致油压下降、液面高度下降，使换挡打滑和延迟。目视检查油封、管接头等部位。常见自动变速器漏油的检查部位如图 5-72 所示。

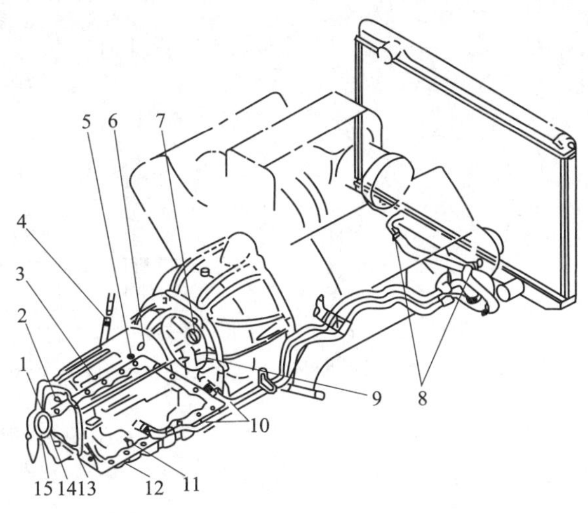

图 5-72 自动变速器漏油的检查

1—2 号车速传感器 O 形圈；2—转速传感器 O 形圈；3—电磁线圈配线 O 形圈；4—油尺导管 O 形圈；5—油压测试口螺塞和 O 形圈；6—输入轴转速传感器油封；7—油泵油封；8—油冷却器管箍；9—油泵 O 形圈；10—油冷却器管接头和 O 形圈；11—蓄能器背压测试口螺塞和 O 形圈；12—油底壳和变速器之间的垫片；13—加长壳体与变速器之间的垫片；14—1 号车速传感器油封；15—加长壳体后油封

3. 节气门拉索检查和调整

节气门拉索调整不当会导致自动变速器工作不正常。如果节气门拉索过松，节气门油压会过低，主油压偏低，使换挡滞后、换挡打滑；如果节气门拉索过紧，节气门油压会过高，主油压偏高，使换挡提前、换挡冲击。

常见的节气门拉索检查和调整如图 5-73 所示。即检查轧头和索套之间的距离，标准距离为 0～1 mm。如果距离不合适可以通过旋转调节螺母进行调整。

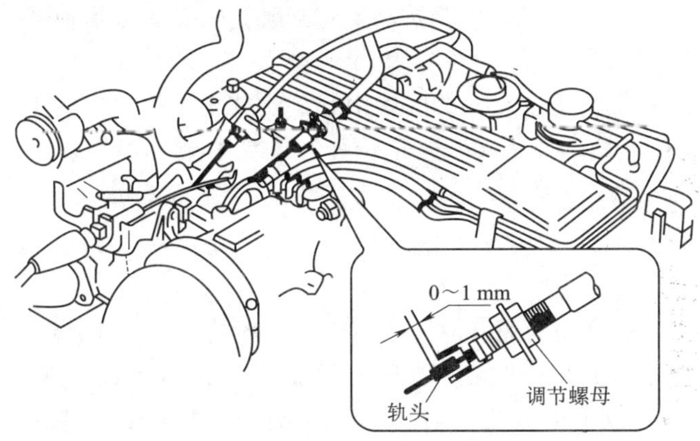

图 5-73 节气门拉索检查和调整

4. 变速杆位置检查和调整

将变速杆自 N 位换到其他挡位，检查变速杆是否能平稳而又精确地换到其他挡位。同时检查挡位指示器是否正确地指示挡位。

如果挡位指示器与正确挡位不一致，进行下述调整：

① 松开变速杆上的螺母，如图 5-74 所示。

② 将控制轴杆向后推足，然后将控制轴杆退回两个槽口到 N 位，如图 5-75 所示。

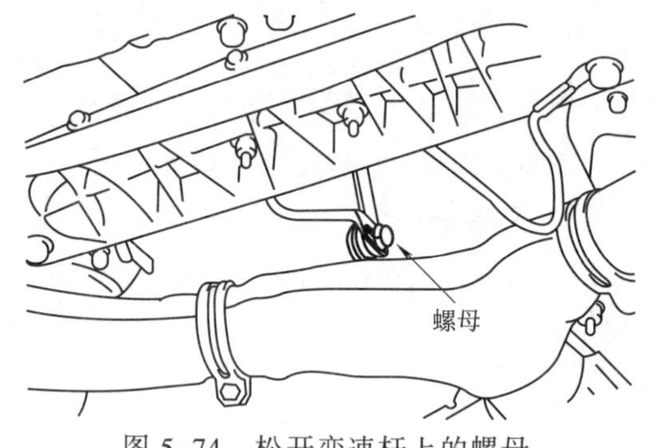

图 5-74 松开变速杆上的螺母

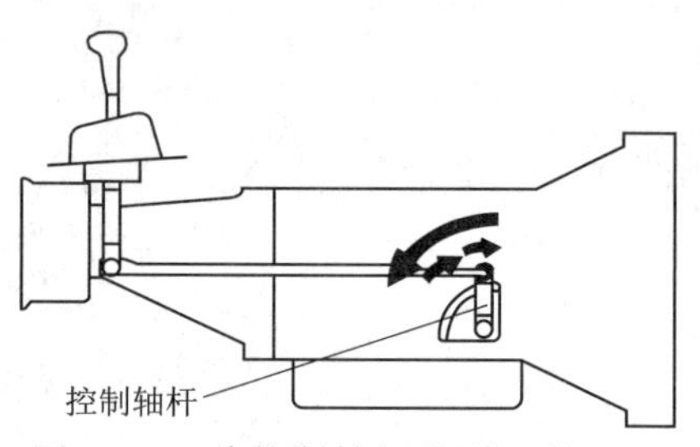

图 5-75 将控制轴杆移到 N 位

③ 将变速杆定位在 N 位。

④ 稍稍朝 R 位定位变速杆，拧紧变速杆螺母。

⑤ 起动发动机，确认选挡杆自 N 换到 D 位时，车辆向前移动而换到 R 位时，车辆后退。

5. 空挡起动开关检查和调整

检查发动机是否仅能在变速杆位于 N 位或 P 位时起动，在其他挡位不能起动。

如果不符合要求，则应进行如下的调整，如图 5-76 所示。

① 松开空挡起动开关螺栓，将变速杆置于 N 位。

② 将槽口对准空挡基准线。

③ 定位位置并按规定力矩拧紧螺栓。

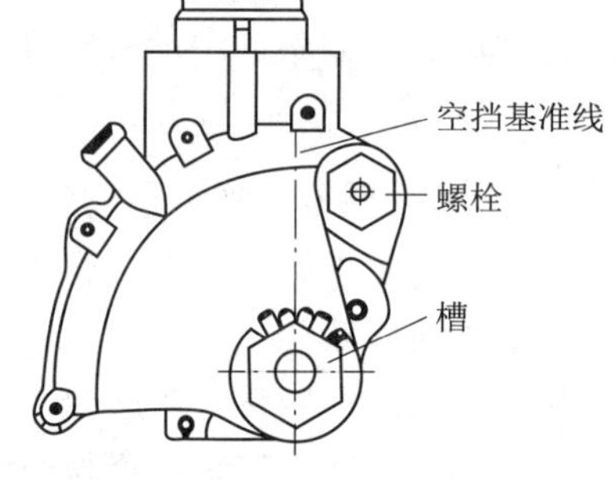

图 5-76 空挡起动开关的调整

6. 发动机怠速检查

将变速杆置于 N 位，关闭空调，检查发动机怠速转速。具体数值应查看具体车型的维修手册，一般为 650～750 r/min。

自动变速器很多故障是由于发动机的问题引起的。如发动机怠速转速过低，当变速杆由 P 位或 N 位换至 D 位或 R 位时，会导致车身的振动，严重时导致发动机熄火。

5.8.2 自动变速器试验

1. 道路试验

道路试验是诊断、分析自动变速器故障最有效的手段之一。此外，自动变速器在修复之后，也应进行道路试验，以检查其工作性能，检验修理质量。在道路试验之前，应先让汽车以中低速行驶 5～10 min，让发动机和自动变速器都达到正常工作温度。在试验中，通常应将 OD 开关置于 ON 的位置（即 OD OFF 熄灭），并将模式选择开关置于常规模式或经济模式。道路试验的方法如下：

（1）升挡检查

将变速杆置于 D 位，踩下加速踏板，使节气门保持在 50%开度左右，让汽车起步加速，检查自动变速器的升挡情况。自动变速器在升挡时发动机会有瞬时的转速下降，同时车身有轻微的闯动感。正常情况下，汽车起步后随着车速的升高，试车者应能感觉到自动变速器顺利地由 1 挡升入 2 挡，随后再由 2 挡升入 3 挡，最后升入超速挡。若自动变速器不能升入高挡（3 挡或超速挡），说明控制系统或换挡执行元件有故障。

（2）升挡车速的检查

在上述升挡检查的过程中，当察觉到自动变速器升挡时，记下升挡车速。一般 4 挡自动变速器在节气门开度 50%时由 1 挡升至 2 挡的车速为 25～35 km/h，由 2 挡升至 3 挡的车速为 55～70 km/h，由 3 挡升至 4 挡（超速挡）的车速为（90～120）km/h。由于升挡车速和节气门开度有很大的关系，即节气门开度不同时，升挡车速也不同，而且不同车型的自动变速器各挡位传动比的大小都不相同，其升挡车速也不完全一样。因此，只要升挡车速基本保持在上述范围内，而且汽车行驶中加速良好，无明显的换挡冲击，都可认为其升挡车速基本正常。若汽车行驶中加速无力，升挡车速明显低于上述范围，说明升挡车速过低（即升挡提前）；若汽车行驶中有明显的换挡冲击，升挡车速明显示高于上述范围，说明升挡车速过高（即升挡滞后）。

图 5-77 所示为丰田 A43D 和 A43DE 两种自动变速器的换挡图。图中实线为升挡曲线，虚线为降挡曲线，通常液力控制自动变速器的升挡车速和节气门开度的变化关系图呈曲线状［见图 5-77（a）］，而电子控制自动变速器的升挡车速和节气门开度的变化关系图呈阶梯状折线［见图 5-77（b）］。

升挡车速太低一般是控制系统的故障所致；升挡车速太高则可能是控制系统的故障所致，也可能是换挡执行元件的故障所致。

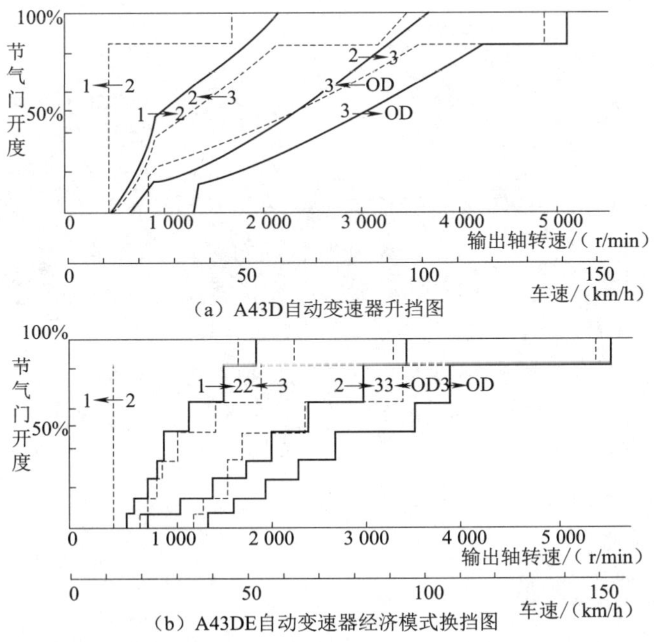

（a）A43D自动变速器升挡图

（b）A43DE自动变速器经济模式换挡图

图 5-77　自动变速器的换挡图

（3）升挡时发动机转速的检查

有发动机转速表的汽车在作自动变速器道路试验时，应注意观察汽车行驶中发动机转速变化的情况。它是判断自动变速器工作是否正常的重要依据之一。在正常情况下，若自动变速器处于经济模式或普通模式，节气门保持在低于 1/2 开度范围内，则在汽车由起步加速直至升入高速挡的整个行驶过程中，发动机转速都将低于 3 000 r/min。通常在加速至即将升挡时发动机转速可达到 2 500 ~ 3 000 r/min，在刚刚升挡后的短时间内发动机转速将下降至 2 000 r/min。

如果在整个行驶过程中发动机转速始终过低，加速至升挡时仍低于 2 000 r/min，说明升挡时间过早或发动机动力不足；如果在行驶过程中发动机转速始终偏高，升挡前后的转速在 2 500 ~ 3 500 r/min 之间，而且换挡冲击明显。说明升挡时间过迟；如果在行驶过程中发动机转速过高，经常高于 3 000 r/min，在加速时达到 4 000 ~ 5 000 r/min，甚至更高，则说明自动变速器的换挡执行元件（离合器或制动器）打滑，应拆修自动变速器。

（4）换挡质量的检查

换挡质量的检查内容主要是检查有无换挡冲击。正常的自动变速器只能有不太明显的换挡冲击，特别是电控自动变速器的换挡冲击应十分微弱。若换挡冲击太大，说明自动变速器的控制系统或换挡执行元件有故障，其原因可能是主油压高或换挡执行元件打滑，应做进一步的检查。

（5）锁止离合器工作状况的检查

自动变速器液力变矩器中锁止离合器的工作是否正常也可以采用道路试验的方法进行检查。如图 5–78 所示，试验中，让汽车加速至超速挡，以高于 80 km/h 的车速行驶，并让节气门开度保持在低于 50%的位置，使变矩器进入锁止状态。此时，快速将加速踏板踩下使节气门开度超过 85%，同时检查发动机转速的变化情况。若发动机转速没有太大的变化，说明锁止离合器处于接合状态；反之，若发动机转速升高很多，则表明锁止离合器没有接合，其原因通常是锁止控制系统有故障。

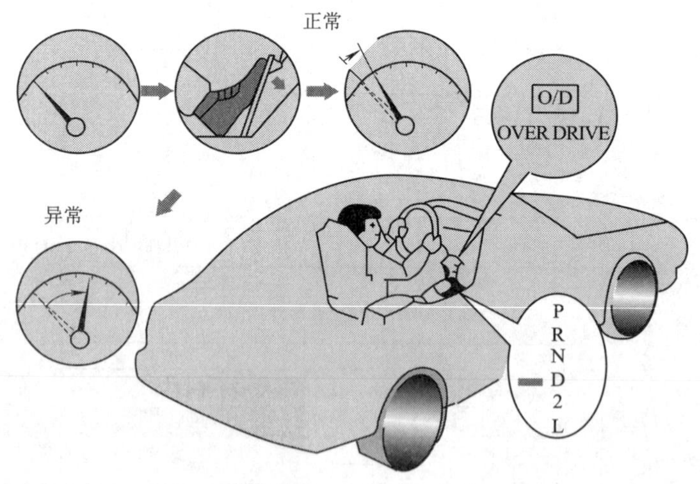

图 5–78　锁止离合器的工作状况的检查

（6）发动机制动作用的检查

检查自动变速器有无发动机制动作用时，应将变速杆置于 2 位或 L 位。在汽车以 2 挡或 1 挡行驶时，突然松开加速踏板，检查是否有发动机制动作用。若松开加速踏板后车速立即部之下降，说明有发动机制动作用；否则说明控制系统或换挡执行元件有故障。

（7）强制降挡功能的检查

检查自动变速器强制降挡功能时，应将变速杆置于 D 位，保持节气门开度为 30%左右，在以 2 挡、3 挡或超速挡行驶时突然将加速踏板完全踩到底，检查自动变速器是否被强制降低一个挡位。在强制降挡时，发动机转速会突然升至 4 000 r/min 左右，并随着加速升挡，转速逐渐下降。若踩下加速踏板后没有出现强制降挡，说明强制降挡功能失效。若在强制降挡时发动机转速升高反常，达 5 000 r/min，并在升挡时出现换挡冲击，则说明换挡执行元件打滑，应拆修自动变速器。

2. 手动换挡试验

（1）目的

手动换挡试验用于判断故障是来自电控系统还是机械系统。

（2）方法与步骤

① 脱开换挡电磁阀连接器。

② 将变速杆置于各个位置，检查挡位是否与表 5-5 所列情况相同；如果出现异常，说明故障在机械系统。

表 5-5　手动换挡试验

变速杆位置	D	2	L	R	P
挡位	4 挡	3 挡	1 挡	倒挡	锁定棘轮

③ 插上换挡电磁阀连接器，清除故障码。

④ 如果 L 位、2 位和 D 位换挡位置难以区别，则进行下列道路试验：车辆行驶时，经过从 L 位至 2 位、2 位至 D 位的换挡，检查相应挡位的换挡变化。如果在上述试验中发现异常，则是变速器机械系统的故障。

3. 失速试验

（1）目的

失速试验是通过测量在 D 位、R 位时的失速转速来检查发动机及变速器的总体性能。

（2）注意事项

① 在正常工作温度下进行该试验（50～80 ℃）。

② 该试验连续进行不得超过 5 s。

③ 为保证安全，请在宽阔水平地面上进行，并确保试验用车前后无人。

④ 失速试验应两人共同完成。一人观察车轮情况或车轮塞木情况，另一人进行试验。

（3）方法与步骤（见图 5-79）

① 塞住前后车轮。

② 在发动机上安装转速表（如果仪表盘上有转速表可省略此步）。

③ 拉紧驻车制动手柄或踩下驻车制动踏板。

④ 左脚踩下制动踏板。

⑤ 起动发动机。

⑥ 将变速杆置于 D 位。用右脚把加速踏板踩到底，同时迅速读发动机转速，此转速既为失速转速。

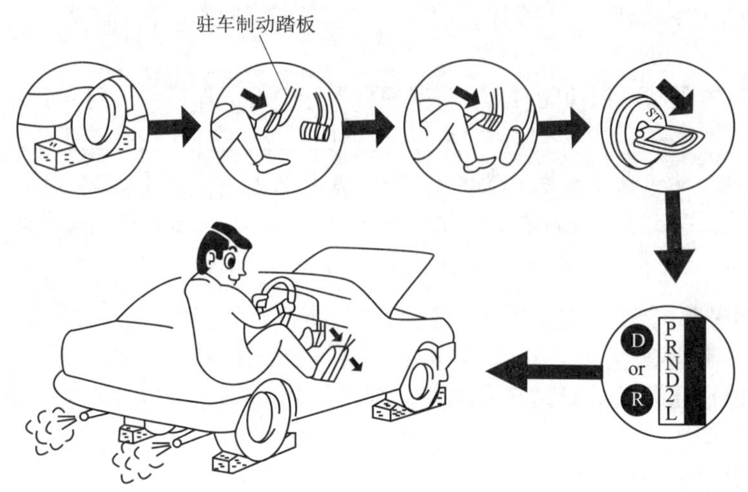

图 5-79　失速试验

注意

如果在发动机转速未达到规定失速转速之前，后轮开始转动，应放松加速踏板停止试验。

⑦ 在 R 位重复试验。

常见车型自动变速器的失速转速一般为 2 200 r/min 左右，但也有的自动变速器的失速转速低于 1 800 r/min，有的自动变速器的失速转速高于 2 800 r/min。

（4）试验结果分析

不用的车型，由于结构不同，试验结果体现的故障不同，下面仅以常见丰田 4 挡自动变速器为例进行说明。

① 如果两个位置失速转速都相同，但均低于规定值：发动机可能功率不足，导轮（变矩器）单向离合器工作不正常。

提示

如果低于规定转速值 600 r/min 以上，液力变矩器可能损坏。

② 在 D 位失速转速高于规定值：主油压太低、前进挡离合器工作不良、O/D 单向离合器工作不良。

③ 在 R 位失速转速高于规定值：主油压太低、直接挡离合器打滑、一挡及倒挡离合器打滑、O/D 单向离合器工作不良。

④ 在 D 和 R 位失速转速均高于规定值：主油压太低、油液液面位置不正常、O/D 单向离合器工作不良。

4. 换挡迟滞试验

（1）目的

发动机怠速转动时拨动变速杆，在感觉振动前会有一段时间的迟滞或延迟，这用于检查 O/D 单向离合器、前进挡离合器、直接挡离合器及一倒挡制动器的工作情况。

（2）注意事项

① 在正常工作油温下进行该试验（50～80℃，122～176°F）。

② 在各试验中保证有 1 min 间隔。

③ 进行三次试验并取平均值。

（3）方法与步骤（见图 5-80）

① 拉紧驻车制动手柄。

② 起动发动机并检查怠速。

③ 将变速杆从 N 位拨向 D 位。用秒表测量拨动变速杆到感觉振动的时间。延迟时间应于 1.2 s。

④ 从 N→R 用同样方法测量。延迟时间应小于 1.5 s。

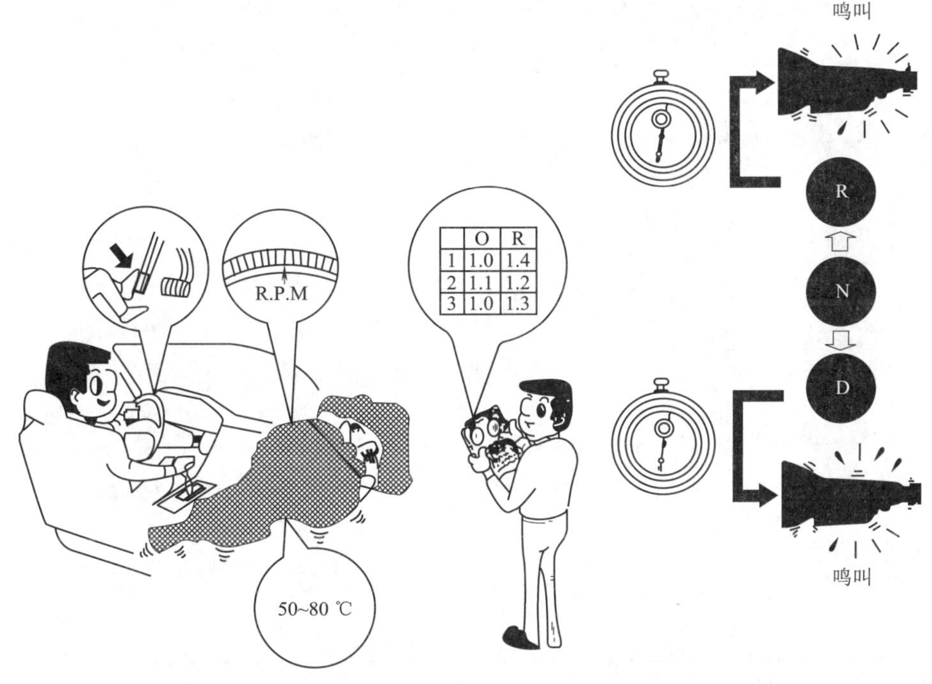

图 5-80　换挡迟滞试验

（4）试验结果分析

① 如果 N→D 延迟时间大于规定值：主油压太低、前进挡离合器磨损、O/D 单向离合器工作不良。

② 如果 N→R 延迟时间大丁规定值：主油压太低、直接挡离合器磨损、一倒挡制动器磨损、O/D 单向离合器工作不良。

5. 油压试验

油压试验一般是做主油压测试，也可做进气门油压、速控油压、蓄能器背压测试。

（1）注意事项

① 运转发动机，让发动机和变速器温度正常。

② 拔去变速器壳体上的检查接头塞，连接压力表。

在正常工作油温时进行该试验（50～80℃，122～176°F）

油压试验应两人完成。其中一人就应观察车轮及车轮塞木状况，同时另一人进行试验。

（2）方法与步骤（见图 5-81）

图 5-81　油压试验

① 运转发动机，让发动机和变速器温度正常。

② 拔去变速器壳体上的检查接头塞，连接压力表。

③ 拉紧驻车制动手柄，塞住四个车轮。

④ 起动发动机，检查怠速转速。

⑤ 左脚踩下制动踏板，将变速杆换入 D 位。

⑥ 发动机怠速下测量主油压。

⑦ 将加速踏板踩到底。在发动机达到失速转速时迅速读下油路最高压力。

注意

如果在发动机转速未达到失速转速之前，后轮开始转动，则松开加速踏板停止试验。

⑧ 在 R 位重复试验。

丰田 A341E 自动变速器的主油压值见表 5-6。

表 5-6　丰田 A341E 自动变速器的主油压值　　kPa（kgf/cm^2）

D 位		R 位	
怠速	失速	怠速	失速
363～422（3.7～4.3）	902～1147（9.2～11.）	500～598（5.1～6.1）	1 236～1 589（12.6～12.8）

如果测得的油压未达到规定值，重新检查节气门拉索的调整情况并重复做油压测试。

（3）试验结果分析

① 在任何范围油压均高于规定值：节气门拉索调整不当、节气门阀失效、调压阀失效、油泵失效、O/D 单向离合器损坏。

② 只在 D 位油压低：D 位油路泄漏、前进挡离合器故障。

③ 只在 R 位油压低：R 位油路泄漏、直接挡离合器故障、倒挡制动器故障。

5.8.3　自动变速器故障的故障码检测

以凌志 LS400 轿车所装用的 A341E、A342E 自动变速器为例，进行电子控制自动变速器的故障码诊断与分析。

1. 读取故障码

用以下方法便可方便地读出存储在存储器中的故障码。

（1）用 PWR 指示灯读取故障码

① 用 PWR 指示灯读取故障码时，先将点火开关拧至 ON 位置，检查 PWR 指示灯。当模式选择开关置于 PWR 时，PWR 指示灯应发光；而当模式选择开关置于 NORM（正常模式）时，该指示灯应熄灭。

② 将点火开关拧至 ON 位置，但不要起动发动机，再将模式选择开关置于 NORM 位置，因为只有当模式选择开关置于 NORM 时，才有可能读出故障码，将此开关置于 PWR，则 PWR 指示灯只会持续发光而不会通过有规律的闪烁给出故障码。

③ 用专用接线连接丰田诊断通信线路（TDCL）的 TE1 端子和 E1 端子。TDCL 是安装在驾驶室内位于左侧仪表板下方的一个连接器，专门用于对来自发动机、自动变速器、防抱死制动系统、空调系统、安全气囊、牵引力控制装置及巡航控制装置的数据进行诊断，以便于发现并排除故障。连接好两个特定端子后，便可根据 PWR 指示灯的闪烁情况，读出具体的故障码。

故障自诊断装置在其正常工作期间连接 TE1 和 E1 两端子后，PWR 指示灯会每秒闪烁两次，如图 5-82（a）所示；而有故障发生时，其闪烁方式就会出现变化，如图 5-82（b）所示，图 5-82（b）即为 42 号故障码的闪烁情况。

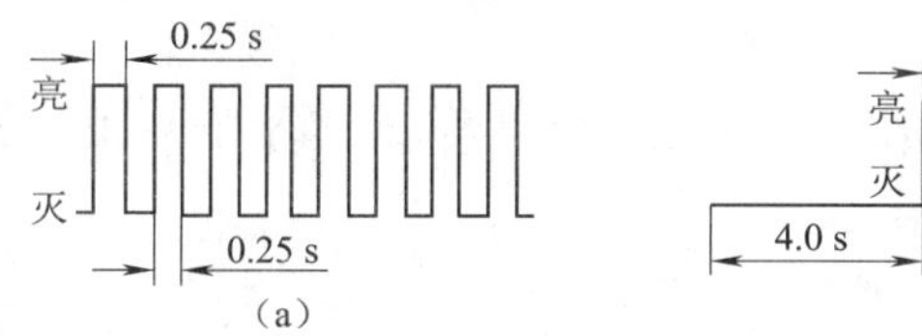

图 5-82 故障码闪烁情况

如果存储器中存有两个或两个以上的故障码，则序号较低的一个故障码会先行显示出来。

（2）用手持式解码器读取故障码

将手持式解码器连接至丰田诊断通信线路（TDCL），便可方便地根据解码器显示屏上的提示符读出故障码。

2. 故障码与故障部位

一般情况下，对检测中可能出现的不同故障码，汽车制造厂商均给出了需要检测的项目、检测的条件、故障发生的部位，以及其他一些相应的说明。下面结合 A341E、A342E 型自动变速器进行讨论，常见故障码见表 5-7。

表 5-7 常见故障码

故障码	型式	诊断系统
—		正常
42		1 号车速传感器故障，检修线束或短路的电路

续表

故 障 码	型 式	诊 断 系 统
61		2 号车速传感器故障，检修线束或短路的电路
62		检修 1 号电磁阀，检修线束或短路的电路
63		检修 2 号电磁阀，检修线束或短路的电路
64		检修锁止电磁阀，检修线束或短路的电路

（1）38 号故障码

待检项目：自动变速器油温传感器电路。

检测条件及检测要求：

① 检测油温传感器电阻，阻值应不小于 79 Ω，检测时间不少于 0.5 s。

② 在发动机运转超过 15 min 后，再测油温传感器电阻，阻值应不大于 156 Ω，检测时间应持续 0.5 s 以上。

可能的故障部位：

① 自动变速器油温传感器与发动机和自动变速器电子控制单元（ECU）之间的配线或连接器。

② 自动变速器油温传感器。

③ 发动机和自动变速器电子控制单元（ECU）。

PWR 指示灯和存储器状态：

PWR 指示灯闪烁，存储器存储检测出的故障码。

（2）46 号故障码

待检项目：4 号电磁阀电路。

检测条件及检测要求：

使用双程检测逻辑电路，检测出以下两项中的任一项：

① 在不低于 5%负荷率持续 1 s 的前提下，SLN 输出信号负载的接通时间不少于 3.3 ms。

②“检查发动机”灯应发光。

可能的故障部位：

① 4 号电磁阀。

② 4 号电磁阀与发动机和自动变速器电子控制单元（ECU）之间的配线或连接器。

③ 发动机和自动变速器电子控制单元（ECU）。

PWR 指示灯和存储器状态：

PWR 指示灯不闪烁，存储器存储检测出的故障码。

当显示 46 号故障码时，使用了“双程检测”逻辑电路，使用这一逻辑电路，第一次检测出的逻辑故障会暂时存储在发动机和自动变速器电子控制单元（ECU）的存储器中，若在第二次行驶试验（即将发动机点火开关断开后又重新接通）中又检测出同一故障，则第二次的检测结果使 PWR 指示灯闪烁。

（3）61 号故障码

待检项目：车速传感器电路。

检测条件及检测要求：空挡起动开关断开及车辆行驶时，无车速传感器信号传至发动机和自动变速器电子控制单元（ECU）。

可能的故障部位：

① 车速传感器电路开路或短路。

② 车速传感器。

③ 发动机和自动变速器电子控制单元（ECU）。

PWR 指示灯和存储器状态：

PWR 指示灯闪烁，存储器存储检测出的故障码。

（4）62、63 号故障码

待检项目：1 号和 2 号电磁阀电路。

检测条件及检测要求：

在 1 号和 2 号电磁阀电路有变化时，发动机和自动变速器电子控制单元（ECU）则检查相应的电磁阀电路是否有开路或短路发生，当以下情形：

① 对电磁阀，连续通电不少于 8 次时，电磁阀短路，电阻不大于 8 Ω。

② 对电磁阀，连续通电不少于 8 次时，电磁阀开路，电阻不小于 100 kΩ。

被检测出一次（即检测出①或②一次），发动机和自动变速器电子控制单元（ECU）记录下 62 或 63 号故障码，但不使 PWR 指示灯闪烁。当 ECU 在单程中检测出①或②不少于 8 次时，PWR 指示灯便会出现闪烁，直至①或②消失为止。此后，若 ECU 再次检测出①或②一次，则 PWR 指示灯将再次闪烁。

可能的故障部位：

① 1 号、2 号电磁阀。

② 电磁阀与 ECU 之间的配线或连接器。

③ 电子控制单元（ECU）本身。

PWR 指示灯和存储器状态；

PWR 指示灯闪烁，存储器存储检测出的故障码。

（5）64 号故障码

待检项目：3 号电磁阀电路。

检测条件及检测要求：

用双程检测逻辑电路，检测出以下两项中的任一项：

① 保持至少 95%的负荷率 1 s，SLN 输出信号负载的接通时间不少于 3.3 ms。

②“检查发动机”灯发光。

可能的故障部位：

① 3 号电磁阀。

② 3 号电磁阀与发动机和自动变速器电子控制单元（ECU）之间的配线或连接器。

③ 发动机和自动变速器电子控制单元（ECU）。

PWR 指示灯和存储器状态：

PWR 指示灯不闪烁，但存储器存储检测出的 64 号故障码。

（6）67 号故障码

待检项目；超速挡直接离合器速度传感器电路。

检测条件及检测要求：

检测到以下所有情形的时间不少于 2 s，它们是：

① 并非正在换挡。

② 挡位为第一挡、第二挡或第三挡。

③ 自动变速器输入轴转速不高于 300 r/min。

④ 自动变速器输出轴转速不低于 1 000 r/min。

⑤ 空挡起动开关断开。

可能的故障部位：

① 超速挡直接离合器速度传感器。

② 超速挡直接离合器速度传感器与发动机和自动变速器电子控制单元（ECU）之间的配线或连接器。

③ 发动机和自动变速器电子控制单元（ECU）。

PWR 指示灯和存储器状态：

PWR 指示灯闪烁，存储器存储 67 号故障码。

3. 要说明的几个问题

利用故障码进行故障诊断与分析时，需要注意以下几个问题：

① 若故障信号正在输出时，故障出于某种原因消除，即系统或装置恢复正常，则 PWR 指示灯停止闪烁并且熄灭。但是，在将故障码从存储器中清除之前，它会一直保留在存储器中。

② 若诊断装置输出故障码，而 PWR 指示灯并不闪烁，则表明有间歇性的故障，这时应检查与该故障码相对应电路的所有连接点。

③ 42、62 和 63 号故障码只限于各电磁阀、配线、连接器等的电气系统开路或短路，也就是说，发动机和自动变速器电子控制单元（ECU）不能检测电磁阀所发生的诸如卡住之类的机械故障。

④ 若车速传感器也同时发生故障，则发动机和自动变速器电子控制单元（ECU）既不通过 PWR 指示灯的闪烁来警告驾驶员，也不会存储任何故障码，它所能做的唯一一件事情是使汽车只能以一挡行驶。也就是说，汽车不可能以除一挡外的任何挡位行驶，也不能由一挡产生升挡变换。

4. 故障码的清除

待故障部位修理完毕后，一定要将点火开关拧至熄火（OFF）位置，然后将 EF11 号熔丝拔出不少于 10 s，这样便可清除保留在发动机和自动变速器电子控制单元（ECU）存储器中的故障码。

当熔丝插回再行检查时，应有正常码输出。

此外，可以通过故障诊断仪来读取故障码和清除故障码。方法如下：

（1）故障码的读取

存储在电子控制单元（ECU）中的故障码（DTC）可以在智能检测仪上显示。这些诊断工具可显示待定 DTC 和当前 DTC。在连续行驶过程中，如果 ECM 未检测到故障，则有些 DTC 将不会存储。然而，在一次行驶中检测到的故障作为待定 DTC 存储。

① 将智能检测仪连接到 DLC3 接口。

② 将点火开关置于 ON（IG）位置。

③ 进入以下菜单项：Enter/Powertrain/Engine and ECT/DTC/Current（or Pending）。

④ 确认 DTC 和定格数据，然后将它们记录下来。

⑤ 确认 DTC 的详情。

（2）故障码的清除

使用智能检测仪清除 DTC。

① 将智能检测仪连接到 DLC3 接口。

② 将点火开关置于 ON（IG）位置。

③ 进入以下菜单项：Enter/Powertrain/Engine and ECT/DTC/Clear。

【典型案例】

凌志 LS400 自动变速器无超速挡。一辆凌志 LS400 轿车，车速不能加速到 150 km/h 以上，当节气门全开时，最高车速只能达到 120 km/h。

5.9　ABS 检测与诊断

现代汽车电子控制系统都具有故障自诊断功能，当 ABS 系统的 ECU 检测到系统的故障信息时，立即使仪表盘上的相应警告灯点亮，提示操纵人员 ABS 系统出现故障，同时将故障信息以故障码的形式存储到存储器中。

5.9.1　ABS 常规检修

1. ABS 故障诊断注意事项

① ABS 是一种汽车安全系统，从事该项检修诊断工作要求具备该系统的相关知识。

② 在对 ABS 进行检修之前，原则上要查询故障码。

③ 在拔下 ABS 控制单元插头的情况下不要驾车。

④ ABS 的元器件插头只有在关闭点火开关时才可拔下或插上。

⑤ 不允许松开液压单元 N55 的螺栓（在更换回油泵继电器和电磁阀时，继电器罩盖螺栓除外）。

⑥ 在涉及与制动液有关的作业时，要注意采取有效的安全防范措施。

⑦ 指示灯亮说明在 ABS 系统中有故障，因为某些故障有可能在行驶时才被识别出来，因此必须在修理工作结束后进行试车。在试车时车速不低于 60 km/h 的行驶时间应超过 30 s。

2. ABS 故障检测的前提条件

① 所有车轮应使用规定的及相同规格的轮胎，轮胎充气压力应正确。

② 包括制动灯开关及制动灯在内的常规制动装置应正常。

③ 液压系统的接头和管路应密封良好（目视检查 N55 及制动主缸）。

④ 轮毂轴承及其间隙应正常。

⑤ 车轮转速传感器安装位置应正确。

⑥ 所有熔丝应正常。

⑦ 连接插头连接应正确，并且锁紧器应可靠锁定。

⑧ ABS 同油泵继电器和 ABS 电磁阀继电器的插接应正确。

⑨ 蓄电池电压应正常（最小不低于 10.5 V）。

⑩ 只有在停车时及打开点火开关（或发动机运转）的情况下才有可能进入故障自诊断系统，在车速超过 2.75 km/h 时不能进入故障自诊断系统，因此故障自诊断时四个车轮必须均处于静止状态。

⑪ 在进行 ABS 故障检测期间，汽车电气设备不要受到电磁干扰，即汽车要远离高耗电设备（如电焊机等）。

3. 制动踏板的检查与调整

① 检查和调整制动踏板高度。丰田凌志 LS400 制动踏板距离地板衬板面的高度为 142.8～152.8 mm。

② 检查和调整制动踏板行程。上海别克轿车制动踏板行程为 74 mm，LS400 轿车制动踏板行程为 75 mm。

③ 检查和调整制动踏板自由行程。LS400 轿车制动踏板自由行程为 3～5 mm。

4. 储液器液面的检查

在储液器中装有一个液面传感器，液面较低时发出警报，应及时添加制动液。添加制动液时不要超过储液器上的 MAX 线。

5. 制动助力器的检测

① 检查助力器的工作状况：踏下制动踏板，起动发动机，踏板应稍有下移；踩住制动踏板，发动机熄火时，若制动踏板稍有上移，则助力器工作正常。

② 检查助力器的密封性：启动发动机，1 min 或 2 min 后停机，再慢慢踩下制动踏板数次。如果制动踏板第一次达到的位置最低，第二、第三次逐渐升高，则助力器密封性良好；发动机运转时踩下制动踏板，在不松开制动踏板的情况下停机，踩住制动踏板 30 s 后，制动踏板余量行程没有改变，则助力器密封性良好。

6. 制动系统的排气

在拆检和更换轮缸、制动钳、制动管路等零部件后应进行制动系统的排气。不同的制动系统其排气方法不同，下面以丰田凌志 LS400 和上海别克轿车为例说明制动系统的排气过程。如凌志 LS400 轿车 ABS 系统的排气。

① 制动主缸的排气：从制动主缸上脱开制动管路，缓慢踩下制动踏板并踩住不放，用手指堵住出油管，松开制动踏板。重复 3～4 次，直至将气体完全排出。

② 制动管路排气：将乙烯管接到制动轮缸上，踩下制动踏板数次，然后在踩下制动踏板的同时松开放气螺钉，制动液停止流出时拧紧放气螺钉，然后再松开制动踏板。重复操作，直至气体全部排出。

在对制动系统排气之前，先向储液器内添加制动液，排气结束后再检查液位，必要时应再次添加制动液。

7. 驻车制动踏板行程的检查

将驻车制动踏板踩到底，在 30 kg 力作用下，LS400 轿车应听到 5～7 响“嗒嗒”声。对于上海别克轿车应听到 4 响，不正常需进行调整。

5.9.2 ABS 自诊断认识

1. ABS 自诊断系统的检查

① 检查蓄电池电压是否为 12 V 。

② 检查“ABS”警告灯是否正常。

③ 读取故障码。车型不同，故障码的读取方式也不同。下面以丰田车系为例简述读取故障码的过程。

a. 打开点火开关，拆下维修插头。用短接线将插头端子 Tc 和 E1 相接。

b. 如有故障，4 s 后警告灯开始闪烁，读取警告灯闪烁次数。先闪十位数，间隔 1.5 s，再闪个位数。如果有多个故障码，则各故障码之间停 2.5 s ，全部代码显示完后，又从数字小的代码开始重复显示。

c. 如果没有故障，警告灯每 0.5 s 闪亮一次。

2. ABS 车轮速度传感器的检查

① 拆开传感器电线连接后，测量传感器线圈的阻值，应符合规定值（0.9～1.3 kΩ）。

② 支起被测车轮，用手转动车轮，同时用万用表检测，万用表应有 70 mV 以上的显示。

③ 如不正常，应检查制动盘毂齿轮是否完好无损，传感器表面是否脏污、间隙（1.1～1.3 mm）是否合适。

3. ABS 系统的泄压

一般方法为关闭点火开关，反复踏制动踏板，踩踏的次数至少在 20 次以上。当感觉踩踏板的力明显增加时，ABS 系统泄压完成。

4. ABS 液压控制装置的拆卸

① 放出制动液，拆下制动油管。

② 拆除所有线束插头。

③ 卸下固定螺栓，拆下液压控制装置。

5. ABS 电磁阀的更换

① 拆下固定螺钉，拆下电磁阀，检查 O 形环是否正常。

② 选用完好的电磁阀，连同 O 形环一并安装到位，并拧紧固定螺钉。

6. ABS 液压控制装置的分解与组合

① 松开马达组件的四个固定螺钉。

② 拧下液压调节器和制动总泵之间的两个固定螺钉。

③ 将液压调节器和制动总泵分开，二者之间的油管必须更换。

④ 液压调节器不能修理，须整体更换。

⑤ 重新组合液压调节器和制动总泵时，必须更换油管。

⑥ 将液压调节器和制动总泵组合并定位。

⑦ 马达组件也不能拆修，只能更换。

⑧ 将马达组件安装在液压调节器上，整个装置组合完毕。

7. ABS 的放气

不同的 ABS 系统其放气过程均可分为两部分：液压管道和液压调节器。其中液压管道的放气过程与普通制动系统一致，对液压调节器中的空气一般要用专用仪器按照特殊的规程将空气放出。下面以达科 ABS 系统为介绍其放气过程。

① 用 TECH-1 或 T-100 专用扫描仪将液压调节器的马达定位，以使单向阀顶在开通位置，让空气完全释放。

② 找到液压调节器上的前轮放气螺钉，在前轮放气螺钉上安装一个油管。

③ 慢慢拧松放气螺钉 1/2～3/4 圈，制动液流出，直到没有气泡时拧紧放气螺钉。

④ 按②～③的步骤再进行后轮的放气。

⑤ 最后按普通制动系统四轮放气程序进行放气。其顺序为右后、左后、右前、左前。

5.10 前照灯检测

前照灯不仅要有一定的亮度（发光强度），而且照射的方向（前照灯主光轴方向）也要适合。汽车前照灯发光强度高、亮度充分，才能保证驾驶员夜间行车时辨认道路情况；前照灯照射方向不仅为本车驾驶员提供可靠的照明，而且还要防止夜间会车时给对方驾驶员造成眩目。因此，前照灯的发光强度和照射方向，是影响汽车夜间行车安全的关键因素，必须定期检测。

5.10.1 前照灯检测的作用和要求

前照灯是汽车在夜间或在能见度较低的条件下，为驾驶员提供行车道路照明的重要设备，而且也是驾驶员发出警示，进行联络的灯光信号装置。在不同的行驶条件下，前照灯还需进行光束范围的调整以及远、近光的切换。图 5-83 所示为汽车前照灯位置。图 5-84 所示为汽车在不同情况下的灯光切换。由于在行车过程中，汽车受到振动，可能引起前照灯部件的安装位置发生变动，从而改变光束的正确照射方向，同时，灯泡在使用过程中会逐步老化，反射镜也会受到污染而使其聚光的性能变差，导致前照灯的亮度不足。这些变化，都会使驾驶员对前方道路情况辨认不清，或在与对面来车交会时造成对方驾驶员眩目等，从而导致事故的发生。因此，必须对前照灯进行定期检测。

1. 光束照射位置要求

① 在空载车状态下，汽车前照灯近光光束照射在距离 10 m 的屏幕上，近光光束明暗截止线转角或中点的垂直方向位置，对近光光束透光面中心（基准中心，下同）高度小于或等于 1 000 mm 的机动车，应不高于近光光束透光面中心所在水平面以下 50 mm 的直线且不低于近光光束透光面中心所在水平面以下 300 mm 的直线；对近光光束透光面中心高度大于 1 000 mm 的机动车，应不高于近光光束透光面中心所在水平面以下 100 mm 的直线且不低于近光光束透光面中心所在水平面以下 350 mm 的直线。除装用一只前照灯的三轮汽车和摩托车外，前照灯近光光束明暗截止线转角或中点的水平方向位置，与近光光束透光面中心所在处置面相比，向左偏移应小于或等于 170 mm，向右偏移应小于或等于 350 mm（见 GB 7258—2017《机动车运行安全技术条件》）。

图 5-83　汽车前照灯位置

图 5-84　前照灯光束变化

② 在空载车状态下，对于能单独调整远光光束的汽车前照灯，前照灯远光光束照射在距离 10 m 的屏幕上，其发光强度最大点的垂直方向位置，应不高于远光光束透光面中心所在水平面（高度值为 H）以上 100 mm 的直线且不低于远光光束透光面中心所在水平面以下 0.2H 的直线。前照灯远光发光强度大点的水平位置，与远光光束透光面中心所在垂直面相比，左灯向左偏移应小于或等于 170 mm 且向右偏移应小于或等于 350 mm，右灯向左和向右偏移均应小于或等于 350 mm。

2. 前照灯远光光束发光强度最小值要求（见表 5-8）

表 5-8　前照灯远光光束发光强度最小值要求

检查项目	新注册车/cd		在用车/cd	
机动车类型	两灯制	四灯制	两灯制	四灯制
其他汽车	18 000	15 000	15 000	12 000

注：允许四灯制的机动车其中两只对称的灯达到两灯制要求视为合格。

3. 前照灯检测仪检测原理

前照灯检测仪，一般是采用具有把吸收的光能变成电流的光电池元件，按照前照灯主光轴照射光电池产生电流的比例，来测量前照灯的发光强度和光轴偏斜量的。

（1）发光强度的检测原理

把光电池与光度计连接起来，以适当距离使前照灯照射光电池后，光电池根据前照灯发光强度的大小产生电流使光度计指针动作，从而指示出前照灯的发光强度，如图 5-85 所示。

（2）光轴偏斜量的检测原理

把光电池分为 $S_{上}$、$S_{下}$、$S_{左}$、$S_{右}$四份，在 $S_{上}$和 $S_{下}$上接有上下偏斜指示计，在 $S_{左}$和 $S_{右}$上接有左右偏斜指示计，当光电池受到前照灯照射后，各分光电池分别产生电流，当 $S_{上}$和 $S_{下}$或 $S_{左}$和 $S_{右}$的受光量不等时产生的电流也不相等。根据其差值便可使上下偏斜指示计或左右偏斜指示计动作，从而可测出前照灯光轴的偏斜量，如图 5-86 所示。

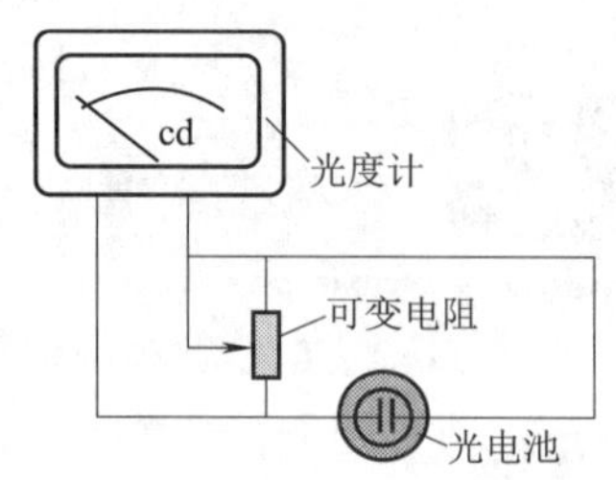

图 5-85　发光强度检测原理

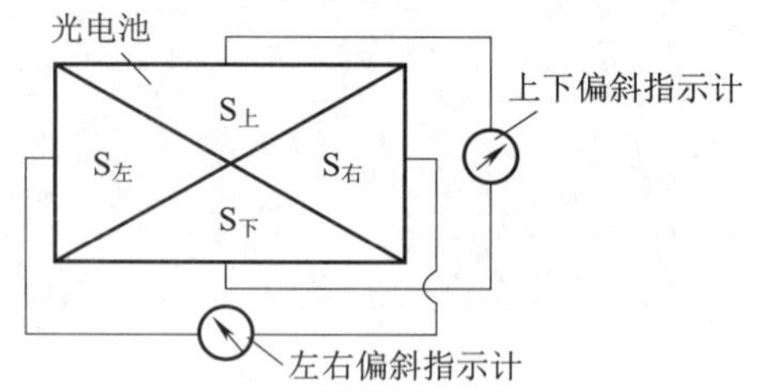

图 5-86　光轴偏斜量的检测原理

光电池生产出来，无论使用与否，时间长久以后，其灵敏度均会下降。

4. 投影式前照灯检测仪

投影式前照灯检测仪采用把前照灯光束的影像映射到投影屏上，来检测发光强度和光轴偏斜量。检测时，测试距离一般为 3 m。其构造如图 5-87 所示。

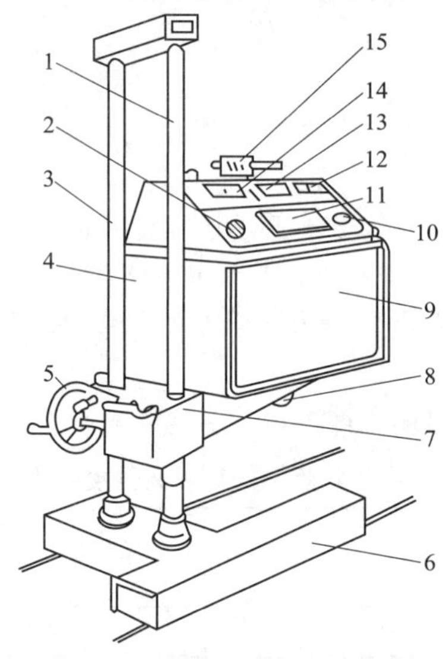

图 5-87　投影式前照灯检测仪

1—前立柱（带齿条）;2—光轴刻度盘（左右）；3—后立柱（防回转）；4—光接收箱；5—上下移动手轮；6—底座；7—传动箱；8—测量卷尺；9—聚光透镜；10—光轴刻度盘（上下）；11—投影屏；12—光轴上下偏斜指示计；13—光度计；14—光轴左右偏斜指示计；15—对准瞄准器

在聚光透镜的上下和左右方向装有四个光电池。前照灯光束的影像通过聚光透镜、光度计的光电池和反射镜后，映射到投影屏上。检测时，通过上下、左右移动受光器使光轴偏斜指示计指示为零，从而找到被测前照灯主光轴的方向，然后根据投影屏上前照灯光束影像的位置，即可得出主光轴的偏斜量，同时可从光度计的指示中读取发光强度。

根据投影式前照灯检测仪光轴偏斜量的检测方法不同，有投影屏刻度检测法和光轴刻度盘检测法。

投影屏刻度检测法是在投影屏上刻有表示光轴偏斜量的刻度线，根据前照灯影像中心在投影屏上所处的位置，即可直接读出光轴的偏斜量。

光轴刻度盘检测法是转动上下与左右光轴刻度盘，使前照灯光束影像中心与投影屏坐标原点重合，然后从光轴刻度盘上读取光轴偏斜量。

5. 前照灯检测仪检测校准与保养维修

（1）校准

仪器在日常使用中无须经常性的校准。周期性的校准可半年或一年进行一次。

校准的方法如下：

① 校准灯置于仪器前方 1 m 处，要求校准灯的纵向轴线（以校准灯顶部前后两准星为标志）与仪器镜面垂直。可利用仪器的瞄准器观察，使校准灯的两准星均落在瞄准器的垂直分化线上。

② 接通校准电源，发光强度置于 20 000 cd，在轴角置于 0°（上下及左右）。

③ 接通仪器的影响观察器观察，使仪器与校准灯对准。

④ 仪器的刻度盘旋钮（左右及上下）均置于 0°，打开仪器光接收箱右侧盖，分别调节线路板上 LR 及 UD 电位器，使左右指示表及上下指示表指示为零。调节 FS 电位器使发光强度指示表读数为 20 000 cd。

（2）保养与维修

① 仪器应与保持洁净状态，光接收箱前部的聚光镜面不得有灰尘及油污。如不慎被污染，可用湿布（或加少许洗洁精）进行抹洗。

② 两条立柱每月均匀涂抹适量钙基润滑脂（黄油）；从底座偏心轴上方的油孔上注入适量 40#机油，为仪器轮加油，每月一次。

③ 故障检修见表 5-9。

表 5-9 前照灯检测仪常见故障与检修

序号	故障	可能原因
1	指示表全无指示	电源插座或波段开关接触片接触不良所致
2	发光强度指示表不工作	IC2 损坏或电表断路
3	左右指示表或上下指示表指针不偏转	电表断路或 IC2 损坏
4	指示表在无光照情况下也指向满度	IC1 或 IC2 损坏

5.10.2 前照灯性能的检测仪检测

1. 检测仪的准备

① 在前照灯检验仪不受光状态下，检查光度计和光轴偏斜指示计的指针是否能对准机械零点。若指针失准，可用零点调整螺钉将其调整在零点上。

② 检查聚光透镜和反射镜的镜面有无污物或模糊不清的地方。若有，可用柔软的布或镜头纸等擦拭干净。

③ 检查水准器的技术状况。若水准器无气泡，要进行修理；若气泡不在红线框内时，根据水准泡的偏离情况，相应调节底座的三个偏离心轴的旋转角度，即可使水准泡的气泡恢复到中心圆内，然后将轮轴紧固螺母上紧即可。

④ 检查导轨是否沾有泥土或小石子等杂物。有杂物时要扫除干净。

2. 车辆的准备

① 被检车辆应空载，驾驶室内乘坐一人，轮胎应全部充足气，前照灯配光镜玻璃上的灰尘应清除干净。

② 轮胎气压应符合汽车制造厂的规定。

③ 汽车蓄电池应处于充足电状态。

3. 前照灯检测仪的检验方法

（1）保持距离

汽车尽可能地与导轨保持垂直方向驶近检验仪，使前照灯与检验仪受光器相距 1～3 m。可以用前照灯检测仪自带卷尺测量被测车辆与检测仪距离，如图 5-88 所示。

（2）对车辆的对准

检测时，仪器的光接收箱镜面应与被检车辆的纵向中心线垂直（称之为对准）。装于光接收箱顶部的对准瞄准器就是用于作此检查的。在被检车辆的纵向中心线（或其平行线）上选定前后两个参考点，例如发动机盖板的中线与窗玻璃的中线，用瞄准器观察（注意观察时眼睛距离瞄准器约一个拳头位置），如果上述两点均落在瞄准器十字分划板的垂直线上，则说明车辆已对准；否则，应重新停放车辆，或者通过旋转摆正旋转钮，使光接收箱旋转一定的角度，从而使仪器与车辆对准，如图 5-89 所示。

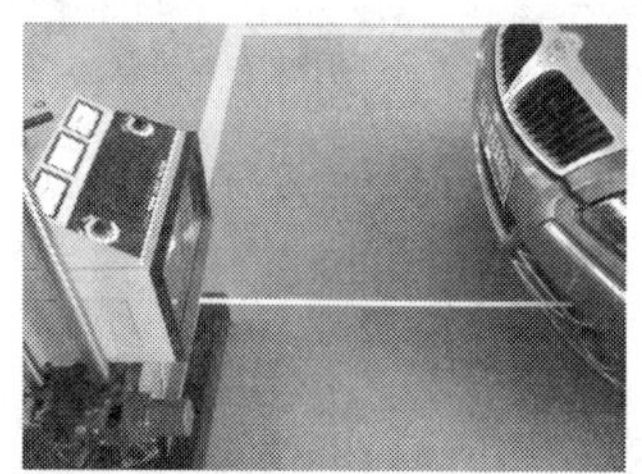

图 5-88　测量车辆与检测仪距离

图 5-89　对正器对正检测仪与被测车辆

为方便检测，通常可利用地面上的行车导引线作为车辆驶入检测场地的参照物，使之正确地停放在检测位置上并与仪器对准。

（3）被检前照灯的对准

开亮前照灯远光灯，把仪器移动到被检前照灯前方（扳动电动机开关可使光接收箱上下移动），是灯光照射在仪器光接收箱的镜面上。打开仪器后盖上影像观察器的镜盒盖，从镜盒盖反射镜上可观察到被检前照灯的影像。移动光接收箱的位置，是被检前照灯的影像落在影像观察器的正中央，就表示仪器以对准了被检前照灯，如图 5-90 所示。

（4）检测

把电源开关转至“检查”位置，电源指示灯亮，此时“发光强度指示表”指示出电源电压的大小。如果指针指示在绿区，表示电压充足，可进行检测；如果指针指示在红区，表示电压不足，如图 5-91 所示。

图 5-90　远光灯照射光形

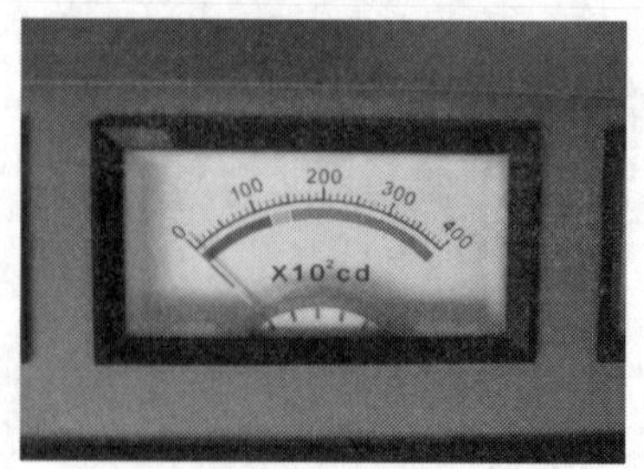

图 5-91　发光强度指示计指示发光强度

确认电源电压正常后，把电源开关转至“工作”位置，仪器通电，电源指示灯亮。在屏幕上可见到被检前照灯光束投射而成的光斑，转动面板上的光轴刻度盘旋转（左右及上下），使光斑大致在屏幕中间。然后边观察左右指示计及上下指示计指针偏摆情况，边转动光轴刻度盘旋转，直至左右指示计、上下指示计均指零（正中央）时为止。此时光轴刻度盘上所指示的读数就是被检前照灯的光轴偏移量。同时，在发光强度指示计上指示出被检前照灯的发光强度。

如果四灯制前照灯，应将辅助灯（或主灯）用黑布遮挡，单独对主灯（或辅助灯）检测，然后再对辅助灯（或主灯）进行检测。

（5）前照灯照射方向的调整

在对需进行调整的前照灯的照射方向进行调整时，可将左右及上下光轴刻度盘旋扭置于所需要调整的方位（例如下 10 cm/10 m 和右 5 cm/10 cm）上，然后边观察左右指示计指针的偏摆位置，边调整被检测前照灯的安装螺钉，如图 5-92 所示，直至左右指示计及上下指示计指针均指向（或接近于）零点（正中央）时即可。

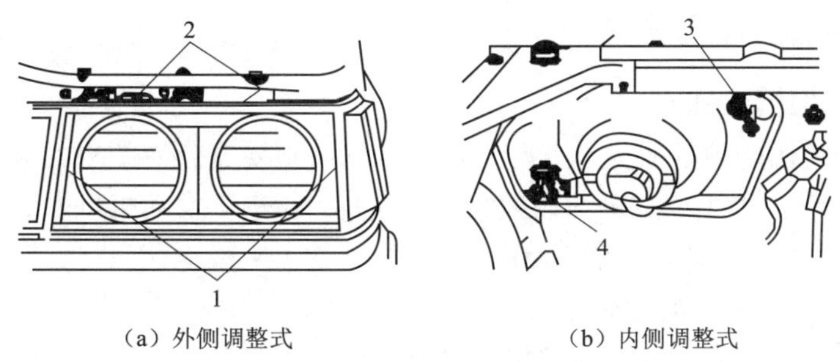

（a）外侧调整式　（b）内侧调整式

图 5-92　前照灯的调整螺钉

1—左右调整螺钉；2—上下调整螺钉；3—左右调整钮；4—上下调整钮

（6）前照灯近光配光特性的观察

在完成了检测步骤的（2）、（3）项操作后，把仪器的光轴刻度盘旋钮（左右及上下）均置于 0°，开亮前照灯并转至“近光”，在屏幕上即呈现出被检前照灯的近光配光特性。

对于符合国家标准 GB 4599—2007《汽车用灯丝灯泡前照灯》的前照灯，可通过旋转仪器上下刻度旋扭，使明暗截止线的数值就是明暗截止线水平部分在垂直方向的偏移量。通过旋转仪器左右刻度盘旋转，使明暗截止线的拐点与屏幕上的水平方向 0°线重合，此时左右刻度盘旋钮所指示的数值就是明暗截止线拐点在水平方向的偏移量。

同法，可观察采用美国 SAE（美国汽车工程师协会）标准的前照灯，其热区中心在水平方向及垂直方向的偏移量。

（7）检测完毕

检测完毕后，把电源开关转至“关”状态。

5.11　尾 气 检 测

随着汽车保有量的增加，汽车排气污染物造成的环境污染情况将日趋严重。所以对汽车排气污染物的监控与防治，已处于刻不容缓的地步。要做好汽车排气污染物的监控与防治，首先必须做好防治工作。用废气分析仪和烟度计测定排气污染物浓度，目的是控制排气污染物的扩散，使其被限定在被允许的范围内，以达到保护生态环境和自然界生态平衡的目的。

汽油车尾气分析仪器有非分散型红外线分析仪、氢火焰离子型分析仪、化学发光分析仪等。而对柴油车而言有格林曼烟度测试仪、消光式烟度计（不透光度计）。汽车综合性能检测站多采用非分散型红外线分析仪和滤纸式烟度计、不透光度计、OBD诊断仪。对汽油车，我国现行的在用车排放检测方法主要是怠速法、双怠速法，由于只规定测量HC、CO的排放浓度，所以无法适应新车发展的需要。部分城市为满足实施更高排放检测要求，将逐步实施工况法检测，检测方法主要有稳态工况法（ASM）、瞬态工况法（IM）和简易瞬态工况法（IG）三种。对柴油车，我国现行的在用车排放检测方法主要是自由加速试验排气可见污染物测量（用不透光度计）或格林曼烟度法（格林曼烟度测试仪）。

柴油机排出的微粒比汽油机多30～60倍，主要为含碳物质（碳烟）和高分子量有机物（润滑油的氧化和裂解产物）。碳烟是柴油发动机燃烧不完全的产物，主要由直径为0.1～1.0 μm的多孔性碳粒构成。当汽车起动、加速、上坡时，由于混合气过浓，碳烟排放量增加；或者柴油喷雾质量不高、雾化不良时，也会增大碳烟的排放量。

5.11.1 汽油发动机尾气检测

1. 汽油发动机尾气成分

进入汽油发动机燃烧的物质为空气与汽油。空气的主要成分为78%的氮气（N_2）和20%～21%的氧气（O_2），燃油的主要成分为碳氢化合物（HC）。汽车发动机可燃混合气在燃烧过程中会产生碳氢化合物（HC）、一氧化碳（CO）、氮氢化合物（NO_X）等有害气体和二氧化碳（CO_2）、水（H_2O）、氧气（O_2）等无害气体。

一氧化碳：无色、无味，吸入肺中使人反应迟钝，引起睡意；浓度过高，则出现头昏、恶心，甚至致死。交通高峰期，车内的CO比车外的高。

氮氢化合物：废气中大部分是NO，NO_2含量较少。NO与氧气结合，会转化为NO_2主要导致酸雨和光化学烟雾，NO_2会使人胸闷，发生哮喘，降低儿童抵抗力

碳氢化合物：不完全燃烧产物，对人体无危害，但对大气严重污染，导致光化学烟雾。

2. 尾气分析仪介绍

尾气分析仪器由尾气采集部分和尾气分析部分构成。尾气采集部分从汽车排气管内收集汽车的尾气，由探测头、过滤器、导管、水分离器和泵等构成，排气中的粉尘和碳粒用过滤器滤除，水分用水分离器分离出去，如图5-93所示。最后将气体成分输送到分析部分。尾气污染物的分析部分由红外线光源、测量室（测定室、比较室）、回转扇片和检测器构成，能对气体中所含有的CO和HC的浓度进行连续测定。

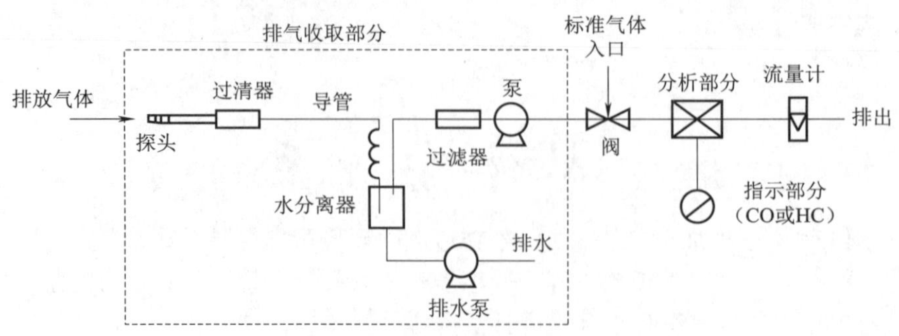

图5-93 尾气分析仪结构示意图

鉴于目前实施的怠速工况测定 CO、HC 两气体的排气检测手段已无法有效反映汽车排气中的 NO_x 和 CO_2，四、五气体分析仪可满足测量要求。四气与五气的分析仪区别在于五气分析仪可检氮氧化合物（NO）。五气分析仪其中 CO、CO_2、HC 通过非分散红外线不同波长能量吸收的原理来测定，可获得足够的测试精度。而 NO_x 与 O_2 的浓度采用氧传感器和一氧化氮传感器测定。图 5-94 所示为 NHA-500 废气分析仪结构。

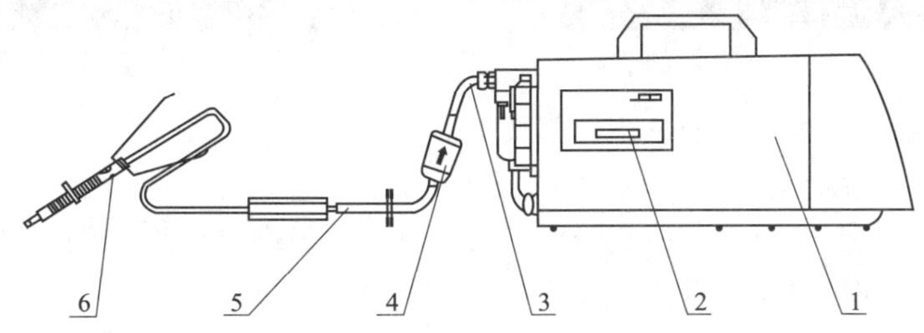

图 5-94　NHA-500 废气分析仪

1—仪器本体；2—微型打印机；3—短导管；4—前置过滤器；5—取样管；6—取样探头

3. 尾气检测

（1）车辆准备

① 受检车辆发动机进气系统应装有空气滤清器，排气系统应装有排气消声器，并不得有泄漏。

② 汽油应符合国家标准 GB 17930—2016《车用汽油》的规定。

③ 测量时发动机冷却水和润滑油温度应达到汽车使用说明书所规定的热状态，通常冷却液和润滑剂的温度达到 85℃左右。

④ 试验时将变速器置于“空挡”位置，离合器应接合。

（2）仪器准备

① 装上长度等于 5.0 m 的取样软管和长度不小于 600 mm 并有插深定位装置的取样探头。

② 仪器的取样系统不得有泄漏。

③ 仪器接通电源预热 30 min。

④ 滤芯污染严重时检查更换前置滤芯器、粉尘过滤器、油水分离器的滤芯，如图 5-95、图 5-96、图 5-97 所示。

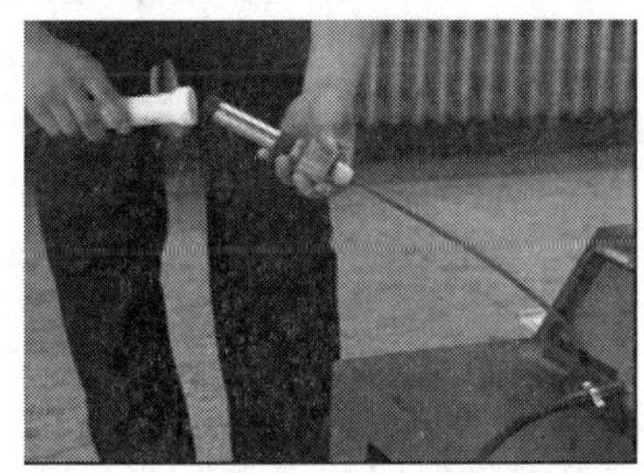

图 5-95　更换前置滤芯器滤芯

图 5-96　更换粉尘过滤器滤芯

⑤ 校准分析仪。采用标准气体进行校准，首先是 CO，按标准气样所标定的值设定好参数后，再把标准气样从标准气样注入孔灌入。然后用同样的方法对 HC 进行校准，如图 5-98 所示。

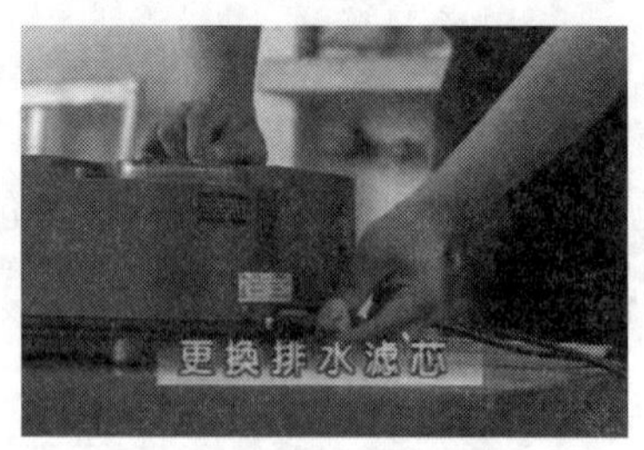

图 5-97　更换油水分离器的滤芯

图 5-98　使用标准气样校准

⑥ 将取样探头和取样导管安装到分析仪上。

（3）怠速尾气排放检验

① 设定测量方法为怠速，相关测量参数根据具体情况调整。

② 将废气分析仪的转速测量夹头夹在发动机第一缸点火高压线上，注意夹头所示方向要指向火花塞。

③ 将废气分析仪的温度测量测头插入到发动机机油标尺孔中

④ 发动机由怠速工况加速至 0.7 额定转速，维持 60 s 后降至怠速状态。

⑤ 发动机降至怠速状态后，将取样探头插入排气管中，深度等于 400 mm，并固定于排气管上。

⑥ 发动机在怠速状态，维持 15 s 后开始读数，读取 30 s 内的最高值和最低值，其平均值即为测量结果；若为多排气管时，取各排气管测量结果的算术平均值。

（4）双怠速尾气排放检验

① 设定发动机的最高转速值，测量方法设为双怠速，相关测量参数根据具体情况调整。

② 将废气分析仪的转速测量夹头夹在发动机第一缸点火高压线上，注意夹头所示方向要指向火花塞。

③ 将废气分析仪的温度测量测头插入到发动机机油标尺孔中

④ 发动机处于额定怠速转速，将废气采样管插入排气管中，深度不小于 30 cm。

⑤ 发动机由怠速工况加速至 0.7 额定转速，维持 60 s 后降至高怠速（即 0.5 额定转速）。

⑥ 发动机降至高怠速状态维持 15 s 后开始读数，读取 30 s 内的最高值和最低值，取平均值即为高怠速排放测量结果。

⑦ 发动机从高怠速状态降至怠速状态，在怠速状态维持 15 s 后开始读数，读取 30 s 内的最高值和最低值，其平均值即为怠速排放测量结果。

⑧ 若为多排气管时，分别取各排气管高、低怠速排放测量结果的平均值。

（5）测试注意事项

① 检验时，发动机怠速应符合规定。

② 测量结束时，将取样探头从排气管中取出后，让其吸入新鲜空气工作 5 min，待仪器读数回到零位后，方可再检测下一台车或关闭仪器。

③ 左右排烟口的风扇故障时严禁继续使用，否则将污染仪器的光学器件，造成仪器更大的损坏。

④ 测试时应注意通风和试验安全，当在实验车底盘下固定或卸下取样探头时，严禁移动车辆，

（6）尾气分析仪的保养

① 滤芯污染严重时及时更换前置过滤器、油水分离器、粉尘过滤器的滤芯。

② 取样探头不得随意扔到地上，以免沙、泥、水等杂物进入仪器内部，造成仪器故障。

③ 每周用空压机压缩气体清洗取样管和探头。

④ 每周对仪器进行校准。

⑤ 每年更换氧传感器和一氧化氮传感器。

5.11.2　柴油发动机尾气检测

滤纸式烟度计是应用最广泛的烟度计之一，有手动、半自动、全自动三种类型。其结构都是由取样装置、染黑度检测与检测批示装置和控制装置等组成。

1. 滤纸式烟度计的结构与原理

从测量原理上来说，滤纸式烟度计是一种非直接测量的计量仪器，它通过检测测量介质被所测量烟度污染的程度大小来间接得出烟度的大小。仪器的取样系统通过抽气泵、取样探头从柴油车的排气管内，在规定时间中，抽取规定容积废气，经过测量介质（测试过滤纸）过滤，废气中的炭粒附着在过滤纸上，形成一个规定面积的烟斑，然后通过测量系统的光电测量探头对烟斑的污染程度进行测量，转化为电信号，经过放大、处理，再将测试结果通过显示装置显示出来。

滤纸式烟度计总体结构意图如图 5-99 所示，由采样器和检测器两部分组成。采样抽气系统由抽气气缸、抽气电动机、取样探头以及气路管道系统和控制电路组成；采样时，在控制电路的控制下，电动机带动气缸运动，气缸通过气路管道系统，取样枪从柴油车的排气管内抽取规定容积的废气，并通过测试过滤纸过滤，完成采样过程。

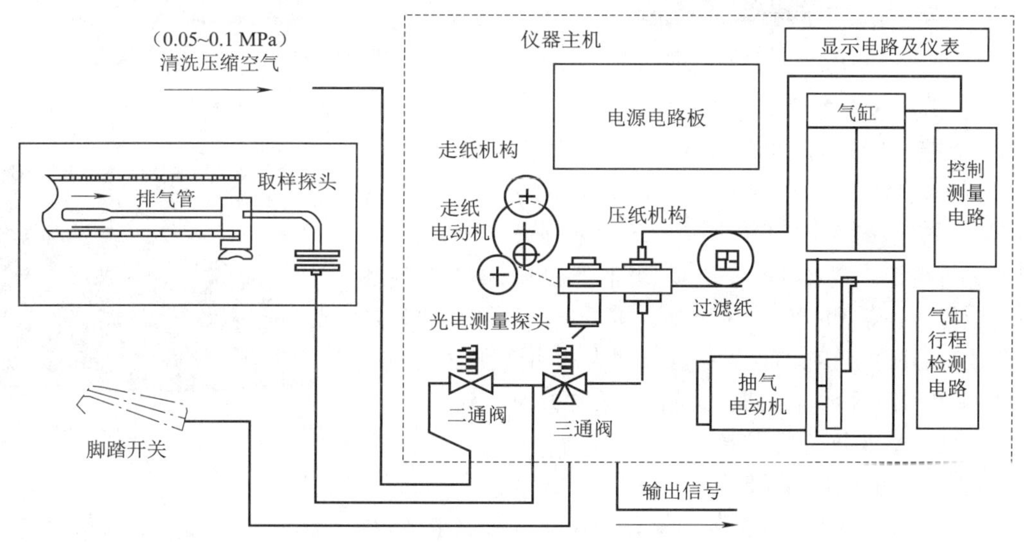

图 5-99　滤纸式烟度计总体结构示意图

测量系统主要由走纸机构、压纸机构、光电测量探头以及测量电路和结果显示电路组成。测量时压纸机构张开，走纸电动机带动走纸机构，将被采样系统污染后的测试过滤纸带到光电测量探头下，光电测量探头对其进行测量，通过其内部的测量装置（如图 5-100 所示的光电池）将滤纸污染程度转化为电信号，进过测量电路放大、处理，最后通过显示电路在数字表上将测量结果显示出来。

2. 柴油汽车尾气检测

（1）实验车准备

实验车发动机应达到规定之热状态，排气系统不得有泄漏。

（2）仪器准备

① 通电之前首先检查批示电表指针是否在机械零点否则应用零点调整旋钮进行调整。

② 检查滤纸是否合格，如有必要进行更换。

③ 通电后，仪器预热，用标准烟样检查电表指针是否符合染黑度数据如有必要就进行调整。

④ 检查控制用和清洁用空气的压缩压力是否符合要求。

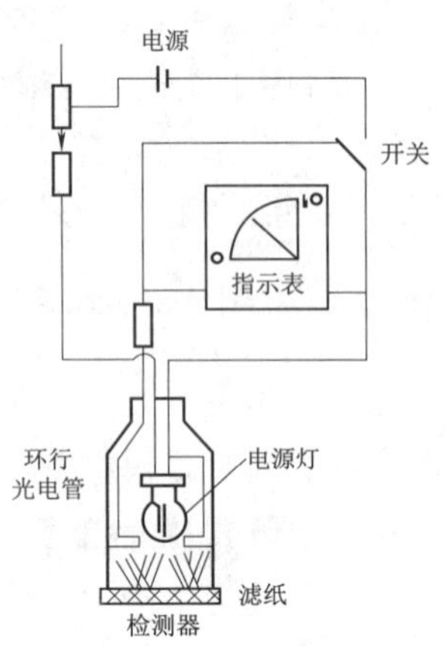

图 5-100　滤纸式烟度计测量装置

（3）测试步骤

① 将踏板开关安装在加速踏板上端，再将取样探头固定于排气管内，应保证取样探头插入深度大于 300 mm，并使其中心线与排气管轴线平行，如图 5-101、图 5-102 所示。

图 5-101　安装踏板开关

图 5-102　安装取样探头

② 先由怠速工况将加速踏板踩到底，约 4 s 迅速松开，如此反复三次以便将排气管里的碳粒除掉，然后怠速运转 15 s，在此期间用压缩空气清洗机构，对取样探头及取样管清洗 3～4 s，如图 5-103 所示。

图 5-103　用压缩空气清洗机构清洗取样管

③ 将加速踏板与踏板开关一并迅速踩到底，约 4 s 后立即松开，维持怠速运转 11 s，在此期间内完成取样、充气泵复位、走纸、清洗和打印测量结果，重复三次，两次加速之间间隔 15 s，三次读数的算术平均值即为所测烟度值。

④ 测量结束后，取出取样探头，及时关闭电源。

（4）滤纸式烟度计的保养

① 滤纸使用完毕后及时更换烟度计的滤纸。

② 取样探头不得随意扔到地上，以免沙、泥、水等杂物进入仪器内部，造成仪器故障。

③ 每周用空压机压缩气体清洗取样管和探头。

④ 每周对仪器进行校准（标定）。

小　　结

（1）发动机气缸密封性变差会使发动机功率下降，常用气缸压缩压力、进气管真空度评价发动机气缸密封性能。进气管真空度可全面评价发动机进、排气系统的密封性能。

（2）发动机点火系的波形主要有次级波形、初级波形，波形上各段区域的变化表示点火系各元件技术状况的变化。

（3）供油压力、供油量影响汽油机燃料供给系的性能。

（4）通过检测机油压力、机油品质变化程度和机油消耗量，既能检测润滑系的技术状况，又可直接或间接检测其他相关配合副的技术状况。

（5）发动机润滑系统的检测包括机油压力检测、润滑油消耗量及润滑油品质的检测。

（6）冷却系统检测的项目有外观检查、冷却系统密封性检测、水泵泵水性能检测等。

（7）传动系检测项目有传动系传动效率的检测、离合器打滑的检测和传动系游动角度的检测等三个检测项目。

（8）转向盘转动阻力过大，会使转向沉重，增加驾驶员的劳动强度，容易造成行车事故。转向盘自由行程的大小则直接影响转向桥的技术状况。转向盘转动力和转向盘自由行程的大小可通过转向参数测量仪进行测量。转向盘转动力也可采用弹簧秤拉动转向盘边缘进行测量。

（9）转向轮定位参数的检测方法，一般可分静态检测法和动态检测法。静态检测时可采用车轮定位仪；现代新型小轿车，不仅设置了转向轮定位参数，而且还给后轮设置了车轮外倾角和前束两个定位角。故对这些四轮定位的车辆应进行四轮定位检测，其检测设备采用四轮定位仪。

（10）自动变速器的初步检查、自动变速器的道路试验、自诊断是自动变速器检测的主要内容。

（11）诊断 ABS 系统故障时，可按照设定的程序和方法读取和清除故障码。

（12）汽车尾气排放应符合相关国家标准，应正确地选择和使用尾气分析对汽车进行尾气检测。

习　　题

一、判断题

1. 对运转中的汽油机，进行单缸断火后，发动机转速必然会下降。（　）
2. 大修后发动机功率不得低于原额定功率的 90%。（　）
3. 若实测的气缸压缩压力值高于标准值，说明气缸密封性良好。（　）
4. 向气缸内充入高压空气时，在散热器注水口处有大量气泡产生，表示气缸垫可能烧坏。（　）
5. 通过测量发动机启动时启动机的启动电流，也可能判断气缸组的密封情况。（　）
6. 测量进气管负压，只能评价进气系统的密封情况。（　）
7. 一个完整的点火波形对应的时间，即表示点火间隔。（　）
8. 应用发动机综合性能检测仪检测某缸点火波形时，应将 1 缸信号传感器装于 1 缸高压线上，次级信号传感器装于该缸高压线上。（　）
9. 对于无触点电子点火系统，若点火波形的低频振荡波异常，可能是点火线圈和电容有故障。（　）
10. 如果柴油机的喷油延迟阶段延长，则循环喷油量将减少。（　）

11. 间隔喷射和停喷现象一般易出现在怠速或低速情况下。（ ）
12. 检测柴油机压力波形时，油压传感器应串接在被测缸的高压油管与喷油器之间。（ ）
13. 在怠速时测得的点火提前角，即为初始点火提前角。（ ）
14. 具有电控点火系统的发动机，其点火提前角是不可调的，所以没有必要检测其点火提前角。（ ）
15. 转向轮定位失准会造成自动跑偏。（ ）
16. 四轮定位仪不能检测后轮外倾角和后轮前束等定位参数。（ ）
17. 走合期间的新车和大修车不宜进行底盘测功。（ ）
18. 光学式车轮定位仪是一种动态检测车轮定位的仪器。（ ）
19. 前稳定杆变形会造成转向沉重。（ ）
20. 检测车轮定位时，汽车轮胎及气压应符合规定。（ ）

二、选择题

1. 下列（ ）不能表征气缸组的密封性。
   A. 排气温度　B. 进气管负压
   C. 曲轴箱窜气量　D. 气缸压缩压力
2. 用气缸压力表检测气缸压缩压力时，用启动机转动曲轴不少于（ ）个压缩行程。
   A. 2　B. 3　C. 4　D. 5
3. 汽油机每缸压力与各缸平均压力的差值应不大于（ ）。
   A. 8%　B. 9%　C. 10%　D. 12%
4. 发动机气缸密封性不良将导致（ ）。
   A. 发动机功率不变，燃油消耗率增加　B. 发动机功率下降，燃油消耗率不变
   C. 发动机功率下降、燃油消耗率增加　D. 发动机功率不变，燃油消耗率减少
5. 若实测的气缸压缩压力偏低，向气缸内加入少量机油后测量，结果基本不变，可能的原因是（ ）。
   A. 气缸磨损　B. 活塞环磨损
   C. 气门密封不良　D. 进气管密封性差
6. 下列（ ）不是曲轴箱漏气量大的原因。
   A. 排气门不密封　B. 气缸磨损
   C. 活塞环对口　D. 活塞磨损
7. 进气管负压检测时，应对检测结果进行修正，一般海拔每升高 1 000 m，负压将（ ）。
   A. 增加 10 kPa　B. 减少 10 kPa　C. 增加 5 kPa　D. 减少 5 kPa
8. 示波器上显示的点火波形，在垂直方向上表示的是（ ）。
   A. 电流　B. 电压　C. 电感　D. 电容
9. 如果同时测量各缸的点火高压值，最好观测（ ）。
   A. 初级多缸平列波　B. 次级多缸平列波
   C. 初级多缸并列波　D. 次级选缸波
10. 对各缸点火高压值规定，各缸击穿电压值应一致，相差不大于（ ）kV。
    A. 1　B. 2　C. 3　D. 4

11. 能够同时测量各缸闭合角的波形是（　　）。
A. 初级多缸平列波　　B. 次级多缸平列波
C. 初级多缸并列波　　D. 次级多缸并列波
12. 柴油机供油压力多缸平列波不能观测各缸（　　）的一致性。
A. 针阀开启压力　　B. 针阀关闭压力
C. 高压油管残余压力　　D. 最大压力
13. 要想观测各缸供油量的一致性，最好是观测（　　）。
A. 多缸并列波　　B. 多缸平列波
C. 多缸重叠波　　D. 单缸选缸波
14. 为准确测量针阀升程波形，应将针阀传感器安装在（　　）。
A. 喷油泵进油管上　　B. 喷油泵回油管上
C. 喷油器进油管上　　D. 喷油器回油管上
15. 要想观测各缸供油间隔的一致性，最好是观测（　　）。
A. 多缸并列波　　B. 多缸平列波
C. 多缸重叠波　　D. 单缸选缸波
16. 下列（　　）不是点火时间过晚的表现。
A. 有轻微爆燃声　　B. 发动机加速无力
C. 排气管有“突突”声　　D. 发动机易过热
17. 汽车前左、前右减振器弹簧刚度不一致会造成（　　）故障。
A. 转向盘自由转动量过大　　B. 自动跑偏　　C. 转向沉重
18. 离合器打滑的原因之一是（　　）。
A. 自由行程过小　　B. 自由行程过大　　C. 从动摩擦片过厚
19. 转向轮某一侧的前稳定杆、下摆臂变形会造成（　　）故障。
A. 转向盘自由转动量过大　　B. 转向沉重　　C. 自动跑偏
20. 传统的汽油机点火正时的调整是通过（　　）来完成的。
A. 调整点火正时灯的电位计　　B. 重新安装分火头
C. 转动分电器壳　　D. 重新标定上止点标记

三、问答题

1. 试述电动燃油泵的检测内容和方法。
2. 试述用油滴斑点试验法检测机油品质的原理。
3. 简述机油消耗量明显增加原因。
4. 气缸密封性与哪些零件的技术状况有关？
5. 气缸密封性的诊断参数主要有哪些？
6. 如何对气缸压力检测结果进行分析？
7. 气缸压力、曲轴箱漏气量、气缸漏气量的诊断参数标准是什么？
8. 点火示波器可显示点火过程的哪几类波形？
9. 试分析单缸直列波常见的故障波形。
10. 利用重叠波可以检查什么？

11. 试分析常见高压故障波形。
12. 正确描述闪光正时检测仪的基本结构和工作原理。
13. 试述微机控制发动机燃油系统压力的检查方法。
14. 传动系统的技术状况通过哪些参数判断？
15. 转向盘自由转动量怎样检测？
16. 如何对车轮进行定位检测？
17. 前轮摆振的原因是什么？
18. 说明自动变速器常见故障以及检测方法。
19. ABS 系统故障自诊断的过程是什么？
20. ABS 系统的常见故障部位有哪？容易造成哪些故障？
21. 怎样检测 ABS 系统的电控元件？
22. 为何要对前照灯进行检测？
23. 汽油车排放的主要成分是什么？哪些是有害的？
24. 柴油车的排放主要污染物是什么？

单元 6

电动汽车动力系统性能检测

学习目标	☑ 了解汽车动力性能评价指标； ☑ 熟悉汽车动力电池的类型及性能要求； ☑ 掌握动力电池的检测； ☑ 熟悉驱动电机的类型、结构及性能特点； ☑ 掌握驱动电机的检测。

本单元结构图

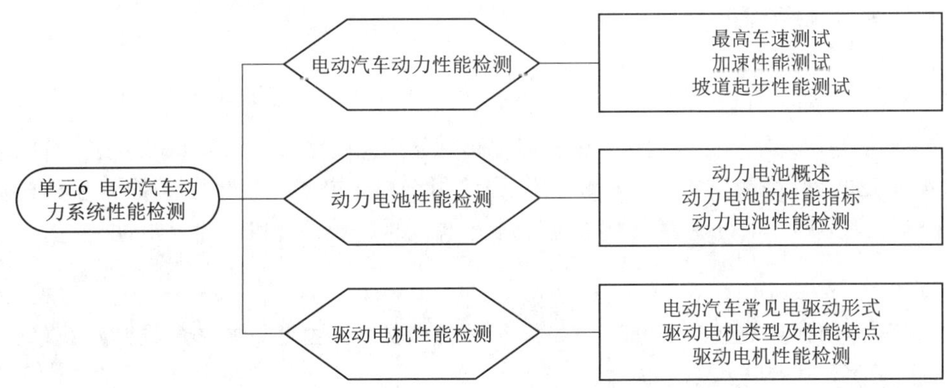

纯电动汽车相比于传统燃油车，驱动系统简单化、易操作。目前，能源危机和环境污染是限制汽车发展的主要瓶颈，许多汽车企业已经确定停止生产燃油车时间表，新能源汽车技术路线已成为汽车转型的主要战略取向，电动汽车的出现可能解决节能、环保、舒适性等难题。动力蓄电池作为纯电动汽车的储能装置，驱动电机带动车辆行驶。由于电机与发动机的特性完全不同，纯电动汽车的动力性会与传统汽车有所区别。

电动汽车与传统内燃机汽车之间的主要差别是采用了不同的动力源，它由蓄电池提供电能，经过驱动系统和电动机，驱动电动汽车行驶。电动汽车的能量供给和消耗，与蓄电池的性能密切相关，直接影响电动汽车的动力性和续航里程，同时影响电动汽车行驶的成本效益。

6.1　电动汽车动力性能检测

对汽车动力性能的评价，纯电动汽车与传统燃油汽车一样，动力性同样由三个指标来评价，分别是最高车速、加速时间以及爬坡能力，这些指标都可以用以判断新能源汽车是否能够获得尽可能高的平均行驶速度。

6.1.1　最高车速测试

在良好的道路条件下，电动汽车在最大转速下所取得的速度即为最高车速。电动汽车的牵引力影响着电动汽车的最高车速，同时也会因电动汽车的自重而受到一定的影响。

根据 GB/T 18385—2005，在对电动汽车动力性能的试验中，最高车速分为 1 km 最高车速和 30 min 最高车速。1 km 最高车速是指电动汽车可以往返各持续行驶超过 1 km 的最高车速的平均值；30 min 最高车速是指电动汽车能够连续行驶超过 30 min 的最高平均车速。最高车速主要取决于电机的最高转速以及传动系的传动比，假设电动汽车在平坦的道路上以最高车速行驶，则动力系统所需的功率为

$$P_{v\max} \geqslant \frac{v_{\max}}{3\ 600\eta}\left(mgf+\frac{C_{\mathrm{D}}Av_{\max}^{2}}{21.15}\right) \tag{6.1}$$

式中，$v_{\max}$为最高车速；η为传动效率；m为汽车行驶时的质量；g为重力加速度；C_{D}为风阻系数；A为迎风面积。根据该式可知，动力系统的功率与最高车速是三次方的关系，即最高车速的提高对动力系统功率的需求会极大提高，最高车速同时也反映了动力系统的动力水平。

1. 1 km 最高车速试验

试验条件：

（1）蓄电池充电

按照车辆制造厂规定的充电规程，使蓄电池达到完全充电状态，或按下列规程为蓄电池充电。

① 常规充电。在环境温度为 20~30℃下，使用车载充电器（如果已安装）为蓄电池充电，或采用车辆制造厂推荐的外部充电器（应记录充电器的型号、规格）给蓄电池充电。

注意

不包括其他特殊类型的充电，例如蓄电池翻新或维修充电；车辆制造厂应该保证试验过程中车辆没有进行特殊充电操作。

② 充电结束的标准。12 h 的充电即为充电结束的标准；如果标准仪器发出明显的信号提示驾驶员蓄电池没有充满，在这种情况下，最长充电时间为：

3×制造厂规定的蓄电池容量（kW · h）/电网供电（kW）

③ 完全充电蓄电池。如果依据常规充电规程，达到充电结束标准，则认为蓄电池已全充满。

（2）里程表的设定

试验车辆上的里程表应设置为 0，或记录里程表上的读数。

（3）预热

试验车辆应以制造厂估计的 30 种最高车速的 80%速度行驶 5 000 m，使电机及传动系统预热。

试验程序：

① 将试验车辆加载到试验质量，增加的载荷应合理分布。

② 在直线跑道或环形跑道上将试验车辆加速，使汽车在驶入测量区之前能够达到最高稳定车速，并且保持这个车速持续行驶 1 km（测量区的长度）。记录车辆持续行驶 1 km 的时间 t_1。

③ 随即做一次反方向的试验，并记录通过的时间 t_2。

④ 按式（6.2）计算试验结果：

$$v=3\ 600/t \tag{6.2}$$

式中 v——实际最高车速，km/h；

t——持续行驶 1 km 两次试验所测时间的算术平均值$(t_1+t_2)/2$，s。

2. 30 min 最高车速试验

30 min 最高车速的试验可以在环形跑道上进行，也可以在按照 GB 18352 中设定的底盘测功机上进行。试验程序如下：

① 将试验车辆加载到规定的试验质量，增加的载荷应合理分布

② 参照“1 km 最高车速试验”的试验条件对车辆进行准备。

③ 使试验车辆以该车 30 min 最高车速估计值±5%的车速行驶 30 min。试验中车速如有变化，可以通过踩加速踏板来补偿，从而使车速符合 30 min 最高车速估计值±5%的要求。

④ 如果试验中车速达不到 30 min 最高车速估计值的 95%，试验应重做，车速可以是上述 30 min 最高车速估计值或者是制造厂重新估计的 30 min 最高车速。

⑤ 测量车辆驶过的里程 s_1，单位为 m。并按下式计算平均 30 min 最高车速（v_{30}），单位为 km/h。

$$v_{30}=s_1/500 \tag{6.3}$$

6.1.2 加速性能测试

电动汽车原地起步的加速时间和超车时间确定了电动汽车的加速能力。

加速时间表明了汽车的加速能力，即电动汽车从车速 v_1 加速到 v_2 所需的最短时间。在国家标准的规定中，主要测试 0 ~ 50 km/h、50 ~ 80 km/h 的加速时间。在汽车行驶过程中，超车是常常发生的驾驶行为，而超车过程中，如果被超车辆与汽车平行，极易发生安全事故，因此加速能力强，并行路程短，汽车就会更加安全。加速能力主要由电机的转矩输出能力决定，加速过程中所需的功率为：

$$P_{\mathrm{acc}}=\frac{v_2}{3\ 600\eta}\left(mgf+\frac{C_{\mathrm{D}}Av_2^2}{21.15}+\delta m\frac{d_v}{d_t}\right) \tag{6.4}$$

式中，v_2 为加速的目标车速；δ 为旋转质量换算系数。

1. 0 ~ 50 km/h 加速性能试验

① 将试验车辆加载到试验质量，增加的载荷应合理分布。

② 将试验车辆停放在试验道路的起始位置，并起动车辆。

③ 将加速踏板快速踩到底，使车辆加速到（50±1）km/h。

④ 如果装有离合器和变速器的话，将变速器置入该车的起步挡位，迅速起步，将加速踏

板快速踩到底，换入适当挡位，使车辆加速到（50±1）km/h。

⑤ 记录从踩下加速踏板到车速达到（50±1）km/h 的时间。

⑥ 以相反方向行驶再做一次相同的试验。

⑦ 0 ~ 50 km/h 加速性能是两次测得时间的算术平均值（单位为 s）。

2. 50 ~ 80 km/h 加速性能试验

① 将试验车辆加载到试验质量，增加的载荷应合理分布。

② 将试验车辆停放在试验道路的起始位置。

③ 将试验车辆加速到（50±1）km/h，并保持这个车速行驶 0.5 km 以上。

④ 将加速踏板踩到底，或使用离合器和变速杆（如果装有的话）将车辆加速到（80±1）km/h。

⑤ 记录从踩下加速踏板到车速达到（80±1）km/h 的时间或如果最高车速小于 89 km/h，应达到最高车速的 90%，并应在报告中记录下最后的车速。

⑥ 以相反方向行驶再做一次相同的试验。

⑦ 50 ~ 80 km/h 加速性能是两次测得时间的算术平均值（单位为 s）。

6.1.3 坡道起步性能测试

电动汽车的最大爬坡度是在低挡时的爬坡能力，是指以一挡爬坡时，在良好的道路上所取得的坡度。

汽车理论中以最大爬坡度作为爬坡能力衡量的标准，而在国家标准中主要由爬坡车速和坡道起步能力决定。国标中规定，爬坡车速是指电动汽车在给定坡度下行驶超过 1 km 的最高平均车速；坡道起步能力是指电动汽车在坡道上能够启动且 1 min 内至少行驶 10 m 的最大坡度。对于电动汽车的动力系统而言，爬坡能力主要由低速最大转矩输出能力以及短时过载能力决定。

1. 最大爬坡度对应角 α_0

坡道起步能力应在有一定坡度角 α_1 的道路上进行。该坡度角 α_1 应近似于制造厂技术条件规定的最大爬坡度对应的角 α_0。实际坡度和厂定坡度之差，应通过增减质量 Δm 来调整。当不知道 α_0 时，制造厂可用以下公式来计算。

① 已知最大动力轴转矩，计算车轮的转矩：

$$C_r = C_a \times T \times \eta_\tau \tag{6.5}$$

② 已知轮胎动载半径，计算平衡力：

$$F_t = C_r / r = M \times g \times (\sin\alpha_0 + R) \tag{6.6}$$

从上式中可计算出 α_0，最大爬坡能力用 $\tan\alpha_0 \times 100\%$ 表示。

式中 C_r——车轮转矩；

C_a——最大动力轴转矩；

T——总的齿轮传动比；

η_τ——齿轮传动效率；

F_t——平衡车辆载荷所要的牵引力矩，N · m；

r——轮胎动负荷半径，m；

g——重力加速度，m/s^2；

$\tan\alpha_0 \times 100$——爬坡能力，%。

2. 试验流程

① 将试验车辆加载到最大设计总质量。

② 选定的坡道应有 10 m 的测量区，测量区前应提供起步区域。将试验车辆放置在起步区域。选定的坡度角尽可能地近似于 α_0。如果该坡道坡度与厂定最大爬坡度对应的坡度有差别，可根据下列公式通过增减装载质量的方法进行试验：

$$\Delta m = M \times \frac{(\sin\alpha_0 - \sin\alpha_1)}{(\sin\alpha_1 + R)} \tag{6.7}$$

式中　M——试验时的车辆最大设计总质量（按 GB/T 3730.2 定义），kg；

R——滚动阻尼系数，一般为 0.01；

α_1——实际试验坡道所对应的坡度角；

α_0——制造厂技术条件规定的最大爬坡度对应的坡度角；

Δm 应该均布于乘客室和货箱中。

③ 以每分钟至少行驶 10 m 的速度，通过测量区。如果车辆装有离合器和变速器的话，应用最低挡起动车辆并以每分钟至少行驶 10 m 的速度，通过测量区。

6.2　动力蓄电池性能检测

6.2.1　动力蓄电池概述

将化学能转换成电能的装置称为化学电池，一般简称为电池。电池放电后，能够用充电的方式使内部活性物质再生把电能存储为化学能；需要放电时再次把化学能转换为电能，这类电池称为蓄电池，一般又称二次电池。

动力蓄电池是电动汽车的能量存储部件，在行驶过程中通过释放动力蓄电池的能量来驱动汽车行驶，动力蓄电池相当于一个移动的电源。

1. 动力蓄电池的作用

动力蓄电池的作用是接收和存储由车载充电机、发电机、制动能量回收装置或外置充电装置提供的电能，并且为驱动电机和其他高压用电设备提供电能，类似于燃油车的油箱，如图 6-1 所示。

（a）动力蓄电池充电

（b）动力蓄电池存储能量回收装置产生的电能

图 6-1　动力蓄电池的作用

2. 动力蓄电池的安装位置

动力蓄电池尽可能放在清洁、阴凉、通风、干燥的地方并避免受到阳光直射，远离热源。

动力蓄电池应当水平安装放置，不可倾斜。动力蓄电池组间应有冷却装置，以避免动力蓄电池在使用过程中产生过高的热量而影响其性能或造成损坏，严重者可导致爆炸。

纯电动汽车的动力蓄电池体积较大，一般位于车辆底部前、后桥及两侧纵梁之间，安装在这些位置可以有较高碰撞安全性，可以降低车辆重心，车辆操控性更好，图 6-2（a）所示为北汽 EV160 纯电动汽车动力蓄电池安装位置。混合动力电动汽车的动力蓄电池个体较小，可在行李箱和后排座椅的下方或之间，图 6-2（b）所示为普锐斯动力蓄电池安装位置。电动巴士的动力蓄电池一般体积巨大常常安装于行李箱内部，如图 6-3 所示。

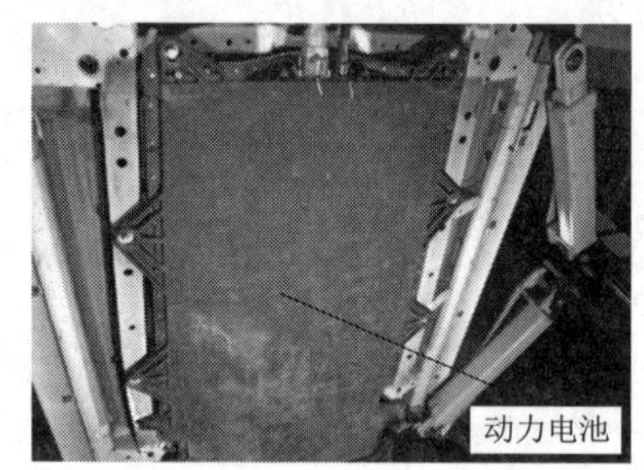

（a）北汽EV160纯电动汽车动力蓄电池安装位置

（b）普锐斯动力蓄电池安装位置

图 6-2　动力蓄电池常见安装位置

3. 动力蓄电池组结构

动力蓄电池组一般由电池单体、电池模组、电池管理系统（含 CSC 采集系统）、电池控制单（BMU）、电池高压分配单元（S-BOX）、直流母线、维修开关、辅助元器件等部件组成。图 6-4 所示为帝豪纯电动汽车动力蓄电池组的内部组成。

图 6-3　电动巴士动力蓄电池安装位置

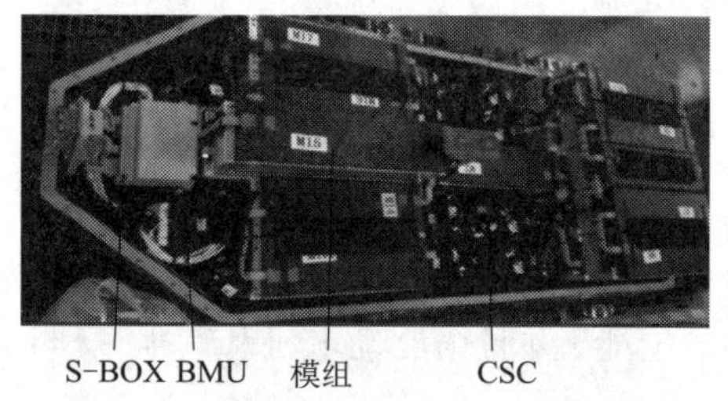

图 6-4　帝豪纯电动汽车动力蓄电池组

（1）动力蓄电池模组

① 电池单体。电池单体是构成动力蓄电池模块的最小单元（电芯），一般由正极、负极、电解质及外壳等构成，可实现电能与化学能之间的直接转换。

② 电池模块。一组并联的电池单体的组合，该组合额定电压与电池单体的额定电压相等，是电池单体在物理结构和电路上连接起来的最小分组，可作为一个单元替换。

③ 电池模组。由多个电池模块或电池单体串联组成的一个组合体。

图 6-5 所示为比亚迪秦混动版电池模组分解图。

（2）电池管理系统（BMS）

电池管理系统（BMS）是电池保护和管理的核心部件，在动力蓄电池系统中，它的作用就相当于人的大脑。它不仅要保证电池安全可靠地使用，而且要充分发挥电池的能力和延长使用寿命，作为电池和整车控制器以及驾驶者沟通的桥梁，通过控制接触器控制动力蓄电池组的充放电，并向整车控制器（VCU）上报动力蓄电池系统的基本参数及故障信息。

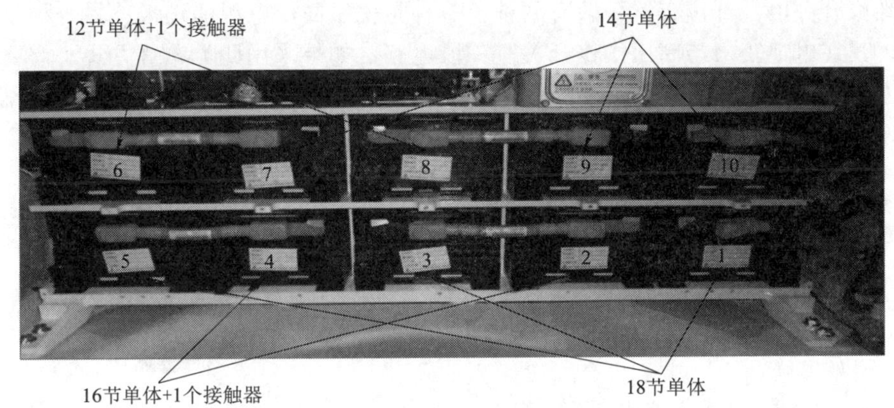

图 6-5　比亚迪秦混动版电池模组分解图

每一个电池单元有多个 CSC 采集系统，以监测其中每个电池单体或电池组单体电压、温度信息。CSC 采集系统将相关信息上报电池控制单元（BMU）并根据 BMU 的指令执行单体电压均衡。电池控制单元（BMU）安装于动力蓄电池总成内部，是电池管理系统核心部件，电池控制单元（BMU）将单体电压、电流、温度及整车高压绝缘等信息上报整车控制器（VCU）并根据 VCU 的指令完成对动力蓄电池的控制。图 6-6 所示为电池包内部采集系统。

（3）电池高压分配单元（S-BOX）

安装在动力蓄电池总成的正负极输出端，由高压正极继电器、高压负极继电器、预充继电器、电流传感器和预充电阻等组成。图 6-7 所示为电池高压分配单元。

图 6-6　电池包内部采集系统

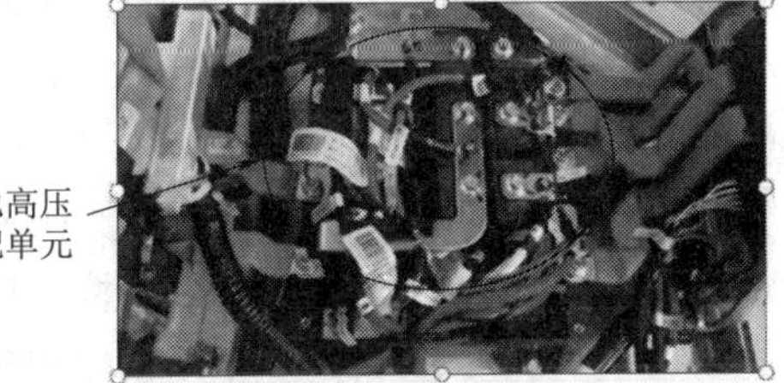

图 6-7　电池高压分配单元

（4）动力蓄电池箱

动力蓄电池箱具有承载和保护动力蓄电池组及电气元件的作用，用以支撑、固定、包围电池系统的组件，主要包含上盖、下托盘和附件连接口等，附件连接口一般用于维修开关、冷却水管、直流母线、低压控制线束等的安装及连接。图 6-8 所示为比亚迪 e5 电动汽车电池箱的外观结构。

该车型动力蓄电池箱的技术要求是：电池箱体螺接在车身地板下方，其防护等级为 IP67，螺栓拧紧力矩为 80～100 N·m。整车维护时需观察电池箱体螺栓是否有松动，电池箱体是否有破损严重变形，密封法兰是否完整，确保动力蓄电池可以正常工作。

动力蓄电池箱的外观要求：外表面颜色要求为银灰或黑色，亚光；电池箱体表面不得有划痕、尖角、毛刺、焊缝及残余油迹等外观缺陷，焊接处必须打磨圆滑。

（5）维修开关

高压维修开关电气部位布置一般有两种：一种是位于高压电源的正极；另一种是布置于电池组中间，其在电池正极与高压维修开关有一段电路，如果采用此类布置方式，需要保证此段电路处于人体不能接触区域。图 6-9 所示为比亚迪 e5 电动汽车高压维修开关。

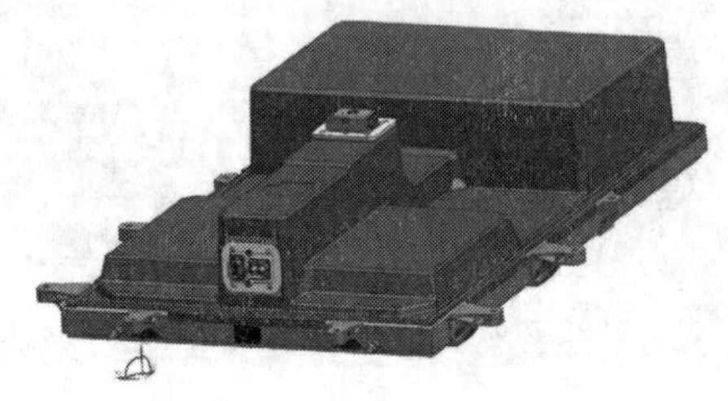

图 6-8 比亚迪 e5 电动汽车电池箱

图 6-9 比亚迪 e5 电动高压维修开关

（6）辅助元器件

主要包括动力蓄电池系统内部的电子电器元件，如熔断器、继电器、分流器、接插件、紧急开关、烟雾传感器等，维修开关以及电子电器元件以外的辅助元器件，如密封条、绝缘材料等。

接触器位于线束和继电器模块内，用于控制高电压的通断。当接触器闭合时，高电压自电池组输出到车辆动力系统，接触器断开后，高电压保存在电池组内。

4. 动力蓄电池类型及应用

（1）镍氢电池组成结构

镍氢电池又称镍金属氧化物电池。其一般由正负极、隔膜、电解液、安全阀、壳体等组成。正负极及电解液材料上不同工艺上的差异使电池有不同的性能，其中正极材料决定了电池的容量，负极材料决定了大电流或高温工作时，电池充放电的稳定性。目前正极材料多用高密度氢氧化镍，负极材料为储氢合金粉。

按镍氢电池的形状可以分为方形、圆柱形和扣形。根据国际电工委员会（IEC）标准，用 HF 表示方形镍氢电池，用 HR 表示圆柱形镍氢电池。电池尺寸包括圆形电池以直径和高度，方形电池以高度、宽度和厚度，数值之间用斜杠隔开，单位为 mm。例如 HF18/07/49，表示该镍氢电池为方形，其宽度为 18 mm，厚度为 7 mm，高度为 49 mm。图 6-10 所示为方形镍氢电池组成的电池包。

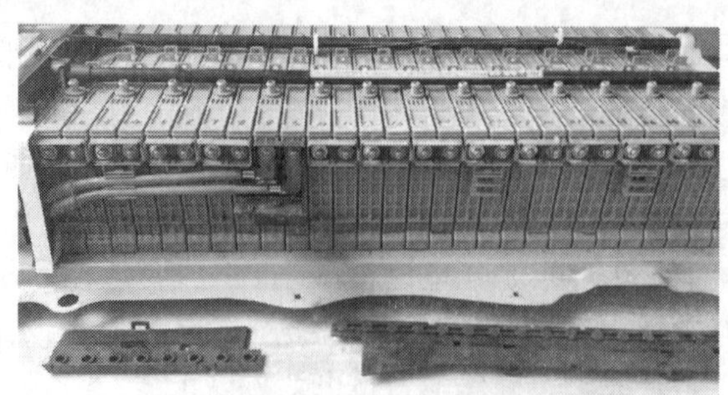

图 6-10 方形镍氢电池组成的电池包

（2）磷酸铁锂电池

磷酸铁锂电池是一种使用磷酸铁锂（$LiFePO_4$）作为正极材料，碳作为负极材料的锂离子电池。磷酸铁锂电池左边是橄榄石结构的 $LiFePO_4$ 材料构成的正极，由铝箔与电池正极连接。右边是由碳（石墨）组成的电池负极，由铜箔与电池的负极连接。中间是聚合物的隔膜，它把正极与负极隔开，锂离子可以通过隔膜而电子不能通过隔膜。电池内部充有电解质，电池由金属外壳密闭封装。图 6-11 所示为磷酸铁锂电池内部结构。

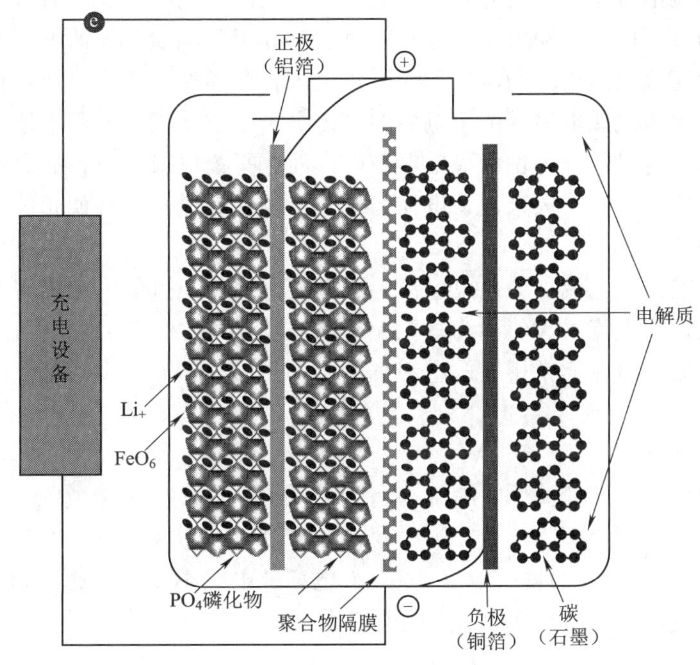

图 6-11 磷酸铁锂电池内部结构

充电过程中，磷酸铁锂中的部分锂离子脱出，经电解质传递到负极，嵌入负极碳材料，同时从正极释放出电子，自外电路到达负极，维持化学反应的平衡。放电过程中，锂离子自负极脱出，经电解质到达正极，同时负极释放电子，自外电路到达正极，为外界提供能量。

（3）三元锂电池

三元锂电池又称"三元聚合物锂电池"，是指正极材料使用镍钴锰酸锂（$Li(NiCoMn)O_2$）或者镍钴铝酸锂（$Li(NiCoAl)O_2$）的三元正极材料的锂电池。

由于三元锂电池体积更小、能力密度更高、耐低温，目前正广泛应用于新能源汽车上，如特斯拉旗下的车型就是采用三元锂电池。三元锂电池的三元指的是镍（Ni）、钴（Co）、锰（Mn）或铝（Al）三种元素。而这三种元素中镍和钴是活性金属，锰不参与电化学反应。一般来说，活性金属成分含量越高，电池容量就越大，但当 Ni 的含量过高时，会引起 Ni^{2+}占据 Li^{+}的位置，加剧了阳离子混排，从而导致容量降低。Co 也是活性金属，但能起到抑制阳离子混排的作用，从而稳定材料层状结构。Mn 作为非活性金属主要起到稳定反应提高安全性的作用。

三元材料综合了钴酸锂、镍酸锂和锰酸锂三种材料的优点，形成了三种材料三相的共熔体系，由于三元协同效应其综合性能优于任一单组合化合物。目前，三元锂电池的重量能量密度基本能达到 240 W · h/kg 以上，高的可以达到 300 W · h/kg 以上。

6.2.2 动力蓄电池的性能指标

1. 动力蓄电池的性能参数

新能源电动汽车动力蓄电池的能量密度、功率密度、充放电性能、成本、使用寿命、单体一致性和安全性等性能是影响电动汽车能否满足实际运行需求，并且实现产业化的关键因素。

（1）电池的端电压和电动势

动力蓄电池的端电压是指动力蓄电池正极和负极之间的电位差。动力蓄电池在没有负载情况下的端电压称为开路电压。动力蓄电池接上负载后处于放电状态下的电压称为负载电压，又称工作电压。电池充放电结束时的电压称为终止电压，分为充电终止电压和放电终止电压。

电池的电动势等于组成电池的两个电极的平衡电极电位之差。实际电池中两个电极并非处于热力学可逆状态，这时电极电位为稳定电极电位而非平衡电极电位，故电池的开路电压理论上并不等于电池的电动势，一般来说，电池的开路电压和其电动势近似相等。

（2）电池的电流

放电时电池中输出的电流称为放电电流，充电时电池里流过的电流称为充电电流，电池在放电或充电时所允许的电流最大值称为最大允许电流。

电池的放电、充电电流通常用充放电率表示：

$$I=kC_n$$

式中 I——蓄电池的充/放电电流，A；

C_n——蓄电池的额定容量，A·h；

k——比例系数。

例如，额定容量 5 A·h 的蓄电池以 0.2 C 放电率放电，则放电电流为 $kC_n=0.2\times5=1$ A；额定容量 10 A·h 的蓄电池以 2 A 放电，则放电率为

$$I/C_n=(2/10)\ \mathrm{C}=0.2\ \mathrm{C}$$

因此，在表示蓄电池的可利用能量或容量时，一定要指出放电率，随着放电率的提高，蓄电池可利用能量或容量降低。

（3）电池的容量

电池的容量是指充满电的电池在指定条件下放电到终止电压时输出的电量，单位为 Ah。电池的容量有理论容量、额定容量和实际容量之分。

理论容量是假定电池中的活性物质全部参加成流反应，根据法拉第定律计算所能给出的电量。理论容量是电池容量的最大极限值，电池实际放出的容量只是理论容量的一部分。

额定容量又称标称容量，是指在规定条件下电池应放出的电量。额定容量是制造厂标明的安时容量，作为验收电池质量的重要技术指标。

实际容量是指充满电的电池在一定条件下所能输出的电量，它等于放电电流和放电时间的乘积。

电池的实际容量除与其本身的结构和制造工艺有关外，主要受其放电制度的影响，放电制度包括放电速率、放电形式（恒流、变流或脉冲）、终止电压和温度等因素。

用电池的荷电状态（SOC）描述电池剩余容量占额定容量的百分比，用放电深度（DOD）描述电池已放出的电量与电池额定容量的比值。与电池的容量相似，SOC 也是电池放电率、工作环境温度和电池老化程度的函数。

（4）电池的能量与能量密度

电池的能量是指在按一定标准规定的放电制度下，电池所输出的电能，单位为瓦时（W·h）或千瓦时（kW·h）。

电池的能量也有实际能量与标称能量之分。实际能量为电池在一定的放电条件下的实际容量与平均工作电压的乘积。

标称能量是指电池的额定容量与其额定电压的乘积。通常用能量密度（又称比能量）作为衡量各种动力蓄电池性能的一项重要指标。能量密度有质量能量密度和体积能量密度之分。质量能量密度是指电池单位质量所能输出的电能，单位为瓦·时/千克（W·h/kg）。体积能量密度是指电池单位体积所能输出的电能，单位为瓦·时/升（W·h/L）。电池的质量能量密度指标比体积能量密度指标更为重要，因为电池质量能量密度影响电动汽车的整车质量和续驶里程，而体积能量密度只影响电池的布置空间。质量能量密度是评价电动汽车的能量源是否能满足预定的续驶里程的重要指标。既然电池的可利用容量是电池放电率的函数，那么，电池质量能量密度和体积能量密度的定义也与电池的放电率有关。

（5）电池的功率与功率密度

电池的功率是指在一定的放电制度下，单位时间内电池输出的能量，单位为瓦（W）或千瓦（kW）。质量功率密度是指单位质量的电池输出的功率，单位为W/kg。体积功率密度是指单位体积的电池输出的功率，单位为W/L。功率密度是评价能量源能否满足电动汽车加速和爬坡性能要求的重要指标。对于电化学电池，比功率与电池的放电深度DOD密切相关。因此，在表示电池功率密度时还要指出电池的放电深度DOD。

（6）电池的循环使用寿命

电池的循环使用寿命是指以电池充电和放电一次为一个循环，按一定测试标准，当电池容量降到某一规定值（一般规定为额定值的80%）以前，电池经历的充放电循环总次数。循环使用寿命是评价电池寿命性能的一项重要指标。

（7）电池的自放电率

电池的自放电率是指电池在存放期间容量的下降率，即电池无负荷时自身放电使容量损失的速度。自放电率用单位时间内容量下降的百分数表示。

（8）电池的输出效率

电池实际上是一个能量存储器，充电时把电能转变为化学能存储起来，放电时再把化学能转变为电能释放出来，供用电装置使用。电池的输出效率通常用容量效率和能量效率表示。电池的容量效率指电池放电时输出的容量与充电时输入的容量之比，电池的能量效率指电池放电时输出的能量与充电时输入的能量之比。通常，电动汽车电池的能量效率为55%～75%，容量效率为65%～90%。对电动汽车而言，能量效率是比容量效率更重要的一个评价指标。

（9）电池的一致性

对于同一类型、同一规格、同一型号电池之间在电压、内阻、容量等参数方面存在的差别称为电池的一致性。一组电池的寿命在很大程度上取决于它的一致性。由于电动汽车的动力蓄电池都是成组使用的，因此一致性是评价电池组性能的关键指标之一。影响电池一致性的因素主要有单体电池的设计和制造水平、用户的使用方式等。

（10）电池的抗滥用能力

抗滥用能力指电池对短路、过充电、过放电、机械振动、撞击、挤压以及遭受高温和着火等非正常使用情况的容忍程度。

2. 新能源汽车对动力蓄电池的要求

动力蓄电池最重要的特点就是高功率和高能量。高功率意味着更大的充放电强度，高能量表示更高的质量比能量和体积比能量。动力蓄电池系统设计需要按照最优化的整车设计应用指标设计电池系统。

（1）高能量

对于电动车辆高能量意味着更长的续驶里程，续驶里程的延长可有效提升车辆应用的方便性和适用范围。锂离子动力蓄电池能够在电动车辆上广泛推广和应用，主要原因就是其能量密度是铅酸动力蓄电池的 3 倍，并且还有继续提高的可能性。

（2）高功率

动力蓄电池组要能够提供驱动电动机高功率输出，满足车辆动力性的要求。但长期大电流、高功率放电对于电池的使用寿命和充放电效率会产生负面影响，甚至影响电池使用的安全性，因此在功率方面还需要一定的功率储备，避免让动力蓄电池在全功率工况下工作。

（3）长寿命

铅酸动力蓄电池使用寿命在深充深放工况下可以达到 400 次，锂离子动力蓄电池可以达到 1 000 次以上，混合动力用镍氢电池已经可以达到 10 年以上。但动力蓄电池长寿命，关系到电池成本。车辆应用过程中电池更换的费用，是电动汽车使用成本的重要组成部分。提高动力蓄电池的使用寿命目前是电池技术研究的重点问题之一。

（4）低成本

动力蓄电池的成本与电池的新技术含量、材料、制作方法和生产规模有关，目前高比能量的电池成本较高，使得电动汽车的造价也较高，开发和研制高效、低成本的动力蓄电池是电动汽车发展的关键。

（5）安全性好

动力蓄电池为电动汽车提供了高达 300 V 以上的驱动供电电压，可能危及人身安全和车载电器的使用安全。动力蓄电池作为高能量密度的储能载体，自身也存在一定的安全隐患，以锂离子电池为例：

① 充放电过程如果发生热失控反应，可能导致电池短路起火，甚至产生爆炸现象。

② 锂离子电池采用的有机电解质，在 4.6 V 左右易发生氧化，并且溶剂易燃，若出现泄漏等情况，也会引起电池着火燃烧甚至爆炸。

③ 发生碰撞、挤压、跌落等极端的状况，导致电池内部短路，也会引起危险状况的出现。

（6）工作温度适应性强

车辆应用一般不应受地域的限制，不同的空间和时间应用，需要车辆适应不同的温度，仅以北京地区的车辆应用为例，北京夏季地表温度可达 50℃以上，冬季可低至-15℃以下，在该温度变化范围内，动力蓄电池应可以正常工作，因此，对于动力蓄电池而言，需要动力蓄电池具有良好的温度适应性。现在的动力蓄电池系统设计，考虑到电池的温度适应性问题，一般都需要设计相应的冷却系统或加热系统来达到动力蓄电池的最佳工作温度。

（7）可回收性好

按照动力蓄电池使用寿命的标准定义，电池在其容量衰减到额定容量的 80%时，确定为动力蓄电池寿命终结。随着电动汽车的大量应用，必然出现大量废旧动力蓄电池的回收问题。对于动力蓄电池的可回收性，在电化学性能方面，首先要求做到电池正负极及电解液等材料无毒，对环境无污染。其次是研究电池内部各种材料的回收再利用。对于动力蓄电池的再利用，还存在梯次利用问题，即按照动力蓄电池寿命标准达到额定容量 80%以下淘汰的电池转移到对电池容量和功率要求相对较低的领域继续应用。

6.2.3　动力蓄电池性能检测

动力蓄电池的测试分为单体电池的性能测试和电池组的测试，单体电池的测试内容包括：充电性能测试、放电性能测试、放电容量及倍率性能测试、高低温性能测试、能量和比能量测试、功率和比功率测试、存储性能及自放电测试、寿命测试、内阻测试、内压测试和安全性测试等。

从车辆的实用角度出发，电池组的测试内容包括：静态容量检测、峰值功率检测、动态容量检测、部分放电检测、静置试验、持续爬坡功率测试、热性能、起动功率测试、电池振动测试、充电优化和快速充电能力测试、循环寿命测试以及安全性测试等。

电动汽车用动力蓄电池的全生命周期使用性能、安全性能，对于电动汽车安全、可靠运行以及动力蓄电池梯次利用等都具有重大意义。具体而言，动力蓄电池的循环寿命、安全性能及电性能三个方面的性能检测颇为重要。

1. 循环寿命

充放电循环寿命，是衡量二次电池性能的一个重要参数。在一定的充放电制度下，电池容量降至某一规定值之前，电池能耐受的充放电次数，称为二次电池的充放电循环寿命。充放电循环寿命越长，电池的性能越好。

衡量电池循环寿命有标准循环寿命及工况循环寿命两个指标，工况循环寿命对于不同的车型所用不同类型的电池有所区别，测试项目及判定条件见表 6-1，具体测试要求及方法可参照 GB/T 31484—2015《电动汽车用动力蓄电池循环寿命要求及试验方法》。

表 6-1　电池循环寿命测试项目及判定条件

序号	测试项目		判定条件
1	容量及能量		单体：额定容量的 1~1.1 倍、极差≤5%
			模块或系统：额定容量的 1~1.1 倍、极差≤7%
2	功率		满足产品规格书要求
3	标准循环寿命（单体或模块）		500 次循环后 > 90%额定容量或 1 000 次循环后 > 80%额定容量
4	工况循环寿命（模块或系统）	混合动力乘用车功率型	工况循环后，总放电能量与初始额定能量比值达 500 时，考察容量和 5 s 放电功率
		混合动力商用车功率型	
		纯电动乘用车能量型	工况循环后，总放电能量与初始额定能量比值达 500 时，考察容量和 5 s 放电功率
		纯电动商用车能量型	
		插电式/增程式电动汽车	同纯电动车相关内容

2. 安全性能

对于制造工艺水平较高的动力蓄电池而言，在正确使用状态下发生起火、爆炸等的可能性微乎其微。只有当在实际使用中，电池超出了其可用状态边界，发生如过充、短路或者过温时才有可能导致电池发生热失控。经过近些年的发展目前国内的标准体系已经在动力蓄电池安全性方面形成了较为完善的系列测试方法。GB/T 31485—2015 中关于电池单体安全性测试方法主要包括电安全性、环境安全性和机械安全性测试等内容，表 6–2 列出了相关测试项目及评价指标，各测试项目详细的测试规程均在标准相关章节中有介绍。

表 6-2 电池安全性能测试项目及评价指标

序 号	分 类	项 目	评 价 指 标
1	电安全性	过充电	起火、爆炸
2		过放电	起火、爆炸、跌落
3		短路	起火、爆炸
4	环境安全性	加热	起火、爆炸
5		温度循环	起火、爆炸、跌落
6		海水浸泡	起火、爆炸
7		低气压	起火、爆炸、跌落
8	机械安全性	挤压	起火、爆炸
9		针刺	起火、爆炸
10		跌落	起火、爆炸、跌落

安全性测试的目的在于验证动力蓄电池系统在滥用情况下的安全性，最重要的目的在于验证动力蓄电池系统保护自身的能力以及在发生危险情况下对乘员的保护能力。

电安全性主要是通过模拟车辆使用中可能发生的意外情况，验证电池系统的保护功能，包括过充电保护、过放电保护、过温保护、过电流保护、短路保护等方面。

环境安全性测试是通过模拟不同的环境条件，验证电池系统在高温、低温、高温高湿、温度骤变、盐雾、火烧、水浸等环境下的安全性。

机械安全性测试主要是通过模拟不同的运行条件，验证动力蓄电池系统在振动、机械冲击、模拟碰撞、跌落、挤压等情况下的可靠性。

3. 电性能

GB/T 31486—2015《电动汽车用动力蓄电池电性能要求及试验方法》中对于装载在电动汽车上的锂离子蓄电池和金属氢化物镍蓄电池单体和模块的电性能要求、试验方法和检验规则做了详细规定，具体检测项目及评价指标见表 6–3。

表 6-3 蓄电池电性能测试项目及评价指标

序 号	项 目	评 价 指 标
1	外观	外观不得有变形及裂纹，表面干燥、无外伤，且排列整齐、连接可靠、标志清晰等
2	极性	端子极性标识应正确、清晰
3	外形尺寸及质量	外形尺寸及质量应符合企业提供的产品技术条件
4	室温放电容量	放电容量应不低于额定容量，并且不超过额定容量的 110%，同时所有测试对象初始容量极差不大于初始容量平均值的 7%
5	室温倍率放电容量	高能量蓄电池模块其放电容量应不低于初始容量的 90%；高功率蓄电池模块其放电容量应不低于初始容量的 80%

续表

序号	项目	评价指标
6	室温倍率充电性能	放电容量应不低于初始容量的 80%
7	低温放电容量	锂离子蓄电池模块其放电容量应不低于初始容量的 70%；金属氢化物镍蓄电池模块其放电容量应不低于初始容量的 80%
8	高温放电容量	放电容量应不低于初始容量的 90%
9	荷电保持与容量恢复能力	锂离子蓄电池模块其室温及高温荷电保持率应不低于初始容量的 85%，容量恢复应不低于初始容量的 90%；金属氢化物镍蓄电池模块其室温荷电保持率应不低于初始容量的 85%，高温荷电保持率应不低于初始容量的 70%，容量恢复应不低于初始容量的 95%
10	耐振动性	不允许出现放电电流锐变、电压异常、蓄电池壳变形、电解液溢出等异常现象，并保持连接可靠、结构完好
11	存储	容量恢复应不低于初始容量的 90%

（1）单体蓄电池

对于单体蓄电池，主要有对外观、极性、外形尺寸及质量的基本检验，要求外观不得有变形及裂纹，表面无毛刺、干燥、无外伤、无污物，且宜有清晰、正确的标志；端子极性标识应正确、清晰；蓄电池外形尺寸、质量应符合企业提供的产品技术条件。

其电性能主要检测室温放电容量指标。要求其放电容量应不低于额定容量，并且不超过额定容量的 110%，同时所有测试对象初始容量极差不大于初始容量平均值的 5%。

（2）蓄电池模块

对于蓄电池模块，其放电容量指标检测增加了高低温测试及倍率充放电。

4. 动力蓄电池性能测试

动力蓄电池实际使用的性能测试项目包括：

① 单体电池参数设置。

② 恒流充电性能测试。

③ 恒流放电性能测试。

④ 恒流恒压充电性能测试。

⑤ 恒流恒压放电性能测试。

⑥ 倍率充电性能测试。

⑦ 倍率放电性能测试。

⑧ 恒功率充电性能测试。

⑨ 恒功率放电性能测试。

⑩ 恒阻充电性能测试。

⑪ 恒阻放电性能测试。

⑫ BMS 通信协议测试。

⑬ DCIR 内阻测试。

⑭ 阶跃电流充电性能测试。

⑮ 阶跃电流放电性能测试。

⑯ 脉冲电流充电性能测试。

⑰ 脉冲电流放电性能测试。

⑱ 工步循环试验。

⑲ 工况模拟试验。

6.3 驱动电机性能检测

车辆的理想驱动力应该具有低速恒转矩、高速恒功率的特性。电机的驱动力特性与理想的驱动力特性接近，相对于内燃机存在效率高、响应迅速、控制准确、噪声低等诸多优点。电机是新能源汽车的核心驱动部件，是纯电动汽车和燃料电池汽车的唯一驱动部件，也是油电混合动力汽车实现各种工作模式的关键。

6.3.1 电动汽车常见电驱动形式

1. 前轮驱动

电机前置前轮驱动的布置形式与传统燃油汽车前置前驱方式类似，动力装置均布置在车辆前机舱。其动力传递需在电机输出轴端加装减速齿轮和差速器组件等，这种机械传动结构紧凑，传动效率高，便于安装，但对驱动电机的调速要求较高。这种布置形式是目前纯电动汽车领域最为常见的驱动形式。图 6-12 所示为采用前置前驱布置形式的吉利几何 A 电动汽车底盘架构。

2. 后轮驱动

电机直接安装于后轴上，动力直接作用到两个车轮上，中间并没有复杂的变速及其传动机构，几乎没有任何损耗，保证了最高的能量转化率。前轴只起支撑和转向作用，增加了操控性能，结构简单。从燃油车的经验看，低速行驶时前驱车效率更高，而起步或者高速行驶时后驱车效率更高。图 6-13 所示为特斯拉 ModelS 后驱车型构造，该车属于性能车，更考虑高速的性能，所以在单电机的情况下选择了后轮驱动。

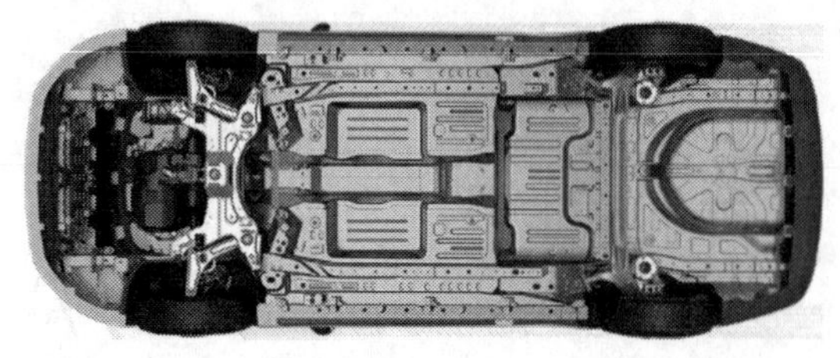

图 6-12　前轮驱动电动汽车

图 6-13　特斯拉 ModelS 后驱车型构造

3. 前-后轮四轮驱动

电动四驱车型一般采用一前一后两个电机，分别驱动前轴和后轴，形同与前驱加后驱的设计，同时具备两者的优点，大大提升动力性能，最大优势是起步速度及加速性能，还有一个好处是前后动力分散，对整车传动系统要求更低，质量也可以减小。根据动力蓄电池容量和电机功率的不同，可以适配前永磁同步电机加后异步感应电机和前后各 1 组相同的永磁同步电机等不同方案。

图 6–14 所示为蔚来 ES6 四驱版架构图，该车采用的是前永磁电机、后异步感应电机的动力组合，前置“3 合 1”永磁同步电机，最大输出功率为 160 kW；后置“3 合 1”异步感应的电机，最大输出功率为 240 kW。“3 合 1”指的是驱动电机、减速器、电驱动控制三个模块集成于一个平台。

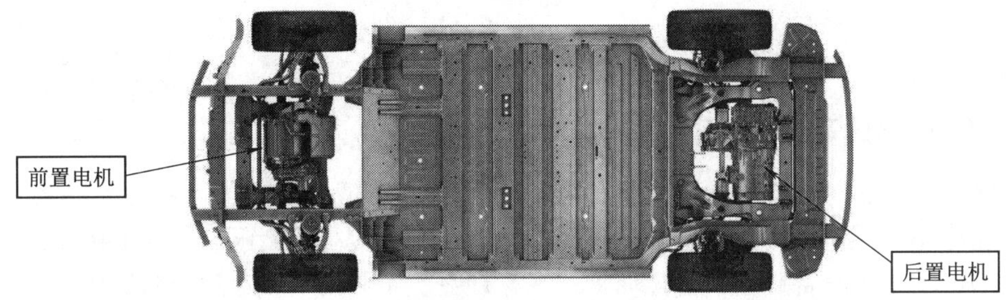

图 6–14　蔚来 ES6 双电机四驱车型架构图

4. 轮边电机驱动

轮边电机驱动方式是指每个驱动车轮由单独的电机驱动，但是电机不是集成在车轮内，而是通过减速机构连接到车轮。轮边电机驱动方式的驱动电机属于簧载质量范围，悬架系统隔振性能好。通过将传统汽车的动力系统总成高度集成为轮边电机驱动桥，用电机、减速器机构、轮毂等部件替代发动机、离合器、变速器、传动轴等传统汽车动力系统，能够为车辆提供足够的动力输出的同时，省略了离合器、变速器等环节，简化传动系统，提高传动效率，且整车零部件比传统燃油车减少 30%~40%，质量大大减小。图 6–15 所示为轮边电机驱动桥。

图 6–15　轮边电机驱动桥

5. 轮毂电机驱动

如图 6–16 所示，轮毂电机驱动技术使汽车由中央式驱动改为分布式驱动，省掉变速器、传动轴、差速器等传动部件，将动力、传动和制动装置整合到轮毂内，实现了新能源汽车发动机、变速机的一体化，从机械驱动转为电驱动。从技术发展角度来讲，轮毂电机是将来传统汽车或者电传动驱动发展的一个方向。轮边电机驱动形式和轮毂电机驱动形式都具有结构紧凑、车身内部空间利用率高、整车重心低、行驶稳定性好等优点。

图 6-16　轮毂电机驱动

6.3.2　驱动电机类型及性能特点

电机泛指能使机械能转化为电能、电能转化为机械能的一切机器，特指发电机、电能机、电动机。由于电动汽车采用动力蓄电池作为车载能源，其容量受到限制，为尽可能地延长续驶里程，大多数驱动系统都采用了能量回馈技术，即在汽车制动时，通过控制器将车轮损耗的动能反馈到电池中，并使电机处于发电状态，将发出的电输送到电池中。因此，电动汽车的驱动机应该称为电机，而不是人们习惯称呼的电动机。

1. 驱动电机的基本要求

采用大功率的电机来驱动电动汽车与采用小功率的电机相比，具有电阻小、效率高、比能耗低、动力性能好等优点。在确定电动汽车所采用的电机时，其性能必须充分满足电动汽车不同行驶工况的要求。因此其性能要求有：

① 要有较大的起动转矩来保证电动汽车的良好起动和加速性能，以满足爬坡、频繁启/停的要求。

② 要有较宽的恒功率范围，保证电动汽车具有高速行驶的能力。

③ 要有较大范围的调速功能，在低速时具有较大的转矩，在高速时具有高功率，能够根据驾驶人对加速踏板的控制，迅速地调整电动汽车的行驶速度和相应的驱动力。

④ 具有良好的效率特性，在较宽的转速/转矩范围内，获得最优的效率，提高车辆续航里程。

⑤ 再生制动时的能量回收率高。

⑥ 电机的外形尺寸要求尽可能小，质量尽可能轻。

⑦ 电机的可靠性好，耐温和耐潮性能强，能够在较恶劣的环境下长期工作，运行时噪声低，维修方便。

⑧ 价格低。

目前新能源汽车上应用的驱动电机主要有：直流电机、交流异步电机、永磁同步电机等。

2. 常用驱动电机介绍

（1）直流电机

直流电机是指能将直流电能转换成机械能（直流电动机）或将机械能转换成直流电能（直流发电机）的旋转电机。它是能实现直流电能和机械能互相转换的电机。当它作电动机运行时是直流电动机，将电能转换为机械能；作发电机运行时是直流发电机，将机械能转换为电能。

直流电机调速性能良好、起动性能好、具有较宽的恒功率范围、控制较为简单，价格便宜。

但效率低，维护工作量大，转速低，质量和体积较大，一般应用于巡逻车、电动观光车、电动叉车等一些低速电动车辆。图 6–17 所示为低速驱动用直流无刷电机。

（2）交流异步电机

交流异步电机又称交流感应电机，是由气隙旋转磁场与转子绕组感应电流相互作用产生电磁转矩，从而实现机电能量转换为机械能量的一种交流电机。交流异步电机按照转子结构分为两种形式：鼠笼式异步电机、绕线式异步电机。异步电机在工业领域是各类电机中应用最广、需要量最大的一种。

交流异步电机效率高，成本低、结构简单、体积较小、质量小，工作可靠、使用寿命长。但缺点是由于转子的转速与定子旋转磁场的旋转速度存在转差率，因而调速性能较差，控制相对较为复杂，配用的控制器成本较高，主要应用的车辆是大型客车、特斯拉等。图 6–18 所示为电动汽车上使用的交流异步电机。

图 6–17　直流无刷电机

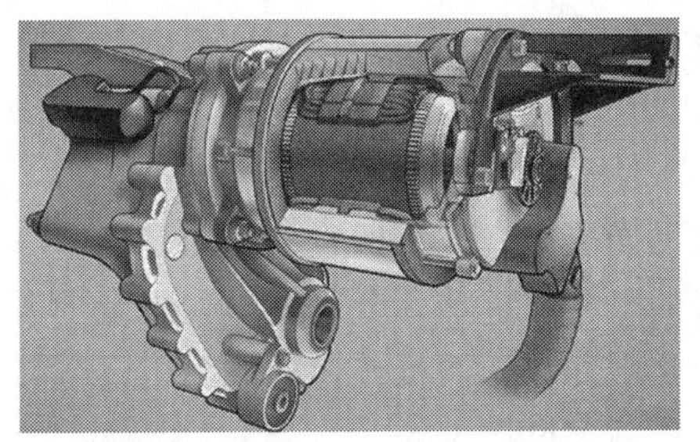

图 6–18　交流异步电机

（3）永磁同步电机

永磁同步电机的永磁，是指在制造电机转子时加入永磁体（见图 6–19），使电机的性能得到进一步提升。而所谓同步，则指的是转子的转速与定子绕组的电流频率始终保持一致。这样一来，只要控制电机的定子绕组输入电流频率，即可控制车速，非常便捷。而且永磁同步电机的结构与直流电动机相似，这使得它具备了无刷直流电动机结构简单、运行可靠、调速性能好的特点。

图 6–19　永磁同步电机

永磁同步电机具有较高的功率、结构简单、体积更小、质量小，比其他类型电机的输出转矩更大，电机的极限转速和制动性能比较优异，因此永磁同步电机已成为现今电动汽车市场占有量最大的一类电机。

但由于受到永磁材料自身性能的限制，转子上的永磁材料在高温、震动和过流的情况下，会产生退磁现象，所以在相对复杂的工作条件下，永磁式电机容易发生损坏。而且永磁材料价格较高，因此整个电机及其控制系统的成本也相对较高。不过我国的稀土资源非常丰富，这也是我国倾向于使用永磁电机的原因之一。

3. 电机主要性能参数

因为目前电动汽车使用最广泛的就是永磁同步电机，因此着重介绍永磁同步电机的性能参数。要充分使用好一台永磁同步电动机，发挥其最大使用功率，一般需要了解的主要参数包括额定电流、额定电压、额定功率、功率因素、额定转速、额定频率等。

（1）额定电流

每一台电机都标有额定电流。在工作时，工作电流不应超过额定电流，超过额定电流，会损坏电动机；工作电流也不应太低于额定电流，造成大马拉小车的浪费现象。电动机工作电流是电机在允许的温度、海拔和安装条件下正常工作时所允许长期通过的最大电流。

（2）堵转电流

将电机轴固定不使其转动，通电，这时候的电流就是堵转电流，一般的交流电机，包括调频电机，是不允许堵转的。

（3）空载电流

永磁同步电机空载试验的目的是确定电动机的励磁参数和铁耗及机械损耗。空载时永磁同步电机的三相输入功率全部用以克服定子铜耗、铁耗和转子的机械损耗。由于铁耗的大小随电压的变化而变化；而机械损耗的大小仅与转速有关，而与端电压的高低无关。

（4）额定电压

额定电压是电机正常工作时直接到定子绕组上的线电压（V），电机定子有Y形和△形两种接法，其接法应与电机铭牌规定的接法相符，以保证与额定电压相适应。

（5）额定功率

额定功率是在额定运行工况下轴端输出的机械功率，单位为kW。

（6）功率因数

功率因数是定子电流中的有功电流与定子总电流之比。功率因数越高说明电动机做的有用功越多，利用率也越高。

（7）额定转速、额定频率

额定转速：电机在额定电压、额定频率和额定功率输出时的转子转速。

额定频率：电动机在额定运行状态下，定子绕组所接电源的频率。

（8）电机绝缘等级

电机绝缘结构是指用不同的绝缘材料、不同的组合方式和不同的制造工艺制成的电机绝缘部分的结构形式。电动机的绝缘系统大致分为：绝缘电磁线、槽绝缘、相间绝缘、浸渍漆、绕组引接线、接线绝缘端子等。

电机绝缘耐热等级及温度限值见表6-4，其中A级最低，C级最高。以前电动机最常用的绝缘等级为B级，目前最常用的绝缘等级为F级，H级绝缘也正在陆续被采用。

表6-4 电机绝缘耐热等级及温度限值

耐热等级	A	E	B	F	H	C
极限温度/℃	105	120	130	155	180	>180

（9）防护等级

有的电机上还会标有防护标志。电机的防护形式代号为 IP××，由字母 IP 和两个表示防护等级的表征数字组成，第一位数字表示防止人体触及或接近壳内带电部分和触及壳内转动部件（光滑的旋转轴和类似部件除外），以及防止固体异物进入电机（表示防尘等级）。第二位数字表示防止由于电机进水而引起的有害影响（表示防水等级)。具体防护代号含义见表 6-5。

常见防护等级有：IP23、IP44、IP54、IP55、IP56、IP65。

表 6-5 电机防护形式防护等级

第一位数字代表防尘等级		第二位数字代表防水等级	
0	防止大于 50 mm 固体进入的电机	0	无防护的电机
1	防止大于 12 mm 固体进入的电机	1	防滴电机
2	防止大于 2.5 mm 固体进入的电机	2	防 15°滴电机
3	防止大于 1 mm 固体进入的电机	3	防淋水电机
4	防止大于 0.5 mm 固体进入的电机	4	防溅水电机
5	防尘电机	5	防喷水电机
		6	防海浪电机
		7	防渗水电机
		8	潜水电机

6.3.3 驱动电机性能检测

电动汽车用驱动电机根据其技术条件，可分为一般性项目、温升、输入/输出特性、安全性、环境适应性及可靠性检验等检验项目，其检验分为出厂检验及形式检验之分，GB/T 18488.1—2015《电动汽车用驱动电机系统 第 1 部分：技术条件》规定了出厂检验及形式检验所对应需要进行检验的项目。

1. 一般性检验

电动汽车用驱动电机一般性检验项目主要有：外观、外形和安装尺寸、质量、驱动电机控制器壳体机械强度、液冷系统冷却回路密封性能、驱动电机定子绕组冷态直流电阻、绝缘电阻、耐电压、超速检验等。

（1）绕组冷态直流电阻检测

驱动电机定子绕组冷态直流电阻宜在实际冷状态下测量，并记录测量时的环境温度数值。

①环境温度的测量。将驱动电机在温度均匀的空间中放置一段时间，使驱动电机内外和环境温度一致，记录温度数值。

判断温度一致的标准满足下列条件之一即可：

a. 用温度计（或埋置检温计）测量电机绕组、铁芯和环境温度，所测温度与环境温度之差应不超过 2K，必要时，温度计应有与外界隔热的措施，且放置温度计的时间不少于 15 min。测量绕组温度时应根据电机的大小，在不同部位测量绕组端部和绕组槽部的温度（如有困难时，可测量铁芯齿和铁芯轭部表面温度），取其平均值作为绕组的实际冷状态下的温度。

b. 驱动电机处于不工作状态且在环境温度稳定的空间中放置时间超过 12 h。

②绕组直流电阻的测量。

a. 使用微欧计测量绕组直流电阻，测量时，通过绕组的试验电流应不超过其额定电流的 10%，通电时间不超过 1 min。

b. 测量时，驱动电机转子静止不动。绕组各相各支路的始末端均引出时，应分别测量各相各支路的直流电阻。

c. 如果各相绕组在电机内部连接，那么应在每个出线端间测量电阻。各相电阻值根据连接方式计算。

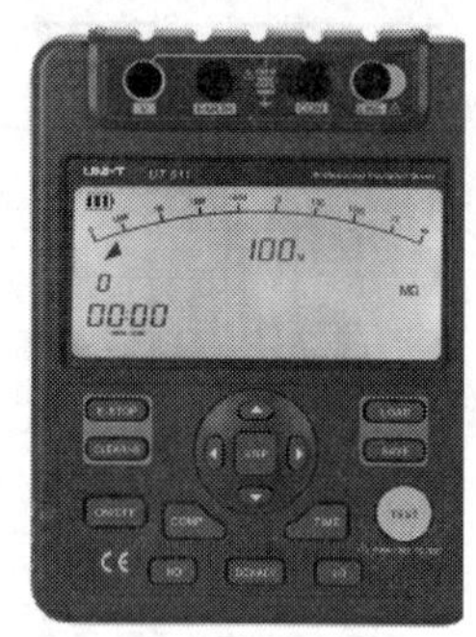

图 6–20 兆欧表

（2）绝缘电阻检测

常规测试时，如无其他规定，绝缘电阻仅在实际冷状态下测量，并记录被试样品周围介质的温度。

① 测量仪器。测量绝缘电阻应选用合适量程的兆欧表，如图 6–20 所示。应根据被测绕组（或测量点）的最高工作电压选择兆欧表。当最高工作电压不超过 250 V 时，应选用 500 V 兆欧表，当最高工作电压超过 250 V，但是不高于 1 000 V 时，应选用 1 000 V 兆欧表。测量时，应在兆欧表指针或者显示数值达到稳定后再读取数值。

② 驱动电机定子绕组对机壳的绝缘电阻。如果各绕组的始末端单独引出，则应分别测量各绕组对机壳的绝缘电阻，不参加试验的其他绕组和埋置的检温元件等应与铁芯或机壳作电气连接，机壳应接地。

当中性点连在一起而不易分开时，则测量所有连在一起的绕组对机壳的绝缘电阻。

测量结束后，每个回路应对接地的机壳作电气连接使其放电。

③ 驱动电机定子绕组对温度传感器的绝缘电阻。如果驱动电机埋置有温度传感器，则应分别测量定子绕组与温度传感器之间的绝缘电阻。

如果各绕组的始末端单独引出，则应分别测量各绕组对温度传感器的绝缘电阻，不参加试验的其他绕组和埋置的其他检温元件等应与铁芯或机壳作电气连接，机壳应接地。

当绕组的中性点连在一起而不易分开时，则测量所有连在一起的绕组对温度传感器的绝缘电阻。

测量结束后，每个回路应对接地的机壳作电气连接使其放电。

④ 驱动电机控制器绝缘电阻。试验前，控制器与外部供电电源以及负载应分开，不能承受兆欧表高压冲击的电器元件（如半导体整流器、半导体管及电容器等）宜在测量前将其从电路中拆除或短接。

试验时，分别测量控制器动力端子与外壳、控制器信号端子与外壳、控制器动力端子与控制器信号端子之间的绝缘电阻，不参加试验的部分应连接接地。

测量结束后，每个回路应对接地的部分作电气连接使其放电。

（3）超速试验

宜在驱动电机运转一段时间，驱动电机轴承润滑均匀后开始超速试验。

超速试验前应仔细检查驱动电机的装配质量，特别是转动部分的装配质量，应采取相应的防护措施，防止转速升高时有杂物或零件飞出。

超速试验时，对被试驱动电机的控制及对振动、转速和轴承温度等参数的测量应采用远距离测量方法。

超速试验可根据具体情况选用被试驱动电机空载自转或原动机（测功机）拖动法。

① 采用被试驱动电机空载自转的方法：

试验时，被试驱动电机在驱动电机控制器的控制下，平稳旋转至 1.2 倍最高工作转速，并在此转速点空载运行不低于 2 min。

② 采用原动机（测功机）拖动法：

被试驱动电机不通电，在原动机（测功机）拖动下平稳旋转至 1.2 倍最高工作转速，并在此转速点空载运行不低于 2 min。

升速过程中，当驱动电机达到额定转速时，应观察电机运转情况，确认无异常现象后，再以适当的速度提高转速，直至规定的转速。

超速试验后应仔细检查驱动电机的转动部分是否有损坏或产生有害的变形，是否出现紧固件松动以及其他不允许的现象。

2. 性能检测

性能检测主要是测试电机的输入/输出特性，主要有转矩、功率、转速、效率、控制精度、响应时间、控制器工作电流以及馈电特性等试验项目。

（1）转矩-转速特性

① 转速测试点的选取。试验时，在驱动电机系统工作转速范围内一般取不少于 10 个转速点，最低转速点宜不大于最高工作转速的 10%，相邻转速点之间的间隔不大于最高工作转速的 10%。测试点选择时应包含必要的特征点，如额定工作转速点、最高工作转速点、持续功率对应的最低工作转速点、其他特殊定义的工作点等。

② 转矩测试点的选取。在驱动电机系统电动或馈电状态下，在每个转速点上一般取不少于 10 个转矩点，对于高速工作状态，在每个转速点上选取的转矩点数可以适当减少，但不宜低于 5 个。测试点选择时应包含必要的特征点，如持续转矩数值处的点、峰值转矩（或最大转矩）数值处的点、持续功率曲线上的点、峰值功率（或最大功率）曲线上的点、其他特殊定义的工作点等。

③ 测量参数的选择。试验时，根据试验目的，在相关的测试点处可以全部或者部分选择测量下列数据：驱动电机控制器直流母线电压和电流；驱动电机的电压、电流、频率及电功率；驱动电机的转矩、转速及机械功率；驱动电机、驱动电机控制器或驱动电机系统的效率；驱动电机电枢绕组的电阻和温度；冷却介质的流量和温度；其他特殊定义的测量参数等。

④ 测试方法。非特殊说明，宜使用测功机或具备测功机功能的设备作为负载，被试驱动电机系统应处于热工作状态，驱动电机控制器的直流母线工作电压为额定电压。

试验时，可以根据试验目的设置试验条件，驱动电机系统可以在实际冷状态或者热状态条件下试验，驱动电机控制器的直流母线电压可以设置在最高工作电压、最低工作电压、额定工作电压或其他工作电压处，试验的转速和转矩可以是一个工作点，也可以是一条特性曲线或者全部工作区，必要时，需要在试验报告中记录相应的试验条件。

试验时，驱动电机控制器输入/输出功率可以通过测量驱动电机控制器输入或输出的电压和电流计算获得，测量时，电压和电流的测量点应在驱动电机控制器靠近接线端子处。控制器输人功率和输出功率也可以使用功率表直接测量获得。

一般情况下，驱动电机控制器和驱动电机之间的电力传输线缆不会对测量结果产生明显影响，如果线缆的长度或阻抗严重影响到了被试系统的工作特性，则需要调整线缆，或者对测量结果予以修正，以避开或减少影响。

试验过程中，为保证测量的精度，驱动电机的工作转矩和转速宜直接在驱动电机轴端测量，此时，驱动电机轴端和转矩转速测量设备之间应是刚性连接；如果可以忽略联轴装置的传动效率和中间的风磨损耗，也可以在驱动电机轴端与转矩转速测量设备之间放置联轴环节。此时，转速转矩测量设备的读数即为驱动电机轴端的输出值。

（2）效率

驱动电机效率分为驱动电机系统电动状态时的效率和驱动电机系统馈电状态时的效率，其值应根据驱动电机输入功率和输出功率的比值确定。

驱动电机效率按下式计算：

$$\eta_m = \frac{P_{mo}}{P_{mi}} \times 100\% \qquad (6.8)$$

式中　η_m——驱动电机效率，100%；

P_{mo}——驱动电机输出功率，kW；

P_{mi}——驱动电机输入功率，kW。

3. 可靠性试验

（1）一般要求

可靠性试验规范按照驱动电机系统所应用的车辆类型进行可靠性试验，转矩负荷循环按照图 6-21 和表 6-6 进行。总计运行时间为 402 h，按照规定的顺序连续试验。

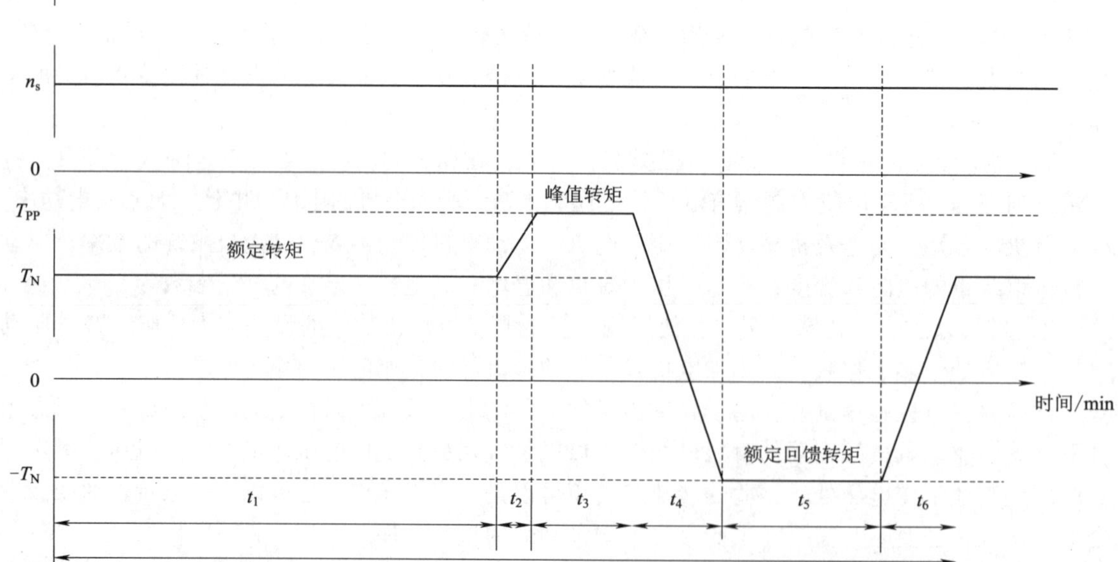

图 6-21　电动汽车用驱动电机系统可靠性测试循环示意图

表 6-6　电动汽车用驱动电机系统可靠性测试循环参数表

序　号	负　　载	运行时间/min		
		纯电动商用车	纯电动乘用车	混合动力汽车
1	持续转矩 T_N　(t_1)	23.5	22	6.5
2	T_N 过渡到 T_{PP}　(t_2)	0.5	0.5	0.5
3	峰值转矩 T_{PP}　(t_3)	1	0.5	0.5
4	T_{PP} 过渡到 $-T_N$　(t_4)	1	1	0.5
5	持续回馈转矩 $-T_N$　(t_5)	3	5	6.5
6	$-T_N$ 过渡到 T_N　(t_6)	1	1	0.5
单个循环累计时间		30	30	15

（2）试验顺序

① 被测驱动电机系统工作于额定工作电压，试验转速 n_s 保持为 1.1 倍的额定转速 n_N，即 $n_s=1.1n_N$，此负荷下循环 320 h。

② 被测驱动电机系统工作于最高工作电压，试验转速 $n_s=1.1n_N$，此负荷下循环 40 h。

③ 被测驱动电机系统工作于最低工作电压，试验转速 $n_s=\dfrac{\text{最低工作电压}}{\text{额定工作电压}}\times n_N$，此负荷下循环 40 h。

④ 被测驱动电机系统工作于额定工作电压，最高工作转速和额定功率状态，持续运行 2 h。

4. 驱动电机性能测试

驱动电机性能测试项目包括：

① 空载测试。

② 峰值转速测试。

③ 额定工况测试。

④ 持续转矩测试。

⑤ 持续功率测试。

⑥ 控制器持续工作电流测试。

⑦ 温升测试。

⑧ 堵转性能测试。

⑨ 正反转速差测试。

⑩ 控制器欠压保护性能测试。

⑪ 峰值转矩性能测试。

⑫ 超速性能测试。

⑬ 转速控制精度测试。

⑭ 转矩控制精度测试。

⑮ 转速响应时间测试。

⑯ 转矩响应时间测试。

⑰ 峰值功率测试。

⑱ 过载能力测试。

⑲ 控制器短时工作电流测试。

⑳ 控制器最大工作电流测试。

㉑ MAP图测试。

小　结

掌握下列概念

最高车速测试：指在良好的道路条件下,电动汽车在最大转速下取得速度就是最高车速。

加速性能测试：电动汽车原地起步的加速时间和超车时间确定了电动汽车的加速能力。

坡道起步性能：电动汽车的最大爬坡度是在低挡时的爬坡能力,是指以一挡爬坡时,在良好的道路上所取得的坡度。

动力蓄电池端电压：指动力蓄电池正极和负极之间的电位差。

绝缘电阻：绝缘物在规定条件下的直流电阻，是电气设备和电气线路最基本的绝缘指标。

永磁同步电机：以永磁体是利用永磁体建立励磁磁场的同步电机，其定子产生旋转磁场，转子用永磁材料制成，转子的转速与定子绕组的电流频率始终保持一致。

这些内容与后续知识的学习关系紧密

（1）动力蓄电池组的安装位置

现在电动汽车的动力蓄电池组一般安装于汽车底盘底部，在早期的一些电动汽车中，由于其车身还是采用原来传统汽车车身，动力蓄电池也可安装于汽车尾部。电动巴士的动力蓄电池一般体积巨大常常安装于行李箱内部。

（2）动力蓄电池组的组成结构

动力蓄电池组一般由电池单体，电池模组、电池管理系统（含CSC采集系统）、电池控制单元（BMU）、电池高压分配单元（S-BOX）、直流母线、维修开关、辅助元器件等部件组成。

（3）动力蓄电池的性能参数

新能源电动汽车动力蓄电池的能量密度、功率密度、充放电性能、成本、使用寿命、单体一致性和安全性等性能是影响电动汽车能否满足实际运行需求，并且实现产业化的关键因素。

① 电池的端电压和电动势；

② 电池的电流；

③ 电池的容量；

④ 电池的能量与能量密度；

⑤ 电池的功率与功率密度；

⑥ 电池的循环使用寿命；

⑦ 电池的自放电率；

⑧ 电池的输出效率；

⑨ 电池的一致性；

⑩ 电池的抗滥用能力。

（4）电动汽车常用驱动电机

目前新能源汽车上应用的驱动电机主要有：直流电机、交流异步电机、永磁同步电机等。

（5）电机性能检测

① 一般性检验；

② 性能检测；

③ 可靠性试验。

习　　题

一、填空题

1. 最高车速是指，在良好的道路条件下，电动汽车在________________下取得的速度。
2. 电动汽车原地起步的________和________确定了电动汽车的加速能力。
3. 加速能力主要由__________________________决定。
4. 电动汽车的最大爬坡度是在低挡时的爬坡能力，是指以________爬坡时，在良好的道路上所取得的坡度。
5. 对于电动汽车的动力系统而言，爬坡能力主要由___________以及_____________决定。
6. 现在电动汽车的动力蓄电池组一般安装于________________。
7. ________________是由多个电池模块或者单体电芯串联组成的一个组合体。
8. ________________是由一组并联的电池单体组合而成的，是电池单体在物理结构和电路上连接起来的最小分组，可以作为一个单元替换。
9. 动力蓄电池管理系统通过控制高压控制模块中的________________来实现电动汽车的充电和放电。
10. ________________电机的极限转速和制动性能也比较优异，因此已成为现今电动汽车应用最多的驱动电机。
11. ________________已成为现今电动汽车市场占有量最大的一类电机。
12. 永磁同步电机的所谓同步，指的是________________与________________始终保持一致。

二、判断题

1. 国标中规定，爬坡车速是指电动汽车在给定坡度下行驶超过 1 km 的最高平均车速。（　　）
2. 12 h 的充电是充电结束的标准。（　　）
3. 动力蓄电池模组是电池单体在物理结构和电路上连接起来的最小分组。（　　）
4. 高压维修开关电气部位布置只有一种，即位于高压电源的正极。（　　）
5. 电机前置前轮驱动对驱动电机的调速要求不高。（　　）
6. 储能电池是动力蓄电池的一种，学习动力蓄电池的性能指标，首先要了解储能电池的性能指标。（　　）
7. 在基本性能的评价上，测试的是整个动力蓄电池的常规使用寿命，考虑的因素有充放电电流和工作的 SOC 范围。（　　）

8. 测量动力蓄电池电源线束的电压，通常用万用表的交流电压挡测量。 (　　)

9. 动力蓄电池通常采用水冷的方式冷却。 (　　)

10. 交流异步电机按照转子结构分为两种形式：鼠笼式异步电机、绕线式异步电动机。 (　　)

三、问答题

1. 电动汽车常见的电驱动形式有哪些？
2. 简述动力蓄电池的性能参数。
3. 论述电池模块在高温和低温下的性能要求。
4. 永磁同步电机有哪些优点？
5. 电动机的主要性能参数有哪些？
6. 简述动力蓄电池的性能检测形式。
7. 电动汽车驱动电机的一般性检验项目有哪些？
8. 简述电池单体、电池模块、电池模组三者之间的联系。

参 考 文 献

[1] 丁继斌．汽车检测与诊断[M]．4 版．大连：大连理工大学出版社，2019.

[2] 中华人民共和国公安部．机动车运行安全技术条件：GB 7258—2017[S]．北京：中国标准出版社，2017.

[3] 庄继晖．汽车性能分析及新能源汽车技术[M]．北京：中国水利水电出版社，2016.

[4] 王丰元．汽车试验测试技术[M]．2 版．北京：北京大学出版社，2015.

[5] 戴建营．汽车使用性能与检测[M]．2 版．北京：中国人民大学出版社，2021.

[6] 陈成法，安相璧．汽车检测设备与维修[M]．3 版．北京：北京理工大学出版社，2020.

[7] 刘宣传，梁钢．汽车检测设备使用与维护[M]．北京：人民交通出版社，2017.

[8] 杨宏进．汽车运用基础[M]．北京：人民交通出版社，2020.

[9] 夏令伟．新能源汽车维护与检测诊断[M]．北京：人民交通出版社，2018.

[10] 焦传君．新能源汽车使用与维护[M]．北京：机械工业出版社，2018.

[11] 孔超．纯电动汽车电池及管理系统拆装与检测[M]．北京：机械工业出版社，2018.

[12] 胡信国．动力电池技术与应用[M]．北京：化学工业出版社，2021.

[13] 宋强 张承宁．电动汽车电机系统原理与测试技术[M]．北京：机械工业出版社，2016.

[14] 武建文．电机现代测试技术[M]．北京：机械工业出版社，2015.

[15] 王盛良．汽车故障诊断与检测技术[M]．3 版．北京：机械工业出版社，2017.

[16] 李彦，任萍丽．汽车底盘机械系统检修[M]．南京：南京大学出版社，2019.

[17] 曹家喆，黄文伟．现代汽车检测诊断技术[M]．2 版．北京：清华大学出版社，2020.

[18] 张飞．汽车使用性能与检测技术[M]．北京：清华大学出版社，2015.

[19] 中华人民共和国国家质量监督检验检疫总局，中国国家标准化管理委员会．轻型商用车辆燃料消耗量限值：GB 20997—2015[S]．北京：中国标准出版社，2015.

[20] 国家市场监督管理总局，国家标准化管理委员会．乘用车燃料消耗量限值：GB 19578—2021[S]．北京：中国标准出版社，2021.

[21] 环境保护部，国家质量监督检验检疫总局．轻型汽车污染物排放限值及测量方法（中国第六阶段）：GB 18352.6—2016 [S]．北京：中国标准出版社，2016.

[22] 国家市场监督管理总局，国家标准化管理委员会．电动汽车用动力蓄电池安全要求：GB 38031—2020[S]．北京：中国标准出版社，2020.

[23] 中华人民共和国国家质量监督检验检疫总局，中国国家标准化管理委员会．电动汽车用驱动电机系统　第 1 部分：技术条件：GB/T 18488.1—2015[S]．北京：中国标准出版社，2015.